LES GRANDS

JURISCONSULTES

TOULOUSE — TYPOGRAPHIE RIVES ET PRIVAT, RUE TRIPIÈRE, 9.

LES GRANDS

JURISCONSULTES

PAR

A. RODIÈRE

PROFESSEUR A LA FACULTÉ DE DROIT DE TOULOUSE

Beati qui esuriunt & sitiunt justitiam.
MATTH. V. 14.

TOULOUSE

ÉDOUARD PRIVAT, LIBRAIRE-ÉDITEUR

RUE DES TOURNEURS, 45

1874

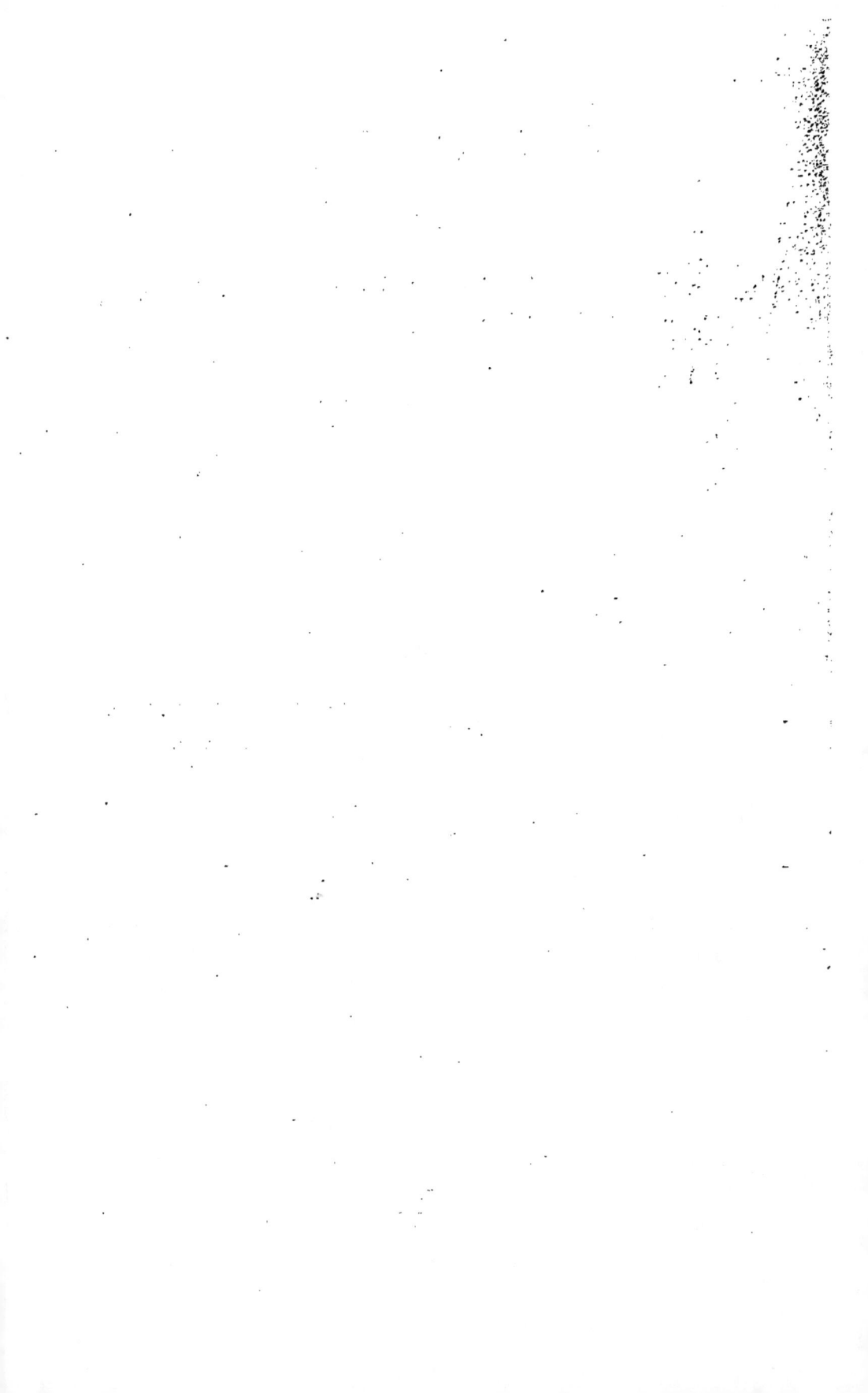

LES GRANDS

JURISCONSULTES

INTRODUCTION

On dit que les Lacédémoniens cherchaient à former le
corps des enfants même avant leur naissance. Ils recom-
mandaient pour cela de ne mettre jamais sous les yeux des
femmes enceintes que des statues ou des tableaux représentant des types de vigueur, de santé, de beauté. Nulle diffor-
mité ne devait frapper les regards des femmes qui devaient
incessamment devenir mères, de peur que le fruit délicat
qu'elles portaient dans leur sein n'en reçût une fâcheuse
empreinte. Le but était louable. C'est moins cependant
l'homme physique que l'homme moral qu'il importe de former de bonne heure, et c'est surtout dans l'ordre moral que
l'exemple des Spartiates mérite d'être suivi. Il faut pour cela
ne mettre sous les yeux des enfants qui commencent à réflé-
chir, à plus forte raison, des adolescents, que des types de
grandeur et de dignité, afin que leur âme se forme, presque
à leur insu, sur ces beaux modèles : ou, si l'on est obligé de
leur parler d'hommes criminels, ne les leur peindre que pour
en inspirer de l'horreur, comme faisaient ces mêmes Spartiates, qui ne montraient à leurs enfants les Ilotes ivres que

pour les prémunir contre l'ivresse, dont ils voyaient les honteux effets.

Il nous a donc paru qu'il pouvait être utile à la jeunesse des écoles de Droit, pour qui nous avons écrit ce livre, de lui présenter des modèles pris dans une classe d'hommes qui, par la nature de ses travaux, se rapproche le plus des idées saintes, nous voulons parler des jurisconsultes, qu'Ulpien, grand jurisconsulte lui-même, appelait les prêtres du Droit, *Sacerdotes juris*. Le Droit, en effet, n'est pas autre chose que la justice en action, et la justice en action est bien voisine de la sainteté, ou plutôt elle en est le premier échelon, la justice n'étant que la charité dans une mesure exacte et limitée, tandis que la sainteté est la charité sans mesure.

Il ne saurait donc y avoir dans les sociétés humaines, après l'étude des choses proprement saintes, d'étude plus importante et plus utile que celle du Droit. Et comme, dans les sociétés civilisées, les lois sont si nombreuses et si compliquées, que leur étude suffit pour absorber tous les moments d'un homme, même laborieux, il faut, de toute nécessité, qu'une classe particulière d'hommes intelligents s'y consacre entièrement pour éclairer de ses conseils les multitudes d'hommes voués, par goût ou par nécessité, à d'autres travaux. Ceux qui se livrent à cette étude dans un but principalement intéressé, se nomment *légistes* ou *juristes*; ceux qui s'y abandonnent avec amour et y trouvent les mêmes satisfactions intellectuelles que le peintre éprouve devant un beau tableau, ou le sculpteur devant une belle statue, s'appellent *jurisconsultes*.

Il y a, en effet, entre le légiste, qu'on appelle souvent aussi homme d'affaires, et le jurisconsulte, la même différence qu'entre l'arpenteur et le géomètre. L'arpenteur doit bien connaître un peu la géométrie, et c'est pour cela que pour marquer chez un homme la réunion, dans la proportion indispensable, de la science générale des mesures à ses applications les plus usuelles et les plus simples, on dit très-bien, en joignant les deux mots par un trait d'union, un *arpenteur-géomètre*. Mais quand on dit un *géomètre* tout court, on n'entend plus parler d'un homme qui gagne plus ou moins d'écus avec la chaîne et le compas, on veut désigner un savant épris des sciences mathématiques au point de faire passer leur étude bien avant les intérêts vulgaires. On pense aussitôt à Archimède, à Pascal, à Leibnitz, à Newton.

Un trait d'histoire servira à mettre en relief notre pensée. Après la mort de Pertinax, en l'an 193 de notre ère, un riche Romain, Didius Julianus, acheta l'empire, mis à l'enchère par les soldats prétoriens, et quelques historiens ont dit de cet acheteur de sceptre, que c'était un jurisconsulte. Ils se sont trompés en donnant ce nom, qui par lui-même inspire le respect, à un traficant effronté, qui était bien d'une race de jurisconsultes, puisqu'il était, paraît-il, petit-fils de Salvius Julianus, le célèbre rédacteur de l'Edit des préteurs (1), mais qui n'était pas jurisconsulte lui-même, puisque son nom ne se trouve cité dans aucun livre de Droit faisant autorité, parmi ceux des maîtres de la science juridique.

Quiconque, par conséquent, s'attendrait à trouver dans notre livre une œuvre semblable à celles de Diplovataccius, de Pancirole, de Taisand et de quantité d'autres biographes, c'est-à-dire une galerie complète de tous les hommes qui ont écrit avec quelque succès sur le Droit, n'aurait pas aperçu notre dessein. Il est si facile, avec des ciseaux, de faire des livres en découpant d'autres livres, qu'on peut publier sur le Droit des ouvrages qui ont quelquefois beaucoup de succès en librairie, sans être, à proprement parler, jurisconsulte, à plus forte raison, grand jurisconsulte. Ce dernier titre ne peut être donné qu'aux hommes qui, par leurs idées propres ou par un talent d'exposition tout à fait extraordi-

---

(1) Voyez Hugo, *Hist. du Droit Rom.*, § 180.

naire, ont jeté dans la science un très-grand éclat et un
éclat durable.

Mais si l'homme souvent vaut mieux que l'œuvre, l'œuvre
d'autres fois vaut mieux que l'ouvrier. Comme tout être doué
de la liberté morale peut abuser des facultés qu'il a reçues
de Dieu, les grandes intelligences ne sont pas plus que les
autres à l'abri des défaillances morales ni même des grandes
chutes, et il arrive trop souvent qu'on a de l'admiration pour
une œuvre dont on ne peut pas estimer l'auteur. Ce cas
cependant se réalise rarement pour les jurisconsultes, parce
que le Droit est une science si fortement assise sur des vérités
de conscience indiscutables, que quiconque la cultive ne
parvient pas facilement, dans les occasions où sa vertu
périclite, à se faire une conscience fausse. Un jurisconsulte
peut bien, quand il se livre aveuglément à quelque honteuse
passion, devenir sceptique et perdre un moment le sens
moral; mais il le recouvre dès qu'il revient à sa science
sainte. Chaque fois qu'il trébuche dans ses actions, les principes dont il est obligé de faire l'aliment de sa vie, l'aident à
se relever; et quand son cœur devient aussi ferme que son
esprit, il ressent pour ce qui est juste une telle passion que
la moindre injustice, commise à l'égard de qui que ce soit,
lui cause plus de déplaisir qu'une note criarde n'en peut
causer à l'oreille la plus délicate.

Tous les temps et tous les pays ont fourni des jurisconsultes de cette trempe, et ce sont ceux-là que nous aimons à
présenter comme des modèles aux légistes, pour développer
en eux la grandeur morale, qui est la seule grandeur véritable. Nulle étude ne nous semble plus nécessaire en un
temps où le matérialisme fait tant de ravages dans les âmes,
et a causé à la France, en particulier, tant de désastres.
Comment notre nation, jadis si grande, est-elle tombée si
bas, qu'un instant on a pu croire que son nom allait être
effacé de la terre? Il n'en faut pas chercher la cause ailleurs

que dans l'affaiblissement du sens moral. Une philosophie sceptique et une littérature éhontée se sont exercées, à l'envi, à extirper des âmes tous les bons sentiments et à nourrir les mauvais. Elles ont amené alors une génération que nos pères, s'ils revenaient au monde, ne pourraient plus reconnaître comme issue de leur sang, une génération composée, en majeure partie, d'hommes incrédules et efféminés, qui n'ont pas su, au moment du péril, défendre leur patrie contre les ennemis du dehors, qui, dans bien des villes, n'ont pas même su résister à des fous criminels du dedans, et qui ont laissé ravir à la France deux de ses plus belles provinces, qu'elle aimait de l'amour qu'a une mère pour ses enfants les plus dignes et pour ceux qui lui ont le plus coûté. Puisse la jeunesse française reconnaître que notre décadence morale a été la principale cause de ces épouvantables malheurs, et puisse-t-elle s'imprégner de doctrines plus saines, des doctrines qui enseignent l'austérité, qui nourrissent le courage et qui enfantent l'héroïsme !

Dans l'ancienne Rome, les grandes familles étaient dans l'usage de faire porter aux obsèques de chacun de leurs membres les images des ancêtres, pour exciter chez tous leurs descendants un vif désir d'imiter leurs exploits et leurs vertus. Cet usage n'existe plus. Mais il est facile à quiconque veut s'élever haut dans la vie morale, de se créer des ancêtres d'adoption, en gardant toujours sous ses yeux les exemples des hommes qui ont su, dans un milieu semblable au sien, conserver des âmes droites et des cœurs sans tache. Quand ces exemples finissent par être tellement gravés dans la pensée d'un homme qu'ils n'en sortent plus, ils servent merveilleusement à épurer toutes ses joies, à calmer toutes ses douleurs, et à placer son âme dans cet état de paix inaltérable où les disciples de Zénon avaient déjà compris que se trouve le souverain bien, et où l'on ne jouit des biens qui passent que pour conquérir par leur légitime usage ceux qui demeurent.

DIVISION DU LIVRE

Pour mettre le plus d'ordre possible dans nos réflexions sur les grands jurisconsultes, nous diviserons notre œuvre en huit livres. Nous parlerons dans le premier, des grands jurisconsultes de l'antiquité jusqu'à Constantin ; dans le second, des jurisconsultes orientaux, depuis Constantin jusqu'à la fin de l'empire d'Orient ; dans le troisième, des jurisconsultes de l'Occident, depuis Constantin jusqu'à la renaissance des études juridiques ; dans le quatrième, des grands légistes des mêmes contrées, depuis la renaissance des études juridiques jusqu'à Luther. Dans les livres suivants, il nous a paru préférable de classer les jurisconsultes par siècles. Nous parlerons donc dans les cinquième, sixième et septième livres, des principaux jurisconsultes du seizième, du dix-septième et du dix-huitième siècle. Dans le huitième livre, enfin, nous signalerons ceux qui ont le plus marqué dans le siècle que nous traversons, en limitant nos appréciations à ceux qui ne sont plus, n'ayant ni la volonté, ni le droit de formuler des jugements sur ceux qui vivent encore.

LIVRE PREMIER

Des jurisconsultes de l'antiquité.

———

Nous avons dit dans notre introduction que, chez les peuples civilisés, les lois sont si nombreuses et habituellement si
compliquées qu'un homme ne peut les bien connaître qu'à la
condition de consacrer sa vie entière à leur étude. Tous les
peuples où la civilisation s'est développée, ont donc nécessairement des jurisconsultes. La vieille Egypte dut avoir les
siens comme l'Assyrie, comme la Perse ou l'Inde, comme, à
l'extrême Orient, la patrie de Confucius. Dans les Etats théo-
cratiques, le jurisconsulte se confond seulement avec le prêtre. Dans l'Inde, il s'identifie avec le brame, et dans la Gaule
antique le Druide était l'organe de la justice comme le ministre de la religion.

Chez le peuple juif, les jurisconsultes étaient en très-grand
honneur. Les Scribes, dont il est si souvent question dans les
saints évangiles, étaient des jurisconsultes. Les mêmes hommes, que saint Matthieu, saint Marc et saint Jean ne désignent que sous le nom de Scribes, sont appelés fréquemment
par saint Luc *Legisperiti* (1), nom qu'on traduit habituellement en français par Docteur de la loi, mais qu'on peut tra-
duire tout aussi bien par Jurisconsulte. Les Scribes pou-

(1) Luc, VII, 30 ; XI, 45, 46.

vaient se rencontrer être des lévites ou des prêtres ; mais il
n'était pas nécessaire pour devenir Scribe, de descendre
d'Aaron ni même de Lévi. Tout Israélite qui se livrait avec
succès à l'étude des lois judaïques, quelle que fût la tribu à
laquelle il appartînt, pouvait devenir *Scribe de la loi* (1),
comme dans nos anciennes universités on pouvait très-bien
devenir docteur en droit canon et même en théologie sans
s'être engagé dans les ordres sacrés.

Les Grecs n'avaient pas de terme particulier pour désigner
les jurisconsultes, et dans une liste d'un millier à peu près
de Grecs célèbres qu'a dressée Barthélemy, dans son *Voyage
d'Anacharsis* (2), aucun n'est désigné par un nom qui corres-
ponde exactement à celui de jurisconsulte. Mais, dès qu'un
homme, chez les Grecs, avait acquis une connaissance profonde des lois de son pays, s'il arrivait surtout qu'il connût
aussi les lois de plusieurs autres peuples, il arrivait souvent
que ses concitoyens, voire parfois quelque autre peuple ou
tribu hellénique, le chargeaient de réviser les leurs et de les
réformer ; c'est-à-dire que les grands jurisconsultes devenaient habituellement législateurs. Les sept Sages de la
Grèce antique, à commencer par Solon, composèrent, en
effet, presque tous des lois, c'est-à-dire que presque tous
furent des jurisconsultes, et Minos, avant eux, était un jurisconsulte aussi. Aussi le mot σοφος, chez les Grecs, ne voulait
pas seulement dire *Sage*, il signifiait, de plus, savant, habile,
expérimenté, en sorte que les jurisconsultes se trouvaient
confondus chez eux tantôt avec les législateurs, tantôt avec
les philosophes ; et s'ils joignaient à la connaissance des lois
le talent de la parole comme Callistrate, Démosthène, Es-

---

(1) On distinguait chez les Juifs trois sortes de scribes. Les plus
élevés en dignité étaient ceux dont nous parlons, qu'on désignait,
quand on voulait les distinguer des autres, sous le nom de Scribes
de la loi. (V. Bergier, *Dictionnaire de théolog.*, Vº *Scribe*.)

(2) T. 5, pag. 254.

chine, on ne les désignait plus que sous le nom d'orateurs. Chez un peuple plus épris de tout ce qui frappait agréablement les sens que de la beauté morale, les qualités brillantes de l'orateur voilaient les qualités plus solides, mais plus ternes, du jurisconsulte.

Il est certain, du reste, que les Grecs eurent généralement beaucoup plus de goût pour la culture des lettres et des arts que pour celle du droit. A part les Spartiates, ils ressemblaient tous plus ou moins aux Athéniens qui faisaient plus de cas des talents d'un histrion que des vertus d'Aristide, qu'ils étaient ennuyés d'entendre toujours appeler le Juste.

Dans les vues de la Providence, les Romains étaient le peuple qui devait se livrer avec le plus de succès, à l'étude du droit, et élever cette science au plus haut degré de perfection qu'elle pût atteindre avant d'être éclairée par les lumières de la révélation. Dans ce vers célèbre : *Tu regere imperio populos, Romane, memento,* Virgile avait, sans doute, en vue la domination de Rome sur les autres peuples par la force des armes ; mais quand, par opposition aux siences et aux arts de la Grèce, il ajoutait : *Hæ tibi erunt artes, pacisque imponere morem, etc.,* beaucoup de scoliastes entendent, et suivant nous avec raison, donner de sages lois. Cicéron, en effet, n'eût jamais osé dire : *Cedant arma togæ,* s'il n'eût pas été en cela l'écho de Rome entière, s'il n'eût pas été convaincu que tout ce qu'il y avait de plus distingué dans ses murs faisait plus de cas de la science juridique que de la gloire militaire. On sait, du reste, qu'à Rome tous les citoyens portaient les armes, et que les chefs de la magistrature romaine, les préteurs, quand ils sortaient de charge, allaient presque toujours prendre le commandement d'une armée.

Ce culte des Romains pour le Droit nous semble avoir la même cause providentielle que l'agrandissement de leur empire. Bossuet, dans son admirable *Discours sur l'Histoire universelle,* fait remarquer que toutes les victoires de Rome et la

domination qu'elle finit par exercer sur la plus grande partie du monde connu, n'étaient dans les vues de la Providence
qu'un moyen de faciliter la propagation de la doctrine évangélique, lorsque le divin Maître viendrait au monde. On peut
dire, avec autant de raison, que le respect dont les Romains
étaient pénétrés pour la science du Droit et pour ses organes, n'avait pour but, dans les vues de Dieu, que de préparer l'univers païen, qu'ils s'étaient assimilé par la sagesse de
leurs lois, à recevoir plus facilement les lumières d'une doctrine plus pure encore et plus belle, qui allait se lever sur
l'humanité.

Qu'on ne s'y trompe pas, en effet. Le Droit romain, à la
venue du Christ, avait presque atteint le degré de perfection
que ne peuvent jamais dépasser les œuvres humaines. Il
était dès-lors en possession de tous les principes qui favorisèrent son expansion dans le monde. Ce monument incomparable de la sagesse antique était déjà à peu près complet
au temps des grands jurisconsultes de la République, au
temps de Servius et de Q. Mucius Scævola. Le temple du
Droit, basé sur d'impérissables assises, qui n'étaient autres
que les colonnes inébranlables d'une raison droite, n'attendait
plus que son couronnement. Les plus grands jurisconsultes
classiques : Papinien, Paul, Ulpien, ne devaient rien ajouter,
ni à la solidité des fondements, ni à la hauteur de l'édifice ;
ils ne devaient qu'en polir les colonnes et en sculpter les
bas-reliefs. C'est pour ce motif que nous divisons notre étude
sur les jurisconsultes romains en deux chapitres. Le premier
sera consacré aux jurisconsultes antérieurs à l'établissement
de l'empire ; le second, aux jurisconsultes postérieurs.

Mais avant de commencer nos appréciations sur une série
d'hommes illustres dont on ne doit prononcer les noms
qu'avec respect, et pour expliquer comment le nombre des
grands jurisconsultes est, à nos yeux, fort restreint, nous devons préciser, un peu plus que nous ne l'avons fait dans notre

introduction, ce que nous entendons par *grand jurisconsulte*. Il ne suffit pas, à nos yeux, pour mériter ce titre, d'être très-versé dans les lois de son pays, ni même d'avoir écrit quantité d'ouvrages, fussent-ils remplis d'érudition. Que tout légiste, dont les connaissances dépassent la mesure commune, et qui joint à la science un esprit juste, puisse être appelé jurisconsulte, nous ne le contesterons point. Mais pour être classé parmi les grands, il faut avoir des vues philosophiques de l'ordre le plus élevé et des principes inébranlables.

Pour l'homme de lettres, le rayon céleste, la *mens divinior* qui le distingue du vulgaire des écrivains, c'est l'éclat de l'imagination et la magie du style. Dans le jurisconsulte, c'est la hauteur des vues jointe à la sûreté du jugement; et nous entendons par hauteur des vues la vision claire, nous dirions presque l'intuition du juste : intuition qui vient quelquefois à des hommes pervertis, mais qui est toujours plus vive et plus forte dans les âmes parfaitement pures.

En quoi consiste, en effet, la mission du jurisconsulte? A rendre et faire rendre, autant qu'il est en lui, à tout être humain ce qui lui est dû, *jus suum cuique tribuere*. Il faut donc que ce but ne sorte jamais de son esprit. Il faut, comme dit l'Ecriture, qu'il ait faim et soif de la justice. Et pour arriver à ce résultat, aussi beau qu'il est saint, il ne doit pas se borner à interroger les lois qui régissent son pays, ni même celles qui ont pu régir l'humanité en d'autres temps ou qui la gouvernent en d'autres lieux. Il doit se livrer à un examen comparatif d'un ordre plus élevé, en rapprochant les lois positives qu'il a étudiées, des lois idéales, dont il recherche les traits sublimes dans son âme, comme l'artiste, devant les plus beaux modèles, tout en cherchant à les imiter, ne laisse pas de viser plus haut. Le vrai jurisconsulte se demande donc toujours si les lois positives qu'il a étudiées correspondent bien à leur fin dernière, si toutes tendent, autant

que le comportent les milieux, à assurer à tous les êtres
humains la part qui leur revient dans les divers biens auxquels est attaché le peu de félicité que l'homme peut goûter
sur la terre ; et pour s'en assurer, il remonte au principe
générateur de toutes les lois humaines. Ce principe, c'est que
si Dieu a fait la terre, et tout ce qu'elle contient ou produit,
pour l'homme, il n'a donné à aucun homme le droit d'en opprimer un autre, parce qu'il aime tous les êtres humains
d'une dilection infinie. Il ne veut donc pas que le bonheur
d'un homme fasse jamais obstacle à celui d'un autre ; mais,
au contraire, que le bonheur de chacun augmente le bonheur de tous.

Quand la Providence établit des inégalités entre les hommes, ce n'est donc pas pour que ceux qu'elle place au-dessus
des autres, composent leur bonheur des fatigues et des larmes de leurs subordonnés, c'est plutôt pour qu'ils allègent
leurs fatigues et cherchent à sécher leurs larmes. Il élève
les grands très-haut pour qu'ils aident les petits et les pro-
tègent, comme il soulève les montagnes pour qu'elles versent incessamment aux vallées les eaux qui les fertilisent.

Il ne peut donc s'élever entre les jurisconsultes dignes de
ce nom de dissidences que sur le point de savoir si telle loi
est, ou non, plus propre qu'une autre à procurer à un peuple
la plus grande somme de bonheur possible. Des jurisconsultes, par exemple, peuvent avoir des prédilections différentes
pour telle forme de gouvernement ou telle autre ; préférer,
les uns la forme monarchique, d'autres la forme aristocrati-
que ou démocratique ; mais s'ils peuvent se diviser sur les
moyens, ils ne peuvent pas se diviser sur le but. Tout jurisconsulte chrétien doit, pour apprécier le mérite des lois, se
guider d'après la belle maxime de Fénelon : « Il faut préférer
le genre humain à sa patrie, sa patrie à sa famille, et sa
famille à soi, » c'est-à-dire que toute loi doit être faite et inter-
prétée dans le sens le plus favorable au plus grand nombre

des êtres humains. Tout légiste qui adopterait un autre point de vue et qui ne jugerait du mérite d'une loi que par le profit que lui ou les siens en retirent, loin de mériter d'être classé parmi les jurisconsultes, devrait être rangé, par les honnêtes gens, dans la classe des êtres égoïstes, qui sacrifieraient la terre entière à une misérable satisfaction personnelle, c'est-à-dire parmi les êtres qui ne méritent que le mépris. Les plus grands jurisconsultes de l'antiquité, comme des temps modernes, sont donc ceux qui se sont le plus occupés du bonheur des masses, de protéger le plus possible les petits et les faibles contre les grands et les forts, et d'extirper des lois tout ce qui peut devenir entre les hommes une cause de discorde et de haine. C'est d'après ces idées que nous formulerons nos jugements dans tout le cours de notre œuvre, et que nous allons apprécier tout d'abord dans ce premier livre les jurisconsultes de Rome païenne, que nous diviserons en deux séries : ceux qui vécurent avant l'Empire, et ceux qui ne vinrent qu'après.

CHAPITRE PREMIER

Des grands jurisconsultes de Rome antérieurs à l'établissement de l'Empire.

De l'aveu de tous les philosophes sensés, quand la tradition est constante et universelle, et qu'elle repose, non pas sur une opinion, mais sur un fait, elle suffit pour engendrer la certitude. Nous sommes donc bien loin de penser comme Niebuhr, que les premiers siècles de Rome ne sont qu'un tissu de fables, auxquelles on ne saurait ajouter aucune croyance. Nous reconnaissons bien qu'un certain nombre de faits racontés par les historiens de Rome primitive sont suspects, mais ces faits sont en petit nombre.

Quant à l'existence des sept rois de Rome d'abord, elle nous paraît incontestable, tant sont nombreux les monuments de l'antiquité où il en est fait mention. La plupart de ces rois ont laissé sur le sol même de Rome, ou dans les traditions toujours vivantes de ses habitants, les empreintes ineffaçables de leur grandeur ou de leurs crimes. La grande cloaque, par exemple, proclame la grandeur du premier Tarquin, comme le nom de *Via Scelerata*, qu'a porté jusqu'au quinzième siècle la rue de l'Esquilin qu'on appelle aujourd'hui de Saint-François-de-Paule, rappelait l'atrocité de Tullie, la femme du second Tarquin, qui y fit passer son char sur le corps de Servius Tullius son père ; et c'est par la victime de ce parricide abominable, que nous allons commencer la série des grands jurisconsultes de l'antiquité, parce que la constitution politique que Servius donna à Rome portait un cachet de génie si marqué, qu'elle devrait servir jusqu'à la fin des siècles de modèle à tous les législateurs.

§ I. — Servius Tullius.

L'esprit de conquête est diamétralement contraire à l'esprit de justice qui fait la base de la science du Droit. Ce n'est donc point parmi les conquérants qu'il faut aller chercher des jurisconsultes ; mais il peut s'en rencontrer sous la pourpre des rois, quand les rois sont des hommes pacifiques, plus désireux de faire le bonheur des sujets que la Providence a soumis à leur sceptre, que d'en augmenter le nombre par la force des armes. Servius Tullius fut un de ces rois bénis par l'humanité, qui tiennent plus à l'amour de leurs sujets qu'à l'agrandissement de leurs états. Ce n'est pas que ce fût un homme sans courage. L'histoire nous apprend qu'il vainquit les Véiens et les Toscans, peuples redoutables, dont les premiers, on le sait, ne furent définitivement soumis que par Camille, après avoir soutenu dans leur capitale un siége aussi long que celui de Troie. Mais les guerres soutenues par Servius furent apparemment des guerres défensives, et celles-là sont aussi louables que les guerres offensives sont criminelles.

Quoi qu'il en soit, ce qui rendit cher aux Romains de toutes les classes le nom de Servius Tullius, ce furent les soins qu'il prit pour agrandir et pour orner leur ville. Avant lui, Rome ne renfermait dans son enceinte que le mont Palatin, le mont Capitolin, le Cœlius, l'Esquilin, et une partie seulement du Quirinal. Servius y comprit le reste du Quirinal, le Viminal et l'Aventin (1), et ce ne fut qu'à dater de son règne, par conséquent, que Rome commença à s'appeler la ville des Sept Collines. Il éleva sur l'Aventin un temple à Diane, indice de la pureté de ses mœurs, et il en fit construire un autre à la Fortune, pour exprimer qu'il n'était redevable qu'à elle d'être monté sur le trône après être né dans l'esclavage ; action modeste, bien éloignée de la conduite ordinaire des parvenus, qui ne cherchent qu'à cacher l'obscurité de leur origine en se créant de fausses généalogies (2).

Mais ce qui nous frappe surtout dans Servius Tullius, et qu'aucun des auteurs que nous avons lus n'a mis suffisamment en lumière, c'est le génie du droit que posséda cet homme extraordinaire, et qui nous fait voir en lui l'un des plus grands jurisconsultes, et le premier dans l'ordre des temps, que Rome ait produits. Nous savons bien que Numa Pompilius adoucit les mœurs des fils de Romulus en leur donnant de sages lois. Mais quelles furent ces lois ? Les historiens de l'antiquité ne nous l'ont pas dit, et Numa, par conséquent, put n'être qu'un prince sage, pacifique et hon-

(1) Vasi, *Itinéraire de Rome*, avant-propos.
(2) V. sur le règne et les qualités de Servius, Tite-Live, I, c. 41 ; Cicéron, *Div.*, I, c. 43 ; Valère-Maxime, I, c. 6 ; Denis d'Halicarnasse, IV ; Florus, I, c. 6 ; Ovide, *Fastes*, 6, vers 601.

nête, sans grandes vues politiques. Nous pouvons, au contraire, juger de l'étendue des vues de Servius, par la constitution nouvelle qu'il donna aux Romains. On y trouve
l'empreinte d'une profonde sagesse et d'une grande habileté,
non pas de cette habileté fondée sur le mensonge, qu'enseigne Machiavel, mais de celle qui ne s'écarte jamais de la
justice, et n'a d'autre but que d'arriver aux résultats les plus
utiles à la société par une voie aussi douce que possible.
C'est cet esprit de progrès, réglé par la prudence, qui carac-
térise précisément les jurisconsultes, que les Romains, pour
ce motif, ne désignèrent pendant bien longtemps que sous le
nom de *Prudentes*, hommes prudents.

Pour faire ressortir tout ce qu'il y eut à la fois d'habile et
de juste dans la division nouvelle que Servius fit de tout le
peuple romain en fractions qu'il appela Centuries, rappelons
les graves difficultés que les rois de Rome rencontraient dans
leur gouvernement, par suite de la séparation des Romains
en deux classes, celle des Patriciens et celle des Plébéiens,
disons même plutôt en deux castes, puisque le sang des deux
classes ne pouvait pas alors se mêler par des mariages. Cet
antagonisme profond et continuel semblait devoir amener la
destruction prochaine de l'Etat, et les sages de ce temps,
à coup sûr, n'eussent pas osé appeler déjà Rome la ville
éternelle.

Jusqu'à Servius, en effet, les patriciens et les plébéiens ne
se trouvaient jamais réunis dans les mêmes assemblées déli-
bérantes. Les premiers étaient divisés en curies, les seconds
en tribus. Les uns et les autres pouvaient tenir des assemblées, mais chacun ne reconnaissait que les lois faites dans
les assemblées de son ordre, et refusait de se soumettre à
celles votées par l'autre. Cette organisation pouvait donc
créer à chaque instant des difficultés insolubles, si les deux
classes ne s'entendaient pas pour des mesures commandées
par l'intérêt commun. La guerre civile était ainsi toujours

imminente, un État ne pouvant manifestement être en repos
que lorsque tous ses membres reconnaissent être soumis aux
mêmes lois.

Cette scission entre les deux classes, qui remontait au berceau de Rome, était devenue beaucoup plus grave au temps
de Servius, parce que la population plébéienne s'était consi-
dérablement accrue. Elle ne formait, au temps de Romulus,
que trois tribus, et Servius dut en porter le chiffre jusqu'à
quinze, pour qu'il fût possible de recueillir en un seul jour les
suffrages de tous les plébéiens. Mais augmenter le chiffre
des tribus, c'était constater seulement l'accroissement numé-
rique des plébéiens : ce n'était pas leur donner une participa-
pation quelconque aux prérogatives des patriciens, et c'est à
à quoi ils aspiraient. Ils voulaient grandir en puissance
comme ils avaient grossi en nombre, et le trait de génie de
Servius Tullius fut de fondre l'aristocratie patricienne et la
démocratie plébéienne en une timocratie qui devait les renfermer l'une et l'autre. Tous les citoyens durent pour cela
être classés, non point d'après leur origine patricienne ou
plébéienne, mais d'après leur fortune constatée. Cette cons-
tatation était ce qu'on appela le cens, *census*, et l'assemblée
législative, composée sur ces bases, prit naturellement le
nom de Comices de *centuries*. Puisque les décisions prises
dans ces comices émanaient de la nation tout entière, elles
étaient obligatoires pour les deux ordres, et aucun citoyen
n'était privé du droit d'y voter, mais l'importance du vote,
d'après une combinaison des plus ingénieuses, dépendait de
la fortune des votants.

Le peuple romain, en effet, dans cette nouvelle organisation politique, fut divisé en six classes, et chaque classe
en un nombre de centuries très-variable. La première, composée des citoyens dont les biens valaient au moins cent
mille as, fut subdivisée en quatre-vingts centuries. Les seconde, troisième et quatrième classes, formées de citoyens

2

qui possédaient soixante-quinze mille, cinquante mille ou
vingt-cinq mille as, comprenaient chacune vingt centuries.
La cinquième classe, composée des citoyens possédant au
moins dix mille as, était divisée en trente centuries. La
sixième, enfin, où les citoyens les plus pauvres se trouvaient,
pour ainsi dire, entassés, ne formait qu'une seule centurie,
quoiqu'elle surpassât en nombre toutes les autres. En sens
inverse la première classe, quoique la moins nombreuse de
toutes, comptait plus de centuries que toutes les autres
ensemble ; et comme les votes de chaque centurie se prenaient dans l'ordre des classes, dès que le nombre des votes
émis par les centuries des classes supérieures, qui votaient
les premières, dépassait la moitié de toutes les centuries réunies, on ne demandait plus les votes des classes inférieures,
qui, par cet ordre, n'étaient presque jamais consultées. La
dernière ne pouvait l'être que lorsque les votes des cent dix
centuries des six premières classes s'étaient équilibrés jusqu'au dernier moment, ce qui, on le comprend, était une
hypothèse d'une réalisation presque impossible. Aussi, il
n'arriva jamais que la dernière centurie eût à voter, jusqu'au
temps où il fut réglé que l'ordre dans lequel les centuries
voteraient serait déterminé par le sort, ce qui pouvait assez
souvent faire arriver la dernière en rang utile.

Cette combinaison de Servius fut, avons-nous dit, un trait
de génie, parce que la participation de tous les citoyens aux
affaires publiques s'y trouvait réglée d'une manière singulièrement prudente. Servius se plaça, par là, au-dessus du premier des sages de la Grèce, au-dessus de Solon. Solon, en
effet, avait accordé de grands priviléges à l'Aréopage, dont
les membres, qu'il porta au chiffre de quatre cents, se recru-
taient parmi les citoyens les plus vertueux d'Athènes ; et il
voulut, au témoignage de Plutarque, que toutes les affaires
fussent examinées par ce tribunal célèbre, avant d'être portées à l'assemblée générale du peuple. Mais, finalement, il

laissait au peuple le pouvoir souverain; ce qui fit dire au Scythe Anacharsis ce mot plein de sens et de vérité : « Solon « n'a laissé aux sages que la délibération, et il a donné la « décision aux fous. » Servius, au contraire, maintint aux sages à la fois la proposition et la décision : la proposition, parce que c'était le sénat qui la faisait, et que le roi, quand il convoquait les comices, n'était que son organe; la décision, parce qu'elle dépendait toujours des hommes les plus intéressés par leur fortune à la chose publique. Les plébéiens acceptèrent cependant cette proposition, parce qu'elle présentait pour eux deux avantages : le premier, c'est que, théoriquement au moins, aucun membre de la cité romaine, si pauvre fût-il, n'était censé complétement étranger à la confection des lois, ce qui devait leur inspirer à tous ce sentiment de dignité et d'estime de soi-même, que conçoivent naturellement dans un Etat toutes les personnes qui ont part à la puissance publique; le second, bien plus précieux encore, c'est que tout plébéien, par l'ordre, le travail et l'économie, pouvait s'élever peu à peu au-dessus des patriciens peu riches, et finir par arriver jusqu'à la première centurie de la première classe, où il marchait alors d'égal à égal avec les descendants des premiers fondateurs de Rome.

La constitution de Servius Tullius donna donc à la République romaine une merveilleuse stabilité, qui commença à lui manquer quand, un siècle après environ, le dictateur Hortensius fit rendre la loi fameuse d'après laquelle les décisions prises par les plébéiens dans leurs comices de tribus devaient avoir la même force que celles votées par les comices de centuries. A dater de ce jour, la République romaine cessa d'être timocratique et devint un état démocratique inclinant vers la démagogie. Les pouvoirs n'y furent plus assez pondérés, les sages ne tinrent plus le gouvernail, et les sénateurs les plus éclairés durent facilement prévoir que la République finirait par s'effondrer sous le poids des exigences, de jour en jour plus grandes, du menu peuple. Mais, auparavant, elle devait élever à la science du droit un monument impérissable, dont les assises, empruntées la plupart au droit antérieur, furent coordonnées et cimentées dans la loi célèbre des XII Tables, à laquelle nous consacrons le paragraphe suivant.

§ II. — LES DÉCEMVIRS ET LA LOI DES XII TABLES.

La première pensée, ou, si l'on veut, le premier germe d'une loi, émane rarement de la personne qui lui imprime la force obligatoire. Quand le chef d'un Etat n'est pas versé dans la science du droit, et c'est le cas le plus ordinaire, les lois qu'il promulgue sur des matières qui supposent des connaissances juridiques, ne viennent pas de lui, mais des hommes spéciaux qu'il a consultés. Il n'en est pas le véritable père, il n'en est, pour employer un mot familier, que le parrain. Mais la loi des XII Tables fut très-justement appelée la loi décemvirale, parce que les décemvirs en furent certainement les auteurs. Si, comme on l'a dit, le grec Hermodore d'Ephèse prit quelque part à leur confection, cette part ne put être que bien petite. Les décemvirs, en effet, étaient contemporains de Thémistocle et de Cimon, et la Grèce, à cette époque, était déjà bien polie, tandis que les lois des XII Tables offrent partout l'empreinte de la rudesse et de l'inflexibilité des premiers Romains. Pomponius indique, du reste, que le premier des décemvirs, Appius Claudius, était versé dans la jurisprudence (1), et il est à croire que ses collègues étaient légistes aussi. Mais les lois décemvirales furent-elles aussi bonnes et aussi équitables que le comportait le temps où elles furent rendues ? Nous ne le pensons pas. Nous savons bien que ces lois furent toujours considérées, à

(1) L. 1. § 24, D., *de orig. jur.*

Rome, comme le fondement du droit, qu'elles étaient gravées
sur l'airain et exposées au public dans un temple, et qu'au
temps même de Cicéron les enfants les apprenaient par
cœur (1). Que ces lois cependant étaient loin de l'équité pré-
torienne, qui devait n'en plus laisser subsister que l'écorce !

Appius Claudius fut précipité du pouvoir parce qu'il avait
osé attenter à l'innocence et à la virginité d'une jeune fille,
et c'était assurément plus qu'il n'en fallait pour le rendre
exécrable à tout ce que Rome avait d'honnête, c'est-à-dire
alors, à Rome tout entière. Les plébéiens cependant avaient
de justes sujets de n'être pas contents des lois mêmes des
décemvirs, qui, sur bien des points, étaient inhumaines, quelquefois atroces. Quand un débiteur, par exemple, avait plusieurs créanciers qu'il ne pouvait payer, une des lois des
décemvirs autorisait les créanciers à le couper en morceaux,
ou à le vendre au delà du Tibre. Nous n'ignorons pas qu'à
Rome, dès les temps d'Athénée, certains érudits prétendaient
que l'expression latine, signifiant littéralement couper à
morceaux, *in partes secanto*, voulait dire que les créanciers
pouvaient se distribuer, non pas les membres sanglants de
leur débiteur, mais seulement son patrimoine. Les peuples
peu lettrés ne sont point cependant dans l'usage d'employer
dans leurs lois des métaphores, et aujourd'hui même nous
trouverions singulier qu'une loi eût dit que les créanciers
peuvent écarteler le débiteur, pour indiquer qu'ils peuvent se
partager ses biens.

Quoi qu'il en soit, supposé que l'interprétation indiquée
par Athénée fût vraie, ce serait dans les XII Tables une
disposition atroce de moins ; mais la manière dont elles permettaient de traiter un débiteur avant de le dépouiller irrévocablement de ses biens, était déjà d'une cruauté révoltante.
Le débiteur, dès qu'il était en retard, était saisi par le créan-

(1) Cic. *de Legibus*, ii, c. 23.

cier, qui l'entraînait, chargé de chaînes, dans sa demeure, où il le traitait déjà comme un esclave, et la loi mesurait avec parcimonie la quantité de farine qu'il devait fournir au débiteur pour ne pas le laisser mourir de faim.

Cette rigueur excessive, nul ne l'ignore, les créanciers romains étaient tellement dans l'habitude d'en user qu'elle était la cause d'agitations incessantes. Le menu peuple, qui se soulevait, ruiné qu'il était par les usures incroyables des riches, faisait de temps en temps abolir les dettes, que de nouvelles usures faisaient renaître le lendemain ; et ces procédés de vampire, dont les plus nobles patriciens, dont les censeurs mêmes, témoin le premier Caton, ne se firent jamais scrupule, mirent Rome vingt fois à deux doigts de sa perte.

Ce qui nous surprend, ce n'est donc pas que les plébéiens, indignés de la luxure d'Appius, eussent renversé les décemvirs, c'est qu'ils n'eussent pas, dans leur colère, brisé les tables sur lesquelles ils avaient gravé leurs lois. S'ils les laissèrent subsister, c'est, sans doute, parce qu'auparavant la législation était complétement incertaine ; que les lois étaient toujours ce que les hommes puissants voulaient qu'elles fussent, quand le texte authentique ne s'en trouvait nulle part, et que l'arbitraire absolu des hommes puissants est ce que les hommes qui ne le sont pas ont le plus à redouter. Les plébéiens acceptèrent donc les lois des XII Tables, parce qu'il vaut mieux pour un peuple avoir des lois mauvaises, auxquelles il parvient à se plier sans trop de douleur, que de n'en pas avoir du tout, et d'être livré, pieds et poings liés, à l'arbitraire des forts.

Ajoutons, cependant, pour ne rien outrer, que s'il y avait dans les XII Tables des dispositions barbares, même pour le temps, il y en avait aussi de fort sages, quelques-unes même parfaitement belles, comme celle qui disait que le patron méritait la mort quand il avait fraudé son client : *Patronus, si clienti fraudem fecerit, sacer esto !* Cette loi, dans à lettre, ne désignait que les patrons sans foi ; mais, dans son esprit, elle déclarait indigne de vivre tout homme puissant qui violait le droit des faibles, tout magistrat, par conséquent, qui manquait à la justice ; et quand Virginius, frappant sa fille, que les licteurs d'Appius entraînaient, dit au fier décemvir : « C'est par ce sang que je dévoue ta tête aux « dieux infernaux, *Sacer esto !* » Appius comprit si bien qu'il méritait, en effet, la mort, qu'il se la donna lui-même, quelques jours après, dans la prison où le peuple, indigné, l'avait jeté.

Disons aussi, en l'honneur des auteurs de la législation décemvirale, qu'ils surent donner à toutes leurs lois une forme si concise et si vigoureuse, une forme ressemblant si fort à celle que Dieu même avait employée quand il parla à Moïse, sur le mont Sinaï, qu'ils connaissaient apparemment le texte du décalogue et voulurent l'imiter. Ce qui leur manqua surtout, c'est le sentiment de l'équité, qui, sans affaiblir la justice, lui enlève toute sa rudesse, et c'est pour cela, sans doute, que Pomponius, en citant l'œuvre des décemvirs à sa date, n'ajoute aucune parole d'éloge pour ses auteurs.

Nous venons de prononcer un nom respectable, celui de Pomponius. Les compilateurs de Justinien n'auraient fait que conserver à la postérité le livre de ce jurisconsulte célèbre sur les origines du droit, qu'ils mériteraient, pour cela, la reconnaissance de tous les âges. Ce n'est guère, en effet, que par le fragment célèbre du Digeste, où ils l'ont encadré, et par quelques rares passages des auteurs classiques, et principalement de Cicéron, que nous connaissons les noms des jurisconsultes que Rome honora le plus, et que nous possédons quelques détails sur leur vie. C'est donc Pomponius qui va nous servir de guide dans toute la suite de ce chapitre, où nous suivrons comme lui, d'une manière à peu près constante, l'ordre des temps.

§ III. — APPIUS CLAUDIUS, GNÆUS FLAVIUS, SEXTUS ÆLIUS.

Rome dut beaucoup à Claudius Cæcus ; elle dut davantage
à son secrétaire Gnæus Flavius, et à Sextus Ælius, qui marcha sur les traces de Flavius.

Nulle famille à Rome ne fut plus honorée que celle des
Claudius. Elle compta durant la République vingt-huit con-
sulats, cinq dictatures, sept censures et six triomphes. Il n'y
eut que les Cornélius et les Cécilius dont les familles accu-
mulèrent plus d'honneurs. Les Claudius, qui descendaient
de Clausus, roi des Sabins, avaient naturellement l'orgueil
des vieilles races. Quand ils savaient dompter cet orgueil,
c'étaient des héros ; quand ils en suivaient les hautaines inspirations, c'étaient des hommes qui ne connaissaient plus de
frein. Appius Claudius, qui ne sut contenir ni son orgueil ni
sa luxure, périt, comme nous l'avons vu, d'une mort misérable. Son cousin du même nom, surnommé *Cæcus,* à cause de
sa cécité, sut, au contraire, commander à ses passions. Ce
fut un sage, qui s'appliqua toute sa vie à l'étude du droit, et
Rome ne pouvait pas rendre un plus grand hommage à la
rigidité de ses mœurs qu'en le chargeant de surveiller celles
de la cité tout entière, quand elle le nomma censeur.

C'est Claudius Cæcus qui, durant sa censure, fit construire
la célèbre voie appelée de son nom Appienne, que les
Romains, à cause de sa largeur et de son inébranlable solidité, appelèrent la reine des voies, *regina viarum,* et dont les
familles les plus illustres se plurent bientôt à garnir les
bords avec les cendres de leurs plus nobles ancêtres. C'est
encore Claudius Cæcus qui fit construire à Rome le premier
aqueduc, pour amener de Tusculum les eaux abondantes qui,
du nom de sa race, furent appelées Claudiennes.

Appius Cæcus prévoyait sans doute les grandes destinées
des fils de Romulus, quand il ne voulait pas supporter qu'il

y eût un seul coin de l'Italie qui fût soumis à une autre
domination que celle de Rome. Aussi, quand Cinéas fut
chargé de faire aux Romains des propositions de paix, on
vit l'aveugle Appius se faire transporter au sénat pour y
déclarer qu'il fallait repousser sans examen toute offre de
Pyrrhus, jusqu'à ce qu'il eût retiré ses troupes de l'Italie et
fût rentré dans son étroit royaume d'Épire.

Ce fut donc certainement un grand homme que le jurisconsulte patricien Claudius Cæcus. Nous n'hésitons pas à
dire cependant que le descendant des rois Sabins rendit à
Rome des services moins grands en construisant des voies
et des aqueducs magnifiques, que son secrétaire, d'origine
servile, Gnæus Flavius, qui divulgua au peuple les règles
et les formules de la procédure romaine, dont les patriciens
jusqu'à lui avaient su garder toujours le secret. La justice,
en effet, est le premier besoin des peuples. Tout homme a le
droit de l'invoquer et de vivre dans cet élément, comme l'oiseau a le droit de voler dans l'air et le poisson celui de nager
dans l'eau. L'accès des ministres de la justice doit donc rester toujours également facile pour tous les citoyens d'un État,
pour les pauvres et les petits, comme pour les grands et les
riches. S'il en est qui peuvent aborder le juge quand ils veulent, tandis que d'autres ne peuvent le faire qu'avec la permission ou la protection des premiers, cela constitue une
inégalité monstrueuse, dont toute âme juste a droit de s'offenser, et cette inégalité choquante exista à Rome jusqu'au
temps de Claudius Cæcus.

Les Romains, d'abord, avaient des jours, et ils étaient
nombreux, où les actes judiciaires étaient interdits; c'étaient
les jours de fête, dont l'ordre était réglé annuellement par
les pontifes, qui ne le révélaient qu'aux personnes considérables faisant partie, comme eux, de la classe des patriciens.
Il y avait aussi, pour engager une action en justice, des formules sacramentelles qui n'étaient connues que des familles

patriciennes, et dont l'inobservation entraînait inévitablément la perte du procès pour le plaideur qui avait commis la moindre inexactitude ou la moindre omission, n'eût-ce été que d'une syllabe, ce qui avait donné lieu, à Rome, à ce proverbe : *Qui cadit a syllaba cadit a toto.* Les plébéiens, qui ne connaissaient ni le calendrier des pontifes ni les formules d'action, étaient donc exposés à perdre tous leurs procès, s'ils négligeaient d'aller consulter humblement un jurisconsulte patricien, qui pouvait leur faire payer cher ses conseils.

A qui les plébéiens durent-ils l'inappréciable avantage de s'affranchir d'une servitude aussi gênante ? Au secrétaire de Claudius Cæcus, à Gnæus Flavius, qui publia le calendrier des pontifes et le recueil des formules, d'après un écrit que possédait son patron, et il semblerait, d'après le texte de Pomponius, qu'il le lui déroba (1). Il se pourrait cependant que Claudius Cæcus eût autorisé secrètement cette publication, pour obéir d'abord à sa conscience d'homme droit et probe, qui lui faisait sentir combien la politique des patriciens était injuste, et ménager cependant la classe des patriciens qui était la sienne, et qui eût pu lui reprocher d'avoir fait trop bon marché des intérêts de sa caste si le livre eût paru sous son nom. Cette interprétation nous semble plausible parce qu'elle met à l'abri de tout reproche la mémoire de Flavius, et que les actions humaines doivent être interprétées dans le sens le plus honnête. Il serait fâcheux que, pour faire une chose essentiellement juste, en elle-même, Flavius eût eu recours à une perfidie.

Quoi qu'il en soit, Gnæus Flavius montra toujours un grand courage en assumant sur sa tête, par la publication du livre d'Appius, les haines du patriciat tout entier, privé par là d'un de ses moyens les plus sûrs d'influence et de prépondérance dans la cité, haines redoutables, qui, un siè-

(1) L 2, § 7, D. *de orig. jur.*

cle plus tard, devaient être si fatales aux Gracques. Les plébéiens en témoignèrent à Flavius leur gratitude de la
manière la plus éclatante. Ils assurèrent d'abord son invio-
labilité en le nommant tribun du peuple ; plus tard ils le
firent nommer sénateur, puis enfin édile curule. Le fils d'un
affranchi s'assit alors, comme son patron de race royale, sur
un siége d'ivoire, et il eut des licteurs, que n'eut peut-être
jamais Claudius, qui ne fut point consul, que rien n'indique
avoir été préteur, et à qui la dignité de censeur, quoique ce
fût une des plus importantes de la République, ne donnait
pas le droit de faire porter devant lui des faisceaux.

Un demi-siècle environ après la publication des formules
de Gnæus Flavius, qu'on appela de son nom le droit Flavien,
jus flavianum, les patriciens essayèrent encore, paraît-il, de
composer de nouvelles formules secrètes, à l'occasion de lois
nouvelles qui avaient accordé des actions dans des circonstances où le droit antérieur n'en donnait point. Mais ces
formules nouvelles ne tardèrent pas à être publiées aussi
par Sextus Ælius, dont le recueil fut appelé, pour ce motif,
le droit ælien. Les patriciens durent alors comprendre que
le temps des mystères et des arcanes était définitivement
passé ; et depuis, en effet, plébéiens et patriciens saisirent
les magistrats avec la même facilité et combattirent à armes
égales. Ce fut le triomphe du droit et de la justice sur une
oppression hypocrite qui avait duré plus de trois siècles.

§ IV. — SCIPION NASICA.

La famille des Cornélius était, comme celle des Claudius,
l'une des plus anciennes et des plus illustres de Rome. La
plus célèbre de ses branches fut celle des Scipion, qui brilla
de toute sorte de gloires. Dans les armes, elle produisit les
plus grands généraux de la République, Scipion l'Africain
et son frère Scipion l'Asiatique. Elle produisit aussi un des

plus grands jurisconsultes de Rome dans Scipion Nasica,
cousin du vainqueur d'Annibal et de celui d'Antiochus. Quoique inférieur, pour le génie militaire, à ses illustres cousins,
Scipion Nasica fut cependant aussi un grand homme de
guerre. L'année 190 av. J.-C., il avait combattu avec succès
en Espagne les Lusitaniens, n'étant encore que préteur ; et
devenu consul l'année suivante, il vainquit les Boïens, l'un
des peuples les plus belliqueux de la Gaule, ce qui lui valut
les honneurs du triomphe.

Mais ce qui honora plus Nasica que les splendeurs triom-
phales, ce fut le témoignage d'estime qu'il obtint du sénat
quand la célèbre statue de Cybèle, honorée à Pessinonte, fut
transportée à Rome, pour obéir, disait-on, aux ordres des
livres sybillins. Le sénat décida que le plus vertueux de ses
membres se rendrait à Ostie pour recevoir le vaisseau qui
portait la statue de la mère des dieux, et son choix tomba
sur Scipion Nasica. Il méritait cette haute distinction par
l'austérité de ses mœurs, attestée par saint Augustin, qui le
loue fort d'avoir fait interdire les jeux scèniques à Rome,
dans cette ville, dit-il, des fortes âmes (1). Mais la vertu la
plus éminente de Nasica était son amour ardent pour la justice. Assiégé dans sa demeure par les plaideurs qui allaient,
du lever du soleil jusqu'à son coucher, lui demander des
avis, il ne voulut jamais recevoir d'aucun le moindre gage
de reconnaissance, et le peuple romain lui fit don d'une
maison sise dans la voie sacrée, au centre de Rome, pour
que ses innombrables clients fussent plus à même de recourir, à tout instant, à ses conseils désintéressés. Scipion Nasica
offrait, dans cette conduite généreuse, le type du grand
urisconsulte, qui place sa félicité dans le culte de la justice,
qu'il aime pour elle-même et jamais pour le lucre qu'il en
retire, comme les grands artistes aiment l'art pour l'art.

(1) *Cité de Dieu,* liv. ii, ch. 5.

Il faut donc se garder de confondre le grand jurisconsulte Scipion Nasica avec son petit-fils du même nom, surnommé Sérapion, qui, pour arrêter un mouvement populaire dont les patriciens s'alarmaient, tua de sa propre main Tibérius Gracchus, son proche parent cependant, puisque l'illustre mère des Gracques, Cornélie, était fille de Scipion l'Africain. Ce meurtre, que le sénat approuva, semble difficile à justifier quand on connaît bien ce que demandaient les Gracques. Bien des personnes, étrangères aux études juridiques, s'imaginent que les tribuns qui proposaient ce qu'on appelait à Rome des lois *agraires*, et les Gracques, en particulier, voulaient abolir tous les droits de propriété, remettre tous les biens en commun, et les partager ensuite d'une manière rigoureusement égale entre tous les citoyens pour qu'aucun ne fût plus riche qu'un autre. C'est se tromper tout à fait sur le but de ces lois. Les lois agraires n'avaient rien de commun avec le hideux communisme qui a failli amener naguère la ruine totale de la capitale de la France. Personne, à Rome, ne contestait aux patriciens la propriété des terres conquises originairement par leurs ancêtres, quand la classe des plébéiens n'existait pas, ou ne faisait que de naître. Mais, au temps des Gracques, Rome s'était déjà emparée de territoires immenses et de royaumes entiers dans les trois parties du monde connues des anciens ; et sous le nom de possessions, *possessiones*, les généraux d'armée, leurs lieutenants et tous les citoyens puissants de Rome s'appropriaient les produits de ces terres comme s'ils en eussent eu la propriété véritable. Les Gracques demandaient, non sans raison, que les plébéiens pauvres eussent part dans ces possessions, puisque, par leurs fatigues, leurs périls et leur sang répandu, ils avaient contribué à leur conquête autant que les patriciens les plus valeureux, et cette demande paraissait juste.

Il n'est donc pas certain que le grand jurisconsulte Scipion Nasica, honoré à Rome comme le plus juste des hommes, eût

approuvé, comme le sénat, le meurtre de Tibérius Gracchus.
Peut-être, au contraire, usant du pouvoir absolu que le père
de famille avait chez les Romains sur toute sa descendance
par mâles, il eût jugé et condamné son petit-fils Sérapion,
dans son tribunal domestique, pour avoir voulu trancher par
le fer une question qui ne devait se résoudre que par l'application des principes immuables de la justice (1).

§ V. — LES MUCIUS SCÆVOLA.

Les Mucius n'appartenaient pas, comme les Claudius et
les Cornélius, à la classe patricienne. C'était une maison
plébéienne, mais si ancienne et si illustre, qu'aucune famille
patricienne ne fut entourée, à Rome, de plus de considération et d'éclat. Elle descendait de ce héros de courage, de
ce Mucius, surnommé *Cordus,* à cause de son intrépidité, qui
frappa d'admiration Porsenna quand, interrogé par ce roi
d'Etrurie pourquoi il avait voulu le massacrer, il porta pour
toute réponse sa main droite sur un brasier et la laissa brûler. Ce trait inouï d'héroïsme n'est rapporté, il est vrai, que
par Tite-Live (2), et comme Denys d'Halicarnasse, en racon-
tant la tentative de Mucius, ne rappelle pas la circonstance
de la main brûlée, des critiques modernes ne voient là qu'une
fable, et ils nient également l'action héroïque de Régulus,
parce que Polybe n'en dit rien dans son Histoire, quoiqu'elle
commence aux guerres puniques (3).

Mais que dire de cette critique qui consiste à rapetisser
toujours les héros comme les saints; de cette critique outrée,

(1) Scipion Nasica était consul l'an 191 av. J.-C., et il était apparemment mort depuis longtemps quand son petit-fils tua Tibérius
Gracchus, ce qui n'arriva que cinquante-huit ans après.

(2) II, c. 12 et 13.

(3) M. Bouillet, dans son *Dictionnaire de l'antiquité,* aux mots *Mucius* et *Régulus,* rappelle l'opinion de ces critiques et se l'approprie.

commençant à Niebuhr et finissant à Strauss, sinon que c'est
l'art insensé de rendre les hommes ignorants par la science
même! Elle amoncelle des ténèbres sur le passé de l'humanité, pour rendre complétement noir son avenir, et aboutit
fatalement au nihilisme en philosophie et en religion comme
en histoire, c'est-à-dire au scepticisme le plus absurde. Que
prouvent, par exemple, au sujet des actes dont nous parlons, le silence de Denys d'Halicarnasse et celui de Polybe,
contre des traditions qui sont encore toutes vivantes, non
seulement dans la ville aux sept collines, mais dans le monde
entier? Évidemment rien. Polybe et Denys d'Halicarnasse
étaient Grecs. Ils écrivaient l'un et l'autre, près d'un siècle
après que Pyrrhon avait enseigné à leurs compatriotes à
douter de tout, c'est-à-dire à s'enfoncer volontairement dans
la plus stupide des ignorances, et à éteindre toutes les lumières de l'âme. Depuis plus de cent ans aussi, tous les héros
grecs dont l'histoire atteste les grandes actions avaient disparu; il n'y avait plus à Sparte des Léonidas, à Athènes, des
Miltiade ni des Aristide. Polybe et Denys d'Halicarnasse ne
comprenaient donc pas la grandeur des âmes romaines. Il ne
suffit pas, pour mesurer cette grandeur, d'être un lettré,
même distingué, il faut l'être à la manière de Corneille, et
ni Polybe ni Denys d'Halicarnasse n'atteignaient ce niveau.
Peut-être même, par un sentiment étroit de patriotisme,
n'étaient-ils point fâchés d'affaiblir les teintes de l'héroïsme
romain, puisque Plutarque même, le sage Plutarque, dans
ses parallèles entre les héros de la Grèce et de Rome, semble
n'être pas toujours d'une impartialité rigoureuse à l'égars
des Romains.

Mucius Cordus fut la tige d'une famille qui fut honorée à
Rome durant plus de sept siècles, et qui par des mariages
mêla son sang à celui des Romains les plus illustres, au sang
des Gracques, des Marius, des Crassus, des Pompée. Ce fut
une race de guerriers, dont plusieurs eurent les honneurs

triomphaux, mais ce fut surtout une race de jurisconsultes.

Quintus Mucius Scævola, qui fut préteur en Sardaigne, l'an 217 av. J.-C., était déjà considéré comme le plus grand jurisconsulte de son temps, et Pomponius montre assez quelle était la trempe de son âme, quand il raconte sa mission à Carthage, où les Romains l'avaient envoyé, l'an 229 av. J.-C., pour se plaindre de la prise de Sagonte et demander l'extradition d'Annibal. Les sénateurs carthaginois ayant fait alors mettre devant lui deux dés, sur l'un desquels était écrit le mot *Guerre*, et sur l'autre le mot *Paix*, lui dirent de choisir. Mais Quintus, emportant les dés dans les plis de sa toge, dit aux sénateurs de Carthage, étonnés, que c'était eux, au contraire, qui devaient choisir ce qu'ils voulaient recevoir des Romains, la paix ou la guerre (1). Pour retrouver une action aussi fière, il faut arriver au fameux cercle de Popilius, qui s'en souvint peut-être, quand, quelques années après l'action mémorable de Quintus, il traça autour du roi Antiochus son cercle fameux. Que signifiait, en effet, la réponse de Quintus Scævola, sinon que Rome n'aurait jamais rien à demander à aucun peuple de la terre, dont aucun ne pouvait vivre ni en guerre, ni en paix, sans la permission des Romains!

Publius Scævola, petit-fils de Quintus, fut préfet de la ville, 179 ans av. J.-C., et reçut, peu de temps après, les honneurs du triomphe pour avoir vaincu les Liguriens. Un de ses neveux, surnommé l'*Augure*, parce qu'il en remplit longtemps les fonctions, devint ensuite souverain pontife (2), fut consul l'an 133 av. J.-C., et triompha des Dalmates avec Métellus. Cicéron, dont il fut le premier maître, fait le plus grand éloge de sa science comme jurisconsulte en même

(1) Utramque tesseram sustulit, et ait Carthaginienses petere debere utram mallent accipere. L. 2, § 37, D., *de Orig. jur.*

(2) L. 2, § 39, D., *de Orig. jur.*

temps que de sa vertu. Mais son illustration, quoique grande, fut encore dépassée par celle du second Quintus Mucius Scævola, son cousin, qui devint, après la mort de celui-ci, le maître et l'ami de Cicéron. Il fut consul l'an 95 av. J.-C., puis proconsul d'Asie, et grand pontife comme Publius (1). Ses grandes vertus ne purent le soustraire à la haine de Marius, qui, quoiqu'il fût son parent, le fit massacrer l'an 82 av. J.-C., parce qu'il était du parti de Sylla.

Nous n'avons cité que les noms les plus célèbres de cette illustre famille des Mucius, qui, durant près de deux siècles, ne cessa de produire de grands jurisconsultes, presque toujours revêtus de hautes fonctions sacerdotales.

C'est une chose remarquable, que, dans les familles romaines, il s'en rencontrait souvent où les mêmes qualités ou les mêmes vertus se perpétuaient ainsi de père en fils durant des siècles. En aucun lieu du monde, la maxime : Tel père, tel fils, ne fut plus vraie qu'à Rome. Quand on y disait de quelqu'un : C'est un Claudius, un Scipion, un Mucius, on n'avait pas en vue un seul type, comme quand nous disons : C'est un Hercule, c'est un Achille, on avait en vue une famille entière. Tout Claudius était réputé fier, tout Scipion belliqueux, tout Mucius jurisconsulte.

On ne voit plus depuis bien longtemps chez nous cette ressemblance des âmes se transmettant de père en fils mieux que celle du visage. On a dit de tout temps : « Le génie meurt sans héritier. » Le génie, en effet, c'est la *mens divinior* du poète. Le génie, c'est une âme que Dieu a travaillée, pour ainsi parler, plus que les autres, et le travail des hommes peut bien seconder, jamais remplacer le travail de Dieu. Mais ce qu'on a toujours dit, avec vérité, des hommes de génie, on peut le dire aujourd'hui des hommes mêmes qui ne se distinguent du vulgaire que par des qualités qui n'ont

(1) L. 2, § 41, D., *de Orig. jur.*

rien de transcendant et qu'il est facile d'acquérir. On ne voit plus guère de nos jours de pères qui transmettent à leurs fils ni l'honnêteté quand elle est grande, ni la science quand elle est vaste, ni le simple amour des lettres ou des arts quand il est vif. Il n'arrive pas une fois sur vingt qu'un homme distingué ait des fils qui le soient aussi, et à vingt ans de distance on ne retrouve plus aucun des noms qui ont marqué dans la génération précédente.

A quoi tient une différence aussi grande entre les familles romaines et les nôtres? C'est visiblement à l'autorité des pères de famille, qui ne connaissait pas de bornes chez les anciens Romains, tandis que chez nous elle n'existe que de nom. Le chef de famille romain, monarque absolu dans l'intérieur de sa maison, vrai maître et seigneur de tous ses fils et descendants par mâles, presque autant que de ses esclaves, avait le temps, par l'exemple, et au besoin par la compression, de façonner les âmes de tous ses descendants sur la sienne, tandis que chez nous les pères de famille, loin d'user avec soin du peu d'autorité que la loi leur laisse, n'aspirent bien souvent qu'à s'en débarrasser tout à fait. La plupart craignent de prendre trop de fatigue en élevant leurs enfants, et les confient complétement, dès qu'ils commencent à sortir de l'enfance, à des maîtres, et souvent quels maîtres! qui ne les leur rendent qu'au moment où l'esprit a définitivement pris un pli que le père de famille ne peut plus changer, tandis qu'à Rome l'autorité du père se faisait sentir à l'enfant dès son berceau jusqu'à la mort du chef de famille. C'est cette présence continuelle du père au milieu de tous ses fils et descendants par mâles, qui donnait à chaque famille une physionomie propre, et qui produisit chez les Claudius tant d'hommes fiers, chez les Cornélius et les Métellus tant d'hommes de courage, chez les Mucius tant de jurisconsultes et de pontifes.

Les vertus traditionnelles de la famille sacerdotale des

Mucius nous inspirent une autre réflexion, c'est que nous n'avons pas un respect assez grand pour les pontifes qui illustrèrent Rome païenne par la dignité de leur vie. Nés que nous sommes au milieu des splendeurs sans tache du christianisme, il nous semble que les sacerdoces païens, au lieu d'être un titre de gloire pour les hommes qui les exercèrent, doivent pour nous être plutôt un sujet de mépris. Mais ce jugement est injuste. Mathan, sans doute, Mathan, grand-prêtre de Baal, était, par cela même, le plus méprisable des hommes, parce qu'il était apostat, ayant connu le vrai Dieu. Mais, dans la gentilité, il n'en était pas de même. Un prêtre des faux dieux pouvait avoir des vertus quand son cœur avait conservé des aspirations pour le Bien suprême. Tous les dieux des nations, il est vrai, n'étaient que des fantômes de dieux, imaginés par Satan pour abuser l'humanité : *Dei gentium dæmonia*. Mais l'Écriture-Sainte n'a dit, ce nous semble, nulle part, que tous les prêtres des Gentils fussent nécessairement des hommes coupables, quand ils étaient dans l'erreur de bonne foi, et qu'ils aspiraient à un Rédempteur inconnu, comme le cerf altéré aspire après l'eau des fontaines.

Concluons donc que les grands jurisconsultes de Rome, honorés du suprême pontificat, quand ils se faisaient remarquer par l'intégrité de leurs mœurs, furent des hommes dont on doit honorer la mémoire et ne prononcer le nom qu'avec respect, quand on songe surtout au nombre incalculable de chrétiens qui déshonorent aujourd'hui ce titre sacré par toute sorte de vices ; et parmi les pontifes jurisconsultes qui honorèrent Rome païenne, nulle famille n'en fournit un plus grand nombre et de plus recommandables que celle des Mucius.

§ VI. — TIBÉRIUS CORUNCANIUS.

Les plébéiens des premiers temps de la République étaient
des hommes ardents pour revendiquer leurs droits; mais le
respect qu'ils avaient pour les vieilles familles patriciennes
faisait qu'ils ne nommaient que bien rarement des hommes
de leur propre race aux magistratures et aux sacerdoces.
Tibérius Coruncanius fut donc nécessairement un jurisconsulte d'une grande distinction, puisqu'au dire des historiens,
le collége des pontifes n'avait été composé jusqu'à lui que de
patriciens, et qu'il devint non-seulement pontife, mais grand
pontife. Nous croyons entrevoir la raison de cette prodigieuse
élévation. Ce fut apparemment la même qui fit que Gnæus
Flavius, fils d'un simple affranchi, devint cependant successivement tribun du peuple, questeur et édile curule. Coruncanius rendit, en effet, aux plébéiens un service non moins
important que Flavius. Celui-ci leur avait révélé le calendrier
et les formules d'action, dont la connaissance était également indispensable pour procéder sûrement en justice, et
Coruncanius acheva de dissiper tous les mystères dont la
science juridique restait encore entourée. Jusqu'à lui, les
jurisconsultes étaient surtout des patriciens fort jaloux de
leur science, qui admettaient cependant assez facilement
auprès d'eux, quand ils donnaient des conseils à leurs clients,
les jeunes hommes des familles patriciennes qui voulaient
étudier le droit; mais un jeune plébéien eût aspiré vainement
à cette faveur.

T. Coruncanius fut, au témoignage de Pomponius, le premier jurisconsulte de Rome qui professa publiquement le
Droit, c'est-à-dire qui en enseigna les principes à quiconque
voulait assister à ses leçons. A dater de ce jour, par conséquent, toutes les sources du Droit jaillirent à Rome pour tous
ses habitants indistinctement, comme les eaux qu'amenaient

dans la ville éternelle ses aqueducs magnifiques. Les plébéiens purent y puiser aussi bien que les patriciens, et ce
fut seulement à dater de ce moment qu'il y eut égalité complète de droits entre les deux classes. Un homme, en effet,
qui connaît bien le droit, vis-à-vis d'un autre qui n'en a aucune teinture, est dans une position manifestement désavan-
tageuse. L'un est armé, l'autre ne l'est pas, et la justice ne
peut être bien rendue que dans les États où les plaideurs
peuvent combattre à armes égales. Au temps où le combat
judiciaire était en usage, nos aïeux avaient parfaitement
compris cela. Quand un gentilhomme devait se battre en
champ clos avec un roturier, comme celui-ci ne pouvait pas
se servir de l'épée, le gentilhomme était obligé, comme lui,
d'employer le bâton, qui était la seule arme de la roture. Le
roturier ne pouvant pas monter, c'était, pour égaliser la position, le gentilhomme qui devait descendre.

On comprend donc facilement toute la gratitude que les
plébéiens durent avoir pour le jurisconsulte, né dans leur
classe, qui fut le premier à enseigner publiquement le droit,
et pourquoi ils élevèrent Coruncanius à la plus haute dignité
de Rome dans l'ordre honorifique ; car non-seulement dans
les temples, mais encore dans les cirques, les amphithéâtres
et les théâtres, chaque fois au moins qu'on y donnait des
jeux en l'honneur de quelque divinité, ce qui était le cas le
plus fréquent de beaucoup, les pontifes avaient le pas sur
tous les magistrats, sans en excepter les consuls ni les dic-
tateurs.

T. Coruncanius fut nommé souverain pontife l'an 254 av.
J.-C. Quintus Mucius Scævola, mort en l'an 82 av. J.-C., lui
fut donc postérieur de près de deux siècles. C'est-à-dire que
Coruncanius vivait en un temps où les mœurs romaines conservaient encore toute leur austérité, en un temps par conséquent où le suprême pontificat n'était décerné qu'à des
hommes d'une grande vertu. Les Romains, en effet, avaient

une haute idée de cette dignité sacerdotale. Les autres fonctions, sous la République, étaient presque toutes annuelles;
quelques-unes, comme celle des censeurs, quinquennales :
la dignité de souverain pontife était, au contraire, viagère.
Les Romains ne comprenaient pas qu'un homme une fois parvenu à ce degré suréminent d'honneur, d'avoir précédé tous
les autres dans ses rapports avec les dieux, pût désormais
descendre au-dessous d'un autre homme.

C'est pour le même motif que rien de souillé ne devait paraître devant le souverain pontife, pour ce motif encore qu'il
ne pouvait s'unir en mariage qu'une fois. C'était là une sorte
de chasteté, moins complète sans doute que celle qu'on exigeait des vestales, mais qui commandait cependant au souverain pontife de Rome païenne une lutte énergique contre
les penchants grossiers des sens, quand la mort lui avait
enlevé la première compagne de sa vie.

La vie de Coruncanius fut une belle carrière de jurisconsulte. Il avait consacré ses jours au bonheur de ses semblables, en enseignant le droit à quiconque voulait l'apprendre, et
il les termina par une mort tragique mais honorable. Envoyé
en ambassade à Teuta, reine d'Illyrie, vers l'an 231 av. J.-C.,
il fut massacré par ordre de cette princesse, qui attira par
cette action infâme la guerre dans ses États, et finalement
leur ruine complète, car les Romains ne tardèrent pas à s'en
emparer et à les mettre définitivement sous leur domination.

A partir de ce grand personnage, la science du droit ne
cessa plus d'être enseignée publiquement à Rome, et le
nombre des jurisconsultes dut y croître dans une proportion
notable, puisque tout le monde désormais, plébéiens comme
patriciens, eut toutes les facilités possibles pour étudier le
Droit et aspirer au titre honorable de jurisconsulte. Nous
manquons donc de détails sur la plupart des jurisconsultes
qui suivirent Coruncanius, précisément parce qu'ils devinrent alors très-nombreux, et qu'un homme ne se distingue

plus d'un autre homme dans les foules. Pomponius cependant (1) cite une soixantaine de jurisconsultes qui, depuis
Coruncanius jusqu'au temps où Pomponius écrivait, avaient
acquis à Rome une grande renommée. C'est un espace, il est
vrai, de quatre siècles. Mais quoique la diffusion des lumières soit aujourd'hui beaucoup plus grande et les moyens de
s'instruire beaucoup plus abondants qu'au temps des Romains, quel est le peuple moderne qui pourrait citer, en
remontant aux temps les plus reculés de son histoire,
soixante jurisconsultes dont les noms soient restés célèbres !
Nous n'en connaissons aucun.

Pour établir quelque ordre entre les jurisconsultes si nombreux qui brillèrent à Rome après Coruncanius, il devient
donc indispensable de les diviser par groupes, et nous parlerons successivement des jurisconsultes guerriers, des jurisconsultes orateurs et des jurisconsultes philosophes. Après
avoir parcouru ces trois groupes, nous ajouterons quelques
réflexions en l'honneur de juriconsultes dont Pomponius ne
nous a pas fait connaître les noms, et dont plusieurs cependant purent rendre à la science du droit, et à l'humanité par
conséquent, d'aussi grands services que ceux dont les noms
sont parvenus jusqu'à nous, entourés d'honneur et de gloire.

§ VII. — DES JURISCONSUTES GUERRIERS.

Un grand nombre de jurisconsultes cités par Pomponius
pour la période antérieure à l'empire, qui est celle dont nous
nous occupons en ce moment, furent de grands hommes de
guerre. La plupart des Claudius, des Scipion et des Scævola,
que nous avons précédemment nommés, commandèrent des
armées ; l'un d'eux même, le premier Scipion Nasica, obtint
les honneurs du triomphe. Caton le Censeur, grand juriscon-

(1) L. 2, § 38 et suivants, D., *de Orig. jur.*

sulte comme Scipion Nasica, fut honoré du triomphe aussi.

Rutilius Rufus, dont nous reparlerons à propos des jurisconsultes philosophes, fut envoyé comme consul au devant
des Cimbres et des Teutons l'an 95 avant J.-C., et il réussit
si bien à discipliner ses soldats, que Marius, consul l'année suivante, choisit l'armée de Rutilius de préférence à
celle avec laquelle il avait vaincu lui-même Jugurtha, pour
fermer aux barbares l'accès de l'Italie. J. Brutus, père de
Marcus Brutus qui fut le meurtrier de César, et que Pomponius cite comme un des trois jurisconsultes qui posèrent
scientifiquement les principes du Droit civil, *qui fundaverunt
jus civile,* fut préteur, et joua un grand rôle dans les guerres
civiles du premier triumvirat. Antistius Labéon, lieutenant
de Marcus Brutus, combattit auprès de lui à Philippes, et se
tua comme le fils de Caton d'Utique, quand la bataille eut
laissé la victoire à Jules César, ne voulant pas survivre à la
liberté de Rome, qu'il jugeait à jamais perdue.

Il serait facile de citer beaucoup d'autres jurisconsultes
qui, sans atteindre dans la guerre la célébrité de ceux que
nous venons de nommer, furent aussi des guerriers valeureux, et cela ne doit point paraître surprenant. Quelle est,
en effet, la qualité la plus nécessaire aux hommes de guerre?
Ce n'est point l'art de manier une épée, c'est l'intrépidité
de l'âme, c'est une constance inébranlable, que n'énervent
jamais les succès, que n'abattent jamais les revers. Cette
intrépidité, tous les jurisconsultes célèbres de Rome ne l'ont
point pratiquée au même degré, mais presque tous au moins
l'avaient sentie et comprise, parce qu'ils appartenaient presque tous, comme nous le verrons bientôt, à l'école stoïcienne,
qui ne voyait d'autre mal réel que le mal moral.

Si l'on remonte, du reste, aux vraies causes de la grandeur romaine, on comprend parfaitement que l'alliance entre
la bravoure militaire et le sentiment du Droit fut aussi étroite
que possible. A quoi tinrent, en effet, les prodigieux succès

des fils de Romulus, que les revers les plus grands ne faisaient qu'exciter, comme les chaussées n'arrêtent les eaux des rivières que pour en augmenter ensuite la force motrice ? Ils tinrent à la conviction profonde des Romains qu'ils étaient appelés à l'empire du monde par cette puissance irrésistible qu'ils nommaient le destin, et que nous appelons la Providence. C'est à cette croyance que Virgile faisait allusion dans le vers célèbre : *Tu regere imperio populos, Romane, memento,* et cette croyance remontait à l'origine même de Rome ; elle datait des livres sibyllins auxquels les fils de Romulus attachaient une foi aveugle, et qui leur avaient promis l'empire du monde.

Or, pour dominer partout, il fallait vaincre partout, ne s'avouer par conséquent jamais vaincu, même lorsque, après des désastres aussi grands que la bataille de Cannes, tout paraissait désespéré. Cette croyance, enracinée dans toutes les âmes, donnait aux Romains une énergie incroyable, parce que rien ne rend les hommes plus forts que la conviction d'agir dans le sens de leur destinée, et de suivre, comme on dit dans un langage familier, leur étoile. Elle donnait aussi à chaque Romain une haute idée de sa dignité. Chaque père de famille, investi dans sa maison d'un pouvoir souverain par les lois et les coutumes nationales, devenait, par là même, singulièrement jaloux de ses droits, qu'il s'appliquait toujours à bien connaître, ce qui faisait que l'homme de guerre comme les autres Romains était toujours plus ou moins doublé du jurisconsulte.

Le nombre des jurisconsultes orateurs ne fut pas cependant, à Rome, inférieur à celui des jurisconsultes guerriers, comme on va le voir dans le paragraphe suivant.

§ VIII. — DES JURISCONSULTES ORATEURS.

La religion des païens n'étant qu'un tissu de mensonges qui ne pouvaient supporter un examen sérieux, les Romains ne connurent jamais l'éloquence sacrée ; mais aucun autre peuple du monde n'excella davantage dans l'éloquence politique et l'éloquence judiciaire, qui supposent l'une et l'autre, surtout la seconde, des connaissances en droit assez approfondies. Rome compta donc beaucoup de jurisconsultes qui se distinguèrent par leur éloquence.

Marius Manilius, vanté par Cicéron comme un grand orateur (1), fut aussi, au témoignage de Pomponius (2), un grand jurisconsulte. Gnæus Pompéius, l'oncle paternel du grand Pompée, Cœlius Antipater, Lucius Crassus furent dans le même cas. Aulus Cascellius, vanté par Horace, dans son *Art poétique,* pour son grand savoir, fut, au dire du même Pomponius, plus éloquent encore qu'il n'était docte (3). Marcus Caton, malgré l'austérité de ses mœurs, qui lui fit dédaigner toujours les ornements du langage, fut cependant, et par la seule force apparemment de sa dialectique, un orateur de premier ordre, et ce furent ses succès au barreau qui, malgré l'obscurité relative de la famille plébéienne des Porcius, à laquelle il appartenait, lui ouvrirent l'accès aux plus hautes dignités de la République, à la questure, au consulat, à la censure.

Mais le plus éloquent de tous les jurisconsultes romains fut Servius Sulpicius. Au temps où Rome fourmillait d'orateurs célèbres, Servius, au jugement de Pomponius, occupait certainement le premier rang après Cicéron, et les paro-

(1) Orat., I, c. 48.
(2) L. 2, § 30, D., *de Orig. jur.*
(3) L. 2, § 45, *de Orig. jur.*

les de Pomponius marquent de la part de ce jurisconsulte si éclairé des doutes sur la supériorité de Cicéron même (1), ce qui doit faire regretter vivement qu'aucun des plaidoyers de Servius n'ait été conservé. Peut-être ce grand personnage dédaigna-t-il de les écrire.

Ce qui est certain, c'est que Servius préféra la profession de jurisconsulte à celle d'avocat, à la suite d'une circonstance mémorable que raconte Pomponius. Servius consultait Quintus Mucius sur un point de droit qui intéressait un de ses amis. Mucius donne sa solution. Servius ne la comprend pas et prie Mucius de la mieux expliquer. Celui-ci le fait, et Servius ne l'ayant pas saisie encore et demandant des éclaircissements nouveaux, Quintus lui dit avec vivacité : « Se peut-il qu'un patricien, qu'un noble, qu'un avocat aussi disert que vous, ne connaisse pas mieux le droit de son pays! (2) » Ces paroles du grand pontife étaient sévères. Mais, loin de se plaindre de ce reproche, comme l'eût fait un homme vulgaire, Servius en reconnut la vérité et fit, à partir de ce jour, de l'étude du droit sa principale occupation. Cicéron estimait tant Servius qu'après sa mort il lui fit élever une statue sur la tribune aux harangues (3).

Il n'est pas nécessaire de citer plus de noms pour prouver que beaucoup de jurisconsultes célèbres de Rome furent des orateurs éloquents. Les plus éminents des jurisconsultes ne furent pas cependant orateurs, parce que les hommes qui n'ont d'autre passion que celle de la justice ne recherchent jamais les applaudissements des foules et dédaignent les moyens qui les procurent. Quiconque veut dominer ses

(1) Servius, cum in causis orandis *primum* locum aut pro certo post Marcum Tullium obtineret, etc... L. 2, D., *de Orig. jur.*, § 43.

(2) Les paroles latines sont même plus vives : « Turpe esse patricio, et nobili et causas oranti, jus in quo versaretur ignorare. »

(3) L. 2, § 43, D., *de Orig. jur.*; Cic. *Brut.*; Flaccus, c. 3, XIII ; Pline, 5, ep. v.

semblables par l'éclat et le charme de la parole, cherche, au contraire, à se mêler sans cesse au milieu d'eux et feint d'épouser toutes leurs passions. Pour atteindre son but, il est presque toujours obligé de sortir des limites rigoureuses du vrai, de grossir ou d'atténuer les proportions des objets et d'en dénaturer les teintes. Faire illusion à ses auditeurs pour faire triompher son système est son but unique, et, s'il plaide pour un client, il ne s'afflige d'une sentence injuste que lorsqu'il perd sa cause, jamais quand il l'a gagnée.

Les jurisconsultes, les plus dignes au moins de ce nom, ont d'autres visées. Le spectacle des passions humaines, au lieu de les intéresser, les contriste. Loin qu'ils cherchent jamais à les exciter, ils n'aspirent toujours qu'à les apaiser, en essayant de faire à chaque homme, par l'application des vrais principes du droit, sa juste part de fortune, de liberté, de pouvoir, de considération. Leur unique amour, c'est donc la justice pure, une justice qui ne fasse que des contents et des heureux : ils la recherchent partout et toujours, comme les animaux ne cessent de chercher l'air, et les plantes, le soleil. Ils ne mesurent jamais un principe de droit à la mesure étroite et fausse de leur intérêt propre ou de l'intérêt d'un client, mais à la mesure, seule exacte, de l'intérêt général, dont la satisfaction, aussi pleine que possible, peut seule produire dans l'ordre moral l'harmonie complète et l'accord parfait. Ils n'ont dès lors besoin, pour exprimer leurs solutions, que d'un style net sans diffusion et précis sans obscurité. Tout ornement de langage leur semble superflu, et ils se représentent la justice, objet unique de leur culte, sous les traits d'une femme si parfaitement belle de sa beauté propre, qu'un rien, même gracieux, pris en dehors d'elle, qu'une simple fleur mise dans ses cheveux commencerait à la déparer.

Mais si les jurisconsultes n'ont que faire des décors et des artifices de l'éloquence, les doctrines philosophiques ne peu-

vent jamais leur être indifférentes, et si Rome païenne compta
beaucoup de jurisconsultes qui se distinguèrent à la guerre
ou dans les luttes du Forum, elle en eut un bien plus grand
nombre encore qui cherchèrent dans les études philosophiques la véritable séve du droit. C'est de cette classe de légistes, dignes de tout respect, que nous allons nous occuper
dans le paragraphe qui suit.

§ IX. — DES JURISCONSULTES PHILOSOPHES.

Le Droit est fondé sur des principes métaphysiques qui ne
tombent pas sous les sens, mais qui n'en sont pas moins
certains, basés qu'ils sont sur le témoignage intime de la
conscience. Il est donc de la plus haute importance que les
jurisconsultes aient de saines doctrines philosophiques. Sans
cela, ils fonderaient tous leurs raisonnements sur le vide,
ou, ce qui serait pire encore, sur des principes faux, qui ne
pourraient manquer d'amener les plus déplorables conséquences. Les jurisconsultes romains l'avaient si bien senti
qu'aucun d'eux ne suivit la doctrine absurde de Pyrrhon, qui
est la négation radicale de toute science; et pour en trouver
un qui eût embrassé les doctrines moins absurdes, mais plus
dangereuses, d'Epicure, il faut descendre longtemps le cours
des siècles; il faut arriver à l'établissement de l'empire, et
tomber sur Trébatius, qui professait, dit-on, cette doctrine
énervante, destructive de toute grandeur d'âme. C'est pour
cela, sans doute, que Trébatius fit son deuil si aisément de
la liberté romaine perdue, et qu'il devint l'ami et le familier
de Jules César et d'Auguste.

Avant Trébatius, tous les jurisconsultes romains, sur lesquels l'histoire nous a laissé quelques détails, paraissent
avoir professé des doctrines spiritualistes aussi pures qu'elles
pouvaient l'être au milieu des erreurs du paganisme, et la

plupart de ceux qui vécurent après Zénon embrassèrent la doctrine austère de ce prince des stoïciens. On sait d'abord combien Caton le Censeur était attaché à cette doctrine, et combien il abhorrait les sophistes, classe de gens méprisa-bles, qui, par des raisonnements captieux, essaient de démo-lir toutes les croyances. Il le montra bien quand le célèbre sophiste Carnéade fut envoyé à Rome, en ambassade, par les Athéniens. Dès qu'il eut rempli sa mission, Caton le contrai-gnit de repartir, de peur, dit-il, que son habileté sophistique ne pervertît, à la fois, l'esprit et les mœurs de la jeunesse romaine. L'austère censeur transmit ses principes philoso-phiques à tous les membres de sa famille ; et le plus illustre de ses descendants, Caton d'Utique, au témoignage de tous les historiens, avait passé une partie de la nuit célèbre où il se perça de son épée pour ne pas survivre à la liberté de Rome, à lire le Phédon de Platon, et à méditer les preuves de l'immortalité de l'âme, s'excitant par là à un genre de mort, toujours blâmable chez un chrétien, mais dont les religions païennes n'avaient pas su faire voir l'impiété.

Quintus Ælius Tubéron, petit-neveu du second Scipion l'Africain, se livra aussi avec ardeur à l'étude de la philoso-phie en même temps qu'à celle de la jurisprudence, et nous savons à la fois, par Cicéron et par Pomponius (1), qu'il faisait, comme Caton le Censeur, profession ouverte de stoï-cisme.

La famille des Tubéron était, comme celle des Scipion, une des branches de l'illustre famille patricienne des Cornélius, qui avait conservé plus que les autres les mœurs simples et frugales des Curius et des Cincinnatus. Au temps de Paul Emile, un autre Quintus Ælius Tubéron surnommé Pœtus, cousin du jurisconsulte et gendre de Paul Emile, était logé,

_____

(1) Cic. *Murena*, c. 35, *et Epist. ad Brutum ;* Pomponius, l. 2, D., *de Orig. jur.*, § 40.

avec quinze autres membres de la famille des Tubéron, ayant
chacun femme et enfants, dans une seule maison de Rome,
et Pœtus n'avait, pour toute vaisselle d'argent, qu'une petite
coupe que son beau-père avait rapportée du butin de la
Macédoine et dont il lui avait fait présent. Un sceptique
dirait, peut-être, qu'en embrassant le stoïcisme, tous ces
Tubéron, dans leur fourmilière, faisaient de nécessité vertu.
Mais si le gendre de Paul Emile n'eût aimé la pauvreté par
goût, qui pourrait croire que l'illustre vainqueur de la Macédoine, le chef heureux de qui l'histoire raconte qu'il partagea
entre ses soldats les dépouilles de soixante-dix villes (1),
n'eût pas comblé sa fille et son gendre de richesses !

Pourrait-on dire qu'il faisait aussi de nécessité vertu, ce
célèbre jurisconsulte Publius Rutilius Rufus dont nous avons
déjà parlé, contemporain de Quintus Tubéron et stoïcien
comme lui, qui suivit Q. Mucius Scævola en Asie quand
celui-ci en devint proconsul, et s'y fit remarquer par un
esprit de justice si rigoureux qu'il s'attira la haine de tous
les publicains, qui dévoraient cette riche contrée par leurs
concussions. Rutulius Rufus avait, comme Lélius et le premier Scipion l'Africain, étudié le stoïcisme sous Panætius, et
il était considéré comme le Romain le plus vertueux de son
temps (2).

La philosophie de Zénon continua, même après l'établissement de l'empire, à être la doctrine préférée de tout ce que
Rome compta de grands jurisconsultes (3). En enseignant
que le souverain bien, ou, pour mieux dire, l'unique bien, est
dans la vertu, cette philosophie communiquait à l'âme par
la grandeur et la beauté de ce principe, une énergie extraor-

_____

(1) Plut., *Paulus Æmilius.*

(2) Vell. Pater., 2, c. 9 et 13 ; Val. Max. 2, c. 3 ; 6, c. 4.

(3) V. dans le *Rec. de l'Acad. des sciences mor. et pol.,* l'analyse
d'un beau mémoire de M. Laferrière sur ce sujet.

dinaire. Elle faisait de ses plus courageux adeptes autant de
héros. Elle enseignait à Thraséas à bien mourir ; à Épictète,
dans les fers, elle donnait la force de supporter les plus durs
traitements de son maître sans proférer une plainte, comme
elle inspirait à Marc-Aurèle, parvenu au faîte de la puissance, un parfait mépris de tout ce qui, dans ce monde, brille
d'un autre éclat que celui de la vertu. Aussi, quand la loi
chrétienne fut connue dans la Grèce et à Rome, les stoïciens,
extérieurement, ressemblaient, à s'y méprendre, aux chrétiens, dont, au fond, ils différaient cependant en un point
essentiel. Ces hommes, à bien des égards si recommandables,
étaient malheureusement pleins d'orgueil. Ils supposaient
qu'il n'y avait rien de plus estimable dans le monde que leur
propre personne, ce qui était la plus vaniteuse des idolâtries.
Mais le jour où le disciple de Zénon sentait et avouait sa
faiblesse, le jour où il tombait à genoux devant un être infini
qu'il adorait du fond de son cœur, reconnaissant n'être
absolument rien devant lui, l'ancien disciple de Zénon ne
différait plus des chrétiens les plus parfaits. Le stoïcien de
la veille était devenu un saint le lendemain, un saint prédes-
tiné au martyre, comme saint Justin, ou à une mort aussi
douce et aussi belle qu'un soleil couchant, comme saint Clément d'Alexandrie, qui quittèrent tous deux le manteau fastueux des philosophes pour revêtir la robe blanche et modeste des disciples du Christ.

Mais revenons aux jurisconsultes romains ; et pour terminer ce que nous avons à en dire pour les temps antérieurs à
l'établissement de l'empire, parlons encore de ceux, et le
nombre en est grand, dont Pomponius ni aucun autre auteur ne nous ont transmis les noms, et qui ne laissent pas,
malgré l'obscurité profonde dans laquelle leur mémoire est
tombée, d'être les bienfaiteurs non pas seulement de l'ancienne Rome, mais de tout le genre humain, qui profitera
jusqu'à la fin des siècles des sillons de lumière qu'ils ont laissés dans la science du droit.

§ X. — DES JURISCONSULTES ROMAINS DONT L'HISTOIRE N'A PAS CONSERVÉ LES NOMS ET QUI FONDÈRENT LE DROIT PRÉTORIEN.

Il n'est pas rare de voir des personnes se tromper sur la signification du mot *grand* dans l'ordre intellectuel. Beaucoup supposent que pour mériter cette épithète, il faut avoir nécessairement, et pendant un temps assez long, joué un rôle brillant dans le monde ; qu'il faut, pour être grand homme de guerre, avoir gagné beaucoup de batailles ; pour être grand écrivain, avoir beaucoup écrit ; et pour être grand sculpteur ou grand peintre, avoir fait beaucoup de statues ou de tableaux. C'est commettre une erreur grossière. Hoche et Desaix moururent jeunes et ne furent jamais entourés d'adulateurs ; ce furent cependant de grands hommes de guerre. Si l'on compte le nombre de lignes sorties de leur plume, que Racine semble petit auprès de Voltaire ! Si l'on ne tient compte, au contraire, que du génie, quelle distance n'y a-t-il point de Voltaire jusqu'à Racine ! Léonard de Vinci peignit peu ; Sasso-Ferrato n'a guère peint que des madones ; ce furent cependant d'aussi grands peintres que les peintres les plus féconds de l'école vénitienne, qui ne laissaient pas, dans les vastes églises et les palais immenses qu'ils se chargeaient de décorer, la plus petite place où leur pinceau n'eût passé.

Ainsi en est-il des jurisconsultes. Il n'est point du tout nécessaire pour être un grand jurisconsulte d'avoir publié de gros volumes ; il suffit d'avoir jeté dans la science du droit une semence utile, qui a germé, et qui a produit des fruits abondants. Il pourra arriver alors que l'humanité goûte ces fruits immortels sans s'enquérir jamais des noms des hommes qui les lui ont procurés, comme les femmes se parent de perles fines, sans penser jamais aux plongeurs qui sont

4

allés les chercher au péril de leur vie dans la profondeur des mers.

Rome, en particulier, eut une foule de grands jurisconsultes, dont les noms cependant sont tombés dans un oubli si profond qu'ils n'en sortiront probablement jamais. Les recherches patientes des érudits sont bien parvenues à reconstituer, d'une manière qu'on croit assez exacte, les fastes consulaires, c'est-à-dire la suite des consuls depuis l'établissement de la République jusqu'au temps de Justinien, qui abolit le consulat, devenu, depuis les empereurs, un vain nom. Mais on ne possède pas et l'on ne pourra probablement dresser jamais la liste exacte des préteurs qui rendirent la justice à Rome, par la raison que le nombre de ces magistrats, annuels comme les consuls, fut souvent considérable, et s'éleva, à une certaine époque, jusqu'à dix-huit (1).

Or, à Rome, les préteurs n'étaient pas simplement des magistrats; ils étaient, en réalité, législateurs. Pendant toute la durée de leur magistrature, c'était leur édit qui constituait la seule loi vivante. Tout ce qui n'était pas vivifié par l'édit était réduit à l'état de lettre morte; et si un certain nombre de préteurs adoptaient sur quelque point, d'une manière invariable, l'édit de leurs prédécesseurs, toutes les lois antérieures étaient comme étouffées par ces édits successifs des premiers magistrats, la loi, pure abstraction, ne pouvant être quelque chose qu'autant qu'il se rencontre des magistrats qui entretiennent sa vie en l'appliquant.

Quelquefois, d'ailleurs, il se produisait des circonstances toutes nouvelles qui n'étaient réglées par aucune loi; et comme ce n'était point petite chose quand Rome s'agrandit, que de convoquer les comices, c'était les préteurs qui naturellement réglaient par leurs édits les points de droit nouveaux que ces circonstances avaient fait naître. C'est ainsi

---

(1) L. 2, § 32, D., *de Orig. jur.*

qu'à partir de l'année 510 de Rome, la cité de Romulus, qui n'avait eu jusque-là qu'un préteur, en eut deux : un qui jugeait les procès entre les citoyens romains, qu'on appela préteur *urbain;* l'autre qui jugeait les contestations entre étrangers, et probablement aussi entre Romains et étrangers, qu'on appela préteur *pérégrin.* C'était celui-ci surtout qui réglait, par son édit, une foule de situations auxquelles ne s'appliquaient pas, de plein droit, les lois de Rome, faites uniquement en vue des citoyens romains; et nous avons, dans un travail spécial, essayé de faire ressortir combien le rôle de ce préteur pérégrin fut grand et magnifique (1).

Le préteur urbain n'avait pas un rôle moins important, puisqu'il pouvait non-seulement suppléer au silence du droit civil, mais qu'il pouvait changer ce droit quand bon lui semblait et si auguste qu'en fût la source. Antiques lois de Rome, sans en excepter celle des XII Tables, plébiscites, sénatus-consultes, réponses des prudents, tout cela n'avait d'autre force que ce qu'il plaisait au préteur urbain de laisser subsister, et la rouille de la désuétude détruisait bientôt tout ce que l'édit successif de plusieurs préteurs avait refusé de s'approprier dans le droit préexistant. Aussi, les jurisconsultes appelaient-ils l'édit, la voix vivante du Droit civil, *viva vox juris civilis.*

Mais dans quel sens les préteurs corrigeaient-ils généralement le droit précédent? Hâtons-nous de le proclamer en l'honneur de ces grands personnages : c'était presque toujours dans le sens de la justice éternelle, qui fait luire ses rayons, comme le soleil, pour tous les êtres humains sans distinction, et qui tend toujours à contenir les forts et à protéger les faibles.

L'intérêt des préteurs était d'en agir ainsi; en voici la rai-

(1) V. notre mémoire sur ce sujet, dans le *Rec. de l'Acad. de lég. de Toulouse,* année 1868, p. 324.

son. Quel était le rêve de tout ce qui, à Rome, se sentait de l'avenir? Quel était le premier ressort des ambitions ardentes qui, en exaltant les âmes des Romains les plus généreux, devaient amener dans le monde de si grandes choses? C'étaient les honneurs du consulat. Chaque fois qu'un consul traversait les voies ou les places de Rome, précédé de ses douze licteurs, tout jeune citoyen, perdu dans les foules inclinées sur son passage, qui sentait des bouillonnements d'ambition dans son cœur, se disait tout bas : Un jour, je l'espère, les foules s'ouvriront aussi et s'inclineront devant moi. Mais nul citoyen, si ancienne et si illustre que fût à Rome sa famille, n'arrivait d'un bond à la dignité suprême du consulat. On n'y parvenait que par une série d'échelons, qu'on appelait le cours des honneurs, *cursus honorum*.

Les jeunes Romains essayaient donc d'abord de se distinguer à la guerre, aux débats du Forum ou aux exercices du Champ de Mars, et quand l'attention publique commençait à se fixer sur eux, ils aspiraient à être questeurs. La questure était le premier pas dans la carrière des honneurs; il fallait avoir vingt-sept ans et avoir fait au moins dix campagnes pour y prétendre (1). Après la questure, on cherchait à devenir édile plébéien ou tribun du peuple, pour se rapprocher des dignités curules, qui seules donnaient droit au siége d'ivoire. On aspirait ensuite à devenir édile curule, puis préteur, puis consul, la censure, magistrature quinquennale, n'étant guère décernée, d'après l'usage, qu'à des personnages consulaires.

Les édiles curules, quoiqu'ils eussent déjà une juridiction assez importante et qu'ils rendissent des édits, n'aspiraient guère à plaire au peuple que par la magnificence des jeux que l'usage les obligeait à donner. Mais ce n'était point par des jeux scéniques ou des combats de gladiateurs que les

---

(1) Bouillet, *Dictionnaire de l'Antiquité*, vᵒ *Questeurs*.

préteurs cherchaient à obtenir la faveur populaire, c'était par des soins d'un ordre tout différent. Pour se faire bien venir de la majorité des citoyens, ils devaient chercher surtout à rendre la justice mieux que ne l'avait fait aucun de leurs prédécesseurs. Le meilleur moyen d'atteindre ce but, c'était d'introduire dans leur édit des dispositions nouvelles pour corriger les points de la loi civile qui déplaisaient le plus à l'opinion publique, puissance invincible, quoique impalpable, qui existait chez les Romains comme chez nous, et que nul homme sage n'aime à braver.

Tout Romain qui voulait occuper la préture avec honneur, avait donc intérêt à étudier non-seulement le droit positif, mais encore le droit rationnel et philosophique, dont les lois promulguées ne doivent être que l'expression; et les hommes qui occupaient cette fonction éminente, étaient naturellement plus aptes que d'autres à faire réussir les réformes qu'ils jugeaient utile d'apporter à la législation contemporaine.

Rien n'est plus intéressant que de voir comment les préteurs s'engagèrent de plus en plus dans cette voie, toujours périlleuse, de réformes juridiques, qui leur attiraient ordinairement de vives sympathies, mais qui pouvaient aussi leur attirer bien des haines, et c'est le tableau de leurs réformes successives que nous allons essayer de retracer. Ils ne s'engagèrent d'abord dans cette voie que fort timidement, en insérant dans la formule de l'action ce que les Romains appelèrent une *exception*, addition qui permettait au juge privé devant lequel les parties étaient renvoyées, de s'écarter impunément de la rigueur du Droit civil, dont l'application eût amené un résultat contraire à l'équité. Ce tempérament ingénieux, qui avait pour but et pour effet de paralyser des prétentions injustes, fondées sur des paroles surprises souvent à des gens simples qui n'en comprenaient pas bien le sens et la portée, dut être fort goûté des citoyens pauvres, trop souvent victimes des piéges juridiques et des usures effrayantes dont les riches, patriciens ou plébéiens, ne se faisaient à leur égard nul scrupule. Le juge devant qui l'action était portée aidait, en effet, alors le préteur, en entrant dans ses vues, à réprimer bien des fraudes et à prévenir bien des injustices, contre lesquelles le droit civil n'eût offert aucun abri.

Les préteurs, comme magistrats suprêmes et tout-puissants, étaient aussi naturellement les premiers gardiens de la paix publique. A ce titre, lorsque la possession d'une chose donnait lieu à un débat qui eût pu facilement dégénérer en rixe, ils intervenaient pour protéger, au moyen d'un édit spécial appelé *interdit*, celui des contendants dont la possession présentait certains caractères qui faisaient, au premier aspect, présumer la propriété; et il est probable que dans l'origine les interdits n'avaient, en effet, d'autre but que de protéger contre des troubles ou des violences une possession antérieurement acquise. Ces interdits ne pouvaient qu'obtenir la faveur publique, parce qu'ils faisaient cesser le pouvoir arbitraire qu'avaient précédemment les magistrats, d'attribuer pendant le procès la possession des choses litigieuses à celui des plaideurs qu'il leur plaisait de désigner, arbitraire qui devait profiter le plus souvent aux patriciens ou à la classe riche.

Forts de l'appui qu'ils avaient obtenu de l'opinion pour protéger la possession acquise, les préteurs se sentirent portés à accorder d'autres interdits pour faire acquérir la possession de divers biens, voire de patrimoines entiers, à des personnes qui ne l'avaient jamais eue, mais qui leur paraissaient dignes de l'obtenir. Ils introduisirent dans cette vue les interdits d'acquisition de possession, *adipiscendæ possessionis,* au moyen desquels la propriété civile était complétement paralysée, parce que les préteurs protégeaient indéfiniment les personnes à qui il leur avait paru équitable d'attribuer la possession, contre toute attaque de celles qui avaient la pro-

priété d'après le vieux droit quiritaire. C'est notamment à
l'aide de ces interdits qu'ils modifièrent profondément le système primitif de succession des Romains, pour en créer un
tout nouveau et bien plus humain que l'ancien, dont ils ne
laissèrent subsister que ce qui n'offensait pas absolument la
piété naturelle.

Un père injuste, par exemple, avait-il émancipé un de ses
enfants pour lui enlever méchamment toute espèce de droits
dans sa succession, le préteur s'empressait d'intervenir pour
corriger l'effet de cette combinaison odieuse. Il accordait à
l'enfant émancipé, sous le nom de possession de biens, une
part exactement égale à celle qu'il aurait eue si son père ne
l'eût pas fait sortir de sa puissance. Cet enfant venait ainsi,
malgré l'émancipation, en concours avec ses frères et sœurs
restés sous le toit paternel, et, à défaut d'autres successeurs
dans la ligne descendante, il primait tous les parents collatéraux.

Dans la ligne collatérale, les préteurs conservèrent cependant la préférence aux parents par mâles, que les Romains
appelaient *agnats*; mais, à défaut d'agnats connus, ils appelaient les parents par femmes, qui, d'après le droit civil, ne
venaient jamais à la succession, et, à défaut de cognats à un
certain degré, ils appelaient en dernier lieu le conjoint survivant, genre de succession essentiellement favorable, que
le droit civil n'avait établi qu'au profit des veuves qui étaient
tombées sous la puissance de leurs maris, cas qui, après
l'établissement de la préture, ne tarda pas à devenir rare.

Si les préteurs tenaient peu de compte des règles mêmes
du Droit civil en matière de succession *ab intestat,* ils ne
pouvaient pas avoir pour les volontés des testateurs un respect plus grand que pour la loi même. Au moyen du même
procédé, nous voulons dire de la possession acquisitive qu'ils
décernaient, ils empêchaient donc aussi, quand bon leur
semblait, l'effet des dispositions testamentaires les plus régu-

lières d'ailleurs. Ils le faisaient toutes les fois que la disposition du testateur leur semblait injuste, comme lorsqu'il avait disposé de tous ses biens sans faire nulle mention d'un fils émancipé ; et dans d'autres circonstances, par des raisons d'équité aussi, ils assuraient, au contraire, l'effet de testaments qui n'étaient pas conformes aux règles du droit civil.

Les préteurs qui ne se gênaient point pour modifier, au moyen de la possession acquisitive, les règles du droit civil en matière de succession, ne se firent pas plus de scrupule de changer le régime de la propriété romaine au moyen des actions *fictices,* dans lesquelles ils commandaient au juge saisi d'un procès de le décider sans se préoccuper d'une circonstance qui eût fait obstacle à l'action en droit civil, mais que le préteur autorisait le juge à laisser complètement de côté. Ces actions fictices, dont le nombre était indéfini en ce sens que tout nouveau préteur pouvait dans son édit en augmenter le nombre, étaient toutes fondées, comme les exceptions, sur des considérations d'équité évidentes.

Un acheteur, par exemple, qui tenait la chose d'une personne qui n'en était pas propriétaire, ne pouvait pas évidemment en avoir la propriété, le vrai propriétaire n'ayant pu être dépouillé de sa chose contre sa volonté. Il n'était pas juste cependant, quand l'acquéreur venait à perdre la possession de la chose qui lui avait été livrée, que le premier venu pût s'en emparer à son détriment. Il était donc équitable d'accorder au premier possesseur, contre cet intrus audacieux, une action semblable à la revendication, et le préteur pour cela autorisait le juge à considérer l'acquéreur comme ayant acquis par prescription la propriété de la chose, l'eût-il acquise seulement de la veille. Il n'était pas moins équitable de considérer comme non avenue une prescription que le propriétaire n'avait pas pu empêcher, comme lorsque l'absence du possesseur n'avait pas permis au propriétaire de l'appeler en justice.

Les créanciers, par des motifs d'équité non moins sensibles, devaient être autorisés à considérer comme non avenues
les aliénations faites par leur débiteur en fraude de leurs
droits.

Il était naturel encore de supposer qu'un colon avait
entendu conférer au propriétaire du sol, pour assurer le
paiement des fermages, un droit de gage sur les objets destinés à la culture qu'il avait apportés sur le bien.

La première des trois actions fictices que nous venons de
nommer s'appelait *Publicienne*; la seconde *Paulienne*; la troisième *Servienne*, du nom des préteurs Publicius, Paulus et
Servius, qui les avaient successivement édictées; mais tout
ce que nous connaissons, avec certitude, de ces préteurs,
c'est simplement leur nom. Un passage de Cicéron (1) semble
seulement indiquer que l'auteur de la publicienne fut le préteur Quintus Publicius, qui vivait de son temps. Quant à
Paulus, inventeur de l'action paulienne, il est probable qu'il
appartenait à la famille Paula, branche de l'illustre *gens*
Æmilia, féconde en grands hommes; et l'auteur de l'action
servienne fut peut-être ce Servius Sulpicius, ami de Cicéron,
dont nous avons précédemment parlé (2), qui, selon toute
apparence, fut préteur, puisqu'il disputa le consulat à Mu-
réna, l'an 62 av. J.-C., et qu'il n'y eut presque pas d'exemples à Rome, au temps de la République, de personnages
nommés consuls avant d'avoir été préteurs.

C'est tout ce que nous savons, c'est trop dire, que nous
conjecturons sur la personne des préteurs qui établirent
les trois principales actions fictices; et l'humanité ingrate,
qui a gardé avec soin le souvenir des moindres actions des
grands tueurs d'hommes qu'on appelle des conquérants, n'a
pas même conservé les noms des auteurs de beaucoup d'au-

(1) *Pro Cluentio*, 45.
(2) Pages 42 et 43.

tres actions fictices, non moins utiles que celles que nous
avons indiquées, ni ceux des préteurs qui introduisirent dans
le droit une innovation aussi morale et aussi utile certainement que les actions fictices, les exceptions et les interdits
de toute nature : nous voulons parler des restitutions en
entier, théorie qui fut comme le couronnement du temple
juridique élevé par les préteurs à la justice idéale, et qui
opéra une véritable révolution juridique dans le droit privé,
beaucoup plus utile que celles qu'amènent si fréquemment
chez tous les peuples les luttes des hommes ambitieux.

Les anciens Romains, en effet, attachaient une importance
extrême à ce que les hommes à doctrines hésitantes appellent aujourd'hui les *faits accomplis,* c'est-à-dire que le fait consommé passait toujours facilement chez eux pour le droit.
On comprend facilement que les descendants de Romulus,
dont les pères n'étaient parvenus à fonder une cité qu'en
enlevant les Sabines, n'aimassent guère à scruter les origines
des situations que les événements avaient créées, quand
l'injustice qui les avait amenées avait cessé d'être choquante
et commençait à disparaître de la mémoire des hommes.

Durant plusieurs siècles, par exemple, les promesses faites
dans une forme sacramentelle, comme les stipulations, obli-
gèrent, à Rome, toutes les personnes qui les avaient faites,
sans qu'elles pussent se protéger par des raisons d'équité, et
exciper, par exemple, de la violence ou du dol de celui qui
avait obtenu la promesse. L'on ne s'enquérait alors que du
fait matériel du contrat passé, peu ou point des causes laten-
tes qui l'avaient amené. Nous avons dit déjà que les préteurs
apportèrent un tempérament notable à cette rigueur, en introduisant des exceptions fondées sur l'équité naturelle, au
profit de la partie qui n'avait pas exécuté sa promesse, et les
hommes honnêtes eurent grand sujet de se réjouir de cette
première innovation ; mais quand le contrat avait été exécuté, l'exception ne pouvait plus protéger la partie lésée,

puisque l'auteur de la violence ou du dol, saisi de sa proie, n'avait plus rien à demander à sa victime. Il fallait donc un autre remède. Il fallait ne tenir aucun compte du fait accompli et autoriser le juge à rétablir les choses dans leur état primitif. Mais ce revirement complet parut longtemps aux Romains une chose trop hardie, peut-être parce que, parmi les hommes les plus influents de leur cité, il s'en rencontrait fréquemment dont les richesses n'avaient pas une cause plus honnête. Longtemps donc, à Rome, les hommes violents ou astucieux purent garder ce que la violence ou une astuce malhonnête leur avait fait acquérir au détriment de leurs concitoyens, aussi sûrement que ce que la lance ou d'habiles ruses de guerre leur avaient fait conquérir sur les ennemis de leur patrie.

La conscience des honnêtes gens s'offensait, cependant, de semblables résultats, et les préteurs finirent par venir en aide à l'équité offensée, en introduisant les restitutions en entier. Ce fut le complément de leur œuvre réformatrice; mais une œuvre aussi importante ne put être parfaite dès le début, et plusieurs préteurs durent y mettre successivement la main.

La restitution en entier, fondée sur la violence, dut, sans doute, s'introduire la première, tant la violence vicie profondément le consentement de la personne qui en a été victime.

User de dol vis-à-vis de son prochain est cependant une action très-répréhensible aussi, et les préteurs firent preuve de sagesse en promettant, par la suite, une restitution pour dol à toutes les personnes qui ne pourraient pas se protéger d'une autre manière.

Aucun texte des auteurs anciens, au moins à notre connaissance, n'indique quel fut le préteur qui introduisit la restitution pour violence, et dans tout le corps du droit romain on ne trouve non plus aucune indication qui puisse faire soupçonner par qui fut introduite la restitution pour dol. Un

passage très-connu de Cicéron permet cependant de conjecturer qu'elle fut introduite par Aquilius, son ami et son collègue dans la préture. C'est le passage de ses *Offices*(1) où il
raconte, de la manière la plus ornée et la plus saisissante, la
ruse dont usa le banquier de Syracuse, Pythius, pour faire
acheter à un prix énorme une de ses maisons de campagne
par le chevalier romain Canius. Quiconque a lu Cicéron se
souvient de la duplicité de Pythius, des pêcheurs qu'il sou-
doie pour qu'ils aillent en foule jeter leurs filets dans un lieu
où ils n'allaient jamais, de l'enchantement de Canius quand
il voit une scène si animée et se représente sa table couverte
de poissons exquis, de son empressement à conclure l'achat
sans songer à débattre le prix demandé, malgré son énormité, et de son dépit quand, l'achat fait, la côte redevient ce
qu'elle avait toujours été avant l'habile comédie de Pythius,
une côte absolument déserte. « Canius, dit Cicéron, entre en
fureur, mais qu'y faire? Mon collègue (ce qu'il semble naturel d'entendre de son collègue dans la préture) n'avait pas
encore publié ses formules contre le dol : *Nondùm protulerat
de dolo malo formulas.* » Nous sommes porté à entendre ces
mots d'une restitution en entier accordée par Aquilius dans
son édit, après l'exécution des contrats, plutôt que d'une simple exception, l'exception de dol dans les contrats consen-
suels ayant été virtuellement autorisée, dès l'établissement
de la procédure formulaire, par la teneur même de la formule,
qui permettait au juge de n'accorder jamais que ce qui pouvait être réclamé de bonne foi. Nous savons, du reste, que
Gallus Aquilius fut un des plus grands jurisconsultes de
Rome, et la formule qu'il imagina pour éteindre par la nova-
tion et l'acceptilation combinées toute sorte d'obligations (2),
a rendu son nom classique (3).

(1) Liv. 3, ch. 14.
(2) *Inst.* § 2; *Quib. mod. oblig. tell.*
(3) Il se pourrait aussi qu'Aquilius eût seulement rédigé une

Avec les restitutions en entier, nous l'avons déjà dit, le magnifique édifice du droit prétorien fut complétement achevé. Il y a de la loi des XII Tables au droit prétorien parvenu à cet apogée, toute la distance de la barbarie la plus dure à la législation la plus équitable. Ce n'est pas le vieux droit romain tout souillé d'injustices, avec son triste cortége de débiteurs malheureux, épuisés par d'effroyables usures et jetés dans les fers comme des esclaves par des créanciers inhumains, c'est le droit prétorien, ruche savante où les hommes les plus éclairés et les plus sages du paganisme distillèrent le miel le plus doux, qui méritera à jamais l'admiration des siècles. Honneur donc à tous les préteurs de Rome, connus ou inconnus, préteurs urbains ou préteurs des étrangers, qui concoururent à cette grande œuvre! Virgile pensait sans doute à ces vénérables personnages quand il montrait à ses contemporains dans les Champs-Elysées, à côté des prêtres chastes, tous les hommes qui avaient bien mérité de leurs semblables :

> *Quique sacerdotes casti dum vita manebat,*
> *Quique sui memores alios fecere merendo.*

Les préteurs avaient, en effet, tiré des profondeurs de la conscience humaine tous les rayons de justice que les erreurs du paganisme n'avaient pas éteints, et une doctrine révélée pouvait seule augmenter les trésors juridiques dont ils avaient enrichi Rome et qui devaient profiter à tout le genre humain. C'est ce qu'on verra dans le chapitre suivant.

clause dont il aurait recommandé l'insertion dans tous les contrats, pour autoriser la répétition de tout ce qui aurait été promis ou exigé par dol.

CHAPITRE II

Des grands jurisconsultes de Rome depuis l'établissement de l'empire jusqu'à Constantin.

L'établissement de l'empire procura, sans doute, aux Romains une tranquillité politique qu'ils ne connaissaient pas depuis les divisions sanglantes de Marius et de Sylla. Il favorisa aussi chez eux le développement du goût, et nous sommes loin de nous inscrire en faux contre l'usage universe l qui appelle *Siècle d'Auguste* le siècle de Virgile et d'Horace. Nous ne disconvenons pas non plus que l'apaisement des esprits, amené par la concentration de l'autorité, n'eût assuré dès lors aux Romains une justice plus exacte. A quoi servent, en effet, les lois les plus sages, lorsque les citoyens d'un pays viennent à s'armer les uns contre les autres, et que le bruit des armes ne permet plus d'entendre la voix des magistrats! Or, on sait que, depuis Marius jusqu'à Auguste, la République romaine fut presque constamment déchirée par les guerres civiles.

Nous constatons cependant que le droit, comme science, avait atteint à Rome, avant l'établissement de l'empire, toute la perfection qu'il pouvait recevoir dans le paganisme. Les empereurs n'ajoutèrent rien ou presque rien à la synthèse juridique aussi vaste que belle, qu'avait graduellement élevée l'équité des préteurs, et qui est destinée à traverser, comme le Colisée, et plus majestueusement encore, le cours des âges.

Les modifications apportées sous les empereurs au droit précédent de Rome furent même quelquefois des plus malheureuses.

Ce fut, par exemple, dès les premiers temps de l'empire, que le droit romain se trouva souillé par un usage inces-

tueux qui ne disparut qu'avec l'empire d'Occident. Dès
l'origine de Rome, le mariage était défendu par la coutume
entre les parents collatéraux jusqu'au troisième degré. Mais
le vieux Claude ayant conçu un amour incestueux pour la
fille de son frère, Agrippine, et l'ayant épousée, les légistes
contemporains de ce prince impudique, car il ne paraît pas
que Claude eût fait lui-même une loi générale sur ce point,
eurent la bassesse de poser en principe qu'un oncle pourrait
épouser la fille de son frère puisque l'empereur l'avait fait.
Ils eussent apparemment permis aux frères d'épouser leurs
propres sœurs, si un empereur avait donné un pareil scandale, et l'on voit par là que les légistes du temps de Claude
ne ressemblaient plus aux Quintus Mucius Scævola ni aux
Scipion Nasica. Cette souillure, jetée sur l'ancien droit
romain par l'adulation, ne fut effacée que par les empereurs
chrétiens, et les perfectionnements légers que reçut sous les
successeurs d'Auguste le droit prétorien, furent loin de com-
penser les périls qu'offrait pour les mœurs la liberté absolue
laissée aux oncles d'épouser les filles de leurs frères.

Les rares améliorations apportées au Droit prétorien sous
l'empire furent toutes dues, croyons-nous, aux influences
chrétiennes, qui commencèrent à se faire sentir dans Rome
païenne dès que la loi du Christ y eut été prêchée. La doctrine évangélique opérait, en effet, chez ses adeptes de si
merveilleuses transformations, que les premiers païens qui
en furent les témoins, durent en être singulièrement frappés.
Cette loi d'amour, qui devait plaire si fort aux êtres opprimés,
aux esclaves par conséquent, ne convenait pas moins aux
personnes de tout rang qui avaient un cœur tendre, et le
sexe en fournit toujours beaucoup. Parmi les Romaines qui
avaient embrassé le christianisme, il s'en rencontra donc
bientôt un grand nombre qui appartenaient aux premières
familles de Rome. Sainte Pudentienne et sainte Praxède,
filles du sénateur Pudens, furent, d'après une tradition cons-

tante, converties par le Prince même des apôtres. Sous Domi-
tien, une petite-nièce de ce monstre, Flavie Domitille, fille
du consul Flavius, endura des tourments cruels et subit
l'exil pour le Christ. La grande martyre sainte Cécile, de
l'illustre famille des Cæcilius, souffrit, d'après divers critiques, sous Marc-Aurèle. Des milliers de vierges et de ma-
trones, qui, par des motifs de prudence que l'Eglise ne désap-
prouvait point, tenaient leur foi cachée tant qu'elles n'étaient
point sommées de la déclarer, suivaient, dans leur conduite,
les exemples de haute vertu des héroïnes plus libres de
manifester leur foi, qui avaient souffert le martyre pour ne
pas renier le Christ. Dès avant Marc-Aurèle, les tristes temps
des Messaline et des Poppée étaient donc définitivement
passés, et les dames romaines, en reprenant presque toutes
des mœurs honnêtes, avaient, auprès des païens comme des
chrétiens, recouvré toute l'estime dont jouissaient les ma-
trones de l'ancienne Rome.

C'est à cette réhabilitation des femmes dans l'opinion, à
l'influence indirecte des idées chrétiennes, par conséquent,
que nous croyons pouvoir attribuer le seul perfectionnement notable qu'ait reçu le droit romain sous les empereurs
païens, savoir : la vocation de la mère à la succession de ses
enfants, quand elle en avait eu un certain nombre, et, par
réciprocité, celle des enfants à la succession de leur mère,
modes de succéder que l'ancienne Rome n'avait point connus, et qui furent introduits pas les sénatus-consultes Tertullien et Orphitien, rendus le premier sous Adrien ou Antonin le Pieux, le second sous Marc-Aurèle. C'était suivre les
inspirations de la nature, et par conséquent le courant des
idées chrétiennes, opposées aux systèmes factices de succession de l'ancienne Rome, fondés uniquement sur des raisons
politiques. Il faut certainement assigner la même origine à
la constitution d'Antonin le Pieux, qui obligea les maîtres à
vendre les esclaves qu'ils avaient trop maltraités.

Le sénatus-consulte célèbre qui, sous Septime Sévère et Antonin Caracalla, décida que les donations entre époux, rigoureusement défendues jusque-là, produiraient leur effet quand elles n'auraient pas été révoquées avant le décès du donateur, fut une autre innovation heureuse, mais qui exhalait aussi un parfum très-sensible de christianisme.

Cette innovation était beaucoup plus favorable aux femmes qu'aux maris, les maris étant plus en mesure de donner que les femmes. Elle était donc très-conforme à l'esprit de la religion nouvelle qui imprimait aux femmes un caractère sacré que l'antiquité païenne ne connut jamais, parce qu'elle venait du dogme de la maternité divine de Marie. Mais quand la population de Rome fut en majorité chrétienne, quand Tertullien put dire aux païens, sans craindre d'être démenti par eux : « Nous remplissons tout, le palais, le « sénat, le forum, nous ne vous laissons que vos temples, » il fallait bien que les empereurs, pour rendre leur domination tolérable, tinssent quelque compte des sentiments chrétiens qui avaient pénétré les masses, quand ils n'étaient point directement contraires au culte de leurs idoles. Il était même naturel qu'ils cherchassent alors à s'en faire honneur, comme s'ils en eussent été les premiers inspirateurs. On sait bien qu'en tout temps et qu'en tout pays les habiles politiques, ceux mêmes qui ont des instincts de tigre, n'hésitent jamais à faire les doux quand l'intérêt le leur conseille.

Dire que le droit romain païen avait atteint son plus haut point de perfection avant l'empire, c'est dire aussi que les juristes de la République, qui furent les créateurs du droit prétorien, eurent le génie du droit, qui n'est autre que celui de l'équité, à un degré pour le moins aussi élevé que les jurisconsultes les plus célèbres de l'époque impériale, que les Papinien, les Paul, les Ulpien. Ce n'est pas, sans doute, un petit mérite que de savoir déduire avec sûreté, comme le

5

firent ces trois grands esprits, les conséquences les plus éloignées de tous les principes du droit. Ces conséquences ressemblent souvent à des fils tellement fins, que les gens dont la vue n'est pas excellente ne peuvent plus les apercevoir. Mais le plus grand honneur revient cependant toujours au juriste qui a formulé et fait accepter le principe même. Un écho, si fidèle et si prolongé qu'il soit, ne peut être ni plus beau ni plus pur que la voix dont il reproduit le son.

Nous aurons toutefois encore à citer ici bien des noms tout à fait dignes de la célébrité qui les entoure depuis de longs siècles, et nous ne saurions mieux commencer cette seconde série de jurisconsultes romains que par le second Labéon, fils du lieutenant de Brutus, dont nous avons précédemment parlé (1), qui se tua après la bataille de Philippes. Ce second Labéon, qui portait le prénom d'Antistius comme son père, et Atéius Capiton, furent les chefs de deux écoles rivales, dont nous aurons à rechercher l'origine et les tendances diverses, après avoir dit quelques mots de leurs fondateurs. Ce sera le sujet des deux paragraphes suivants.

§ I. — ANTISTIUS LABÉON ET ATÉIUS CAPITON.

Pomponius avait raison d'appeler Labéon le jurisconsulte, un homme d'une très-grande autorité, *maximæ auctoritatis* (2). Il fut, en effet, toujours digne de son illustre père. Comme lui, il eut une âme vraiment romaine, et Horace eût pu certainement lui appliquer ce qu'il disait de Caton d'Utique : *Cunctaque terrarum subacta præter atrocem animum Catonis.* Auguste, pour gagner Labéon, lui avait offert de se démettre en sa faveur du consulat. Le fier jurisconsulte dédaigna cet honneur, insigne par lui-même, et qui semblait le

(1) V. ci-dessus, p. 40.
(2) L. 2, § 47, D., *de Orig. jur.*

devenir davantage par l'offre qu'Auguste lui en faisait. Labéon aimait mieux converser par la pensée avec les derniers représentants de la liberté romaine, morts à Pharsale ou à Philippes, que devenir l'obligé d'Auguste, dont il évitait en tout temps la cour, passant les six mois d'hiver à Rome avec des savants ou des lettrés dont il faisait sa seule compagnie, et les six mois d'été à la campagne pour y composer ses ouvrages, qui, au dire de Pomponius (1), formèrent quatre cents volumes, *quadringenta volumina.* Un *volumen*, chez les Romains, n'eût-il pas eu plus d'étendue que ce que nous appelons une brochure, le chiffre indiqué par Pomponius ne laisserait pas de prouver un travail immense.

Atéius Capiton fut, au jugement de Tacite comme à celui de Pomponius, un jurisconsulte aussi instruit que Labéon; mais c'était un courtisan, dont la facilité obséquieuse, fort goûtée d'Auguste et de son entourage, n'excitait que le mépris des Romains indépendants, qui estimaient bien plus Labéon pour n'avoir été que préteur quand il aurait dû être consul, que Capiton, haï, au contraire, pour avoir reçu les honneurs du consulat, dont Labéon était bien plus digne, mais qu'il n'avait pas voulu tenir du seul choix d'Auguste (2).

§ II. — DES SABINIENS ET DES PROCULIENS.

Labéon et Capiton fondèrent, avons-nous dit, deux écoles, qui subsistèrent à Rome durant plusieurs siècles, et qui ne prirent pas cependant le nom de leurs fondateurs. Le premier successeur de Capiton fut Massurius Sabinus, homme

(1) L. 2, § 47, D., *de Orig. jur.*
(2) Tacite exprime les sentiments de Rome sur ces deux hommes célèbres avec sa vigueur ordinaire : « Labeo incorruptâ libertate, et ob id famâ celebratior; Capitonis obsequium magis probabatur. Illi, quod præturam intra stetit, commendatio ex injuriâ; huic, quod consulatum adeptus est, odium ex invidiâ oriebatur. » (*Ann.* III. 75.)

d'un grand savoir, mais d'une origine modeste, qui eut lui-même pour sucesseur Gaius Cassius Longinus, personnage d'un savoir moindre peut-être, mais d'une haute naissance. Cassius descendait d'une fille de Q. Ælius Tubéron, l'accusateur du client de Cicéron Ligarius, qui était elle-même petite-fille du grand jurisconsulte Servius Sulpicius, et les disciples de Labéon s'appelèrent indifféremment, après Cassius, Sabiniens ou Cassiens.

Les sectateurs de Labéon ne prirent pas leur nom de son premier successeur Nerva père, mais de Proculus, qui avait succédé lui-même à Nerva, et quelques critiques supposent que ce jurisconsulte fut le même homme que Licinius Proculus, familier de l'empereur Othon, qui le nomma chef des cohortes prétoriennes. Si leur conjecture est vraie, il faut reconnaître que Proculus savait mieux le droit que l'art militaire, car Tacite indique en maint endroit que le ministre d'Othon commanda fort mal les troupes de son maître (1). Quoi qu'il en soit, les sectateurs de Labéon furent, depuis Proculus, appelés Proculiens (2), ce qui marque assez l'autorité qu'avait eue Proculus parmi les légistes de sa secte.

Après Cassius et Proculus, les deux écoles continuèrent longtemps d'avoir à leur tête des hommes considérables, dont plusieurs furent consuls ; Pomponius indique la série de leurs chefs respectifs jusqu'au temps où il écrivait, c'est-à-dire jusqu'à Salvius Julianus, le dernier jurisconsulte qu'il nomme. Mais nous savons qu'elles subsistèrent encore longtemps après et qu'elles laissèrent dans le droit des vestiges de leurs dissentiments jusqu'à Justinien. Ces dissentiments s'étaient produits sur une foule de points se rattachant à toutes les matières du droit, et la découverte des Institutes

(1) *Hist.*, I, c. 46, 82, 87 ; II, c. 33.
(2) Fr. 2, § 47, D., *de Orig. jur.*

de Gaius a prouvé qu'ils étaient beaucoup plus nombreux qu'on n'avait auparavant pu le supposer.

A quelles causes tenait principalement cette diversité ? C'est une question fort débattue entre les légistes, et qu'il nous semble cependant facile de résoudre d'après ce que dit Pomponius.

A l'origine, la formation des deux sectes put tenir à une cause politique. Labéon devait naturellement chercher à inspirer à ses disciples l'esprit d'indépendance dont il était animé. Capiton, plus souple, et en ce point mieux fixé sur la trempe des hommes de son temps, qui n'étaient plus à la hauteur des grands hommes de la République, Capiton devait prôner le gouvernement d'Auguste, dont plusieurs lois, du reste, comme celles qui frappèrent de diverses incapacités les célibataires et les époux sans enfants, furent assez sages, et qui avait amené un état de paix universelle dans tout le monde romain.

Mais cette diversité de tendances politiques entre les deux écoles ne dut subsister que durant la vie de leurs premiers fondateurs. Auguste, qui s'arrogeait tous les pouvoirs, abolit, en effet, l'ancienne coutume de Rome, d'après laquelle la profession de jurisconsulte était parfaitement libre. Il n'osa pas apparemment dépouiller les jurisconsultes ses contemporains, et en particulier l'austère Labéon, d'un droit dont ils se trouvaient en possession lors de l'établissement de l'empire ; mais, ce cas apparemment excepté, nous savons qu'il ne reconnut le droit de donner des avis dont les plaideurs pussent se prévaloir en justice, qu'aux jurisconsultes à qui il l'aurait expressément conféré (1). C'était un moyen infaillible de rallier bientôt à son gouvernement les disciples de Labéon aussi bien que ceux de Capiton. C'est ce qui arriva, en effet, plus tôt peut-être qu'Auguste ne l'aurait espéré,

(1) C'est ce qu'on appela à Rome le *Jus respondendi*.

puisque le successeur même de Labéon, comme chef de
l'école qu'il avait fondée, Nerva le père, devint un favori de
l'habile empereur.

La diversité des deux écoles n'ayant plus, à dater de ce
moment, pu venir d'une cause politique, elle tint certainement à une cause philosophique, que Pomponius indique, à
nos yeux, très-clairement, quand il dit que Capiton s'attachait scrupuleusement aux anciennes traditions, tandis que
la trempe d'esprit de Labéon portait ce grand homme, profondément nourri d'études fort variées, à chercher sans cesse
à améliorer la législation existante. Labéon devait donc
nécessairement s'attacher aux principes rationnels et philosophiques, c'est-à-dire au droit idéal, dont le droit positif
le plus sage ne peut jamais atteindre complétement le but
final, qui est la distribution la plus équitable que possible
de tous les biens matériels et immatériels dont les hommes
peuvent jouir sur la terre (1).

La différence de tendance des deux écoles, au point de vue
que nous signalons, nous semble suffisamment marquée par
la question de droit si célèbre, qui consiste à savoir à qui du
propriétaire de la matière ou de l'ouvrier doit appartenir,
sauf indemnité à l'autre partie, l'œuvre confectionnée. L'école
de Capiton l'adjugeait au propriétaire de la matière, celle de
Labéon à l'ouvrier, solution qui nous semble bien préférable.
Si Dieu, en effet, n'a créé les êtres matériels que pour en
tirer gloire par l'intermédiaire des créatures intelligentes qui
lui en font hommage, l'homme, à son tour, cherche à tout
refaire à son image, c'est-à-dire à imprimer sur tout ce qui
l'entoure le cachet de sa pensée, et ce cachet se révèle surtout dans les formes nouvelles qu'il donne aux objets. Ces

---

(1) Voici les termes de Pomponius : « Ateius Capito in his quæ ei
tradita erant perseverabat : Labeo ingenii qualitate et fiducia doc-
trinæ, qui et cæteris operis scientiæ operam dederat, plurima inno-
vare instituit. » L. 2, § 47, D., de Orig. jur.

formes nouvelles sont pour lui comme une seconde création, parce qu'elles augmentent dans des proportions, souvent infinies, l'utilité ou l'agrément de la matière qu'il pétrit et qu'il transforme. La matière sans contours accusés et saisissables pour nos organes serait l'éternelle nuit et l'éternel chaos, et la scolastique avait raison de dire, en ce sens, que c'est la forme qui constitue l'être, *forma dat esse rei.*

Voilà ce qu'avaient probablement compris Labéon et ses disciples. Leur doctrine se résumait à dire que l'esprit intelligent qui façonne est supérieur par essence à la matière inerte qui se laisse façonner. Le vase doit donc appartenir au potier plutôt qu'au propriétaire de l'argile, la statue surtout au sculpteur plutôt qu'au propriétaire du bloc de marbre, et nous trouvons pitoyable la distinction qu'avaient imaginée quelques jurisconsultes éclectiques, qui attribuaient l'œuvre nouvelle au propriétaire de la matière quand elle pouvait être ramenée à sa première forme; à l'ouvrier, dans le cas contraire. Qu'une statue soit de bronze ou qu'elle soit de marbre, qu'elle soit fusible ou non fusible, elle doit toujours appartenir à l'ouvrier, le bronze en fusion ne pouvant devenir statue que quand l'artiste a créé le moule. Le métal liquide obéit alors à sa volonté, comme les astres, en prenant telle ou telle forme, ont obéi originairement à la volonté de Dieu. Tout créateur d'une nouvelle forme devient alors le propriétaire de l'objet qu'éclaire pour la première fois le soleil, par un droit analogue à celui que toutes les législations reconnaissent au premier occupant sur les choses qui n'appartenaient précédemment à personne.

On ne peut accorder raisonnablement la préférence au propriétaire de la matière que lorsque il s'agit d'une œuvre tout à fait vulgaire, à laquelle l'ouvrier qui l'a faite ne peut attacher aucun prix d'affection, et les auteurs du Code civil ont eu, à nos yeux, très-certainement tort d'exiger dans l'article 571 pour attribuer l'œuvre à l'artisan, que la valeur de la main d'œuvre dépasse *de beaucoup* celle de la matière employée ; c'est la proportion inverse qu'ils auraient dû prendre pour règle.

L'exemple que nous venons de choisir et que les juristes désignent sous le nom de spécification, est un de ceux qui font le mieux ressortir les tendances différentes, des disciples de Labéon et de ceux de Capiton.

Reconnaissons toutefois, pour rester dans le vrai, qu'un grand nombre de dissentiments entre les deux écoles que Gaius nous a fait connaître, ne pouvaient se rattacher à aucune cause philosophique, et ne sauraient s'expliquer que par une raison des plus vulgaires : c'est que les plaideurs ont été bien aises, de tout temps, d'avoir à produire quelque autorité à l'appui de leurs prétentions les plus déraisonnables, et qu'un jurisconsulte de quelque autorité a toujours, pour ce motif, beaucoup de chances de réussir dans ses écrits dès qu'il s'écarte des idées d'autrui, quoiqu'il s'écarte souvent, par là même, du sens commun.

Mais revenons au but essentiel de notre ouvrage, qui est d'exalter, non pas les sophistes, mais les hommes à la fois éclairés et intègres qui ont contribué par leurs actes ou leurs écrits à fonder le règne de la justice dans le genre humain. On pourrait dire, à la rigueur, que tous les juristes dont nous possédons des textes dans le Digeste ont concouru à cette grande œuvre, parce qu'on retrouve dans tous, à un degré plus ou moins marqué, les sentiments d'équité dont étaient animés les préteurs, et la concision rigoureuse du langage qui distingue le jurisconsulte, aspirant seulement à être utile, du rhéteur, qui ne vise qu'à plaire.

Comme parmi les cèdres du monde juridique, l'exiguïté de notre cadre nous oblige cependant à ne nommer que les plus grands, nous ne parlerons dans la suite de ce chapitre que de Salvius Julianus, de Pomponius, de Gaius, d'Ulpien, de Paul et de Modestin. Nous ajouterons seule-

ment ensuite quelques mots sur des jurisconsultes d'un
mérite inférieur, qui nous conduiront jusqu'à l'époque où le
christianisme, sorti définitivement des catacombes, rejeta,
à son tour, dans l'ombre, les adorateurs des faux dieux,
destinés à disparaître bientôt complétement de tout le monde
romain.

§ III. — DE L'ÉDIT PERPÉTUEL ET DE SON RÉDACTEUR SALVIUS JULIANUS.

Nous avons essayé de montrer dans le § 10 du chapitre
précédent, combien fut belle et grande l'œuvre des préteurs, dont l'autorité, toujours agissante et toujours redoutée,
était, en réalité, supérieure à celle des lois. Mais si un préteur, par des voies détournées, pouvait, pour toute la durée
de sa préture, frapper de paralysie toute loi qui lui déplai-
sait, le jour où il déposait les faisceaux voyait mourir toutes
les innovations que son successeur ne voulait point s'approprier, les volontés des hommes qui quittent un pouvoir étant
toujours peu de chose pour ceux qui le prennent.

Toutefois, quand un préteur avait fait dans son édit une
innovation qui lui avait concilié la faveur publique, si cette
innovation surtout, à sa sortie de la préture, lui avait
procuré d'autres honneurs, comment son successeur aurait-il
été assez insensé pour ne point se l'approprier! Son intérêt le portait évidemment à suivre la voie qui avait réussi
à son prédécesseur, et les hommes se laissent aller facilement à une pente aussi douce. Mais quand l'édit que les
préteurs se transmettaient ainsi l'un à l'autre, et qu'on
appela pour ce motif l'édit translatice, *edictum translatitium*,
pour le distinguer de la partie de l'édit qui ne contenait
que des mesures transitoires, quand l'édit translatice, disons-
nous, en fut venu à ce degré de perfection que les hommes les plus éclairés de Rome y virent la réalisation du

type idéal de justice qu'ils avaient conçu, il devint absolument invariable, sanctionné qu'il était par une exécution aussi ferme qu'invétérée, et prit alors naturellement le nom d'édit perpétuel, *edictum perpetuum*.

Si l'édit translatice, du reste, avait été surpris dans la période de sa formation par l'Empire, il serait resté invariable aussi, parce que son perfectionnement eût nécessairement été arrêté. Tout despote, en effet, cherche à concentrer sur sa tête tous les genres d'honneur et de gloire, et dès qu'un de ses sujets a un mérite personnel notoire, il est porté à en concevoir de l'ombrage. Quand donc il n'y eut plus personne à Rome qui osât exprimer en public sa pensée intime; quand devant le prince chacun consultait d'abord son visage pour savoir ce qu'il devait improuver et ce qu'il devait applaudir, quel préteur eût été assez imprudent pour introduire dans l'édit une innovation importante! Mauvaise, elle aurait mécontenté Rome et pu causer des troubles, dont l'empereur aurait su nécessairement mauvais gré au magistrat imprudent qui en aurait été la première cause. Bonne, elle eût encore mécontenté le prince, qui eût fait grief au préteur d'avoir obtenu un succès honorable sans sa permission. Aussi les rares perfectionnements apportés au droit prétorien sous l'empire furent établis, non point par l'édit, quoique théoriquement les préteurs conservassent le droit d'y ajouter tout ce qu'ils jugeaient utile, mais par des constitutions impériales ou des sénatus-consultes, ce qui, du reste, était tout un, le sénat, chose triste à dire, n'ayant jamais eu le courage, tout le temps que dura l'empire, de contrarier une seule fois, en quoi que ce fût, les désirs exprimés par l'empereur.

Mais si l'ancien édit prétorien ne put recevoir, par le fait des préteurs de l'époque impériale, aucun changement important, il se peut cependant que jusqu'au temps d'Adrien ils y fissent parfois des additions ou suppressions de peu d'importance ; et ces retouches, si légères qu'elles fussent, pouvaient amener dans le droit une instabilité regrettable.

Des incertitudes fâcheuses sur le droit à appliquer pouvaient venir aussi d'une autre cause. L'édit du préteur fut désigné, dans l'origine, sous le nom d'*Album*, parce qu'il était écrit apparemment sur les murs du prétoire en lettres blanches sur un fond sombre ou réciproquement, et toujours assez fortes pour pouvoir être distinguées facilement de bas et de loin. Mais quand l'édit devint très-long, il est probable que le texte entier n'en fut plus conservé de cette manière, parce que les murs du prétoire auraient pu n'y pas suffire. L'*album*, apparemment, ne contint plus que les édits assez récents, les anciens étant réputés suffisamment connus par leur longue application et par les nombreuses copies qui devaient circuler dans le public. Mais on sait combien il est difficile de conserver le texte fidèle de lois anciennes dans des copies qui se succèdent les unes aux autres sans que l'autorité publique veille à leur exactitude. Les monuments publics qui conservent les textes officiels des lois ne sont pas, d'ailleurs, à l'abri des incendies ni des inondations, et l'édit primitif des préteurs avait pu périr par quelqu'un de ces accidents, comme périrent, nous ne savons à quelle époque, les tables d'airain des lois décemvirales.

Nous supposons donc qu'au temps d'Adrien il n'y avait plus de texte officiel, au moins complet, de l'édit des préteurs, et qu'il n'en circulait que des copies plus ou moins altérées, et l'on comprend quels avantages la chicane et la mauvaise foi des plaideurs pouvaient tirer des versions différentes des manuscrits ; car pour un peuple n'avoir point de lois du tout ou n'avoir que des lois incertaines, c'est évidemment tout un.

Si notre supposition est exacte, ce que nous nous garderions bien d'affirmer dans une matière où nous nous trou-

vons en désaccord avec des hommes éminents (1), Adrien,
prince éclairé, eut une bonne pensée quand il attacha le
sceau de l'autorité publique à un ouvrage complet sur l'édit,
composé par un jurisconsulte d'un très-grand mérite, par
Salvius Julianus. A nos yeux, il résulte avec évidence de deux
constitutions de Justinien, qui forment les Lois 2 et 3 au
Code, *De veteri jure enucleando*, qu'Adrien approuva formellement et fit même approuver par un sénatus-consulte le travail de Julien sur l'édit. Le seul point qui nous semble pro-
blématique est celui de savoir si Julien ne composa son
ouvrage qu'après en avoir reçu l'ordre d'Adrien, ou si ce
prince, frappé du mérite du livre publié par Julien sans
aucun mandat officiel, se l'appropria avec ou sans retouches.

Quoi qu'il en soit, Justinien, dans la Loi 2 précitée du
Code, appelle Julien le très-subtil rédacteur des lois et de
l'édit perpétuel, *legum et edicti perpetui subtilissimus conditor.*
Cet éloge prouve évidemment que l'œuvre de Julien, qu'elle
lui eût été commandée par Adrien ou qu'elle eût été l'œuvre
spontanée de son génie, fut une œuvre du plus grand mérite;
et puisque Justinien dit que Julien mit en ordre, c'est le
sens que nous attachons au mot *conditor*, les lois aussi bien
que l'édit perpétuel, il est à croire que son œuvre embrassait
non-seulement les textes des lois proprement dites, mais
encore ceux des plébiscites, des sénatus-consultes, peut-être
même des constitutions des princes, en même temps que
les textes de l'édit du préteur, et probablement des autres
magistrats qui pouvaient faire des édits, comme le préteur
des étrangers et les édiles curules.

Sans admettre donc l'opinion d'Hugo (2), qui supposait que

---

(1) Hugo, par exemple, *Hist. du droit rom.*, § 310, croit que le travail de Julien sur l'édit fut un travail purement privé, qui ne fut
désigné par la suite sous le nom d'édit perpétuel d'Adrien que parce
qu'il avait été composé du temps de ce prince.

(2) Cette opinion compte, du reste, peu de partisans aujourd'hui.
V. M. Demangeat, *Cours de droit romain*, 2ᵉ édition, t. I, p. 82.

l'œuvre de Julien s'était imposée par son seul mérite aux légistes de son temps, comme Aristote s'imposa par son seul génie à la philosophie scolastique du moyen âge, nous n'en sommes pas moins pénétré d'admiration pour la grandeur et l'utilité de cette œuvre ; et si quelque érudit chercheur était assez heureux pour retrouver dans quelque vieux monastère du mont Athos, ou dans d'autres contrées reculées de l'Orient, un exemplaire complet de l'ouvrage de Julien, nous ne doutons pas que ce livre n'eût pour nous plus de prix que les Institutes de Gaïus, retrouvées par Niébuhr à Vérone en 1816, quoique ces Institutes soient d'un prix inestimable, comme nous allons le montrer, en parlant de leur auteur dans le paragraphe suivant.

§ IV. — POMPONIUS ET GAIUS.

Si nous parlons, dans le même paragraphe, de ces deux grands jurisconsultes, qui semblent être restés inconnus l'un à l'autre, c'est parce qu'ils écrivirent à peu près vers le même temps, sans qu'il soit possible de déterminer d'après les documents que nous possédons, quel est celui des deux qui avait devancé l'autre. Nous inclinons à croire que ce fut Pomponius qui écrivit le premier. Comment supposer, en effet, s'il n'était venu qu'après, qu'il n'eût point parlé de Gaius dans la liste qu'il donne des jurisconsultes de l'école des Sabiniens ! Pomponius clôt cette liste à Salvius Julianus, d'où la preuve certaine, ce nous semble, que Julianus vivait encore ou venait de mourir quand Pomponius écrivit son Enchiridion. Il était tout simple alors qu'il ne nommât point Gaius, qui ne put devenir l'homme le plus notable de la secte des Sabiniens à laquelle il appartenait, qu'après la mort de Julien, qui était Sabinien aussi.

C'est donc à Pomponius que nous consacrons d'abord quelques lignes de reconnaissance. La partie de son Enchiridion où il traitait brièvement des origines du droit romain, et que les auteurs du Digeste nous ont conservée dans la loi 2, *De origine juris,* est une perle d'un prix véritablement infini. Ce fragment célèbre nous donne les détails les plus intéressants sur le droit primitif de Rome, sur la loi des XII Tables, sur la formation des lois postérieures et les plébiscites, sur les édits et la succession des magistratures, sur l'autorité des prudents enfin, et les deux grandes écoles qu'ils formèrent depuis Labéon et Capiton, leurs chefs respectifs, jusqu'au temps où Pomponius écrivait. Ce jurisconsulte eut le mérite de concentrer en quelques pages les documents essentiels sur l'histoire du droit romain; et si son livre s'était perdu, on n'arriverait pas, en compulsant tous les auteurs latins dont il nous reste quelques ouvrages, à réparer cette perte, la plupart des faits que Pomponius nous a transmis n'ayant laissé de trace nulle autre part.

Nous aimons, d'ailleurs, la piété qui respire dans tout le livre de Pomponius, et particulièrement dans les lignes où il parle des grands jurisconsultes de Rome. On voit qu'il y signale avec bonheur tout ce qui a particulièrement honoré chacun d'eux, le désintéressement dans Scipion Nasica, la sagesse dans Sempronius, la sainteté des mœurs dans les Scævola, le courage et la grandeur d'âme dans Rutilius, la fermeté du caractère dans Labéon, dans plusieurs autres jurisconsultes qu'il cite la science militaire où la haute éloquence, et dans presque tous l'immensité du savoir. Loin de ressembler à tant d'écrivains de notre temps qui n'écrivent, à l'exemple de Saint-Simon, que pour dénigrer autrui et s'exalter eux-mêmes, Pomponius, sans se mettre jamais en scène, ne s'applique, visiblement, qu'à rappeler ce qui est à l'honneur des personnages qu'il cite. Il comble, par exemple, Labéon d'éloges, mais sans déprécier Capiton, qu'il juge moins sévèrement que Tacite. Quand il rappelle que Tubéron avait accusé Ligarius, le client de Cicéron, il évite

de dire qu'il commit une bassesse en accusant son ancien
ami uniquement pour plaire à César.

Pomponius avait composé beaucoup d'autres ouvrages.
Parmi les vingt-six jurisconsultes dont les livres fournirent
des fragments au Digeste, il occupe, pour le nombre des
extraits, le huitième rang, et ne se trouve séparé que par
Cervidius Scævola, de Gaius, qui occupe le sixième, et qui
a plus de droits encore que Pomponius à la gratitude et à
la vénération des siècles.

Gaius a eu le sort singulier d'être resté obscur durant sa
vie, de n'avoir obtenu, dans les premiers temps qui suivirent
sa mort, qu'une renommée fort inférieure encore à son mérite, et de n'être parvenu au degré d'estime dont ses ouvrages prouvent qu'il était digne, qu'après plus de quinze
siècles. C'est absolument l'inverse de nos célébrités tapa-
geuses contemporaines, qui, grâce au clinquant des récla-
mes, brillent d'un éclat assez vif tant que l'auteur vit, ne
jettent plus, dès qu'il est mort, que de pâles lueurs, et ne
tardent pas à s'éteindre pour jamais dans les profondeurs
d'un passé qui ne remonte pas à un âge d'homme.

Quelle fut la patrie du grand jurisconsulte Gaius, dont la
renommée s'est formée d'une façon si extraordinaire? Quand
vint-il au monde et en quel lieu? Quels furent ses maîtres?
Dans quelle ville enseigna-t-il, car il est plus que probable
qu'il s'était voué à l'enseignement? Où mourut-il enfin?
Était-il d'une haute ou d'une obscure naissance? Exerça-t-il,
ou non, des fonctions publiques? Ce sont autant de questions
qui restent et qui resteront apparemment toujours sans réponse. Tout ce que nous savons, c'est qu'il n'était pas mort
au temps de Marc-Aurèle, puisqu'il cite un rescrit de cet
empereur dans ses Institutes. Pour tout le reste, nous en
sommes réduits à des conjectures. Mais former des conjectures, c'est un passe-temps qui a son charme, fondé qu'il

est sur la nature même de l'homme, toujours à l'étroit dans la vie présente et toujours porté à s'en échapper pour scruter le passé ou interroger l'avenir.

M. Mommsen suppose que Gaius vécut et enseigna dans une ville d'Orient; et comme les Institutes de Gaius, quoique fort savantes, semblent, par leur concision, avoir été écrites pour des étudiants, nous croyons, en effet, très-vraisemblable que Gaius enseigna à Béryte, où il y eut, de très-bonne heure, une école de droit florissante. Mais, comme les grandes réputations, avant que Constantin eût fixé la capitale de son empire à Bysance, ne pouvaient s'acquérir qu'à Rome, on comprend que Gaius, quoique fort estimé peut-être des étudiants de Béryte, n'eût pas obtenu tout d'abord un grand renom dans l'Empire romain. Nous partageons donc, quant au lieu où Gaius enseigna, l'opinion de M. Mommsen, mais nous nous hasarderons à pousser nos conjectures beaucoup plus loin que lui.

Nous remarquons d'abord que Gaius, qui ne se trouve nommé dans aucun des auteurs de son temps dont les écrits nous sont parvenus, avait, deux siècles après sa mort, acquis déjà un tel renom que dans la loi célèbre de Théodose II et de Valentinien, connue sous le nom de loi *des Citations*, il est nommé, au troisième rang, parmi les cinq grands jurisconsultes dont les deux empereurs approuvent les ouvrages, comme devant servir désormais de règle aux juges, obligés d'en appliquer les décisions dans leurs sentences. Son nom vient après ceux de Papinien et de Paul, et précède ceux d'Ulpien et de Modestin. Nous remarquons, d'un autre côté, que le pape Caius, mort martyr à Rome en 296, était, d'après les historiens ecclésiastiques, cousin de Dioclétien, lequel était originaire de Dalmatie.

D'après ces données, il se pourrait que le saint pape Caius, qui était Illyrien de naissance, eût été un descendant du célèbre jurisconsulte, Gaius et Caius n'étant, en latin, que

le même nom, et la gloire du pontife chrétien eût alors
naturellement rejailli sur la mémoire de son ancêtre, le
jurisconsulte païen, qui aurait pu, après avoir publié ses
ouvrages imprégnés d'idées et de rites païens, embrasser
ensuite le christianisme. Des conversions semblables étaient
fréquentes au temps de Marc-Aurèle, et tel auteur, que
nous supposons être mort païen, d'après ses écrits, aurait
bien pu mourir chrétien, car il est bien peu d'hommes dont
l'histoire enregistre les actions jusqu'à leur dernier jour.
Faut-il à Dieu plus d'un instant pour sauver une âme? Et
des vertus purement humaines n'attirent-elles pas bien souvent ses plus grandes miséricordes !

Quoi qu'il en soit de nos suppositions, qui expliqueraient
très-bien pourquoi un jurisconsulte à peine connu durant sa
vie, était classé deux siècles après, par des empereurs
chrétiens, immédiatement après Papinien et Paul, et avant
Ulpien, ce qui est certain, c'est que Gaius, païen ou chrétien, posséda à un très-haut degré la plus difficile des vertus
morales, celle qui, dans la religion chrétienne, vient immédiatement après les vertus théologales, l'humilité. Cette
aimable vertu, dont les parfums délicats ont une suavité
particulière qui les fait toujours reconnaître, s'exhale douce-
ment de toutes les pages de ses Institutes. C'est une chose
vraiment admirable de voir un homme versé dans les antiquités de Rome autant que pouvait l'être un grand pontife au
temps des Quintus Mucius, et plus au courant des législations étrangères, qu'il cite souvent, que ne l'étaient les jurisconsultes les plus célèbres de son temps, qui n'en disent
mot, ne jamais faire étalage de son savoir immense, dont
les perles tombent naturellement de sa plume, à mesure
qu'une méthode parfaite lui fait aborder successivement les
divers sujets du droit, qu'il traite toujours dans un style
d'une limpidité incomparable.

Et quoi de plus touchant que la manière dont ce grand

6

légiste, écrivant, selon toute apparence, à un âge avancé,
parle toujours de ses maîtres, qu'il appelle constamment
nostri præceptores, désignant par là tous les jurisconsultes
sabiniens. Jamais il ne manque de les citer à propos de chaque question controversée qu'il rencontre sur son passage.
Jamais il ne critique leur doctrine ; et, quand il arrive qu'ils
se trouvent eux-mêmes en désaccord, il retrace leurs sentiments divers sans en condamner aucun, laissant à peine
entrevoir de quel côté il incline. Ce respect profond et invariable pour tous ses maîtres n'engendre, d'ailleurs, dans son
âme aucune espèce d'hostilité vis-à-vis des jurisconsultes de
la secte opposée, dont il cite quelquefois les noms, mais qu'il
désigne plus souvent, comme pour éviter toute personnalité, par l'expression collective d'auteurs d'une autre école,
diversæ scolæ auctores. Jamais il ne blâme aucune de leurs
solutions, préférant laisser au lecteur, à qui il indique seulement le motif principal de l'opinion de chaque école, le soin
de se prononcer lui-même. Quoi de plus modeste que cette
manière ! Et comme elle contraste avec le peu de révérence
qu'ont trop souvent chez nous des jurisconsultes vis-à-vis
de ceux dont ils n'adoptent pas les opinions !

Ce que nous avons dit de la conversion possible de notre
jurisconsulte au christianisme est une conjecture, nous
l'avouons, bien risquée, tant les données en sont légères.
Peut-être ne nous a-t-elle été inspirée que par nos vives
sympathies pour l'homme. Nous avons au moins la douce
pensée que l'humble et docte jurisconsulte Gaius, s'il est mort
sans avoir connu ni pressenti par le désir la doctrine du
Christ, repose probablement dans ces limbes, qui ne sont
pas les ténèbres absolues, où la divine justice laisse les êtres
humains qui n'enfreignirent jamais d'une manière grave les
préceptes de la loi naturelle. Si Dante eût étudié Gaius, il
l'eût certainement placé dans ces lieux calmes, mi-partis de
lumière et d'ombre, où il crut voir dans une verte prairie

les personnages les plus honorés de l'antiqué païenne deviser ensemble en un doux langage, entourés d'auditeurs attentifs, à visages aussi respectables que les leurs (1).

Gaius composa, outre ses Institutes, plusieurs ouvrages dont le Digeste contient des fragments assez nombreux. Il est à croire cependant que nous avons dans ses Institutes, tant le mérite de ce livre saisit, le joyau le plus précieux de son écrin. On doit toutefois regretter vivement la perte de son commentaire sur la loi des XII Tables, qui devait renfermer une foule de documents curieux, et ses explications sur l'édit provincial, édit qui, selon toute apparence, devait contenir les règles d'administration communes à toutes les provinces romaines, auxquelles chaque proconsul ou gouverneur n'avait probablement qu'à ajouter les dispositions spéciales à la province qu'il administrait.

Mais nous craignons de nous être arrêté trop longtemps sur Gaius. Hâtons-nous donc de passer à des jurisconsultes plus grands encore, et si grands qu'ils semblent dans la science juridique, comme Homère dans la poésie, avoir atteint la limite que le génie humain ne saurait dépasser. C'est assez dire que nous allons parler dans les paragraphes suivants de Papinien, d'Ulpien et de Paul.

§ V. — PAPINIEN.

Inclinons-nous tout d'abord avec respect devant cette grande figure, plus resplendissante de sa beauté propre que de l'éclat le plus vif que puissent donner les dignités humaines, dont Papinien avait atteint le faîte. Papinien, sous Septive Sévère, devint, en effet, préfet du prétoire, c'est-à-dire,

(1)   Giugmemmo in prado di fresca verdura.
       Genti v'eran con occhi tardi e gravi,
       Di grande autorita ne' lor sembianti.
       Parlavan rado con voci suayi.

après l'empereur, le premier personnage de l'empire. Le
préfet du prétoire était le magistrat suprême. Toutes ses sentences étaient en dernier ressort, et il exerçait en quelques
matières le pouvoir législatif. Les règles, par exemple, qu'il
prescrivait pour l'administration de la justice à ses officiers,
étaient obligatoires comme les lois elles-mêmes, ainsi qu'en
témoigne une constitution d'Alexandre Sévère (1). D'après
une inscription dont parle M. Demangeat (2), qui se trouvait à Rome sur un monument, Papinien n'avait que trente-
six ans au jour de sa mort. Il serait donc parvenu à la plus
haute dignité de l'empire à un âge où d'autres débutent à
peine dans les fonctions publiques. Chez les hommes supérieurs, les aptitudes spéciales que Dieu leur a données se
manifestent fréquemment de très-bonne heure avec une évidence qui confond les natures les plus jalouses. Ne vit-on
pas, au commencement de ce siècle, le célèbre Pitt devenir
ministre à vingt-deux ans, et prendre, dès ce jour, dans la
politique de la grande nation anglaise, l'influence prédomi-
nante que chacun sait !

Le préfet du prétoire, comme tous les magistrats supérieurs, avait des assesseurs, dont le nom même indique qu'ils
siégeaient habituellement avec leur chef quand il s'agissait
de grandes affaires, et Papinien eut la chance inouïe d'avoir
pour assesseurs Paul et Ulpien ! Jamais certainement, dans
aucun pays, trois jurisconsultes de leur mérite ne se trouvèrent réunis pour rendre la justice. Pour rencontrer dans l'ordre physique un rapprochement aussi étonnant, il faudrait
que trois comètes vinssent, au même moment, étaler dans
notre firmament leur chevelure resplendissante.

Si la vie de Papinien fut courte, elle n'en fut que plus
honorable, puisque, malgré les soins que lui donnait le

_____

(1) L. 2, C., *De præf. prætoriorum.*
(2) *Cours de droit romain,* 2ᵉ éd. t. I, p. 95.

gouvernement de l'empire, il composa sur le droit quantité d'écrits remarquables par une pénétration étonnante, et la mort de ce grand personnage fut encore plus belle que sa vie. Il mourut pour avoir refusé d'excuser un meurtre abominable.

Un despote ne saurait souffrir, en quoi que ce soit, la moindre rivalité; il lui semble n'être rien, s'il n'est tout. Caracalla était despote; un de ces hommes, par conséquent, qui foulent aux pieds les lois les plus sacrées de la nature et ne reculent pas même devant un parricide, quand l'amour effréné qu'ils ont du pouvoir le leur conseille. Caracalla ne fit pas mourir sa mère sous ses yeux, comme Néron, mais il fit une chose non moins horrible. Il renouvela le forfait de Caïn, il fit mourir son frère Géta, le plus doux, dit l'histoire, et le plus affable des hommes; et il le frappa dans les bras de Julia, leur mère commune, où il s'était réfugié, commettant ainsi, au même moment, un fratricide et un parricide, car n'est-ce pas assassiner une mère que de poignarder son enfant sur son sein! Ce frère, ce fils dénaturé eut ensuite l'audace de prier Papinien de justifier devant le Sénat son crime abominable. Le grand jurisconsulte lui répondit qu'il était plus facile de commettre un fratricide que de l'excuser! Parole admirable qui devait naturellement coûter la vie à l'homme courageux qui l'avait proférée, et que nous ne pouvons pas souffrir de voir révoquer en doute par quelques écrivains contemporains (1).

Nous nous indignions, dans un paragraphe précédent, que la critique contemporaine, dont la tâche semble être de démolir l'histoire, comme celle des Vandales était de détruire les monuments, ait osé nier le courage de Coclès et la fermeté d'âme de Régulus, par l'unique raison que les historiens romains en font seuls mention, et que Polybe et Denys

_____

(1) V. Bouillet, *Dict. de l'antiquité,* au mot *Papinien.*

d'Halicarnasse n'en parlent point. Nous ne saurions supporter davantage que cette critique, disposée à tout nier, ait osé contester la réponse de Papinien.

Le récit de Spartien ne saurait, à nos yeux, laisser le moindre doute, et a d'autant plus de valeur que Spartien était proche parent de Dioclétien, plus disposé, par conséquent, par respect pour la dignité impériale, à voiler les crimes des empereurs qui avaient précédé son cruel parent, qu'à leur en attribuer d'imaginaires. Que dit donc Spartien? Il dit expressément non pas que quelques personnes, mais que beaucoup de gens attribuaient à Papinien la réponse fière que nous avons citée (1). Comment d'ailleurs s'expliquer, si Papinien ne l'eût pas faite, que Caracalla eût fait mourir ce grand homme, quand son intérêt lui commandait évidemment de le ménager pour ne pas exciter de plus en plus l'horreur et le mépris de tout ce que Rome comptait d'honnête!

Les paroles héroïques sont si rares dans l'histoire, qu'on en compte, à peine, une par siècle, et elles valent certainement bien mieux que les grands coups d'épée des plus vaillants capitaines, parce qu'elles honorent bien davantage la nature humaine, leur sublimité ne dépendant point de la vigueur des muscles. En contester une seule mal à propos, c'est donc offenser l'humanité tout entière, qu'on suppose, par ce scepticisme irrévérent, incapable d'atteindre à une telle hauteur.

Spartien se trouve, il est vrai, le seul auteur de l'antiquité qui nous ait conservé la réponse de Papinien, mais cela vient de ce que nous n'avons conservé d'autre histoire complète de Caracalla que la sienne; les passages de tous

(1) Voici le passage textuel : « MULTI dicunt Bassianum (prénom de Caracalla) occiso fratre Papiniano mandasse ut et in senatu per se et apud populum facinus dilueret, illum autem respondisse : Non tam facile parricidium excusari posse quam fieri! »

les auteurs qui écrivirent l'histoire romaine après lui, où il
pouvait être question du meurtre de Géta, étant complètement perdus. Le récit de Spartien se trouve, du reste, con-
firmé par une tradition quinze fois séculaire, qui peut seule
expliquer la supériorité que l'opinion publique de l'antiquité
donna toujours à Papinien sur Ulpien et sur Paul, et dont
la célèbre loi des Citations dont nous avons précédemment
parlé, contient la preuve irréfragable. Mais cette autre
preuve de la vérité du récit de Spartien n'apparaîtra dans
tout son jour que lorsque nous aurons parlé d'Ulpien. Contentons-nous, pour le moment, de conclure que Papinien
ne fut pas seulement un jurisconsulte de premier ordre, et
que ce fut un grand homme.

§ VI. — ULPIEN.

Ulpien (Domitius-Ulpianus) fut, avons-nous dit, sous
Septime Sévère, un des assesseurs de Papinien quand ce
dernier était préfet du prétoire, et il devint préfet du prétoire, à son tour, sous Alexandre Sévère. Ce célèbre jurisconsulte était, à ce qu'on croit, originaire de Phénicie, et
paraît avoir enseigné la jurisprudence avant de parvenir
aux plus hautes dignités de l'Empire (1). Comme Papinien,
Ulpien parcourut une carrière brillante ; comme lui aussi,
il eut une fin tragique. Mais, à la différence de celle de
Papinien, la mort d'Ulpien dut exciter plus de pitié que
d'admiration. Il fut massacré par les gardes du prétoire dans
une révolte qu'il essaya vainement de calmer.

Ulpien avait composé un très-grand nombre d'ouvrages,
et de tous les jurisconsultes, c'est celui dont nous possédons
le plus de fragments (2). Ces fragments forment, à eux

(1) Hugo, *hist. du dr. rom.*, t. 2, § 322.
(2) Suivant Hommel (*Civilistisches Magazin*, t. 2, p. 267), sur les
dix-huit cents pages des Pandectes florentines, six cents appar-

seuls, le tiers de tout le Digeste, ceux de Paul n'en forment que le demi-tiers, et ceux de Papinien la dix-huitième partie seulement. Pourquoi donc Papinien, depuis la célèbre loi des Citations, a-t-il toujours occupé sans conteste le premier rang parmi les jurisconsultes romains? Serait-ce que les décisions de Papinien étaient généralement plus exactes que celles de ses deux illustres assesseurs, ou que sa manière d'écrire était préférable à la leur? Nous avons peine à le croire. La supériorité de Papinien nous semble très-contestable sous l'un et l'autre rapport. Les décisions de Papinien sont admirables de justesse, mais il nous semble qu'Ulpien et Paul ne manquent pas non plus de logique, et, si nous osons le dire, nous aimons mieux la manière d'écrire, coupée et très-nette, d'Ulpien et de Paul, que celle de Papinien, dont les longues phrases ne se comprennent que difficilement, au moins à la première lecture. Cela tient sans doute à ce que le principal ouvrage de Papinien, ses Réponses, roulait sur des questions ardues, et qu'il n'est pas facile d'être aussi clair dans un ouvrage de controverse que dans des livres de simple exposition ou des commentaires de textes comme le furent la plupart des ouvrages d'Ulpien et de Paul. Mais, tout en tenant compte de cette différence, la supériorité de Papinien sur ses assesseurs ne nous semble pas plus démontrée au point de vue du style qu'au point de vue des solutions, tandis qu'elle l'est pleinement si, au lieu de comparer les écrits, on compare les hommes. L'avantage est alors tout à fait du côté de Papinien, parce qu'il couronna une vie sans tache par une mort héroïque, et que, pour obtenir l'admiration de l'humanité,

tiennent à Ulpien, trois cents à Paul, cent seulement à Papinien, quatre-vingt-dix à Julien, soixante-dix-huit à Cervidius Scævola, soixante-douze à Pomponius, quarante et une à Modestin, et ainsi de suite en diminuant graduellement pour les dix-huit autres jurisconsultes dont le Digeste contient des fragments originaux.

il ne suffit pas d'avoir l'esprit étendu, il faut surtout avoir l'âme grande.

Ajoutons pour ce qui regarde Ulpien, que peu honoré des païens quand ils le comparaient à Papinien, il ne pouvait qu'être haï des chrétiens, si les chrétiens savaient haïr. Il fut, en effet, un de leurs plus ardents persécuteurs, comme l'atteste l'histoire ecclésiastique, et cette conduite est une tache indélébile pour sa mémoire. Ulpien, homme si clair-voyant, Ulpien qui, comme assesseur du préfet du prétoire sous Septime Sévère, puis préfet lui-même sous Alexandre, ne pouvait rien ignorer de ce qui se passait dans l'Empire, savait certainement que les chrétiens en étaient les sujets les plus soumis et les plus vertueux. Ce n'est pas lui, à coup sûr, qui pouvait être dupe des calomnies absurdes des prê-tres païens, qui accusaient les chrétiens de se livrer dans leurs assemblées secrètes à des infamies et d'y dévorer de nouveau-nés, dénaturant ainsi d'une manière perfide ce qu'ils pouvaient savoir des mystères eucharistiques. Ce ne put être, par conséquent, que dans des vues d'ambition qu'Ulpien persécuta avec acharnement les disciples du Christ, qui pouvaient bien et devaient lui pardonner, puisque la loi chrétienne fait un devoir rigoureux et absolu du pardon des offenses, mais qui ne pouvaient pas avoir pour lui la moin-dre estime.

Ce sont ces sentiments des chrétiens vis-à-vis d'Ulpien qui expliquent pourquoi, dans la loi des Citations, le nom de leur cruel persécuteur n'occupe que le troisième rang, quand, au point de vue juridique, il aurait dû certainement avoir le second, sinon le premier. Cela explique aussi pour-quoi la loi romaine des Visigoths ne fit aucun emprunt aux nombreux ouvrages d'Ulpien, prétérition fort à remarquer et dont Hugo a donné une raison puérile, qui se réfute d'elle-même : « Les Romains, dit-il, sous la domination des Visi-goths, gardent un silence absolu sur Ulpien. Ceci n'a rien qui doive surprendre si l'on réfléchit que, pendant cette période, ils ne s'attachèrent point à rassembler les maximes du droit ancien, dont l'explication fait l'objet principal des fragments de cet auteur, ou bien que, quant à celles qu'ils rapportèrent, ils en donnèrent toujours une interprétation ou bien y firent des additions dont on ne trouve là aucune trace (1). » On est surpris qu'un auteur aussi grave qu'Hugo ait pu donner une explication pareille, tant elle est frivole. Si elle avait le moindre fondement, qui ne voit que les Visigoths auraient dû exclure, au même titre, de la *Lex Romana*, les Institutes de Gaius et les Sentences de Paul, aussi pleines certainement des maximes du droit ancien de Rome que les ouvrages d'Ulpien, tandis qu'on sait que Gaius et Paul ont servi, avec le code Théodosien, de principale base à leur loi !

Les rédacteurs de la loi romaine des Visigoths n'empruntèrent rien à Ulpien parce que trois siècles à peine les séparaient du temps où Ulpien persécutait avec acharnement les disciples du Christ, et arrosait de leur sang les cirques et les échafauds dans toute l'étendue de l'Empire (2). Le nom seul d'Ulpien devait alors faire horreur à tout ce qui portait le nom de chrétien, aussi bien aux ariens et autres hérétiques qu'aux chrétiens orthodoxes. La répulsion qu'inspirait l'auteur devait nécessairement affaiblir l'autorité de ses écrits. Si cette impression s'effaça par la suite durant les longs siècles d'ignorance littéraire, c'est que les chrétiens qui,

(1) *Hist. du droit romain*, § 332, note 5.

(2) « Ulpien, dit Bérault-Bercastel, publia un traité de sa composition sur les devoirs des proconsuls, dans lequel il rassembla toutes les ordonnances des princes, avec le détail des châtiments décernés contre les chrétiens, et cet ennemi déclaré se vit élever à la dignité de préfet, ou gouverneur de Rome, chargé par état de la recherche et de la punition de tout ce qui pouvait passer dans son esprit pour malfaiteur. » *Hist. de l'Eglise*, liv. iv, an 235 de J.-C. — M Bouillet, *Dictionnaire de l'antiquité*, rappelle, en parlant d'Ulpien, ces cruelles persécutions.

chaque jour de l'année, honorent quelques-uns de leurs saints, pour conserver à jamais leur mémoire, n'en ont réservé aucun pour maudire les persécuteurs de leur foi, qu'ils plaignent, au contraire, d'être tombés sous les coups terribles de la justice divine, s'ils sont morts sans repentir. Ce qui est vraiment inconcevable et montre combien les passions peuvent tout à coup entourer de ténèbres les plus hautes intelligences, c'est qu'Ulpien, dont l'esprit perlucide était si bien fait pour saisir les conséquences les plus éloignées de la notion du Juste, n'eût pas vu que la perfection même de la justice se trouvait dans la loi du Christ, après laquelle l'humanité haletante avait soupiré quatre mille ans, parce qu'elle devait mettre un frein à toutes les tyrannies et adoucir toutes les douleurs.

§ VII. — PAUL.

L'antiquité nous a laissé moins de détails sur Paul que sur Papinien et sur Ulpien. Tout ce que nous en dit l'histoire profane, c'est qu'il était originaire de Padoue (1), et qu'il fut, comme Ulpien, assesseur de Papinien, quand celui-ci était préfet du prétoire. L'histoire ecclésiastique se tait absolument sur lui, d'où l'on doit induire naturellement que Paul ne fut pas, comme Ulpien, hostile au christianisme, au moins d'une manière ouverte et déclarée. Comme il était Italien d'origine, ses écrits purent être plus goûtés des Italiens que ceux d'Ulpien, originaire, comme on l'a vu, de la Phénicie : en tout cas, ils durent l'être beaucoup plus par les chrétiens, s'il ne fut pas persécuteur de leur foi. On comprend donc aisément que son livre des Sentences, ouvrage d'une précision et d'une netteté admirables, fût connu et goûté dans toutes les parties de l'Empire, qu'il eût con-

(1) V. Hugo, *Hist., dr. rom.*, § 331.

servé, par conséquent, toute son autorité dans la Gaule méridionale après l'invasion des barbares, et que la loi romaine des Visigoths ait fait, dès lors, à cet excellent livre de très-nombreux emprunts.

Quand les ténèbres devinrent ensuite plus épaisses dans l'Occident, beaucoup de chrétiens peu instruits, voyant les Sentences de Paul mêlées dans la *Lex Romana* d'Alaric à des constitutions d'empereurs chrétiens, purent croire que ces sentences, généralement fort belles et d'où les scories païennes dans l'édition d'Alaric avaient presque entièrement disparu, venaient du grand Paul, le maître des Gentils, qui, quoique Israélite d'origine, avait, chacun le sait, possédé, comme né à Tharse, le droit de cité romaine. En tout cas, le nom de Paul sonnait bien à leurs oreilles, et mieux encore que celui de Gaius. Si ce dernier nom leur rappelait un saint pape, l'autre était celui du grand Docteur des nations, et des noms connus et aimés ne sont jamais chose indifférente pour qu'un livre se conserve dans la mémoire des hommes.

Quoi qu'il en soit, les fragments de Paul, empruntés à quantité d'ouvrages qu'il avait composés, et qui forment, avons-nous dit, le sixième de tout le Digeste, prouvent, comme son livre des Sentences, que c'était un très-savant jurisconsulte, écrivant sur les matières de droit aussi bien qu'il pensait ; et comme la présomption naturelle est que l'honnêteté d'un homme marche de pair avec son savoir, il est à croire que Paul fut aussi un homme digne de toute estime, et que les légistes ont toute raison d'honorer.

§ VIII. — MODESTIN.

Nous en disons autant de Modestin, dont le nom latin, *Modestinus*, gracieux diminutif de modeste, se trouve bien en rapport avec les voiles impénétrables qui nous cachent toutes les actions de sa vie. Nous savons par un fragment du Digeste, qu'il avait été élève d'Ulpien (1), et il n'est pas surprenant qu'il fût devenu un grand juriste sous un maître si habile. Les fragments que nous possédons de lui dans les Pandectes, quoiqu'ils soient en petit nombre, prouvent qu'il était aussi instruit que judicieux, et nous comprenons que Théodose le Jeune et Valentinien lui aient donné le cinquième rang dans la loi des Citations, quoique Cervidius Scævola, Julien et Pomponius, quand on compare ce que nous avons d'eux dans le Digeste avec les fragments de Modestin, fussent, ce nous semble, des jurisconsultes d'un mérite au moins égal à celui de l'élève d'Ulpien. La préférence donnée par ces empereurs à Modestin dut tenir apparemment à des circonstances étrangères au mérite juridique, dont le cours des siècles a effacé complétement les traces.

Quoi qu'il en soit, et toute comparaison avec d'autres jurisconsultes mise à part, le nom de Modestin, venant après ceux de Papinien, de Gaius, d'Ulpien et de Paul, n'a certainement rien qui nous blesse. Il nous plaît fort, au contraire, de voir les noms de juristes comme Modestin et Gaius, qui ne firent probablement toute leur vie qu'écrire et enseigner, mêlés à ceux d'autres jurisconsultes qui exercèrent les plus hautes fonctions dans l'Empire romain, et sous des empereurs aussi marquants que Septime et Alexandre Sévère. Comme les dignités et les richesses ne prouvent nullement le mérite des hommes qui les ont possédées, il est juste, quand on classe des hommes morts, de ne tenir compte que de leurs œuvres, la postérité ne profitant jamais d'autre chose.

Avec Modestin, la liste des grands jurisconsultes romains est close. C'est à peine si, jusqu'à Constantin, on trouve à citer deux noms qui offrent quelque intérêt pour l'histoire du droit.

(1) *Herennius Modestinus*, dit Ulpien, auteur de ce fragment, *studiosus meus*. L. 52, § 20, D., *De furtis*.

§ IX. — GRÉGOIRE ET HERMOGÈNE.

La science du droit, telle que la sagesse païenne avait pu l'élever, ne brilla jamais d'autant d'éclat que sous Septime Sévère avec les cinq grands jurisconsultes dont nous avons parlé dans les paragraphes précédents. A peine ont-ils disparu de la scène du monde, qu'une nuit obscure se fait, et il arrive dans le monde intellectuel ce qui ne se voit, dans le monde physique, que sous l'équateur, où le soleil, tombant perpendiculairement au-dessous de l'horizon, fait succéder brusquement au grand jour la nuit la plus épaisse, sans avoir coloré l'horizon d'aucun teinte crépusculaire.

A quoi tint ce changement si subit? Nous en apercevons deux causes. On sait d'abord qu'à la mort d'Alexandre Sévère, survenue en 235, commença pour le monde romain une longue période de désordres et de troubles, qui se prolongea jusqu'à la victoire de Constantin sur Maxence en l'année 312 de Jésus-Christ. Dans cet intervalle de soixante-dix-sept ans, on compte une soixantaine de Césars, qui, avec ce titre, le plus souvent usurpé, se disputent l'empire avec un acharnement incroyable. C'est dans ce temps aussi que le paganisme expirant déploie avec Maximin, avec Dèce, avec Dioclétien et Maximien, toutes ses fureurs sanguinaires contre les disciples du Christ, exterminant ainsi la partie la plus éclairée de la population romaine; car, à intelligence égale, la science est toujours plus grande dans les âmes saintes, la sainteté étant une lumière qui jette ses douces lueurs sur toutes choses : *Pietas ad omnia utilis est.*

Mais quand le bruit des armes retentissait partout, quand, dans les courts moments où il s'apaisait, la populace, sur tous les points de l'Empire, n'avait d'autres spectacles que des chrétiens brûlés sur des bûchers ou déchirés par les bêtes, comment aurait-on pu se livrer aux études sérieuses, et à celle du droit en particulier, dont on ne peut sentir l'importance que dans les sociétés calmes où les lois conservent tout leur empire! Les nombreux empereurs qui régnèrent dans l'intervalle dont nous parlons, n'eurent pas tous, il est vrai, la cruauté des Maximin, des Dèce, des Valérien. Quelques-uns même, comme Claude II, Aurélien, Tacite et Probus furent de bons princes. Mais les règnes de ces quatre empereurs prirent à peine, dans cette longue période, un espace de quatorze ans.

Depuis Alexandre Sévère cependant, les empereurs n'avaient pas cessé de publier de temps en temps des édits sur des matières de droit public ou privé, et la nécessité de recueillir et de coordonner ces édits dut se faire bientôt sentir. Mais ce travail de compilation n'exigeait plus la pénétration et le sentiment exquis du droit, qui avaient illustré les grands jurisconsultes du temps de Marc Aurèle ou de Septime Sévère. Il ne demandait que quelques recherches faciles. Deux jurisconsultes l'entreprirent. L'un s'appelait Grégoire, l'autre Hermogène, et chaque collection fut désignée par le nom de son auteur. La première s'appela Code grégorien, la seconde Code hermogénien. Nous ne possédons que quelques fragments de ces Codes, et ne connaissons de leurs auteurs que les noms. Un des vingt-six jurisconsultes dont les fragments étaient entrés dans les Pandectes de Justinien s'appelait aussi Hermogène, et il se pourrait que ce même juriste fût l'auteur du Code hermogénien. Quant à Grégoire, rien n'indique qu'il eût fait autre chose que son Code, auquel il doit de n'être pas tombé complétement dans l'oubli.

Disons, du reste, que les Codes grégorien et hermogénien, qui paraissent avoir été composés par ordre de dates et sans aucune annotation, ne contenaient l'un et l'autre, si nous en jugeons par les fragments qui nous sont parvenus, que des constitutions d'empereurs païens. Ils durent être composés, par conséquent, avant que la croix du Christ fût marquée

sur la couronne des empereurs romains. Ces œuvres médiocres furent comme les derniers souffles de la jurisprudence
païenne expirante, et il est temps d'étudier les premières
pulsations d'une autre jurisprudence plus juste et plus belle,
qui devait procurer à tous les êtres souffrants de la terre un
immense soulagement.

Dans le livre suivant, nous allons étudier, d'abord, le
développement de cette jurisprudence en Orient, où malheureusement elle fut toujours contrariée par le pouvoir absolu
des empereurs de Byzance. L'Occident seul, on le verra dans
les livres ultérieurs, devait, au point de vue juridique, goûter tous les fruits du nouvel Arbre de vie, né et arrosé d'un
sang divin sur le Calvaire.

LIVRE II

Des jurisconsultes byzantins depuis Constantin jusqu'à la fin de l'empire d'Orient.

———

La victoire de Constantin sur Maxence, qui amena le triomphe définitif de la foi chrétienne sur les superstitions païennes, est un des événements les plus importants de l'histoire. Depuis trois siècles, sans doute, la foi en Jésus-Christ avait produit une multitude innombrable de martyrs et de saints, et amené, par conséquent, des changements profonds dans les mœurs des habitants du monde romain, dont un très-grand nombre avaient embrassé cette foi sainte. Mais la face extérieure du monde n'était en rien changée ; et tandis que tout ce qui, à Rome, se donnait rendez-vous aux catacombes, était illuminé dans leurs profondeurs par la lumière éternelle et indéfectible du Verbe, la vieille Rome qui dominait ces lieux ténébreux avait conservé exactement le même aspect physique qu'elle avait au temps d'Auguste ou de Néron. Tout ce qui était temple éclairé par le soleil était consacré aux faux dieux, tout ce qui était cirque ou théâtre ne servait qu'à des jeux cruels ou à des représentations déshonnêtes.

Ce fut la victoire de Constantin sur Maxence qui changea tout. La religion chrétienne, devenue la religion de l'empereur, devint, par cela même, la religion dominante : ses dis-

7

ciples purent, en toute liberté, élever des temples au seul vrai Dieu du ciel et de la terre, et les temples païens ne continuèrent quelque temps à rester debout et à recevoir le sang de quelques rares victimes, que parce les chrétiens ne voulaient devoir le triomphe complet de leur religion qu'aux armes inoffensives de la charité.

La même cause amena dans le monde romain tout entier les mêmes effets que dans la capitale, et Constantin y contribua grandement par ses lois. La seule énumération des édits qu'il publia pour favoriser l'expansion de la religion chrétienne demanderait un chapitre. Elle dépasserait, par conséquent, le cadre de notre ouvrage, dont le seul but est d'honorer les hommes qui firent de l'étude du droit et de ses perfectionnements, l'occupation principale et constante de toute leur vie.

Constatons seulement ici tout d'abord, parce que c'est le principe et la justification de la division que nous allons suivre dans la suite de notre ouvrage, constatons que le christianisme amena dans les institutions, les lois et les mœurs beaucoup moins de transformations en Orient qu'en Occident. Les Pères de l'Eglise grecque furent certainement d'aussi grands hommes et d'aussi grands saints que ceux de l'Eglise latine, qu'ils surpassèrent même en éloquence. Nul Père latin n'atteignit la magnificence de langage de saint Grégoire de Nazianze et de saint Jean Bouche-d'or. Mais l'Eglise grecque, qui brilla d'un éclat incomparable au quatrième siècle, ne tarda pas à décliner, et son déclin fut rapide. L'arianisme y produisit plus de ravages qu'en Occident, et les grandes hérésies subséquentes de Nestorius et d'Eutychès, dont l'Eglise latine ne connut que le nom, n'y laissèrent subsister, même avant le grand schisme, que quelques frêles rameaux de l'Eglise catholique ; c'est-à-dire que le christianisme, qui, en Occident, pénétrait à peu près dans toutes les âmes, circulait à peine dans les contrées orientales.

Quelle était, par exemple, au point de vue du droit, la conséquence des principes chrétiens? C'était que les hommes étaient tous frères et doublement frères, frères en Adam, nul chrétien ne pouvant nier qu'Adam a été le père de tout le genre humain selon la nature, et frères en Jésus-Christ, tous les chrétiens reconnaissant avoir reçu de Jésus-Christ une seconde vie, la vie de la grâce. De cette double fraternité, il s'induit mathématiquement que les chrétiens doivent s'entr'aimer non pas seulement autant que des enfants issus du même père et de la même mère, mais deux fois plus ou plutôt infiniment plus, puisque l'amour qui vient de la grâce a une puissance infinie, que ne peut jamais atteindre l'amour qui ne vient que de la nature. Il s'en suit par une conséquence ultérieure que la différence de nationalité ne doit jamais effacer l'amour entre chrétiens, pas plus que l'amour plus vif qu'on a pour des parents plus proches, ne doit détruire l'amour des parents plus éloignés ; que l'état de domesticité, de maladie, d'infirmité, de pauvreté, ne doit non plus amener jamais aucun refroidissement dans la charité des heureux du monde pour leurs frères temporellement moins bien partagés, et que la différence dans les forces physiques autorise encore bien moins l'oppression du sexe faible par le sexe fort.

Ces vérités, pour tous les chrétiens qui n'ont pas renié ou laissé s'éteindre leur foi, sont l'évidence même. Mais les jurisconsultes de Rome païenne, les plus éclairés, même après cinq siècles de travaux sur la jurisprudence, avaient pu à peine les entrevoir. Ceux qui croyaient, s'il put se rencontrer jamais parmi les jurisconsultes des hommes aussi crédules, qu'après le déluge de Deucalion une nouvelle race d'hommes était venue de pierres jetées par Deucalion et par Pyrrha, ne pouvaient pas voir là un genre de fraternité bien respectable. Ils pouvaient encore moins affirmer la fraternité des Romains avec les nègres de l'Ethiopie, ou les hommes de la race jaune, que les marchands romains rencontraient dans les mers de l'Orient.

L'orgueil des grands venait encore augmenter les causes d'inégalité entre les hommes, qui procédaient de différences dans la conformation physique, ou la couleur de la peau. Les premiers fondateurs de Rome, comme plus tard les empereurs, ne manquaient pas de s'attribuer une origine divine, de se dire issus de quelque dieu ou demi-dieu, et peut-être finissaient-ils par le croire à force de l'entendre répéter par leurs flatteurs. Ces princes infatués, et leurs descendants après eux, considéraient dès lors les autres humains comme issus de races subalternes. La croyance des païens à un destin inexorable, *inexorabile fatum*, faisait, en tout cas, supposer facilement aux princes et aux grands qu'eux seuls étaient nés pour le commandement, pour les grandeurs, pour les richesses, et que le reste des hommes avait pour lot inévitable la dépendance, l'humiliation et la pauvreté.

Le christianisme orthodoxe devait dissiper à jamais, partout où il s'implantait, toutes ces pensées sottes et impies. Mais, encore une fois, ce christianisme-là ne s'enracina profondément que dans l'Occident. Dans l'Orient, les hérésies qui naissaient à tout instant furent cause que l'organisation sociale païenne s'y maintint presque sans changement. L'esclavage, par exemple, se perpétua dans l'Orient jusqu'à la domination musulmane, qui devait faire d'autres esclaves à son tour. La vie cénobitique y fut fort connue et fort pratiquée, mais la vie chevaleresque y fut toujours ignorée, et les prêtres grecs, avec leurs femmes, dont ils pouvaient n'être séparés que théoriquement, différaient à peine du grand pontife de Rome païenne, à qui les mœurs imposaient aussi une certaine continence, puisqu'il ne pouvait se marier

qu'une fois. Ces prêtres, mêlés à toutes les affaires terrestres, embarrassés le plus souvent d'une compagne, et le
plus souvent aussi d'une progéniture, devenaient par cela
même incapables des dévouements prodigieux que devait
amener dans l'Occident la rigueur du célibat ecclésiastique.

Les jurisconsultes chrétiens de l'Orient furent donc toujours moins préoccupés que ceux de l'Occident du bonheur
des masses, qui doit être l'objectif perpétuel du jurisconsulte, et, par cela même, le droit n'acquit jamais chez eux
la magnifique expansion qu'il reçut dans l'Occident. C'est
pour ce motif que nous voulons indiquer d'un seul trait,
sans nous arrêter plus qu'à la fin de l'empire d'Orient,
tous les travaux des jurisconsultes orientaux qui furent de
quelque utilité pour les progrès de la science juridique,
afin de ne plus nous occuper par la suite que des travaux
des jurisconsultes de l'Occident, dont l'humanité, surtout
l'humanité souffrante, a recueilli incomparablement plus de
fruits.

Nous diviserons, dans ce livre-ci, tout ce que nous avons
à dire sur les jurisconsultes d'Orient, en quatre chapitres,
correspondant à autant de périodes. La première période
ira depuis Constantin jusqu'à la promulgation du Code théodosien ; la seconde, depuis le Code théodosien jusqu'aux
recueils de Justinien ; la troisième, des recueils de Justinien
jusqu'aux Basiliques ; la quatrième enfin, des Basiliques jusqu'à la prise de Constantinople par Mahomet II.

CHAPITRE PREMIER

Des jurisconsultes orientaux depuis Constantin jusqu'au code Théodosien.

L'époque que nous abordons est une des plus mémorables
dans les annales de l'Eglise catholique. C'est celle de la

tenue des grands conciles, des conciles à jamais célèbres
de Nicée et de Constantinople contre les ariens, de Chal-
cédoine contre Macédonius, d'Ephèse contre Nestorius. Ce
serait se tromper grossièrement d'imaginer que les discussions de ces assemblées vénérables, et les décisions dogmatiques qu'elles rendirent, furent sans importance pour les
jurisconsultes. La justice et la sainteté, nous l'avons dit dès
le commencement de notre livre, ne sont pas des idées
différentes, ce sont seulement des nuances de la même idée.
C'est l'idée de Dieu, qui, sous des noms divers, se décompose
dans notre esprit, comme le prisme décompose le rayon
solaire. La nuance la plus pâle du rayon divin, pour continuer notre image, c'est la justice ; la plus vive, c'est l'amour,
et en particulier, cet amour complétement surnaturel qui
s'étend sur tout, qui pardonne tout, et que les chrétiens
appellent du doux nom de miséricorde.

En mettant de plus en plus en lumière les trésors infinis
de charité que renferment les grands mystères de l'Incar-
nation du Verbe et de la Rédemption, il n'est pas douteux
que les grands conciles œcuméniques servaient merveilleusement la cause de la justice, puisque l'amour et le respect
que se doivent réciproquement tous les êtres humains s'en
induisait d'une manière nécessaire. Mais ce n'est à dire pour
cela que les Pères de Nicée et d'Éphèse fussent des jurisconsultes. Ce nom n'appartient qu'aux hommes qui, après
avoir étudié soigneusement les principes fondamentaux de
la justice, cherchent à en déduire toutes les conséquences
par les seules lumières de la raison. L'évêque, élevant ses
yeux et ses mains vers le ciel, aspire le Saint-Esprit, et
attend la lumière d'en haut, comme les plantes attendent
du ciel la pluie et la rosée. Le jurisconsulte n'attend aucun
secours surnaturel, mais il sait qu'il est, au fond de l'âme,
une lumière qui se dégage des profondeurs de la conscience
par le travail et la réflexion, comme l'étincelle jaillit du

caillou par le choc. Cette lumière naturelle, que les jurisconsultes païens de Rome possédèrent déjà à un haut degré,
et qu'on appelle la logique, est la seule sur laquelle il
compte, même quand le principe de ses déductions se trouve
dans des vérités de foi.

Cette distinction explique pourquoi le siècle des Athanase,
des Basile, des Grégoire de Nazianze et des Jean Chrysos-
tome, ne produisit pas de jurisconsultes proprement dits.
Ces grands et saints personnages qui, par l'intuition, plon-
geaient, à chaque instant, leurs regards dans les profondeurs de l'Infini, étaient trop absorbés par leurs grandes
pensées pour s'occuper de préciser avec soin, comme le fait
le jurisconsulte, ce qui doit revenir à chaque petit être qui
compose l'humanité, dans les biens divers que Dieu fait
éclore, à tout instant, pour les fils d'Adam, des entrailles
de la terre ou du sein des mers. Le droit romain suffisait,
d'ailleurs, provisoirement pour atteindre ce but essentiel,
tout au moins pour s'en rapprocher, et il fallait attendre,
pour que le christianisme produisît des fruits de justice plus
abondants, qu'il eût jeté des racines plus profondes dans les
âmes.

Quoi qu'il en soit, nous ne connaissons chez les Orientaux,
depuis Constantin jusqu'au code Théodosien, aucun jurisconsulte dont le nom se soit conservé. Quant aux rédacteurs
de ce code, la constitution de Théodose le Jeune, qui le
promulgua, les nomme et leur donne les titres les plus
pompeux. Ce fut d'abord Antiochus, ex-préfet et ex-consul,
sublime, dit la constitution, en toutes choses, *cuncta sublimis.*
Ce fut Maximus, ex-questeur, versé dans tous les genres de
connaissances, *eminens omni genere litterarum;* puis Marty-
rus, Spérantius, Apollodore, Épigène et Procope, qualifiés,
les uns, de personnages illustres, *viri illustres;* les autres,
d'hommes considérables, *viri spectabiles,* et tous, d'hommes

comparables à tout ce que l'antiquité avait offert de grands jurisconsultes, *jure omnibus veteribus comparandi.*

Mais il ne dépend pas des princes, en prodiguant aux hommes qui les entourent des titres d'honneur, d'en faire des brevets d'immortalité. L'Occident tout entier aurait complétement oublié les rédacteurs du code Théodosien, désignés avec tant de pompe par leur maître, si Jacques Godefroi n'eût répété leurs noms, après dix siècles d'un complet silence, en insérant la constitution qui les contient, dans son important ouvrage sur le code de Théodose le Jeune. Disons, du reste, que si ces rédacteurs ne méritaient pas les épithètes fastueuses que nous avons reproduites, ce n'étaient pas cependant des hommes sans science, et leur œuvre fut certainement très-utile parce qu'elle était devenue très-nécessaire. Tandis que les constitutions des empereurs païens avaient été recueillies par Grégoire et Hermogène, il était étrange que les constitutions des empereurs chrétiens ne l'eussent pas été encore, plus d'un siècle après que la religion chrétienne était devenue la religion de l'Empire.

Les rédacteurs du code Théodosien firent leur compilation avec scrupule, et se montrèrent plus réservés et plus sincères dans leur œuvre, que ne le furent, dans le siècle suivant, Tribonien et ses collaborateurs. Pour ne pas donner trop d'étendue à leur code, ils durent supprimer les préambules des édits qu'il recueillaient, mais ils se firent une loi rigoureuse de ne changer jamais une syllabe à leur dispositif, tandis que Tribonien ne se fit, plus tard, nul scrupule de changer quelquefois du tout au tout, par l'addition ou la suppression de quelques mots, le sens primitif des constitutions qu'il inséra dans le code de Justinien, ou celui des fragments des jurisconsultes dont il composa le Digeste : procédé blâmable parce qu'il dénaturait la vérité historique, et qu'il cacha peut-être plus d'une fois des iniquités criantes en permettant l'application d'une loi falsifiée à des faits qui, d'après la loi primitive qui devait les régir, auraient dû être réglés autrement.

Mais si les rédacteurs du Code théodosien méritent des éloges pour avoir conservé le texte littéral des édits qu'ils recueillaient, que de reproches n'ont-ils pas encourus sous d'autres rapports! Jacques Godefroi, dont cependant la reproduction du Code thédosien, aussi complète qu'elle pouvait l'être de son temps, fera l'éternel honneur, signale, avec une louable impartialité, dans le second chapitre de ses Prolégomènes, les nombreuses taches de l'œuvre des légistes de Théodose. Il ne relève pas moins de quatorze causes de censures, qu'il fonde toutes sur des preuves irrécusables. La plus grave de ces censures est certainement la neuvième, où Godefroi s'indigne avec raison et se scandalise de ce que les auteurs du Code théodosien, non-seulement ont désigné souvent Julien l'Apostat sous le nom de *Divus*, Divin, expression païenne absolument déplacée, surtout pour désigner un tel prince, mais encore reproduit dans leurs Codes des constitutions de ce même Julien, se référant à des pratiques tout à fait païennes.

Nous concluons de là que le plan du Code théodosien était bon, mais que l'exécution fut manquée. On s'attend à trouver dans ce Code, promulgué plus de cent ans après que le christianisme était devenu la religion dominante de l'Empire romain, un ensemble harmonieux d'institutions chrétiennes, et l'on n'y trouve qu'une marqueterie incohérente de dispositions tantôt catholiques, tantôt hérétiques, reflet, il est vrai, mais reflet fâcheux des croyances opposées des successeurs de Constantin, dont quelques-uns furent catholiques comme lui, dont un, le célèbre Julien, avait eu la folle pensée de galvaniser le paganisme expirant, dont la plupart furent des ariens, plus ardents persécuteurs des catholiques que ne le furent beaucoup d'empereurs païens.

Le Code théodosien, dès sa promulgation, devint aussi,

nous l'avons dit, la loi des chrétiens d'Occident : mais dans plusieurs contrées de ce vaste empire, il ne tarda pas à être abrégé et amendé, comme nous le verrons dans le troisième livre de notre ouvrage, par un chancelier du roi visigoth Alaric II. Mais, ainsi que nous l'avons annoncé, nous suivons sans discontinuer, dans celui-ci, les diverses phases de la science juridique en Orient jusqu'à la prise de Constantinople, et c'est le cas de passer à sa seconde période.

CHAPITRE II

Des principaux jurisconsultes d'Orient postérieurs au Code théodosien jusqu'à Justinien.

Comme la célèbre école de jurisprudence qui existait à Béryte dès le second siècle de l'ère chrétienne y était encore florissante au temps de Justinien, nous ne pouvons pas douter que des légistes plus ou moins habiles n'eussent commenté le Code théodosien, mais l'histoire n'a pas conservé leurs noms, et il faut traverser tout un siècle pour retrouver en Orient des hommes qui aient laissé des traces dans la science du droit. Ces hommes furent les légistes qui travaillèrent aux divers recueils de Justinien.

Les constitutions de Constantin et de ses successeurs n'avaient pas été recueillies par Théodose le Jeune dans la pensée de frapper d'abrogation toutes les constitutions faites auparavant par les empereurs païens. Quantité de points de droit réglés par ces empereurs n'avaient reçu aucun changement, et le Code théodosien, en tant que recueil des constitutions impériales, était, par conséquent, très-incomplet. On ne pouvait pas combler une aussi grande lacune par les Codes grégorien et hermogénien, qui n'étaient que des recueils privés, apparemment fort incomplets eux-mêmes, et dont les textes ne pouvaient avoir que bien peu d'autorité, puisqu'ils n'avaient jamais été officiellement contrôlés. Depuis le Code de Théodose II, publié en 438, jusqu'à l'avénement de Justinien en 527, il s'était d'ailleurs écoulé près d'un siècle, qui avait vu naturellement publier quantité de constitutions nouvelles.

La nécessité d'un recueil complet de constitutions impériales se faisait donc vivement sentir, et l'on sait que la première œuvre des jurisconsultes qui contribuèrent tant à illustrer le règne de Justinien fut de composer ce recueil. Le succès de leur Code, publié en 529, donna la pensée d'entreprendre une autre œuvre plus importante encore et plus difficile. La célèbre loi des Citations n'avait donné d'autorité officielle qu'aux écrits des cinq grands jurisconsultes dont nous avons essayé précédemment de dessiner les figures. Beaucoup d'autres juristes avaient cependant publié des ouvrages d'un grand mérite, dont quelques-uns avaient trait à des matières spéciales, qu'aucun des grands légistes désignés dans la loi des Citations n'avait apparemment traitées. Il convenait d'extraire de leurs ouvrages tout ce qu'ils contenaient d'utile sur des points non traités par des jurisconsultes plus autorisés, comme aussi de fondre ensemble les écrits extrêmement nombreux des jurisconsultes mentionnés dans la loi des Citations, pour que les copistes n'eussent pas à recopier sans cesse des montagnes d'ouvrages, pour redire vingt fois, trente fois ce qui pouvait être dit en une seule.

Ce fut donc évidemment une pensée très-utile que de renfermer dans un seul livre l'essence de tout ce que les jurisconsultes romains avaient écrit de plus judicieux sur toutes les matières du droit, pour que ce livre pût être conservé intact avec facilité, au moyen de copies officielles mises sous la main de tous les magistrats et fonctionnaires de l'Empire. L'humanité devra, jusqu'à la fin des siècles, une reconnaissance infinie aux hommes instruits qui accomplirent cette importante tâche. Ils nous ont conservé par là tout le suc de la sagesse antique des païens. Auprès du monument qu'ils élevèrent, les milliers d'ouvrages des philosophes grecs ou romains ne sont presque tous que nuages ou bulles de savon.

Le Code et le Digeste étaient cependant des ouvrages beaucoup trop étendus pour pouvoir être étudiés facilement, et il convenait d'en concentrer la quintessence dans un livre qui, par sa brièveté, pût être facilement expliqué à la jeunesse qui voulait étudier les lois. Trois des jurisconsultes que Justinien avait chargés de la composition du Digeste, les trois apparemment qu'il jugeait les plus instruits, Tribonien, Théophile et Dorothée, furent chargés de rédiger cet abrégé de droit. Leur tâche, du reste, était facile, dès qu'il suffisait, pour l'accomplir, d'effacer des Institutes de Gaius tout ce qui, dans cet excellent livre, portait un cachet de paganisme tenant au milieu dans lequel l'auteur avait écrit ; et si Justinien n'eût point fait faire ses Institutes, la science juridique n'eût point perdu grand chose. Les copistes eussent continué de copier les Institutes, très-succinctes, de Gaius, dont il nous serait alors vraisemblablement parvenu quantité d'exemplaires.

Mais, sans le Digeste, est-il à croire que tous les écrits des jurisconsultes romains dont les fragments servirent à former ce recueil précieux, eussent émergé des ténèbres du moyen âge ? Non, assurément : la plupart auraient été submergés sans retour. Quand on pense que dans tout l'Occident il ne s'est conservé, en dehors du Digeste, d'autres textes d'Ulpien que son livre des Règles, et que nous n'avons qu'un seul manuscrit de ce livre admirable, croit-on que les autres ouvrages de ce grand jurisconsulte, qui presque tous devaient être plus étendus que ses Règles, comparables par leur concision au style lapidaire, n'eussent point péri totalement ! Quelle perte alors, quand on se souvient que les extraits d'Ulpien forment le tiers de tout le Digeste, et sont autant de paillettes de l'or le plus fin ! Le malheur qu'eut

Ulpien de persécuter les chrétiens, ne doit pas, en effet, nous empêcher de rendre justice à ses écrits. Pour admirer une statue a-t-on besoin de s'enquérir si le statuaire fut honnête homme? Et puis, qui peut savoir comment un homme est mort! Après avoir versé des flots de sang chrétien, Ulpien aurait pu mourir de la mort des justes, si, au moment où il tomba massacré par les gardes du prétoire, au lieu de dire comme l'impie Julien : « Galiléen, tu as vaincu! » il eût dit : « O Christ, je meurs justement, parce que je t'ai méconnu! »

Quoi qu'il en soit, nous devons bénir Dieu de posséder une partie très-considérable des œuvres de ce grand jurisconsulte, puisque l'équité, telle au moins que les païens pouvaient la concevoir, y respire partout. Mais, sans le Digeste, qu'aurions-nous conservé des écrits d'Ulpien? Apparemment bien peu de chose.

De Paul, esprit aussi étendu et aussi exact qu'Ulpien, auteur, comme Ulpien, d'une foule d'ouvrages, nous n'eussions conservé peut-être que la partie de son livre des *Sentences,* que s'appropria Alaric II dans la loi romaine des Visigoths. Et de Papinien, puisque, en dehors des extraits de ses ouvrages encadrés dans les Pandectes, nous ne possédons que quelques lignes, nous eussions apparemment perdu presque tout!

On ne saurait donc jamais assez apprécier les services que les compilateurs de Justinien ont rendus à la science du droit par la publication de leur Code, et surtout de leur Digeste. Gardons-nous cependant de l'admiration exagérée que les glossateurs du moyen âge avaient pour leur travail. Leur œuvre, en effet, renferme un très-grand vice, c'est que l'esprit du christianisme s'y sent à peine. Si l'on n'y trouve pas des traces de paganisme aussi marquées que dans le Code théodosien, la rénovation complète que le christianisme avait déjà opérée dans les mœurs n'y paraît nullement, même dans les matières les plus importantes. Justinien, par exemple, n'ignorait pas que l'Eglise catholique condamnait le divorce absolument. Dans le Digeste et dans son Code, il l'autorise cependant comme au temps de Rome païenne (1). Il parle toujours du mariage comme parfait par le seul consentement des époux, alors que l'Eglise catholique a toujours exigé, pour sa validité, la présence du prêtre. Il maintient le principe de Rome païenne, d'après lequel les justes noces ne pouvaient avoir lieu qu'entre un Romain et une Romaine, alors que l'Eglise réprouvait de son temps, comme elle réprouve du nôtre, tout empêchement fondé sur la différence de nationalité, un tel empêchement étant directement contraire au dogme de la fraternité de tous les êtres humains.

Pour la puissance des maîtres sur leurs esclaves, dont les païens avaient tant abusé pour ne faire d'une partie de leurs semblables que des instruments de gain, et d'une autre, des instruments de luxure, Justinien la laissa aussi subsister telle qu'elle était au temps de Rome païenne, se contentant de maintenir la défense qu'avait faite Antonin le Pieux de maltraiter ces infortunés au point de menacer leurs jours, ce qui, de la part d'un empereur chrétien, était vraiment trop peu.

Il serait facile de relever, dans les recueils de Justinien, quantité d'autres dispositions aussi peu chrétiennes, et il est fâcheux que des taches aussi regrettables déparent les œuvres de ses compilateurs, très-estimables à d'autres égards.

Nous avons dit que les trois principaux de ces compilateurs furent Tribonien, Dorothée et Théophile. Quelques

---

(1) Ce n'est que dans des constitutions postérieures, les Novelles 127 et 134, qu'il défendit le divorce par simple consentement mutuel, continuant de le permettre pour quantité de causes spéciales, quand il eût dû n'en admettre aucune.

mots sur ces trois savants personnages rentrent donc tout
à fait dans le cadre de notre ouvrage.

I. TRIBONIEN. Tribonien, né en Pamphilie, après avoir
parcouru de bonne heure la carrière des honneurs, finit par
devenir le principal ministre de Justinien. Procope ne conteste point son savoir ; mais, à l'en croire, c'était un homme
vénal et un plat adulateur (1). L'auteur de l'*Histoire secrète*
de Justinien n'était pas, il est vrai, un type d'impartialité.
C'était le Saint-Simon de Bysance. Mais ses accusations
sont tellement précises que la postérité y a cru, et qu'elle
a classé Tribonien, comme le chancelier Bacon, parmi les
hommes d'État dont on admire la science, mais dont on
méprise le caractère.

II. DOROTHÉE ET THÉOPHILE. L'antiquité ne nous a pas
transmis de pareilles rumeurs au sujet de Dorothée et de
Théophile. Comme il faut toujours présumer le bien, il est
donc à croire que ce furent des légistes aussi honnêtes que
doctes, dignes, par conséquent, des beaux noms qu'ils portaient : Théodore, en grec, signifiant *présent de Dieu,* et
Théophile, *qui aime Dieu.* Ils étaient tous deux professeurs
de droit, le premier à Béryte, et le second à Constantinople ;
mais Dorothée ne composa, sur les Pandectes et le Code,
que quelques travaux de peu d'importance (2). Théophile,
au contraire, composa, en grec, un commentaire complet
des Institutes de Justinien, auxquelles il avait travaillé avec
Tribonien et Dorothée. Ce commentaire, qui, très-heureuse-
ment, s'est conservé, contient beaucoup de documents sur
le droit ancien de Rome, qu'on ne trouvait nulle autre part
avant la découverte des Institutes de Gaius ; et le manuscrit

(1) *Bell. Pers.*, c. 24 et 25 ; *Anecdota, passim.* Hugo, *Hist., dr. rom.*,
§ 24, ne révoque pas en doute la cupidité de Tribonien.

(2) Dans le *Novus thesaurus* de Meermam il est question de ces
travaux.

de Vérone, bien loin d'affaiblir l'autorité du commentaire de Théophile, n'a fait, au contraire, que l'augmenter, parce qu'il prouve que Théophile n'a rien avancé sur l'ancien droit de Rome, qui ne fût d'une exactitude parfaite.

CHAPITRE III

Des jurisconsultes grecs postérieurs à Justinien jusqu'à la publication des Basiliques, spécialement de Julien.

Justinien avait la passion de légiférer. Était-ce dans des vues d'intérêt privé, que sa femme Théodora et son principal ministre Tribonien favorisaient cette manie dangereuse? En laissant même de côté les accusations de Procope, comment ne pas le croire, quand on voit qu'à chaque instant Justinien changeait, sans nul motif sérieux, non-seulement les édits de ses prédécesseurs qu'il avait approuvés en les consignant dans son Code, mais encore beaucoup de ceux qu'il avait lui-même rendus. Ces édits nouveaux, par opposition à ceux renfermés dans le Code, furent désignés, après la mort de Justinien, sous le nom de *Novellæ,* qui signifiait Constitutions nouvelles, et cette expression s'appliqua ensuite aussi aux édits des empereurs postérieurs.

Beaucoup de Novelles de Justinien étaient, disions-nous, des lois capricieuses et arbitraires, dictées par des intérêts du moment, qui ne constituaient aucun progrès dans la science du droit. Quelques-unes cependant furent très-sages, notamment la célèbre Novelle 118, qui améliora sur bien des points l'ordre de succession établi par les préteurs, en effaçant toute trace d'idées politiques en matière de succession, pour fonder un système nouveau, basé uniquement sur l'affection présumée du défunt.

Les Novelles de Justinien et de ses successeurs étaient précédées de préambules d'une longueur infinie, qui, loin d'éclairer les points décidés, les obscurcissaient par une foule de considérations et de raisonnements oiseux. Ce grave défaut nous rappelle le procédé ingénieux de quelques anciens copistes, même de quelques imprimeurs des premiers temps de l'imprimerie, qui marquaient en lettres rouges tout ce qu'il y avait d'essentiel dans le texte législatif, et en lettres noires tout ce qui n'était que transitions, mots explétifs, et considérations peu utiles ou superflues. C'est ce procédé qu'indiquait le pentamètre latin : *Succum rubra dabit littera, nigra nihil.* Si ce procédé était employé pour les Novelles de Justinien et de ses successeurs, c'est à peine si de vingt lignes de leur fatras on pourrait extraire de quoi remplir une ligne rouge. Quelques légistes grecs, pour remédier d'une autre façon à la prolixité des Novelles, en composèrent des abrégés, dont certains ont été publiés de nos jours (1). Mais de telles œuvres, qui durent être fort utiles aux contemporains des auteurs, avaient trop peu de valeur scientifique pour mériter à leurs auteurs le nom de jurisconsultes.

Un de ces abrégés exige cependant une mention spéciale, parce qu'il fut d'une très-grande utilité aux légistes d'Occident, et que c'est par cette voie que la législation de Justinien commença à pénétrer en Italie, bien des siècles avant que les professeurs de Bologne en fissent la base de leur enseignement.

Depuis l'invasion des barbares, la langue grecque avait cessé d'être cultivée dans tout l'Occident. Les constitutions publiées par les empereurs d'Orient n'y étaient pas comprises, parce qu'elles étaient naturellement rédigées en grec. Mais on sait que Justinien, par ses deux habiles généraux Bélisaire et Narsès, reprit sur les barbares une grande partie non-seulement de l'Afrique, mais encore de l'Italie. Un

(1) V. M. Demangeat, *Cours de droit romain*, t. 1, p. 117.

abrégé des Novelles, écrit en latin, devenait alors indispensable aux contrées reconquises et soumises de nouveau, par là même, aux lois byzantines. Un abrégé latin des Novelles. de Justinien, écrit peu de temps après la mort de cet empereur, par un professeur de Constantinople du nom de Julien, eut donc en Occident un succès très-grand et très-mérité, vu que l'abrégé était très-bien fait (1).

Des abrégés de même nature, portant sur l'ensemble du droit romain, furent publiés en grec, vers le même temps, par divers légistes de l'Orient, qui n'avaient reçu aucune mission pour cela ; mais, plus tard, parurent des abrégés commandés par des empereurs byzantins. Léon l'Isaurien en publia un dans la première moitié du huitième siècle ; Basile le Macédonien, un autre plus complet dans la seconde moitié du neuvième (2). Mais s'il dépend des princes absolus de changer les lois à leur gré, il ne dépend pas d'eux de donner à un recueil de droit une valeur scientifique qu'il n'a pas. Les manuels de Léon l'Isaurien et de Basile le Macédonien étaient si insuffisants que le fils de ce dernier prince, Léon le Philosophe, jugea à propos de les remplacer par un ouvrage plus complet, qui comprendrait toutes les matières traitées par Justinien dans ses Institutes, son Digeste et son Code, comme aussi les Novelles de cet empereur et de ses successeurs jusqu'à Basile. C'est ce recueil publié en grec avant la mort de Léon le Philosophe, survenue en l'an 911, qu'on appela les *Basiliques,* et c'est par l'appréciation de ce monument législatif, et des ouvrages juridiques qui le suivirent, que nous allons terminer, dans le chapitre suivant, tout ce qui a trait aux jurisconsultes byzantins.

(1) V. M. Demangeat, *Cours de droit romain,* t. I, p. 129, 2e éd.
(2) V.   *Id.*   *Ibid.*   t. I, p. 117, 2e éd.

CHAPITRE IV

Des Basiliques et des travaux qui les suivirent, spéciale- ment du Manuel d'Harménopule.

C'est à la France que revient l'honneur d'avoir fait connaî- tre, il y a déjà plus de trois siècles, l'intérêt que présen- taient le Code théodosien et les Basiliques, et les secours qu'on pouvait en tirer pour l'intelligence du droit romain. Jacques Godefroi composa sur le Code théodosien un ou- vrage d'une érudition prodigieuse, qu'il n'eut pas cependant la satisfaction de publier avant sa mort. Mais l'ouvrage était fini, et Marville, qui le donna au public, ne fut que l'éditeur de Godefroi. Digne émule de Godefroi, Fabrot, le savant éditeur de Cujas, publia de son chef une œuvre non moins remarquable sur les Basiliques, que jusqu'à lui les juriscon- sultes de l'Occident connaissaient à peine de nom.

De nos jours, deux savants allemands ont beaucoup ajouté aux recherches d'érudition qu'avaient accumulées Godefroi et Fabrot. M. Hœnel, profitant des précieuses découvertes faites dans les bibliothèques de Turin et de Milan, a publié, en 1842, une nouvelle édition du Code théodosien, beau- coup plus complète que celle de Godefroi. M. Heimbach, de son côté, a publié, de 1833 à 1851, une nouvelle édition des Basiliques, plus complète que celle de Fabrot. L'œuvre de nos deux grands érudits français du seizième siècle se trouve donc aujourd'hui sensiblement perfectionnée. Hœnel et Heim- bach n'ont pas cependant reconstitué le texte entier du Code théodosien et des Basiliques. Le dernier recueil surtout reste encore fort incomplet.

Les Basiliques, nous l'avons dit, furent conçues dans un plan bien plus large que celui du Code théodosien, puisque ce ne fut pas, comme ce Code, un simple recueil de constitutions, mais un ouvrage sur le droit tout entier, tel qu'il était observé dans l'Empire d'Orient au temps où il parut. Aussi contenait-il soixante livres. Mais les grands ouvrages de droit qui, dans les siècles éclairés, paraissent aux esprits paresseux pénibles à étudier, deviennent, dans les temps d'ignorance, une charge si lourde, que les légistes, voués presque tous uniquement à la pratique des affaires, sont absolument hors d'état de la supporter. Force est alors de trier çà et là ce que la science a de plus essentiel et de plus pratique, et de négliger tout le reste.

. C'est ce qui arriva notamment en Orient après la publication des Basiliques. L'Empire grec se mourait alors de décrépitude. Depuis qu'il avait vu surgir du côté de l'Arabie le fourbe audacieux que nous appelons Mahomet, le cimeterre musulman avait, en peu de temps, soustrait à la domination des empereurs grecs quantité de provinces en Europe, et à peu près tout ce qu'ils possédaient en Asie et en Afrique. La domination graduelle du pouvoir des califes, qui commença après Aaroun Al Raschild, eût permis peut-être aux empereurs de Constantinople de reprendre une partie de leurs anciennes possessions, s'il se fût rencontré parmi eux des princes d'un mérite supérieur. Mais la plupart manquèrent de talents militaires. En eussent-ils eu, il est peu probable qu'ils eussent pu relever une nation abâtardie et plongée dans la mollesse. Les plus vaillants, du reste, avaient moins de confiance dans leur épée que dans des ruses diplomatiques, qui dégénéraient souvent en fraudes honteuses et en violations flagrantes d'engagements jurés. Une de ces violations, commise au temps de la quatrième croisade, par Alexis l'Ange, envers les croisés qui se rendaient en Palestine et dont il avait imploré le secours, amena sa perte et celle de l'Empire grec. Constantinople fut pris. Beaudouin, comte de Flandre, proclamé empereur, prit possession de toutes les contrées de l'Europe qui dépendaient encore de

l'Empire grec, et fonda un nouvel empire, destiné à durer
environ soixante ans. Les successeurs de Constantin furent
réduits, durant ce temps, à gouverner quelques contrées de
l'Asie Mineure, bordant le littoral de la mer Noire. L'un
d'eux, Michel Paléologue, reprit, il est vrai, Constantinople
en 1261, et mit fin par là à l'Empire latin; mais le nouvel
Empire grec allait presque aussitôt se trouver en présence
d'adversaires aussi redoutables que l'avaient été Mahomet
et les premiers califes. La puissance ottomane, dès la fin du
douzième siècle, apparaissait comme un sanglant météore
aux confins de la Tartarie touchant à l'Empire grec, dont
elle devait consommer la ruine en moins de trois siècles.

Comment aurait-il pu se rencontrer de grands jurisconsultes dans un Empire si affaibli, où les lois étaient à chaque instant foulées aux pieds par ceux mêmes qui devaient
les faire observer! Le droit est une plante qui ne croît avec
succès que dans les contrées dont les habitants n'ont rien
à redouter du dedans ni du dehors. Il lui faut une terre qui
soit également à l'abri des exactions des despostes, des
fureurs des démagogues, et des invasions de hordes étrangères. L'Empire grec, qui ne connaissait d'autre loi que le
caprice de ses empereurs, et dont le cimeterre turc mena-
çait chaque jour l'existence, n'était point cette terre-là.
Aussi, depuis la publication des *Basiliques,* toute la littérature juridique chez les Grecs, durant plus de cinq siècles, se
réduisit à des compilations chronologiques de constitutions
et à des abrégés de plus en plus écourtés. Un seul ouvrage,
dans cette longue période, mérite d'être distingué, c'est le
Manuel d'Harménopule, composé en 1345, et qui devait survivre à l'Empire grec. Les Turcs, en effet, ayant laissé aux
habitants des contrées chrétiennes dont ils s'emparaient,
leurs lois propres, en tant qu'elles ne contrariaient ni la
religion, ni la rapacité des vainqueurs, le Manuel d'Harmé-

nopule continua d'être la loi des chrétiens subjugués, et son autorité s'est conservée en Grèce jusqu'à nos jours.

Un livre qui s'impose ainsi par son utilité ne peut pas être une œuvre sans mérite. Le livre d'Harménopule, publié en France dès l'année 1540, et qu'Heimbach a réédité en 1851, contient, en effet, en six livres, un résumé complet de tout le droit byzantin suivi depuis les Basiliques, et l'application constante qui en a été faite en Grèce depuis plus de cinq siècles, montre assez combien ce résumé devait être exact. La valeur de l'œuvre mérite que nous disions un mot de l'auteur.

Harménopule naquit à Constantinople en 1320. Il était parent, par sa mère, de l'empereur Jean Cantacuzène. L'air des cours est ordinairement mortel aux fortes études chez les jeunes hommes. Harménopule échappa à cette influence dangereuse. Il exerça diverses fonctions importantes sous Jean Cantacuzène, et, sous Jean Paléologue son successeur, il devint grand-chancelier, *nomophylax*. C'était une des charges les plus importantes de l'Empire. Ces hautes fonctions, dignement remplies, n'empêchèrent pas Harménopule de se livrer à des travaux de droit très-importants. Outre son Manuel, il composa des ouvrages estimés, notamment un recueil de canons. Ce fut certainement un des plus savants légistes de l'Empire grec.

Nous terminons ici tout ce que nous voulions dire du droit byzantin, droit métis, pour ainsi parler, né du mélange du droit ancien de Rome et des constitutions des empereurs de Byzance, où l'esprit chrétien n'effaça jamais complétement les vestiges du droit païen, parce que l'expansion naturelle de la loi chrétienne y était à chaque instant contrariée par les caprices ou l'immoralité des princes. Avant Photius, ces princes furent le plus souvent hérétiques, et depuis Photius, ils eurent toujours, sur l'Eglise grecque, cette autorité absolue en matière de religion, que ne manquent jamais de s'arroger les chefs de tous les États qui se sont soustraits à l'autorité du Vicaire du Christ.

La législation byzantine contribua donc très-peu aux progrès du droit, parce qu'elle respecta fort peu dans l'application le dogme de la fraternité des hommes, et fort peu aussi la dignité des femmes.

L'esclavage, qu'il faut se garder de confondre avec le servage, avait disparu de tout l'Occident depuis le onzième siècle. Les Basiliques maintinrent formellement cette institution odieuse, qui paraît s'être conservée dans l'Empire grec jusqu'à sa chute complète. Elles maintinrent aussi, suivant la condition des personnes, dans l'application des peines, des différences odieuses et cruelles, que les mœurs plus chrétiennes de l'Occident condamnèrent toujours. Un meurtrier appartenait-il aux classes élevées de la société, il n'encourait, d'après les Basiliques, que la déportation. Était-ce un coupable de basse classe, il devait mourir par le glaive, ou, chose horrible, être livré aux bêtes féroces (1) !

Le divorce, chez les chrétiens d'Occident, avait également disparu, et bien avant l'esclavage ; dans l'Empire grec, il resta toujours autorisé pour cause d'adultère de la femme (2), et tout homme puissant qui voulait se débarrasser de la sienne, y parvenait facilement en accusant ses mœurs et en subornant des témoins pour appuyer sa calomnie.

Les choses se passèrent tout autrement en Occident. Dès que la grande hérésie arienne y eut été extirpée, le développement du droit ecclésiastique n'y fut jamais contrarié par les chefs des États, et ce droit y atteignit un degré de perfection qu'il ne paraît pas devoir jamais dépasser. C'est ce qu'on verra dans la suite de cet ouvrage ; et comme nous

(1) Livre 60, tit. 39, l. 3.
(2) V. Durand de Meillane, Dict. de dr. can., Vº *Séparation de corps*, et Bergier, Dict. de théol., Vº *Mariage*, § III.

avons suivi le droit byzantin jusqu'à la fin pour n'avoir plus
à nous en occuper, nous allons commencer, dans le livre
suivant, la série des jurisconsultes qui ont contribué le plus
aux progrès du droit dans l'Europe occidentale, en recom-
mençant cette série aux temps qui suivirent Constantin, et
la continuant ensuite dans l'ordre que nous avons indiqué au
début même de notre œuvre.

LIVRE III

Des jurisconsultes d'Occident depuis le règne de Constantin jusqu'à la renaissance des études juridiques.

CHAPITRE PREMIER

Considérations générales sur l'importance du droit canon.

On a dit précédemment que l'Empire d'Orient et celui d'Occident, presque toujours séparés depuis Dioclétien, ne faisaient, à vrai dire, qu'un même empire. Les empereurs, et leurs césars, quand ils s'adjoignaient des césars, se concertaient le plus souvent pour gouverner toutes les contrées de l'Empire dans le même esprit, et chacun d'eux s'appropriait dès lors les mesures législatives prises par les autres. Cette règle, bien entendu, n'était pas toujours suivie, témoin Constance Chlore, qui, dans les contrées soumises à son autorité, laissa toujours les chrétiens parfaitement libres, tandis que, dans tout le reste de l'Empire, ils subissaient une persécution si cruelle, qu'ils comptèrent pendant longtemps les années par cette date sanglante : ce fut l'ère appelée de Dioclétien, ou des Martyrs. Témoin encore les premiers successeurs de Constantin, qui, en Occident, restèrent presque toujours orthodoxes, tandis qu'en Orient la plupart furent des ariens déclarés.

Mais, pour les matières autres que les matières religieuses, les deux empereurs d'Orient et d'Occident s'entendaient presque toujours pour faire les mêmes lois, comme leur intérêt les obligeait à se concerter toujours pour arrêter le flot des barbares. Le droit, dans les deux empires, resta donc à peu près le même jusqu'à la destruction de l'Empire d'Occident sous Augustule; et, jusqu'à cette époque, l'enseignement juridique resta le même aussi dans les trois grandes écoles de Rome, de Béryte et de Constantinople, quoique ces deux dernières se trouvassent dans l'Empire d'Orient.

A partir de la chute d'Augustule, il n'en fut plus de même. Les rapports entre les contrées d'Orient et celles d'Occident devinrent très-rares et presque nuls. L'autorité des empereurs grecs dans l'Occident ne tarda pas à se réduire à l'exarchat de Ravenne, c'est-à-dire, à un coin du littoral de l'Adriatique.

C'est à dater de cette époque que le droit propre à l'Occident commence à naître, et à se manifester avec son caractère distinct. Ce caractère nouveau et parfaitement tranché, ce fut la séparation très-nette du pouvoir spirituel et du pouvoir temporel, qu'on appela plus tard le Sacerdoce et l'Empire, et plus tard encore, l'Église et l'État. Cette séparation, en Orient, n'exista jamais qu'en théorie, les empereurs d'Orient ayant toujours eu le tort de s'occuper beaucoup trop de matières religieuses. A chaque instant, ils voulaient les régler par des édits. A chaque instant, par conséquent, ils étaient exposés à se trouver en désaccord avec les évêques, seuls maîtres en fait de doctrines religieuses.

Dans l'Occident, heureusement pour l'humanité, les choses se passèrent autrement. Quand Odoacre eut détruit, en Italie, les derniers vestiges de l'Empire, quand il n'y eut plus à Rome d'autre grande personnalité pour les chrétiens que celle du Pape, le droit païen reçut le coup mortel, et le droit chrétien, celui qui régit aujourd'hui les contrées les plus civilisées du monde, commença à étendre, sans gêne, ses rameaux bienfaisants sur l'humanité. C'est ainsi que dans la nature les rejetons de l'arbre mort ne peuvent croître librement que lorsque le tronc est coupé.

Chose étrange! L'invasion des barbares, qui remplit, durant plusieurs siècles, l'Europe tout entière de ruines et de carnage, fut pour l'épanouissement du droit chrétien une époque des plus favorables. Ce droit ne pouvait se produire ni par la volonté des princes, dont il gêne toujours l'autorité, ni par la volonté des peuples, trop comprimée, en ce temps, pour pouvoir se manifester nulle part d'une manière certaine. Le droit que font les princes ou les peuples ne peut jamais, d'ailleurs, être qu'un droit local, borné à quelques coins plus ou moins étroits du globe, tandis que le droit chrétien, par son origine divine, s'impose à toute la terre. Le droit chrétien ne pouvait se produire dans toutes ses conséquences, que par l'enseignement du Souverain-Pontife et des évêques, exprimant des dogmes tout le suc moral qu'ils contiennent ; et l'invasion des barbares fit précisément que ces pasteurs des peuples, en Occident, purent se livrer à ce soin beaucoup plus qu'ils ne le pouvaient en Orient, où ils se trouvaient en présence d'empereurs presque toujours hérétiques ou schismatiques.

M. Guizot a appelé la France primitive un beau royaume fondé par des évêques. L'expression est vraie autant qu'elle est belle. Seulement, elle est aussi vraie des autres nations de l'Europe occidentale que de la France. Comme la France, les deux autres contrées latines, l'Italie et l'Espagne, plus tard aussi les Iles Britanniques et l'Allemagne, quand leurs habitants devinrent chrétiens, furent des royaumes fondés par des évêques, parce que le droit chrétien domina, dès lors, leurs lois, régla leurs mœurs, et fit éclore leurs institutions. Quoique prodigieusement différentes dans les détails tenant à des circonstances locales, ces institutions ne laissaient pas d'être vivifiées par un même esprit, et d'être toutes également belles dans leur diversité, comme la beauté du corps humain, quand le tout est harmonique, peut se manifester au même degré dans des conformations aussi différentes que celles de l'homme et de la femme, comme dans un concert l'emploi heureux d'instruments divers ne fait qu'en augmenter l'harmonie.

Et pourquoi le droit chrétien se forma-t-il si bien dans l'Occident, au milieu de guerres continuelles, et de l'oubli presque complet des sciences autres que la science religieuse? C'est parce qu'il n'y eut, durant tout ce temps, ni princes assez puissants, ni sophistes assez écoutés pour gêner l'essor des vérités religieuses, et l'éclosion de leurs conséquences. L'adoption de la loi chrétienne ne pouvait, sans doute, transformer immédiatement les barbares ; elle ne pouvait pas plus changer instantanément leurs mœurs que leurs goûts. Quantité de princes barbares devenus chrétiens, ou même nés chrétiens, furent des hommes violents, libertins et cupides. Ils violaient, à chaque instant, la foi conjugale, se montraient durs et cruels pour leurs inférieurs, pillaient les biens des évêques et des monastères aussi bien que ceux des particuliers ; mais ils faisaient tout cela sans avoir au moins la prétention d'avoir bien fait. Ils cédaient à leurs passions, mais n'avaient pas l'effronterie de se dire des hommes irréprochables ; et il suffisait qu'ils n'eussent pas nié la loi chrétienne en la violant, pour que, le moment de la passion passé, cette loi sainte reprît le dessus sur leur âme, comme les arbres courbés par l'orage se redressent dès que le vent a cessé.

Ainsi, pendant que les rois Francs, Bourguignons, Goths, Angles ou Saxons, se livraient des guerres continuelles, et qu'après l'établissement de la féodalité, les plus petits seigneurs en firent autant, le droit chrétien ne laissait pas de progresser toujours, parce qu'aucune puissance extérieure n'en gênait la formation. Il progressait, parce que les évêques étaient libres de se réunir dans des conciles non-seulement pour fixer les dogmes, mais encore, comme nous l'avons dit, pour en tirer toutes les conséquences morales qu'ils recèlent dans leur enveloppe sacrée.

Pour faire mieux ressortir l'importance de cette libre expansion du droit chrétien, constatons les différences radicales, disons mieux, l'opposition complète qui existe entre ce droit et le droit païen, dans les rapports respectifs des peuples d'abord, puis, des citoyens entre eux, puis, enfin, dans l'organisation de la famille.

Le fond du droit païen c'est l'antagonisme entre les diver· ses nations, dans chaque nation, l'antagonisme entre les diverses classes de citoyens, dans la famille enfin, la domination tyrannique de l'époux sur l'épouse et du père sur tous les enfants. Tout le droit païen semble pouvoir se réduire à cette maxime brutale : « Tout pour les forts, rien pour les faibles. » Il semble que dans le paganisme les forts n'avaient que des droits, les faibles que des devoirs. Le droit de Rome primitive fut, à cet égard, à peu de chose près, celui de toute l'antiquité, la Judée exceptée, comme il est encore le droit de tous les peuples païens. Entre nations, le droit romain maintint toujours la défense du mariage entre Romains et étrangers. La différence si grande, dans l'origine, entre les patriciens et les plébéiens ne disparut complétement dans les lois qu'après cinq siècles de luttes, et ne s'effaça jamais complétement dans l'opinion. Dans la famille, enfin, le droit absolu des chefs de famille sur leurs enfants et leurs esclaves ne reçut qu'à partir des empereurs quelques adoucissements, auxquels, comme nous l'avons fait remarquer déjà dans le livre précédent, les empereurs byzantins, quoique chrétiens, n'ajoutèrent que bien peu de chose. Le droit de propriété du père de famille sur tout ce qui advenait à ses enfants, restreint d'abord uniquement par les empereurs païens en faveur des militaires pour ce qu'ils gagnaient à la guerre, le fut aussi par les empereurs byzantins en faveur des ecclésiatiques, des juges et des fonctionnaires de cour, pour ce qu'ils gagnaient dans leur ministère. Ce fut à peu près tout. Au moins faut-il arriver jusqu'à Justinien pour voir ce droit amoindri dans l'intérêt de tous les fils de famille sans exception, par l'introduction du pécule *adventice,* nom qui servit à désigner tout ce qui était donné aux fils de famille par une autre personne que leur père.

Le droit chrétien, reposant sur des principes tout différents, devait amener nécessairement, dès qu'il n'était pas contrarié par les erreurs ou les caprices des princes, des conséquences toutes différentes aussi. Le double fondement du droit chrétien, c'est l'esprit d'union et d'amour entre tous les hommes. Plus d'antagonisme entre les peuples, ni dans la cité, entre les diverses classes de citoyens; plus d'oppression, dans la famille, des membres par leur chef. L'autorité des forts sur les faibles ne s'exerce plus dans l'intérêt des premiers, mais dans celui des seconds. Ce n'est plus alors le genre d'autorité qu'a l'homme sur tous les autres êtres de la création, qu'il fait servir légitimement à ses besoins ou à ses plaisirs; ce n'est qu'une autorité de protection. Ce souffle chrétien, qui s'échappe continuellement des profondeurs des mystères, tend dès lors à corriger toutes les iniquités du droit païen. Par la liberté des mariages entre personnes de nations différentes, il rapproche les peuples; par l'interdiction des mariages entre proches, il facilite dans chaque nation la fusion des classes. Par la défense absolue de la fornication aussi bien que de l'homicide, il protége, dans tous les pays où la servitude existe, les esclaves de tout sexe contre des maîtres brutaux ou impudiques, et il tend sans cesse à faire tomber leurs fers, comme, dans la famille, il tend toujours à réduire l'autorité paternelle et l'autorité maritale aux proportions strictes qu'elles ne doivent plus perdre dans l'intérêt même de la femme et des enfants.

Nous l'avons dit, les grands personnages qui secondèrent le plus ces tranformations dans l'ordre social de tous les peuples chrétiens, ce furent les évêques, quand surtout ils se réunissaient dans des conciles, où ils mettaient en commun les lumières de leurs âmes droites et saintes. Mais les lois les plus sages, pour produire les effets qu'en attendent leurs auteurs, doivent être connues de toutes les personnes qu'elles lient. Et quelle est la classe d'hommes qui, dans tout pays, a mission de faire connaître les lois et de les appliquer ? Ce sont les jurisconsultes. C'étaient donc des jurisconsultes, autant que le comportaient les temps où ils vivaient, les hommes qui recueillaient avec soin les canons les plus importants des conciles ou les décrétales des Papes. Ces hommes furent les véritables maîtres du droit chrétien, en ce sens qu'ils en étaient les fidèles échos. Le droit de toutes les nations modernes de l'Europe s'est formé d'abord de ce premier élément, qui, de sa nature, est permanent et universel, comme l'Eglise catholique elle-même qui l'a enfanté. C'est le droit qu'on appelle le droit canon ou canonique, parce qu'il a été principalement puisé dans les décrets des conciles, dont chaque décision, dès la plus haute antiquité, fut désignée sous le nom de *canon*, qui, en grec, signifie loi ou règle.

Mais comme l'Eglise livre aux libres appréciations des hommes tout ce qui ne contrarie ni ses dogmes ni sa morale, le droit de chaque nation dépend, sur ces points-là, d'une multitude de circonstances locales, temporaires ou contingentes, qui lui donnent nécessairement une physionomie propre ; seulement, comme presque toutes les contrées de l'Europe furent soumises plus ou moins longtemps à la domination romaine, le droit romain a formé longtemps le fond commun de leurs législations respectives, qui ne différaient qu'en un petit nombre de points. C'est ce qui fit que pendant bien longtemps on n'enseigna dans les anciennes universités que le droit canon et le droit romain. Le droit tout à fait spécial à une contrée s'apprenait dans la pratique des affaires ou dans les livres. Cette troisième partie du droit tendait cependant toujours à s'augmenter, le droit romain, droit mort, ne pouvant plus jeter de branches, et, à partir du douzième siècle, on distingua très-bien, en France, trois sortes de jurisconsultes : ceux qui étudiaient surtout le droit canonique, qui furent appelés *Canonistes* pour ce motif ; ceux qui s'appliquaient surtout au droit romain, qu'on appelait *Romanistes ;* ceux enfin qui étudiaient les lois propres à chaque contrée ; c'étaient les jurisconsultes *Coutumiers.* Il va sans dire qu'un même homme pouvait être très-versé dans chacune des trois branches, mais la chose était rare. En tout cas, on le classait toujours d'après ses principaux travaux ; c'est ainsi qu'au seizième siècle Dumoulin était classé parmi les jurisconsultes coutumiers, quoiqu'il connût parfaitement le droit romain, et Cujas parmi les romanistes, quoiqu'il n'ignorât certainement aucune de nos anciennes coutumes.

Dans la période que nous embrassons dans ce livre-ci, les termes que nous venons d'employer n'étaient pas cependant en usage encore, mais les trois branches distinctes d'études juridiques existaient déjà ; et comme le droit canonique était la partie du droit la plus importante parce qu'elle était commune à tous les peuples chrétiens, c'est par les canonistes que nous devons reprendre la série des hommes éminents qui ont le plus contribué, dans l'Occident, à la formation ou à la diffusion de la science du droit. Le chapitre suivant va leur être entièrement consacré.

CHAPITRE II

Des canonistes antérieurs au douzième siècle, ou des premiers collecteurs de canons.

Avant l'invention de l'imprimerie, le texte des lois qui n'étaient pas gravées sur le marbre ou sur l'airain, et il en restait bien peu de ce genre, ne pouvait se conserver que par la main des copistes. Mais dans la longue période troublée par les invasions des barbares, les copistes, dans l'Occident de l'Europe, étaient rares. Les barbares ne s'exerçaient qu'à manier la lance ou la framée, ou à lancer des javelots. Leur rude main ne savait pas ce que c'était qu'un style ou une plume. Les peuples soumis, de leur côté, n'avaient que le temps d'arracher à la terre, par des travaux incessants, de maigres subsistances indispensables à la vie : toute culture intellectuelle était impossible à quiconque vivait de ses bras. Le clergé séculier avait assez à faire aussi d'administrer les secours spirituels à des populations clairsemées, cachées le plus souvent dans les profondeurs des bois ou dans les plis des montagnes. Ce n'était que dans l'enceinte des monastères, protégés par des tours et de hautes murailles, que des hommes laborieux pouvaient se livrer, à l'aise, à la transcription des livres ; et là même, le nombre des copistes fut, dans l'origine, très-restreint, la plupart des moines étant occupés à cultiver la terre ou à recueillir ses produits. Ceux qui se livraient au travail sédentaire de l'écriture s'occupaient, d'ailleurs, tout d'abord, de recopier les livres indispensables aux habitants du monastère, et qu'il fallait renouveler souvent, tels que missels, bréviaires et autres livres liturgiques.

Dans ces circonstances, il devenait bien difficile de conserver le texte intégral des décisions prises dans les con-

ciles, surtout dans les conciles provinciaux, qui se tenaient
fréquemment dans ces temps; et si tout ce que le monde
compte de lettrés doit de la reconnaissance aux moines qui
nous ont conservé les principaux monuments de la littérature grecque ou latine, les chrétiens de toute classe en
doivent bien plus encore à ces mains bénies, qui nous ont
transmis le texte exact des écritures sacrées et les principaux monuments du droit ecclésiastique.

Quand il ne s'agissait que de copier l'Ecriture-Sainte, il
suffisait que le copiste connût passablement la langue
latine ou grecque, dans laquelle le livre était écrit, puisqu'il n'avait qu'à le reproduire intégralement sans y changer une syllabe. Mais pour faire un recueil de canons,
le copiste avait besoin d'être guidé par des hommes versés
dans les principes du droit. Il fallait, en effet, apprécier
d'abord si l'assemblée dont on voulait conserver une décision avait été tenue régulièrement, ce qui n'était pas toujours facile à reconnaître. Il fallait ensuite faire un choix
entre les décisions du concile, qui n'avaient qu'un intérêt
transitoire ou local, et celles qui, à raison de leur caractère
permanent et général, méritaient seules d'être conservées,
et ce choix demandait aussi du discernement.

Les collecteurs de canons, quoique leur tâche nous pa-
raisse aujourd'hui avoir été facile, ont donc plus de titres à
être classés parmi les jurisconsultes que les premiers légistes
de Rome, qui ne firent que publier les lois des Rois, ou des
formules d'action, ce qui suffit cependant pour immortaliser
les noms des Papyrius, des Flavius, des Œlius.

Les premiers conciles œcuméniques s'étant tous tenus en
Orient, et les conciles provinciaux, à la même époque, ayant
été aussi beaucoup plus fréquents dans les contrées orientales, où les hérésies pullulaient, que dans l'Occident, qui
ne fut profondément ébranlé dans sa foi que par l'hérésie
d'Arius et celle de Pélage, les premiers collecteurs de ca-

nous appartinrent naturellement à l'Eglise grecque, et l'Eglise latine conserve autant de gratitude que de respect pour tous ceux dont la catholicité n'a jamais été contestée. Mais, dans un livre élémentaire comme celui-ci, il est inutile de rappeler leurs noms, comme ceux des collecteurs qui les suivirent, vu que les collections grecques eurent toujours fort peu de cours en Occident, où le grec était à peine connu.

Les collections exactes de canons eurent pourtant toujours beaucoup plus d'importance dans l'Eglise latine, que dans l'Eglise grecque. La raison en a déjà été indiquée, mais il est bon de la bien mettre ici dans son jour. Dans toutes les contrées qui faisaient partie de l'Empire d'Orient, les canons des conciles, même généraux, n'obligeaient les fidèles que dans le for intérieur. Pour qu'ils les liassent dans le fort extérieur, il fallait absolument qu'ils eussent reçu la sanction impériale, que les empereurs refusaient souvent. En Orient, les lois de l'Eglise, même dans les matières morales ou dogmatiques, ne devenaient donc point, par cela même, des lois de l'Etat, tandis qu'en Occident les princes, à très-peu d'exceptions près, abandonnèrent le règlement de ces matières aux évêques, sans se réserver aucune espèce de contrôle. Tous les canons y étaient donc aussi obligatoires, même au for extérieur, que les lois édictées par les princes, décrétées par les peuples, ou résultant de coutumes constantes. Les collections de canons devinrent ainsi dans toutes les contrées chrétiennes de l'Occident une des sources les plus importantes du droit positif et pratique.

La plus ancienne collection de canons rédigés en latin, et qui, pour ce motif, eut cours dès sa publication dans l'Église latine, fut celle de Denis le Petit, de qui l'on ne sait autre chose si ce n'est que c'était un moine Scyte. Cette collection fut publiée vers l'an 496. Elle fut suivie de beaucoup d'autres, dont il suffira de citer les principales, qui furent, en suivant l'ordre des temps jusqu'à la renaissance des études juridiques : celle de saint Isidore de Séville, celle de saint Anselme, évêque de Lucques, celle de Réginon, abbé de Prum, et celle de saint Yves, évêque de Chartres (1). Comme nous devons nous en tenir, dans notre livre élémentaire, à signaler à l'attention du lecteur les jurisconsultes les plus éminents de chaque époque, nous ne parlerons en détail que de saint Isidore de Séville et de saint Yves de Chartres, dont les collections conservèrent une très-grande autorité jusqu'à la publication du décret de Gratien, dont nous ne parlerons que dans le livre suivant.

§ I. — SAINT ISIDORE DE SÉVILLE.

Saint Isidore, né vers le milieu du sixième siècle, fut la merveille de son temps : il fut l'Aristote de la période barbare, qui avait commencé deux siècles avant sa naissance. Ce fut une étoile brillante au milieu d'une nuit obscure, et qui dut une partie de son éclat à l'état florissant où se trouvait l'Église d'Espagne, depuis que l'hérésie arienne y avait été complétement extirpée par les soins de saint Grégoire le Grand. Cette Église était composée de savants évêques, dont plusieurs sont dans le catalogue des saints ; et les conciles de Tolède, qui se succédèrent sans interruption pendant plus de trois cents ans, sont des monuments de science et de sagesse, qui, après huit siècles, excitent encore l'admiration de tous les hommes versés dans le droit ecclésiastique.

Isidore de Séville fut le plus célèbre de cette brillante pléiade d'évêques, ce qu'il dut à une science véritablement immense. Son livre, des *Étymologies* ou des *Origines*, est un livre connu de tous les érudits. Sa Chronique ou Histoire

(1) V. le Dictionnaire de Durand de Maillane, v. *Droit canon.*

universelle, ne le cède guère à ses Étymologies, et la liste de ses ouvrages moins importants occuperait des pages entières.

Le seul de ses ouvrages qui ait trait directement à notre sujet, c'est une collection de canons qui lui est généralement attribuée, et qui, dès son apparition, jouit dans toute l'Europe occidentale d'une grande autorité, due, sans doute, à la vénération dont le nom de saint Isidore était partout entouré. Cette collection donna lieu, dans le dix-septième siècle, à une discussion célèbre parmi les canonistes, dont il nous semble utile de dire un mot.

Toutes les fois que des écrits ne sont pas revêtus du sceau d'une autorité publique, leur altération est facile. Quantité d'erreurs peuvent s'y glisser par inadvertance, et des changements peuvent aussi y être faits à dessein. Au dix-septième siècle, de savants canonistes français crurent remarquer que beaucoup de décrétales de la collection d'Isidore, telle qu'elle avait cours de leur temps, n'étaient que des intercalations faites après coup : c'est ce qu'on appela depuis, en France, les *fausses Décrétales*.

Les remarques de ces savants agitaient alors beaucoup les esprits, parce que quelques-unes des Décrétales, attaquées comme fausses, contenaient des propositions beaucoup plus favorables aux papes, que ne l'eussent voulu les canonistes gallicans ; mais la controverse qui se produisit sur ce point ne méritait pas le bruit qu'elle fit. A Dieu ne plaise qu'un chrétien puisse jamais approuver un faussaire ! La maxime de saint Augustin : Il n'est jamais permis de faire le moindre mal dans l'espoir d'obtenir un bien : *Non sunt facienda mala ut adveniant bona,* sera éternellement vraie. Le copiste inconnu, qui aurait ajouté à la vraie collection de saint Isidore des Décrétales qui, originairement, n'y figuraient pas, aurait eu un très-grand tort, si bonne qu'eût été son intention. Mais, d'un autre côté, il est d'une évidence parfaite qu'une proposition, exacte en elle-même, ne peut pas devenir fausse par cela seul qu'une main téméraire n'aura pas craint de l'insérer dans un ouvrage où primitivement elle ne figurait pas, et c'est précisément le cas de ce que les jurisconsultes gallicans appelèrent les *fausses Décrétales*. Toutes les propositions qui y sont contenues sont, en elles-mêmes, d'une vérité incontestable, appuyées qu'elles sont sur une foule d'autres documents irrécusables ; et ce qu'on nomme les fausses Décrétales, si tant est que ce fussent des décrétales inventées, ce qui n'est pas sûr, ne purent avoir cours dans l'Église catholique, et conserver une autorité incontestée pendant plus de huit siècles, que parce qu'elles exprimaient exactement les croyances des fidèles et de leurs pasteurs.

Il n'est pas besoin de dire que si l'auteur des Étymologies fut mis, presque aussitôt après sa mort, dans le catalogue des Saints, c'est qu'à sa vaste érudition il joignait les vertus les plus parfaites, dont l'énumération édifiante ne peut qu'exciter un vif intérêt sous la plume des hagiographes, mais qui ne saurait trouver place dans un livre de jurisprudence. Contentons-nous de dire que saint Isidore, quoique ce fût l'humilité même, montra dans toutes les actions de sa vie la fermeté d'âme qui distingue les grands jurisconsultes, fermeté qui brilla d'un éclat plus vif encore dans un autre collecteur de canons, non moins autorisé, dans saint Yves de Chartres.

§ II. — YVES DE CHARTRES.

Le plan restreint de notre livre nous mettant dans la nécessité de nous élancer de sommets en sommets, pour le droit canonique qui nous occupe en ce moment, nous franchirons d'un seul bond, de saint Isidore à saint Yves de Chartres, un espace d'environ quatre siècles, durant lequel s'opérèrent, d'une manière latente et insensible, les deux plus grandes transformations sociales qui se soient accomplies dans l'humanité depuis le Déluge. Nous voulons parler de la disparition de l'esclavage dans toute l'Europe chrétienne occidentale, et de l'amélioration, dans les mêmes contrées, de la condition des femmes, c'est-à-dire de la moitié du genre humain. Et comme, dans les sociétés païennes, le nombre des esclaves dépassa toujours de beaucoup celui des hommes libres, on peut affirmer qu'avant la double transformation dont nous parlons, c'est à peine si un dixième du genre humain connaissait cette honnête indépendance dont tous les habitants des contrées chrétiennes jouissent aujourd'hui, et sans laquelle les autres biens que la Providence, dans sa libéralité, départit aux humains sur la terre, perdent la plus grande partie de leur prix.

Cette double tranformation, si heureuse, fut le résultat insensible des progrès de l'esprit chrétien ; mais il serait impossible de marquer le développement de ce progrès année par année, ni même siècle par siècle. Il ne suivait pas, en effet, la même marche partout ; telle contrée pouvait être tantôt en avance et tantôt en retard sur les autres. Entrer donc dans ce détail, quand les documents précis feraient presque toujours défaut, ce serait une tâche aussi difficile qu'inutile. Autant vaudrait chercher à mesurer, heure par heure, la croissance d'un enfant.

Ce qui est certain, c'est que la double transformation dont nous parlons, fort avancée déjà au temps de saint Isidore, était complète au temps de saint Yves.

Personne peut-être, dans la catholicité, ne contribua à l'abolition de la servitude personnelle plus que sainte Bathilde, reine de France, qui vivait au milieu du septième siècle. Dieu permit que cette pieuse reine naquît dans l'esclavage, pour qu'arrivée au faîte de la puissance quand, après la mort de Clovis II, son époux, elle devint pendant

dix ans régente du royaume, elle pût signaler de la manière
la plus éclatante sa charité vis à vis des infortunés qui
étaient nés comme elle dans la servitude. Elle en affran-
chit des multitudes, et décida d'une manière générale que
tous pourraient posséder en propre ce qui leur aurait été
donné (1). C'était faire un pas immense vers l'abolition
totale de la servitude personnelle, puisqu'il n'y eut plus
d'esclave, possédant quelque chose, qui n'eût, si peu que
son maître eût besoin de son pécule, un moyen sûr de se
racheter.

Si tous les esclaves durent bénir sainte Bathilde, toutes les
épouses durent, à leur tour, bénir saint Yves de Chartres,
qui fut l'un des plus intrépides défenseurs du dogme catholique de l'indissolubilité du mariage, dogme auquel toutes les
femmes chrétiennes doivent d'avoir repris auprès de leurs
époux la place qu'Eve avait auprès d'Adam dans le paradis
terrestre, quand elle y marchait de pair avec lui, inférieure à
lui pour la force physique, mais égale en beauté et en dignité.

L'indissolubilité du mariage est, en effet, le seul pré-
servatif certain de la femme contre l'affaiblissement de
ses attraits, qu'amène inévitablement le cours du temps.
Partout où elle n'existe pas, son sort est aussi instable que
celui du serviteur vis-à-vis du maître. Dès que sa beauté
vient à se flétrir, tout homme qui n'a pas de cœur, et il y
en a toujours beaucoup qui en manquent, est porté à la
repousser de son lit et de sa demeure, comme on jette loin
de soi un bouquet flétri, ou, s'il est brutal, à la traiter comme
une servante et à la fouler sous ses pieds comme la boue des
chemins, sûr qu'il est de trouver ailleurs les joies sensuelles,
que la pauvre épouse, épuisée souvent par sa vertu même,
ne peut plus lui donner.

Quand, au contraire, le mariage est rigoureusement indis-

(1) V. sa vie dans Godescard, au 30 janvier.

soluble, l'époux est absolument obligé par son propre intérêt
de ménager l'épouse. S'il la flétrit dans sa fleur, il ne pourra
plus trouver, tant qu'elle vivra, dans une autre femme les
joies et les douceurs que procurent seules les amours légitimes. Honneur donc à jamais aux évêques chrétiens de
l'Occident et à leurs chefs les évêques de Rome, qui pro-
clamèrent toujours l'indissolubilité du mariage comme un
dogme inflexible qui ne souffre aucune exception, pas même
pour le cas d'adultère de la femme, cause de divorce que les
princes et les hommes puissants eussent fort désiré faire
admettre, sûrs qu'ils étaient, dès qu'ils le voudraient, d'appuyer par de faux témoins leurs calomnies contre l'épouse
dont ils auraient voulu se défaire (1).

Saint Yves, avons-nous dit, fut, au douzième siècle, un
défenseur intrépide et inflexible de la foi catholique sur ce
point capital. Au temps de ce savant évêque, le roi de
France, Philippe Ier, qui avait conçu une vive passion pour
Bertrade, femme de Foulques, comte d'Anjou, ne craignit
pas de renvoyer la reine Berthe, dont il avait eu deux enfants, pour pouvoir contracter avec Bertrade un hymen doublement adultère. Quelques évêques courtisans étaient entrés
dans ses vues; lui promettant d'annuler à la fois l'union de
Foulques avec Bertrade, et celle de Philippe avec Berthe,
pour parenté ou alliance à des degrés prohibés, ou pour
autres causes simulées.

Saint Yves, avant d'être élevé sur le siége de Chartres,
avait professé, près de quinze ans, la théologie, dans un
monastère de chanoines réguliers de Saint-Augustin, situé
dans le diocèse de Beauvais. C'est là, selon toute apparence,
qu'il prépara et peut-être publia sa célèbre collection de

(1) Nous avons dit ci-dessus, p. 119, que l'Eglise grecque admettait le divorce pour adultère de la femme. En ce point, elle n'est
pas seulement schismatique, elle est hérétique.

canons, divisée en dix-sept parties, qui fut jusqu'à Gratien
l'ouvrage de droit canonique le plus accrédité dans la catholicité tout entière. Yves jouissait, en tout cas, d'une grande
réputation de science en même temps que de sainteté quand
il fut promu au siége de Chartres ; et si les évêques indignes
qui se prêtaient aux honteux projets de Philippe, étaient
parvenus à le faire entrer dans leurs vues, ils ne doutaient
pas qu'une sentence d'annullation des mariages de Philippe
avec Berthe et de Foulques avec Bertrade, à laquelle l'évêque de Chartres aurait concouru, ne fût considérée par les
peuples de toute la France comme une sentence à l'abri de
tout soupçon. Ils appelèrent donc saint Yves dans une con-
férence, où ils ne négligèrent rien pour le faire entrer dans
leurs vues criminelles.

Le savant et saint évêque fut inflexible. Il résista avec la
plus grande énergie aux vues criminelles du roi, et mit tout
en œuvre pour le détourner de son dessein. Ses représentations ayant été inutiles, il persista généreusement à condamner le mariage projeté, et refusa absolument, après qu'il
eut été contracté, de paraître à la cour du roi, de peur qu'on
ne pût en induire qu'il s'était départi de son premier sentiment. Philippe, indigné de sa résistance ouverte, fit piller
ses terres et ordonna que le saint évêque fût renfermé dans
une prison. Yves souffrit avec bonheur cette persécution,
qui ne cessa qu'à la convocation d'un concile faite par un
légat du Saint-Siége en 1104, et qui fut suivie de la mort de
Philippe, l'année suivante. Yves mourut lui-même en 1115,
laissant à tous les chrétiens un modèle accompli de toutes
les vertus, et en particulier, de la fermeté inébranlable que
doivent avoir les jurisconsultes comme les évêques, et que
saint Yves possédait aux deux titres. Il est temps de passer à
l'indication de quelques autres progrès dans le droit canon,
auxquels on peut dire qu'aucun évêque ne fut étranger.

§ III. — AUTRES PROGRÈS DU DROIT DUS A L'ESPRIT CHRÉTIEN.

Ce ne fut pas seulement par l'abolition graduelle de l'esclavage et l'indissolubilité du mariage, que la discipline de l'Eglise et les saints canons amenèrent dans le droit des progrès immenses.

Nous avons vu dans les deux paragraphes précédents combien l'esprit chrétien avait contribué à l'extinction graduelle de la servitude, et à la dignité des femmes chrétiennes, protégées par lui contre l'inconstance des maris. Mais l'esprit chrétien tendait aussi bien à protéger les veuves que les épouses, et il est facile de reconnaître son influence dans l'établissement des douaires, qui s'introduisit en France de très-bonne heure.

Toutes les relations sociales se ressentirent de ce même esprit. L'Eglise, par la Trêve de Dieu, remédiait, autant que l'organisation politique du temps le permettait, aux funestes maux de la guerre. Dans les relations d'homme à homme, elle assurait l'observation religieuse de toutes les conventions librement formées, et proscrivait peu à peu la distinction de Rome païenne entre les contrats et les pactes.

Mais, sur ces points comme sur une foule d'autres, le progrès était l'œuvre collective de tous les hommes voués à l'étude du droit ecclésiastique, et nulle personnalité éclatante ne se détachant de cette multitude d'artisans laborieux d'un droit nouveau et meilleur, on ne peut que les honorer tous d'une manière générale, comme on le fait pour les ouvriers de génie, restés inconnus, qui élevèrent les grandes cathédrales du moyen âge, et comme l'Eglise elle-même honore, à un jour marqué de l'année, tous les saints dont les vertus sur la terre ont su échapper aux regards des hommes.

C'est donc le cas pour nous de passer au troisième chapitre

de notre livre III, où nous allons commencer à parler de
légistes qui se vouèrent à l'étude, non plus exclusivement
du droit canonique, fondé principalement sur des vérités de
foi, mais de plusieurs autres branches du droit purement
humain, fondées sur les seules lumières de la raison.

CHAPITRE III

**Des recueils de lois romaines composés en Occident,
spécialement du Bréviaire d'Alaric.**

§ I. — CONSIDÉRATIONS GÉNÉRALES SUR LA NÉCESSITÉ DE CES RECUEILS.

L'Eglise catholique, nous l'avons dit, n'a jamais eu la
pensée de soumettre aux mêmes lois civiles tous les peuples
qui reconnaissent son autorité. Elle impose à tous ses dogmes et sa morale, parce que ses dogmes sont vrais d'une
vérité absolue, et sa morale aussi, qui n'étant qu'une émanation de ses dogmes, doit partager, par conséquent, leur
nature invariable. Mais pour tout ce qui n'intéresse ni la
foi ni les mœurs, l'Eglise a toujours laissé aux divers peuples la liberté parfaite de faire les lois qu'ils jugent les plus
conformes à leurs intérêts, et de choisir aussi la forme de
leur gouvernement, ne leur demandant jamais que de ne
pas gêner le sien.

C'est au moyen de cette large tolérance qu'elle enferme,
sans le moindre effort, dans son vaste sein, toutes les races
d'hommes qui couvrent la terre, la race jaune, la race noire,
la race cuivrée, aussi bien que les peuples si nombreux et si
variés de la race blanche. Tous conservent la plus grande
liberté dans leurs lois civiles écrites ou non écrites. Loin
d'improuver jamais cette variété, l'Eglise s'y complaît plutôt,
comme l'oreille du musicien se plaît à la variété des instru-

ments et des sons, pourvu qu'ils ne nuisent pas à l'harmonie. C'est ainsi qu'on s'explique la variété infinie des coutumes qui régissaient la plupart des peuples de l'Occident, précisément au moment où l'Eglise catholique brillait d'une splendeur qu'elle ne reverra peut-être jamais ; nous voulons parler de la période qui s'étend des croisades au grand schisme d'Occident. Il s'agit, pour le moment, de rechercher la première origine de cette variété infinie de lois et de coutumes, que l'ancien monde romain ne connut jamais, les grands colosses de la République romaine, et de l'Empire qui lui succéda, tendant toujours de plus en plus à étouffer les coutumes provinciales et municipales. Cette cause première, facile à reconnaître, fut le mélange de nations diverses qui s'opéra, dans tout l'Occident, durant la période barbare.

A partir des grandes invasions du cinquième siècle, chaque flot de barbares était suivi d'un autre flot, comme les vagues de la mer poussent d'autres vagues. Les Goths, dès le quatrième siècle, se précipitaient sur le vieux monde romain, poussés qu'ils étaient par les Francs, qui l'étaient eux-mêmes par les Huns ; et la plupart de ces peuples, les Francs surtout, ne se laissaient qu'accidentellement conduire par un même chef. Comme ils constituaient des tribus diverses, indépendantes les unes des autres, chaque tribu choisissait la loi et le mode de gouvernement qui lui convenait le mieux. Elles ne se réunissaient sous un même chef que lorsqu'il s'agissait d'entreprises demandant des efforts communs, comme les invasions.

Si peu de temps cependant qu'une horde de barbares eût occupé un pays, il ne pouvait pas se faire qu'en le quittant ensuite de gré ou de force, elle n'y laissât quelques membres de sa race ou de sa tribu, retenus par des maladies, des mariages ou autres attaches ; et ce pêle-mêle de gens de races ou tribus diverses, se trouvant sur le même sol, amena un résultat bizarre, que le monde auparavant n'avait pas connu, et qui, dans les circonstances que nous venons de rappeler, était inévitable. C'est que les divers habitants du même sol ne connaissaient chacun que la loi de sa nation ou de sa tribu, et prétendaient n'être jugés que par elle.

Les choses pouvaient-elles se passer autrement? Est-il un seul homme au monde qui puisse connaître à fond, nous ne disons pas vingt ni dix, mais seulement deux législations différentes, si peu qu'elles soient compliquées? Evidemment non. Aujourd'hui même que les relations internationales sont devenues si faciles, et où l'imprimerie multiplie autant qu'on le veut le texte des lois, la chose est impossible. On rencontre bien des empiriques qui ont la prétention de guérir tous les maux ; mais il ne s'est pas encore rencontré d'être assez effronté pour annoncer qu'il donnait des consultations sur les législations de plusieurs peuples.

Dans la période barbare, par conséquent, le juge, car il en faut un, de toute nécessité, dans toute agglomération d'hommes, si confuse qu'elle soit, le juge avait à rechercher tout d'abord la nationalité des plaideurs pour savoir quelle était la loi qui devait régir le litige. Si c'était sa loi propre, il l'appliquait d'après la connaissance personnelle qu'il en avait. Si c'était celle d'une autre tribu, il était presque toujours obligé de s'en faire indiquer les dispositions par un certain nombre de témoins appartenant à cette tribu, absolument comme, dans notre ancien droit coutumier, les juges recouraient souvent à des enquêtes par tourbes pour connaître la coutume qui devait régir le procès.

Recourir à des témoignages est pourtant toujours chose dispendieuse et chanceuse. L'administration de la justice est bien plus facile et plus économique quand le juge n'a qu'à appliquer une loi écrite, dont le texte précis ne laisse aucun refuge à l'homme injuste qui voudrait éluder sa disposition. Ce juge a surtout besoin d'être guidé par des textes écrits, quand la loi qu'il s'agit d'appliquer n'est pas sa loi propre, celle sous laquelle il est né et qu'il a commencé à connaître dès sa première enfance. C'est pour cela qu'il fallut, de toute nécessité, écrire les lois des divers peuples qui se trouvèrent mêlés, après Théodose le Grand, dans l'empire d'Occident, et, avant tout, constater d'une manière facile les lois des populations qui étaient régies par le droit romain avant que les barbares eussent envahi leur sol.

Dans l'Italie septentrionale, le premier roi des Goths, Théodoric Ier, qui fut un grand prince, publia un Code de lois destiné à régir à la fois les hommes de sa nation et la population indigène, espérant sans doute que l'unité de législation amènerait plus tôt la fusion complète des deux races, à laquelle il visait.

Mais les Visigoths, au midi de la Gaule et dans la partie de l'Espagne qu'ils occupaient, durent juger cette fusion impossible ; et leur roi Alaric II publia, en l'année 507 de l'ère chrétienne, dans la ville d'Aire en Gascogne, un recueil de lois destiné uniquement à régir les populations d'origine romaine soumises à sa domination. C'est le recueil qu'on désigne sous le nom de *Bréviaire* d'Alaric, parce que ce n'était qu'un abrégé des lois romaines. Les lois et coutumes visigothes, que les vainqueurs connaissaient naturellement beaucoup mieux, ne furent rédigées que beaucoup plus tard, parce la connaissance s'en conservait suffisamment chez eux par la tradition.

Dans la partie de la Gaule soumise aux Bourguignons, le roi Gondebaud, troisième roi de ce peuple barbare, ne procéda pas comme Alaric II. Il publia presque en même temps deux lois, l'une pour les hommes de sa nation, connue dans la suite sous le nom de loi *Gombette*, mot dérivé du nom de son auteur, et une seconde loi destinée à régir la population gallo-romaine soumise à son sceptre. Celle-ci fut appelée dans la suite le *Papien*, parce que le premier manuscrit qui en fut publié se trouvait porter en tête le nom de *Papianus,* contraction de Papinianus, et marquait que le fragment était emprunté à ce grand jurisconsulte. Cette loi fut évidemment calquée sur le Bréviaire d'Alaric, dont elle ne contenait le plus souvent que la reproduction textuelle. Elle date par conséquent d'une époque postérieure au Bréviaire, quoique elle en dût être très-rapprochée, puisque le Bréviaire fut publié en l'année 507, et que Gondebaud, l'auteur présumé de la loi romaine bourguignonne, mourut en l'an 516.

Les rois francs s'étant emparés, à leur tour, des États des rois bourguignons, en l'année 584, y laissèrent en vigueur, en vertu du principe de la personnalité des lois, la loi Gombette, pour les populations d'origine bourguignonne, et le Papien pour la population gallo-romaine, laissant, bien entendu, et à plus forte raison, à tous les Francs qui allèrent s'établir alors en Bourgogne, la loi de leur tribu propre.

On voit par là que, dans l'Europe occidentale, une immense étendue de pays conserva, après l'invasion des barbares, l'usage du droit romain pour les populations soumises antérieurement à ce droit. Ce furent outre l'Italie, où la fusion qu'avait voulu faire Théodoric Ier ne put point réussir, tout l'Est de la Gaule soumis aux Bourguignons, le midi de la même contrée occupé par les Visigoths, et toute la partie de l'Espagne occupée par ce même peuple.

Ajoutons que dans les contrées mêmes de l'Europe où la population d'origine gallo-romaine, trop clairsemée, avait été absorbée pour ainsi dire par les vainqueurs, les ecclésiastiques, surtout les évêques, naturellement plus instruits que les membres du clergé inférieur, et qui longtemps ne furent choisis que dans la population indigène, ne connaissaient guère d'autres lois que les lois romaines, les seules qui fussent rédigées en latin, qui était la langue de l'Eglise. Ils refusaient par conséquent, autant qu'ils le pouvaient, de se soumettre aux lois des barbares, qui souvent n'étaient écrites nulle part et ne se conservaient que par tradition, qui, quand elles étaient écrites, l'étaient le plus souvent dans une langue que les ecclésiastiques ne connaissaient pas, qui, dans tous les cas enfin, se ressentaient forcément de la barbarie de leurs auteurs.

Autrement dit, le droit romain, depuis l'invasion des barbares, ne cessa jamais d'être le droit de l'Eglise, qui en conserva tant quelle put l'usage pour tous ses membres. C'est une vérité incontestable que Savigny, au commencement de ce siècle, a mise parfaitement en lumière dans son bel ouvrage sur l'*Histoire du droit romain au moyen âge*. Les preuves du maintien de ce droit dans toute l'Europe occidentale durant le moyen âge s'y trouvent en quelque sorte prodiguées, et cette vérité est aujourd'hui complétement acquise à la science.

Ces considérations étaient nécessaires pour faire apprécier tout ce que nous devons de gratitude aux collecteurs de lois romaines durant la période barbare, particulièrement aux rédacteurs du Bréviaire d'Alaric, dont l'œuvre fut un travail très-remarquable, et certainement aussi utile que le Code théodosien, comme nous allons le prouver.

§ II. — DU BRÉVIAIRE ET DE SON PRINCIPAL RÉDACTEUR.

Nous avons dit déjà que le recueil d'Alaric contribua bien plus que ceux de Théodoric et de Gondebaud, à conserver dans l'Occident la connaissance et la pratique du droit romain. Il est bien probable que, sans ce recueil, le droit romain n'aurait pas cependant cessé d'être conservé comme coutume dans les contrées méridionales de la Gaule, et dans la partie de l'Espagne soumise aux Visigoths. Mais les coutumes non écrites sont fort sujettes à s'altérer, et sans le Bréviaire il eût été bien difficile qu'une même loi pût se conserver longtemps par tradition dans de vastes contrées, séparées en deux tronçons par une barrière physique aussi forte que la haute chaîne des Pyrénées. C'est donc à Alaric II, puisque le Code théodosien n'avait dans les pays occupés par des rois barbares aucune autorité, que les habitants du midi de la Gaule et du nord de l'Espagne durent de conserver intact tout ce qui, dans le droit savant de Rome païenne, n'avait rien de contraire aux idées chrétiennes.

Quel fut le principal rédacteur du Bréviaire? Il n'y a pas à en douter, ce fut Anien. Comme un exemplaire authentique du Bréviaire (1), qui s'est conservé, porte, en tête, qu'il fut fait sous Alaric II, *ordinante viro inlustri Goiarico comite*, quelques juristes qui se sont occupés de ce point d'histoire ont prétendu que ce devait être ce Goiaric. Mais cette opinion, que repousse Savigny, ne saurait, en effet, se défendre.

Le nom de *Goiaric* est évidemment un nom barbare, et l'on conçoit parfaitement qu'Alaric eût dû choisir son ministre principal, comme semble l'indiquer l'épithète *ordinans*, parmi les hommes de sa nation. Mais il n'est pas à croire qu'il eût confié la rédaction d'un recueil de lois romaines à un Visigoth. Tout donne à penser, par conséquent, que le principal rédacteur du Bréviaire dut être Anien, que l'édit de promulgation indique comme le ministre chargé d'en authentiquer les manuscrits. Le nom d'Anien est, en effet, un nom romain, qui fut porté par plusieurs personnages, notamment par l'illustre évêque d'Orléans saint Agnan, dont le nom était *Anianus*; et comme l'édit de promulgation dit expressément que le Bréviaire avait été rédigé par des hommes notables et des évêques, il est à présumer que le chancelier d'Alaric, Anien, était un évêque, arien probablement, puisque les rois visigoths, jusqu'au septième siècle, professèrent l'arianisme, mais qui aurait bien pu cependant être catholique, parce

(1) Le texte en est reproduit en tête du Code théodosien de J. Godefroi.

qu'Alaric II fut un prince très-tolérant, qui ne persécuta jamais ceux de ses sujets, et ils étaient apparemment fort nombreux, qui professaient la foi catholique.

Quoi qu'il en soit, l'œuvre d'Anien doit être tenue en très-grande estime et dénote la main d'un véritable jurisconsulte, les hommes qui concourent par leurs connaissances juridiques aux progrès du droit étant certainement dignes de ce nom, quoiqu'ils n'aient fait que des œuvres en elles-mêmes peu remarquables, quand ils ont vécu dans un temps de grande ignorance, où les moindres bribes de science étaient difficiles à recueillir.

Jacques Godefroi, dans son ouvrage, d'ailleurs si estimable, sur le Code théodosien, traite cependant Anien assez durement. Quand il suppose que quelque texte du Code théodosien a été altéré ou tronqué dans le Bréviaire, il appelle cela un forfait d'Anien, *facinus Aniani* (1), expression qu'il applique aussi à Tribonien, à propos de changements semblables. Mais un tel reproche nous semble très-injuste, toutes les fois que la modification ou la suppression opérées avaient pour but de mettre le fragment primitif plus en rapport avec le droit chrétien, qui, au temps d'Anien et de Tribonien, avait changé sur quantité de points essentiels le droit romain païen. A ce point de vue, qui est le seul vrai, l'œuvre d'Anien nous semble irréprochable. Toutes les modifications ou suppressions qu'il opéra sur les textes dont il se servait furent faites très à propos, parce qu'elles furent constamment motivées par les différences profondes et capitales qui existaient entre les institutions de Rome païenne et celles de Rome chrétienne, et que les changements eurent toujours lieu dans un sens chrétien.

Il est aisé de se convaincre de cela en comparant le texte des Institutes de Gaïus et celui des Sentences de Paul,

(1) V. *Prol. ad Cod. theod.*, c. v *et seq.*

qu'on trouve dans le Bréviaire, avec l'ouvrage complet de
Gaïus que nous possédons maintenant, et avec les divers
fragments des Sentences de Paul que nous retrouvons çà et
là dans le Digeste. Les auteurs du Bréviaire n'avaient rien
conservé du quatrième commentaire de Gaïus, parce que
ce commentaire n'avait trait qu'à la procédure de Rome
païenne, tombée en complète désuétude depuis Constantin.
Ils procédèrent en cela comme Tribonien, Théophile et Dorothée, qui, vingt-deux ans plus tard, ne conservèrent rien
non plus du commentaire IV de Gaïus dans le IVe livre de
leurs Instilutes, qui, en apparence, devait lui faire pendant.

Les coupures faites çà et là au second et au troisième commentaire de Gaïus, qui furent réduits dans le Bréviaire à
un seul livre, eurent la même cause, comme aussi celles faites dans le livre des Sentences de Paul, dont plusieurs textes,
que nous trouvons dans le Digeste, ne furent pas reproduits
dans le Bréviaire. Les preuves de ce que nous venons de dire
arriveraient en foule, si nous avions la prétention de faire un
livre d'érudition.

La même raison explique parfaitement pourquoi les auteurs du Bréviaire ne firent entrer dans leur recueil, et
même simplement en abrégé, que les cinq premiers livres du
Code théodosien. C'est que les onze derniers ne présentaient,
pour les habitants des contrées soumises par les Visigoths,
aucune utilité. Nous sommes certainement bien loin de vouloir déprécier l'onvrage monumental de Jacques Godefroi sur
le Code théodosien, et les travaux récents d'Hœnel sur ce
même code. Mais la vérité est que les onze derniers livres du
Code théodosien, très-intéressants pour juger la société
byzantine, n'offraient aucune utilité pour les sujets romains
des rois visigoths. Le sixième livre, par exemple, est consacré tout entier aux magistratures et aux dignités de l'empire
d'Orient, et quel intérêt pouvait avoir pour les hommes de
mœurs beaucoup plus simples de l'Occident, le tableau dé-

taillé et l'échelle interminable des distinctions imaginées par la vanité orientale! De quel intérêt encore pouvait être, en Occident, toute la partie du Code théodosien relative aux peines, quand le système pénal avait été complétement changé en Occident, même pour les populations indigènes, par l'introduction des compositions pécuniaires, établies dans toutes les contrées occidentales, par les lois barbares, aussi bien pour les populations soumises que pour la race conquérante? Cet intérêt était nul.

Dans les autres livres du Code théodosien dont le Bréviaire n'a rien conservé, nous ne nions pas qu'on n'eût pu extraire çà et là quelques constitutions, statuant sur des matières assez importantes, qui auraient pu s'adapter aux populations de l'ancien empire d'Occident, aussi bien qu'aux populations byzantines ; mais le nombre en est fort réduit, et nous répétons ce que nous avons dit déjà maintes fois, savoir : qu'au moment où les invasions des barbares avaient déjà plongé tout l'Occident de l'Europe dans des ténèbres épaisses, on ne pouvait conserver par la main des copistes, fort rares dans ce temps, que les ouvrages contenant en très-peu de lignes beaucoup de substance. Il fallait donc, de toute nécessité, réduire les recueils de lois aux proportions les plus minces pour être plus sûr de les conserver par la facilité de les recopier. Il fallait, si l'on nous permet cette comparaison, il fallait, en un temps où tout, arts, lettres et sciences, semblait sur le point de périr dans un immense naufrage, jeter à la mer non-seulement tout le lest, mais encore la partie la moins précieuse de la cargaison, pour être plus sûr de sauver l'autre.

A ce point de vue, nous ne voyons pas qu'il fût possible de faire mieux que ne firent Anien et ses collaborateurs. Ils méritent, à notre jugement, autant d'éloges, pour le moins, que Tribonien et ses aides, qui, avec plus de lumières et plus de documents, ne s'acquittèrent pas mieux qu'Anien de la tâche qu'ils avaient entreprise.

Si nous ajoutons à cela que les changements apportés par Anien aux textes primitifs dont il se servait, le furent en des termes d'une latinité aussi pure que celle des meilleures œuvres littéraires de ce temps de décadence, nous aurons, il nous semble, suffisamment justifié la grande place que nous donnons au principal rédacteur du Bréviaire dans notre livre, quoique nous n'y fassions mention que des jurisconsultes qui ont laissé dans la science du droit une traînée lumineuse.

La même raison justifiera auprès du lecteur les sentiments de vive sympathie que nous éprouvons pour les rédacteurs de formules dont nous allons parler dans le chapitre suivant.

CHAPITRE IV

Des rédacteurs de formules, spécialement de Marculfe.

§ I. — DES FORMULES EN GÉNÉRAL.

Les historiens du droit, à notre avis, n'ont pas suffisamment indiqué la part considérable que les rédacteurs de formules, à partir du septième siècle, eurent à la naissance des bonnes coutumes et au progrès des lois. Elle fut si grande que nous avons besoin d'employer une comparaison pour rendre l'impression, singulièrement douce, que produit sur nous la lecture de ces formules touchantes, qui servirent de modèle aux actes juridiques les plus importants durant les premiers temps du moyen âge, où le droit moderne n'était encore qu'à l'état d'incubation.

Dans les arts d'imitation, il n'y a que deux manières d'exprimer les sentiments qui puissent produire un grand effet. La première, c'est l'art porté à une perfection si haute qu'il embellit la nature sans lui ôter rien de ses charmes. La seconde, c'est la naïveté la plus grande, où l'art semble se dérober tout à fait. Quelles sont, par exemple, les œuvres de sculpture et de peinture qui produisent sur nous le plus d'effet? Ce sont sans doute, d'abord, les chefs-d'œuvre des grands artistes, ce sont les œuvres immortelles de Michel-Ange, de Raphaël, et des artistes de toutes les grandes écoles, qui se sont le plus rapprochés de ces maîtres incomparables. Mais quel est l'homme de goût qui, après avoir vu de tels chefs-d'œuvre, pourra s'arrêter un seul moment sur une œuvre médiocre où l'art n'a point su se cacher? Il n'en est aucun. Tandis qu'après avoir contemplé les œuvres des Raphaël, des Lesueur, des Van Dick, on s'arrêtera avec charme devant des toiles enfumées, remontant aux premiers temps de la peinture italienne ou flamande, quoique l'art en soit tout à fait absent, lorsque, après des siècles, un parfum de sentiment religieux s'en exhale encore.

C'est une impression semblable que produisent dans notre âme les formulaires des septième et huitième siècles, comparés aux œuvres magistrales des grands jurisconsultes classiques, des Papinien, des Paul, des Ulpien, dans l'antiquité; des Cujas, des Doneau, des Dumoulin, dans les temps modernes. Que remarque-t-on, en effet, le plus dans les œuvres capitales de ces grands jurisconsultes? C'est une logique admirable, aidée de toutes les lumières de la science, et l'on est étonné des clartés que leur esprit projette sur les matières les plus difficiles et les plus obscures. Mais tout cela ne frappe que l'esprit et ne fait nulle impression sur le cœur.

Les vieux formulaires du moyen âge produisent un effet tout opposé. Rien qui dénote chez leurs auteurs des facultés brillantes; leur science est à peu près nulle, leur logique faible, leur style peu correct. On éprouve cependant toujours un véritable charme en les lisant. Pourquoi? Parce que

dans leur langage grossier, ils traduisent cependant d'une
manière très-fidèle les grands, les vrais, les éternels principes du droit, et non-seulement ceux qui sont gravés dans la
conscience de tout homme venant en ce monde, mais encore
ceux qui dérivent naturellement des dogmes chrétiens ; car
c'est à cette source que les rédacteurs des formules allaient
surtout les puiser. Des parfums d'équité et de religion s'exha-
lent de tous les vieux formulaires, aussi bien de ceux que
l'érudition moderne a édités, que de ceux que connurent nos
jurisconsultes et nos érudits du seizième et du dix-septième
siècle, les Sirmon, les Bignon, les Linderbrog, les Baluze.

Tous les auteurs des formulaires, en conseillant l'emploi
de telle ou telle clause dans les actes dont ils donnaient les
modèles, ne prétendaient pas assurément faire des œuvres
de législateur, mais ils se trompaient; ils étaient législateurs sans s'en douter. En dehors de l'Eglise, en effet, qui
faisait, de leur temps, des lois proprement dites? Personne.
Le grand législateur du moyen âge, Charlemagne, ne devait venir qu'après eux, et les rois barbares ne songeaient
qu'à la guerre ou à leurs plaisirs : ils ne pensaient pas à faire
des lois. Or, comme les formules répondaient parfaitement
à l'esprit chrétien dont la majorité des populations était dès
lors imprégnée, elles pénétrèrent si bien dans la pratique
des affaires, qu'elles finirent souvent par changer la coutume, c'est-à-dire par convertir à la longue en droit commun ce que la formule d'abord n'avait pour but d'établir que
par exception. Si l'on remarque la part fort grande encore
qu'ont les notaires de nos jours, aux progrès du droit, dans
toutes les matières que la loi n'a pas suffisamment réglées,
on peut mesurer l'importance et l'étendue de l'œuvre des
auteurs des formules, qui n'étaient presque jamais contra-
riés dans le courant qu'ils suivaient, par des lois précises, soit qu'elles manquassent complétement, ou que des lois
anciennes régissant la matière fussent tombées dans l'oubli.

Les caractères que nous venons de constater se trouvent, avons-nous dit, dans tous les formulaires, mais nulle part ils ne sont plus sensibles que dans le formulaire le plus anciennement connu, celui de Marculfe. Il convient donc de nous arrêter sur cette œuvre dont bien des gens parlent sans en avoir, par eux-mêmes, senti jamais le mérite. Elle est aussi intéressante que la Légende dorée, et bien plus utile, puisque c'est le tableau le plus vrai de toute une époque, dont l'état social en formation contenait les germes du nôtre.

§ II. — MARCULFE.

Les formulaires qui se sont conservés jusqu'à nous, celui de Marculfe excepté, ne portent aucun nom d'auteur, ce qui, pour les hommes de notre temps, peut être un sujet de surprise. Dans notre siècle vaniteux, où l'on ne vise qu'à la renommée et au lucre, rencontrer une œuvre de quelque mérite dont l'auteur ait gardé l'anonyme dans un autre but que celui de se faire chercher, est chose tellement rare que nous n'en connaissons pas d'exemple. Il en était autrement dans ce moyen âge dont nos petits esprits parlent aujourd'hui avec un mépris qui dénote leur profonde ignorance. On ne travaillait alors qu'en vue de Dieu, qui voit tout, apprécie tout, récompense tout, jamais en vue des hommes, qui trop souvent voient mal, apprécient plus mal encore, et ne peuvent donner, en tout cas, que des récompenses aussi fragiles qu'eux-mêmes. Les architectes, qui élevaient dans tous les pays catholiques des temples admirables, auraient cru manquer à Dieu à qui revient toute gloire, s'ils s'étaient permis de graver leur nom sur une pierre même extérieure de ces monuments grandioses, les peintres ne signaient pas leurs tableaux, et les auteurs s'entouraient des mêmes voiles dans leurs écrits.

Si nous connaissons le nom de Marculfe, le rédacteur du

plus connu des formulaires, nous le devons à son humilité
même. Un saint évêque (1), qui connaissait sa science, lui
avait commandé de rédiger les formules les plus utiles qu'il
pourrait trouver, pour les actes les plus importants ou les
plus usuels de la vie civile, et c'est pour s'excuser d'avoir
fait un travail qu'il jugeait dépourvu de tout mérite, que
Marculfe fait à l'évêque une dédicace où il est obligé de se
nommer, mais en se disant le dernier et le plus vil de tous
les moines, *ultimus ac vilissimus omnium monachorum*. Toute
la préface est empreinte de cette humilité profonde. L'auteur
attribue l'imperfection de son œuvre à son défaut d'intelligence, à sa rusticité, et à son ignorance des belles-lettres.
La vérité est que le latin de Marculfe est souvent incorrect.
Les barbarismes n'y sont pas rares, et les noms, sujets ou
régimes, mis habituellement au même cas, y marquent déjà
le passage du latin grossier de ce temps aux langues roma-
nes modernes qui allaient naître, et où les noms ne devaient
plus avoir de déclinaison. Le livre de Marculfe laisse donc
beaucoup à désirer au point de vue du langage, mais le
contenu ne laisse pas d'être infiniment précieux. Les ampho-
res de terre ne conservent-elles pas mieux que ne pourraient
le faire des tonneaux d'or, les liqueurs délectables ! Et quelle
liqueur peut faire autant de bien au cœur que les sentiments
exprimés par Marculfe dans tout son livre en font à l'âme !

L'ouvrage est divisé en deux parties. La première contient
les formules des actes consentis par des rois, des princes,
des évêques ou d'autres grands personnages, que Marculfe
appelle pour ce motif des chartes royales, *Cartas regales*. La
seconde renferme des formules d'actes passés entre personnes d'une condition inférieure, que Marculfe désigne sous le
nom de *Cartas pagenses*, et que nous appellerions aujourd'hui

(1) Bignon a prouvé que l'évêque Landric, auquel Marculfe dédia
son œuvre, était Landric, évêque de Paris, qui vivait vers l'an 660.
V. *Baluze*, t. 2, p. 862.

des chartes roturières. Les unes et les autres contiennent
beaucoup de modèles de donations faites aux églises, aux
monastères, aux établissements hospitaliers ; mais ces sortes
d'actes ne diffèrent alors, comme c'était raison, que par les
prologues, où les rois et les princes s'expriment naturellement avec plus de solennité que les donateurs occupant des
positions plus humbles dans l'échelle sociale. Le grand nombre de ces formules, ayant toutes le même but et destinées
à toutes les classes de la société, est le signe le plus irrécu-
sable de la foi vive de ces temps, où les dons pies étaient
aussi fréquents que, de nos jours, ils sont rares.

Les deux parties du livre de Marculfe ont donc un fond
qui leur est commun, celui des dons et legs pieux ; mais la
première partie contient, de plus, beaucoup de formules
d'actes que nous appellerions aujourd'hui administratifs ; la
seconde, un nombre encore plus grand d'actes d'intérêt
privé, qui nous touchent bien davantage, imprégnés qu'ils
sont tous de cet esprit chrétien qui, comme nous le disions
tout à l'heure, apparaît dans tous les vieux formulaires. Les
formules d'affranchissement des serfs, très-nombreuses dans
Marculfe, montrent déjà d'une manière accentuée la tendance
des peuples chrétiens à faire disparaître l'institution impie
de l'esclavage. Celles relatives aux droits respectifs des
époux et des enfants dans la famille annoncent aussi, dans
la position de la femme et des enfants, un progrès marqué
sur le vieux droit germanique. On y remarque, par exemple,
que l'usage des donations faites par le futur mari ou son
père à la future épouse était déjà fort répandu au septième
siècle ; que les père et mère s'efforçaient aussi de réparer
pour les filles les conséquences de la loi salique qui les
excluait de la succession à certaines terres, et de faire jouir,
par une vocation expresse à leur hérédité, les enfants d'une
fille prédécédée du bénéfice de la représentation. Les formules rédigées dans ce but, sont toujours précédées d'un préam-

bule, où le donateur ne manque pas d'exprimer qu'il obéit à sa conscience, en réparant, autant qu'il le peut, les conséquences d'une loi qu'il considère comme contraire aux règles de la justice éternelle. Les formules de Marculfe tendaient ainsi à restreindre autant que possible les priviléges de masculinité ou de primogéniture, que des raisons politiques tenant à la forme de certains gouvernements peuvent seules justifier.

Mais quittons un sujet de réflexions qui nous conduirait beaucoup trop loin, et passons des premiers artisans de notre droit moderne, vêtus la plupart apparemment comme Marculfe de la bure monacale, à d'autres ouvriers de ce grand œuvre, en qui l'Occident contempla de nouveau les splendeurs de la pourpre impériale, qu'il ne connaissait plus depuis la fin de l'Empire d'Occident, qui remontait à trois cent vingt-cinq ans.

CHAPITRE V

Des collections de capitulaires et de leurs auteurs.

§ I. — DES CAPITULAIRES.

Nous venons d'indiquer, dans le précédent chapitre, la grande influence qu'exercèrent les recueils de formules sur notre droit ancien. Les capitulaires des rois Francs furent aussi une des sources les plus importantes de ce droit.

Nous devons à un érudit de premier ordre, digne imitateur des Bénédictins, et digne successeur des Jacques Godefroi, des Tillet, des Pithou, nous devons à Baluze un recueil à peu près complet des capitulaires des rois Francs. Baluze, à la suite de grandes recherches faites dans les archives des cathédrales et des monastères, et dans les bibliothèques des hommes les plus savants de son temps, a recueilli un certain nombre de capitulaires antérieurs à Charlemagne : le plus ancien, du roi Childebert, remonte à l'année 554. On en trouve ensuite un certain nombre des autres rois de la première race. Mais ces capitulaires, dont la plupart sont courts, d'autres tronqués ou mal copiés par des copistes ignorants, ne nous fournissent qu'assez peu de lumières sur l'état civil et politique de nos ancêtres depuis le commencement de la monarchie française. Il en est autrement des capitulaires de Charlemagne. C'est un monument véritablement admirable, auquel ce grand prince eut une part infiniment plus grande que celle que prit Napoléon Ier à la rédaction du Code civil, auquel il voulut cependant donner son nom quand il fut parvenu au sommet de sa puissance.

On voit, en lisant les capitulaires de Charlemagne, que la sollicitude de cet homme extraordinaire, dont les romans de chevalerie entourèrent plus tard le nom de tant d'éclat, se portait avec autant de soin sur les moindres détails d'administration, que sur le commandement des armées. Il eut le bonheur d'avoir à la fois, autour de lui, des preux qui l'aidèrent dans ses conquêtes, et des hommes sages qui l'assistèrent dans la rédaction des lois qu'il donna à la moitié de l'Europe, car son empire avait au moins autant d'étendue que l'Empire d'Occident, qu'il faisait revivre.

Le temps de Charlemagne fut l'époque la plus glorieuse pour l'Eglise catholique. Jusqu'à ce prince, les papes avaient été sans cesse persécutés ; ils le furent d'abord par les anciens empereurs de Rome jusqu'à la division de l'Empire. Ils le furent ensuite par les empereurs d'Orient, dont beaucoup furent hérétiques, et qui tous étaient jaloux de l'influence, de plus en plus grande, que les papes acquéraient à Rome et dans l'Italie sur les populations qui les entouraient. Après la fondation du royaume Lombard, la situation des papes fut pire encore, parce que les rois Lombards, peu éloignés qu'ils étaient de Rome, étaient des voisins ambitieux qui cherchaient à dominer toute l'Italie, comme l'ont fait de nos jours les princes de Savoie.

Pépin et Charlemagne délivrèrent définitivement les papes de l'oppression des Lombards, dont le royaume prit fin en 774 : et à partir de l'an 800, le couronnement solennel de Charlemagne comme empereur d'Occident, fit voir aux empereurs d'Orient, que Rome était décidément, et pour jamais, préservée de leur domination tracassière.

Adrien Ier et Charlemagne établirent alors la plus magnifique combinaison politique qui se soit vue depuis l'origine du monde. L'indépendance réciproque du sacerdoce et de la royauté est partout un grand bien. Elle exista toujours chez les Israélites, dont les pontifes ne pouvaient être pris que dans la descendance d'Aaron, tandis que leurs chefs, Juges ou Rois, furent toujours pris dans les autres tribus. Mais les Israélites ne formèrent jamais qu'un État assez restreint, même au temps de Salomon, qui fut celui de leur plus grande puissance. Ils s'attendaient bien à dominer un jour toutes les nations quand le Messie serait venu, parce que la plupart d'entre eux entendaient dans un sens littéral et grossier, ce qui était dit de l'empire universel du Messie dans les prophètes ; mais ils ne purent jamais voir la réalisation de leurs espérances, parce qu'ils se trompaient sur le vrai sens des prophéties.

Adrien Ier et Charlemagne virent ce rêve des Juifs à peu près réalisé. Les irruptions des barbares avaient cessé ; la puissance musulmane déclinait aussi. Charlemagne étendait son sceptre depuis l'Elbe jusqu'à l'Ebre et à l'Italie méridionale, c'est-à-dire sur plus de la moitié de l'Europe, dont l'autre était sans force parce que ses princes, séparés les uns des autres par les vastes Etats de Charlemagne, étaient complétement hors d'état de concentrer leurs forces, et n'exerçaient, par conséquent, sur les affaires générales de l'Europe aucune influence. Adrien Ier et Charlemagne pensèrent que c'était le cas de soumettre tous les peuples, au moins de l'Occident, à un seul sceptre, comme ils étaient soumis à une seule houlette, celle des évêques de Rome, chefs de toute l'Église, mais plus spécialement patriarches de l'Occident. Cette grande pensée fut réalisée sous Charlemagne, et continuée sous ceux de ses successeurs qui portèrent aussi dignement que lui la couronnne impériale, sous Othon Ier et Henri Ier.

Charlemagne sentait bien que l'influence immense qu'il avait sur toute l'Europe chrétienne tenait à sa liaison étroite avec le chef de l'Église universelle, et il attachait le plus grand prix à ce que cette union fùt parfaite dans tous ses États. Sa haute intelligence lui fit voir que le meilleur moyen d'atteindre ce but était de régler les points intéressant, à la fois, l'Église et l'État, dans des assemblées de personnes notables, appartenant les unes à l'Église, comme les évêques et les abbés, les autres à la partie la plus brave de la nation, comme les ducs et les comtes. Les édits que Charles rendait à la suite de ces assemblées furent désignés plus spécialement sous le nom de capitulaires, *Capitularia*, expression générique cependant qui embrassait tous les édits rendus par le monarque, et même les mesures arrêtées par les grands dignitaires de l'État ou de l'Église.

Les capitulaires étaient donc publiés à cette double fin, d'assurer le bon ordre dans le clergé et dans la société laïque. C'est pour cela qu'Anségise, dont nous parlerons bientôt, classa les Capitulaires de Charlemagne en deux livres, le premier consacré aux matières ecclésiastiques, le second aux matières civiles.

La même manière de procéder fut suivie par Louis le Débonnaire et par Charles le Chauve. Mais plus les Capitulaires devenaient nombreux, plus il était nécessaire d'en assurer la conservation par l'écriture, la tradition ne pouvant être une règle suffisamment sûre que pour les lois dont l'application est journalière.

Les personnages qui contribuèrent le plus à la conservation des Capitulaires acquirent des droits incontestables à la reconnaissance de tous les peuples chrétiens, et ces personnages nous sont mieux connus que les auteurs de formules. Un seul nom parmi ceux-ci nous est parvenu, celui de Marculfe. Les collecteurs de Capitulaires dont nous possédons les recueils nous sont, au contraire, tous connus, au moins par leurs noms, et c'est de ces savants personnages, appartenant tous au clergé, que nous allons parler dans le paragraphe suivant.

§ II. — DES PRINCIPAUX COLLECTEURS DE CAPITULAIRES, ANSÉGISE, BENOIT LÉVITE, ISAAC ET HERARD.

Nous avons eu déjà l'occasion de remarquer souvent que plus les lois deviennent nombreuses, plus il devient nécessaire de les recueillir, et de les classer dans un ordre méthodique qui en facilite à la fois l'étude et l'intelligence.

Avant les premiers successeurs de Charlemagne, la nécessité d'un recueil complet de Capitulaires ne s'était pas encore fait sentir. Les premiers rois Francs, tout occupés de soins militaires, ne songeaient guère à faire des édits. Charlemagne, au contraire, en fit un grand nombre ; mais ces édits étaient suffisamment connus des peuples par l'application incessante qu'en faisaient des officiers, envoyés par lui dans les diverses contrées de ses vastes États pour veiller surtout à l'administration de la justice. Ces officiers furent désignés dès lors sous le nom de *Missi dominici.*

Mais quand Charlemagne mourut, les rênes du gouvernement passèrent du bras le plus vigoureux aux mains les plus faibles, aux mains d'un prince qui ne se recommanda que par une bonté voisine de la faiblesse, disposition d'esprit qui n'est pas proprement un vice, mais qui est encore moins une vertu, et que l'épithète de *débonnaire*, qu'on accola par la suite au nom du premier successeur de Charlemagne, exprime très-bien. Louis le Débonnaire eût suffisamment rempli sa tâche de souverain, s'il eût fait exécuter fidèlement les édits de son glorieux père. Au lieu de cela, il en fit lui-même quantité d'autres, mais qui, par la faute de ses officiers, restaient enterrés, dès le premier jour, dans les armoires des archives.

Un savant abbé, pour empêcher que les édits du père et ceux du fils ne tombassent peu à peu dans l'oubli, eut l'heureuse pensée de les recueillir dans un ordre méthodique, et nous devons nous arrêter un moment sur ce personnage recommandable, qui s'appelait Anségise.

I. ANSÉGISE.

Quelle position Anségise occupait-il dans l'Eglise? Vers quel temps composa-t-il son recueil? Quel est l'ordre qu'il y suivit? Ce sont autant de points qu'il est intéressant de rechercher.

Quelques érudits ont pensé que le collecteur des Capitulaires fut un abbé de Louvain (*Lobiensis*), et d'autres ont ajouté que cet abbé fut plus tard archevêque de Sens. Il est bien vrai qu'il y eut à Sens, vers les dernières années de Charles le Chauve, un archevêque qui s'appelait Anségise. Mais rien ne prouve que cet archevêque ait été le rédacteur des Capitulaires; rien ne prouve non plus que l'abbaye de Louvain ait jamais eu à sa tête un abbé de ce nom.

Baluze, au contraire, dans sa savante préface des Capitulaires, § 39, démontre par une chronique de la célèbre abbaye de Fontenelle, reproduite dans le *Spicilége* de dom d'Achéry, que Fontenelle avait, au temps de Louis le Débonnaire, un abbé du nom d'Anségise, qui, d'après le chroniqueur, était

11

un savant homme, grand amateur de livres, dont il amassa un grand nombre dans les monastères de Fontenelle et de Flavigny, dont il fut successivement abbé.

Nous ajouterons à ce que dit Baluze, qu'Anségise fut, après sa mort, honoré comme saint dans l'abbaye de Fontenelle, et qu'on y faisait sa fête le 20 juillet, circonstance qui montre de plus en plus qu'Anségise fut un des personnages les plus notables du neuvième siècle.

L'époque où le recueil d'Anségise fut composé est dès lors facile à fixer. L'abbé de Fontenelle Anségise mourut en 834. Le recueil des capitulaires fut donc évidemment composé avant cette date ; il est même probable qu'il l'avait été avant l'an 826, parce que, dans un de ses capitulaires de cette année, Louis le Débonnaire semble se référer, en citant un capitulaire de Charlemagne, au recueil d'Anségise. Ce recueil recevait ainsi, d'une manière indirecte, une autorité officielle, qui explique comment Baluze put retrouver pour son édition un grand nombre de manuscrits, qu'il cite.

Le recueil d'Anségise est divisé en quatre livres disposés de la manière suivante : Les deux premiers, consacrés également aux matières ecclésiastiques, contiennent : l'un, les capitulaires de Charlemagne ; l'autre, ceux de Louis le Débonnaire, afférents à ce sujet. Les troisième et quatrième livres traitent des matières civiles dans le même ordre, c'est-à-dire que le troisième contient les capitulaires de Charlemagne, et le quatrième, ceux de son successeur.

On reconnaît, à la lecture du recueil d'Anségise, que les lettres ne furent pas moins redevables que le droit au génie puissant et universel de Charlemagne. La latinité des capitulaires de ce prince, assez bien conservée encore dans ceux de son fils, ne contient aucune des incorrections qui fourmillent dans les formulaires des deux siècles précédents. On ne s'en étonne point quand on se rappelle tout le cas que faisait Charlemagne des hommes de lettres, d'Alcuin en par-

ticulier ; et ce n'est pas sans raison certainement que l'université de Paris, la plus ancienne de l'Europe après celle de
Bologne, se plaça, dès son origine, sous la protection de
Charlemagne, auquel les évêques de France vouèrent un
culte qui, comme culte local, n'a jamais été improuvé par
l'Église romaine.

II. — BENOIT LÉVITE.

Aujourd'hui que l'imprimerie multiplie avec tant de facilité
les écrits, on ne songe plus aux difficultés que nos pères
rencontraient, au moyen âge, pour conserver les actes, même
les plus importants. Nous voyons, par exemple, dans un
capitulaire important de Charlemagne de l'an 812, relatif
aux pouvoirs donnés aux *Missi dominici*, que ce prince, si
prévoyant pourtant, ne prescrivait l'envoi de son édit qu'à
trois catégories de personnes, et toutes trois d'un ordre si
élevé que le nombre total des exemplaires ne s'élevait peut-
être pas à cinquante. Un devait être remis à chaque envoyé,
un à chaque gouverneur de province, un enfin à chaque chef
d'armée, l'exemplaire original devant toujours rester chez le
chancelier. On comprend, d'après cela, avec quelle facilité
les textes officiels d'édits envoyés à si peu de personnes,
disséminées à des espaces immenses, pouvaient se perdre ou
s'altérer.

Quelque soin, par conséquent, qu'eût mis Anségise à
composer son recueil, un certain nombre de capitulaires de
Charlemagne et de son successeur lui avaient échappé. Il
avait négligé, d'un autre côté, de reproduire les capitulaires
des prédécesseurs de ces princes, dont quelques-uns, très-
importants, n'étaient pas abrogés. Ces lacunes regrettables
donnèrent lieu à la composition d'un autre recueil qui eut
pour objet de les réparer. Ce recueil fut composé par un
ecclésiastique du nom de Benoît, qui prend dans son livre le

titre de *Benedictus levita,* mais qui, dans d'autres écrits contemporains, se trouve aussi désigné sous le titre de *Benedictus diaconus,* ce qui indique que ce savant ecclésiastique ne
reçut jamais, selon les apparences, l'ordre de la prêtrise. En
ces temps de foi, des ecclésiastiques de la plus haute distinction restaient diacres ou sous-diacres par humilité.

D'après Baronius, c'est vers l'an 845 que Benoît Lévite
composa son recueil, dont l'ordre est un peu confus. Il le
divisa en trois livres, dans lesquels, à la différence du recueil
d'Anségise, les matières ecclésiastiques et civiles se trouvent
mêlées. Ce recueil, plus court que celui d'Anségise, fut assez
longtemps le plus usité, quoique ce fût une œuvre purement
privée. Plus tard, les copistes le transcrivirent à la suite du
recueil d'Anségise; et comme celui-ci contenait quatre livres, les trois livres de Benoît Lévite devinrent ainsi les cinquième, sixième et septième livres de la double collection.
C'est en cette forme que se trouvaient la plupart des manuscrits consultés par Baluze pour son édition monumentale.

III. — ISAAC DE LANGRES ET HÉRARD DE TOURS.

Le Recueil d'Anségise et celui de Benoît Lévite contenaient, avons-nous dit, les édits des rois Francs sur les
matières civiles comme ceux relatifs aux matières ecclésiastiques; mais on comprend que les évêques tinssent beaucoup
plus à la conservation et à l'application de ces dernières, le
devoir de leur charge ne les obligeant qu'à veiller aux intérêts spirituels de leurs ouailles.

Quelque temps après le recueil de Benoît, Isaac, évêque
de Langres, et Hérard, archevêque de Tours, publièrent,
chacun en un seul livre, des extraits des Recueils d'Anségise
ou de Benoît, contenant seulement les capitulaires que les
membres du clergé devaient absolument connaître, parce
qu'ils étaient chargés d'en faire l'application. Ces recueils

ne laissent pas cependant d'avoir, même pour l'histoire du droit civil, un assez grand intérêt, parce que beaucoup de matières de droit civil appartenaient alors, de l'aveu de tous, au droit ecclésiastique. Celles notamment qui touchaient au mariage étaient dans ce cas. Les noms d'Isaac de Langres et d'Hérard de Tours méritent donc d'être associés à ceux d'Anségise et de Benoît Lévite, quoique leur œuvre ait eu moins d'importance. Ces recueils furent les derniers rayonnements de la législation de Charlemagne, qu'allait suivre une période de barbarie aussi longue que celle qui l'avait précédée. Cette législation, large et savante, déployant ses précoces splendeurs entre deux nuits également épaisses, rappelle les aurores boréales des régions polaires, qui ne sont jamais si belles que lorsqu'un intervalle égal les sépare du dernier rayon de soleil qui a rasé tristement ces froides terres, et du rayon nouveau qui reviendra dorer leurs glaces immaculées.

CHAPITRE VI

Des origines du droit coutumier et du droit féodal; spécialement des assises de Jérusalem.

§ I. — ORIGINES DU DROIT COUTUMIER ET DU DROIT FÉODAL.

Si les règles du droit ecclésiastique sont à peu près immuables, celles des lois civiles sont loin d'avoir autant de fixité, la plupart ne tenant pas à la nature de l'homme, mais aux milieux dans lesquels il vit. Jamais la variété de ces lois ne fut plus grande que dans la période qui suivit la dislocation du grand empire de Charlemagne, qui est celle dont nous allons nous occuper. Charles lui-même n'eut jamais la pensée d'imposer les mêmes lois civiles aux divers peuples et aux tribus innombrables de son immense empire. Il laissait, au contraire, aux peuples qu'il soumettait leurs lois propres. Il ne changea rien aux lois particulières des Francs de diverses tribus, ni à celles des Lombards et des Visigoths. Quant aux Saxons, il se contenta d'abolir tout ce qui, dans leurs lois, se rattachait à leur ancien culte, le culte païen. Ses Capitulaires tendaient cependant à établir dans tous ses États une législation aussi uniforme que possible. Mais Dieu ne permit pas que ce grand homme pût atteindre le but auquel il visait.

Un historien du grand empereur raconte qu'étant un jour sur le bord de la mer, il vit apparaître, au fond de l'horizon, à la surface des flots, une multitude de points noirs, qu'il eut d'abord peine à s'expliquer ; et quand ces points, devenant plus visibles, lui firent reconnaître une flottille de barques normandes, il fut pris, dit le chroniqueur, d'une immense tristesse. Le courage et la barbarie de ces redoutables enfants du Nord avaient déjà amené, sur quelques frontières des États de Charles, des scènes de carnage, dont le bruit sinistre retentissait encore à son oreille ; et quand il vit que les océans eux-mêmes livraient passage à ces hommes indomptés, il comprit que leurs flottes ne tarderaient pas à amener jusqu'au cœur de ses États les démolisseurs de son œuvre. Il ne se trompait point.

L'invasion des Normands fut à la fois la plus cruelle et la plus longue que l'Europe chrétienne eût jamais subie. Les premiers barbares qui franchirent le Rhin ou le Danube n'étaient barbares qu'à demi. Bon nombre d'entre eux, parmi les Goths et les Francs surtout, connaissaient quelque chose de la civilisation romaine. Beaucoup même avaient embrassé le christianisme. Les Huns, les Alains, les Vandales, qui venaient de contrées beaucoup plus éloignées, firent incomparablement plus de ravages, mais ils passaient sur l'Europe occidentale comme des trombes. Parfois ils rencontraient des hommes assez forts pour les exterminer; d'autres fois ils franchissaient la Méditerranée, comme les Vandales, et allaient se fixer sur le littoral de l'Afrique.

L'irruption musulmane fut, jusqu'à Charles Martel, redoutable aussi. Mais jamais la barbarie monothéiste des enfants de Mahomet n'égala la férocité païenne des enfants d'Odin. Les descendants d'Ismaël devaient même abriter, en Espagne, les dernières notions des sciences physiques et des arts d'imagination, qui partout ailleurs se mouraient. Les Arabes mahométans comprenaient très-bien ce que c'était que l'art, la poésie, la beauté, même la sainteté. Les Normands, venus de l'extrémité de l'Europe septentrionale, ne comprenaient rien à tout cela. Ils égorgeaient tout, brisaient tout, pillaient tout. Les restes des morts n'étaient pas plus respectés par eux que les jours des vivants, les femmes pas plus que les hommes; tout ce qui n'était pas égorgé était profané ou violé, et les religieux, qui quittaient à la hâte leurs monastères menacés, étaient obligés d'emporter avec eux non-seulement le peu d'or qu'ils pouvaient avoir, mais encore les reliques de saints qu'ils possédaient dans leurs églises.

Les barbares des premiers siècles d'invasion, une fois le Rhin ou le Danube franchis, suivaient toujours, pour envahir les Gaules, l'Italie, l'Helvétie ou l'Espagne, les grandes voies que les Romains, au temps de leur puissance, avaient ouvertes pour assurer leur domination par la rapidité de leurs mouvements. Il suffisait donc aux populations envahies, pour échapper au passage de ces torrents de barbares, de s'éloigner des grandes voies romaines. Les moindres ilots leur étaient un refuge sûr. Le flot de l'invasion passé, elles venaient reprendre tous les coins de terre où les barbares ne s'étaient pas fixés. Les premières invasions ressemblaient ainsi aux ouragans, qui courbent les arbres, mais qui rarement les déracinent.

L'invasion des Normands fut plus redoutable que celles qui

l'avaient précédée, parce qu'il n'y avait aucun lieu où l'on pût se mettre à l'abri de leurs brigandages. Portés sur toutes les rivières par leurs barques légères, qu'ils transportaient au besoin sur leurs épaules quand ils rencontraient des courants trop rapides, ils pénétraient facilement au cœur des contrées les plus éloignées de la mer ; et les hauts sommets ne pouvaient pas plus que les îles, protéger les populations envahies, parce que les châteaux-forts n'y dressaient pas encore leurs murailles crénelées et leurs tours menaçantes.

Les plus belles contrées de l'Europe eussent pu devenir des déserts, si le Dieu des chrétiens n'eût touché le cœur d'un des plus habiles chefs qu'eussent eu les Normands, le cœur de Rollon, à qui Charles le Simple dut donner sa fille Gisèle en mariage. Mais la loi chrétienne a la vertu d'adoucir les tigres. Quand les Normands fixés dans la Neustrie, qui devait bientôt porter leur nom, furent, à l'exemple de Rollon, devenus chrétiens, ils devinrent les plus fermes défenseurs des populations dont pendant tout un siècle ils avaient été la terreur.

Les invasions des Normands ne furent pas cependant les dernières qui désolèrent l'Europe occidentale. Au dixième siècle, elle eut encore à subir celles des Hongrois, fils des Huns, et aussi féroces que l'étaient leurs pères au temps d'Attila.

Tout ce que les Normands et les Hongrois, dans le cours des neuvième et dixième siècles, détruisirent de richesses, est incalculable. S'ils n'eussent fait périr que des richesses matérielles, les ravages commis par eux eussent été plus facilement réparés. Les moissons, ravagées une année, redeviennent belles l'année suivante. Mais les richesses intellectuelles perdues ne reviennent pas aussi vite, et il en est beaucoup dont la perte peut être complétement irréparable. Les Normands et les Hongrois, en incendiant les églises et les monastères, aussi bien que les demeures privées, détruisirent, hélas! pour jamais, on ne sait combien d'œuvres remarquables des littératures grecque et latine, dont il existait apparemment quantité de copies avant eux.

L'Europe occidentale se trouva ainsi plongée, au dixième siècle, dans la nuit la plus profonde. Aux terreurs trop réelles causées par les brigandages des barbares vinrent encore s'ajouter des terreurs imaginaires sur la fin prochaine du monde, dont nous avons précédemment parlé. Tout, à la fin du dixième siècle, était donc atteint d'une langueur mortelle. Les terres étaient à peine cultivées, les sciences et les lettres ne l'étaient point du tout, et le droit lui-même fût mort, si le droit pouvait mourir.

Mais, si épouvantables que soient les désastres qui, par les décrets de la Providence, viennent, en certains temps, s'accumuler sur l'humanité, le droit ne saurait périr, parce que c'est la base fondamentale et divine de toute société humaine, nulle société ne pouvant subsister entre les hommes que lorsqu'ils reconnaissent se devoir quelque chose les uns aux autres. Mais cet aveu s'échappe heureusement à chaque instant de la conscience comme l'air des poumons, et il forme la base fondamentale de tout droit comme de tout devoir.

Il est même à remarquer qu'aux temps des plus grands malheurs de l'humanité, le droit reprend une nouvelle vigueur par l'effet de ces malheurs mêmes; car c'est alors que l'esprit de famille, fondement primordial des États, se retrempe et se rajeunit.

Quelle est, en effet, la plus grande plaie des civilisations avancées? C'est certainement le relâchement des liens de la famille. Hommes, femmes, enfants, tout, chez un peuple où les divertissements frivoles abondent, fuit le toit commun pour aller chercher au dehors des plaisirs excitants et faciles, qui exercent sur toutes les âmes faibles des séductions irrésistibles. Le foyer domestique perd alors tout charme. S

l'homme et la femme qui y vivent ne sont point unis légitimement, c'est un enfer. Dans les unions légitimes, l'époux
et l'épouse s'y rencontrent à certaines heures ; mais ils se
voient trop souvent avec indifférence, ou, ce qui est pire, le
sanctuaire des mœurs est lui-même souillé par des caresses
impures, inspirées par des calculs criminels. Le mal moral
est alors à son comble, et les civilisations les plus brillantes
sont sur le point de s'abîmer dans la fange, parce que la séve
de l'humanité a été détournée du cours que lui a tracé la
main de Dieu.

Comment des sociétés parvenues à ce degré de corruption
pourraient-elles subsister? Comment pourraient-elles échapper à l'oppression et à l'esclavage? Cela est physiquement
impossible. Il n'y a que les hommes forts et les femmes fortes
qui puissent arrêter les oppresseurs, ceux-là par la vigueur
de leurs bras, celles-ci par l'énergie de leur âme ; et ces
races viriles, où les femmes ont autant de courage que les
hommes, ne se produisent pas dans des rencontres d'un
moment ou des contacts impurs. Il n'y a que les embrassements chastes et prolongés qui puissent les enfanter.

Les malheurs effroyables qui désolèrent l'Europe chrétienne au dixième siècle eurent, sous ce rapport, d'heureux
effets. Ce sont les villes qui sont toujours les plus grands
foyers d'infection ; et, dans le dixième siècle, les races fortes, qui disparaissaient des plaines et des vallées plantureu-
ses, où le cœur est toujours porté à s'alanguir, allaient
renaître sur les sommets escarpés, où l'air, tout seul, vivifie.
C'est la nécessité qui contraignait alors les hommes puissants
aussi bien que les faibles à chercher sur les hautes cimes un
refuge, qu'ils s'efforçaient de rendre inexpugnable, pour se
mettre complétement à l'abri des incursions, toujours redou-
tées parce qu'elles étaient toujours imminentes, des Normands et des Hongrois. Les châteaux-forts, une fois cons-
truits, les populations rurales allèrent s'abriter sous leurs

donjons comme les oiseaux vont cacher leurs nids sous le feuillage des grands arbres. La vie de famille gagna beaucoup à ce changement d'habitudes. Les mœurs chastes régnèrent à la fois dans les manoirs crénelés et dans les chaumières, et préparèrent les générations qui devaient vaincre l'islamisme et employer leurs loisirs à construire des cathédrales.

Dès que les châteaux-forts se dressèrent sur tous les points du sol faciles à défendre, la féodalité naquit. Ce mot de féodalité était, au moment de la Révolution française, synonyme d'oppression, et nous ne disconvenons pas qu'à cette époque la féodalité, déchue de toute sa grandeur, ne fût devenue oppressive. Mais, à son origine, elle fut tout à fait légitime, parce que c'était alors la seule forme possible de gouvernement, et jamais aucune autre n'eut une base aussi belle. On se figure généralement que le système féodal ne reposait que sur la force : c'est une erreur capitale ; il reposait principalement sur la fidélité, c'est-à-dire sur l'amour, que la fidélité présuppose, comme le fruit suppose l'arbre ; c'est pour cela que dans notre vieille langue française, *amé* et *féal* voulaient dire la même chose.

Jusqu'aux temps féodaux, les chefs des Etats se faisaient obéir de leurs subordonnés par la crainte. Ils avaient en main des forces pour cela, et nul sujet n'était assez puissant pour leur résister : nul n'avait alors pour se rendre indépendant ni troupes ni forteresses. Mais quand les demeures fortes se multiplièrent sur tous les points du sol, il arriva fréquemment que le vassal possédait autant de terres et de châteaux que son suzerain, parfois même qu'il en avait davantage. Sur quoi donc pouvait reposer alors la suprématie du suzerain? Uniquement sur la foi que lui avait promise son vassal ; et cette base, quoique frêle en apparence, suffisait cependant presque toujours, dans ces temps de croyances énergiques, pour maintenir les vassaux dans le devoir.

Accuser alors un homme d'avoir manqué à la foi jurée, c'était lui imputer le plus grand des méfaits. Le mot *féal* était synonyme de vertueux ; celui de *félon* désignait plus qu'un homme vicieux, c'était la plus grossière des injures, une de ces injures qui, comme un soufflet, ne se lavait que par le sang, quand elle avait été adressée à un homme d'honneur.

Mais le vassal ne devait absolument à son seigneur, comme le seigneur ne devait au vassal, que ce qu'ils s'étaient réciproquement promis, et leur obligation principale était de s'assister l'un l'autre contre leurs ennemis. Pourvu que le vassal s'acquittât de cette obligation et des redevances honorifiques qu'il devait au seigneur, redevances dont la plupart avaient moins d'importance que la haquenée que les rois des Deux-Siciles ont payée jusqu'au commencement du siècle présent aux Souverains-Pontifes, le vassal, disons-nous, était maître absolu dans ses terres, surtout quand il ne relevait que du roi. Il y faisait tous les règlements qu'il voulait, levait sur les gens taillables toute sorte d'impôts, y battait monnaie, faisait rendre la justice, et une justice souveraine, par son juge. Il y exerçait, en un mot, tous les droits de souveraineté, et de ce pouvoir sans limites, comme sans contrôle, résulta naturellement dans le droit une révolution complète, et l'une des plus intéressantes qui se soient jamais vues.

Les Romains, avons-nous dit précédemment, étaient parvenus, dès avant la chute de la République, à soumettre à leurs lois, et à des lois presque en tout point uniformes, toutes les contrées qui faisaient partie de leur vaste empire. Cette unité fut brisée par les barbares partout où ils fondèrent des royaumes ; mais la loi romaine vivait pour les populations soumises, au-dessous des lois personnelles des barbares, comme le feu d'un foyer mal éteint peut vivre longtemps sous la cendre qui le recouvre. Charlemagne souffla sur cette cendre, et une législation uniforme sur tous les points essentiels revint luire sur l'Empire d'Occident ressuscité. Mais cette unité nouvelle, on l'a déjà vu, ne dura guère.

Il est un proverbe vulgaire qui dit : « Tant vaut l'homme, tant vaut la chose, » et la législation de Charlemagne est une des preuves incontestables de la vérité de ce dicton. Ce grand homme mort, l'organisation politique dont il était l'inventeur et le premier moteur s'arrêta. Les délégués qu'il envoyait sans cesse dans les diverses contrées de son Empire pour s'assurer que ses Capitulaires étaient exécutés, furent envoyés plus rarement par ses successeurs, ou leurs ordres furent moins respectés ; et quand l'hérédité des fiefs eut été définitivement reconnue par Charles le Simple, les ordres impériaux ne furent plus respectés du tout. Tout duc ou comte qui avait des châteaux-forts et pouvait soudoyer des troupes, commença à se dire duc ou comte *par la grâce de Dieu*, c'est-à-dire qu'en dehors de ses devoirs de vassal, il prétendait, pour employer le langage du temps, ne relever que de Dieu et de son épée. Ce morcellement du pouvoir amena nécessairement le morcellement du droit, c'est-à-dire que chaque seigneur put établir dans sa seigneurie telle règle qu'il lui plut, et ses juges ou officiers en faisaient autant. Chaque châtellenie put avoir ses lois propres, comme elle avait ses poids et ses mesures, et les lois variaient comme les costumes.

C'est en effet à l'époque féodale que commença la variété des costumes comme celle des lois. Chaque seigneur réglait le costume de ses soldats et de ses pages à sa fantaisie, comme de nos jours encore les gens riches règlent à leur gré la livrée de leurs domestiques. La châtelaine usait du même droit vis-à-vis de toutes les femmes qui la 'servaient, et les autres femmes qui peuplaient ses terres cherchaient aussi à se vêtir et à se parer comme l'on se vêtait et l'on se parait au château, s'essayant à faire avec la toile ou la bure ce que faisait la châtelaine, dans le manoir féodal, avec le lin ou le brocart.

On s'explique par la même cause l'infinie variété des coutumes locales qui se formèrent dans le cours du dixième siècle. Beaucoup purent résulter d'ordres donnés par les seigneurs ou leurs officiers, mais un plus grand nombre vint certainement de l'exemple qu'ils donnaient et que leurs sujets se plaisaient à suivre, par l'effet du penchant naturel qu'ont les petits à imiter les grands. Les contrats de mariage des seigneurs notamment, devaient servir de modèle aux plus petites gens, pour les clauses qu'elles pouvaient imiter. On sait, de plus, que les juges des seigneurs, en ces temps d'ignorance, ordonnaient souvent le combat judiciaire aussi bien sur des points de droit que sur des points de fait, et il suffisait que ce mode de preuve eût amené, dans deux châtellenies voisines, des résultats différents, pour qu'il s'y produisît par cela même des coutumes diamétralement opposées.

Quand on réfléchit que toutes ces causes opéraient dans le même sens et tendaient à produire des variétés de plus en plus grandes, on ne s'étonne plus qu'en France, en particulier, les coutumes générales, c'est-à-dire celles qui régissaient une province, s'élevassent au chiffre de soixante, et celles qui ne régissaient qu'une châtellenie à plus de deux cents, sans parler de celles qui étaient particulières à une ville (1).

Cette variété si grande ne détruisait pas cependant l'esprit national, parce qu'elle ne portait que sur des points secondaires. Le fond de toutes les coutumes était le même, en ce sens que toutes étaient fortement empreintes de l'esprit chrétien. Toutes, par exemple, tendaient à rehausser la dignité de la femme dans le mariage. Aucune, d'abord, n'eût pu

---

(1) Suivant le *Coutumier général*, le nombre des coutumes de France, y compris celles des villes, s'élevait à 490.

porter la moindre atteinte au principe de l'indissolubilité du mariage, parce que ce point était réglé par le droit canon et ne ressortissait pas, par conséquent, des lois civiles. Mais, sur les points mêmes que le droit canon ne réglait pas, l'influence chrétienne se sentait encore. Elle apparaît, par exemple, avec évidence dans les avantages matrimoniaux, plus ou moins grands, qu'obtenaient en tous pays les veuves sur les biens de leurs maris prédécédés, sous le nom de *Douaire* dans les pays proprement dits de coutume, sous celui d'*Augment* de dot dans les pays de droit écrit.

Nous ne pouvons pas nous étendre davantage sur ce point intéressant, qui, pour être dignement traité, demanderait un ouvrage à part, et nous devons clore ce chapitre, déjà trop long, par l'indication du grand événement qui eut pour conséquence nécessaire d'amener, mais dans une autre partie du monde, la fusion de toutes les coutumes féodales de l'Europe occidentale en une seule. Cette fusion, par un concours de circonstances providentielles, que personne assurément n'aurait pu prévoir, s'opéra dans la Palestine, où l'on vit une loi uniforme sortir du mélange d'une multitude de coutumes diverses, comme des liquides de couleurs différentes, quand ils sont mêlés, ne présentent plus qu'une même teinte.

§ II. — DES ASSISES DE JÉRUSALEM.

Nous avons dit, dans un chapitre précédent, que le système des barbares, qui prétendaient ne devoir être régis, en quelque lieu qu'ils se trouvassent, que par leur loi personnelle, devait nécessairement donner lieu à de grandes complications toutes les fois que les juges avaient à appliquer au litige une autre loi que leur loi propre, et nous disions aussi que les légistes les plus instruits ne peuvent connaître à fond que les lois de leur pays. Or il advint qu'à la fin du onzième siècle, par suite du mouvement religieux qui poussait les populations de l'Occident à la conquête du Saint-Sépulcre, des milliers de chevaliers de toute nation, et non moins de gens de roture, se trouvèrent réunis en Palestine. Tant que les hommes de diverses nations n'y vécurent que campés, les diversités de leurs lois importaient peu, chaque groupe vivant de sa vie propre, sous les ordres de son chef particulier, et ne changeant rien par conséquent à ses usages.

Mais quand le Tombeau du Sauveur fut conquis et que le royaume de Jérusalem fut fondé, un chef militaire ne pouvait plus juger les différends civils qui s'élevaient entre les chrétiens. D'après quelle loi ces différends pouvaient-ils être tranchés? Ce n'était pas d'après les lois musulmanes, que les chrétiens ne connaissaient point, et qui, en bien des points, étaient tout à fait contraires aux lois chrétiennes. Ce ne pouvait pas être non plus d'après la coutume de telle ou telle contrée de la France, de l'Allemagne, de l'Italie ou de l'Espagne, plutôt que de telle autre, chaque croisé ne connaissant que la coutume du lieu où il était né. Force fut donc aux barons de se concerter pour composer une loi qui servit de règle commune à tous les nobles de la Palestine, et aux prud'hommes des classes non nobles, de se concerter aussi pour fixer la loi qui les régirait tous. Telle fut la cause du célèbre monument législatif connu sous le nom d'*Assises de Jérusalem*, parce que ce fut dans des réunions ou assises tenues dans la Palestine par des gentilshommes ou des prud'hommes que ce monument fut élaboré. La première partie, qui intéresssait surtout les gentilshommes et réglait la matière des fiefs, fut appelée pour ce motif *Cour des Barons;* la seconde, destinée à servir de loi à tous les gens de roture, quelle que fût leur nationalité, et qui fut principalement coutumière, fut appelée pour le même motif *Cour des Bourgeois.*

La première reflétait principalement les coutumes féodales françaises, parce que ce furent les Français qui eurent la plus grande part à la première croisade, dont le chef illustre, Godefroi de Bouillon, duc de Basse-Lorraine, était Français aussi, la Lorraine étant reconnue par tout le monde, en ce temps, comme une partie intégrante de la France. Imprimée à Venise en 1535, cette première partie ne le fut en France qu'en 1690, par les soins de La Thaumassière.

La Cour des Bourgeois n'a été publiée en France qu'en 1839, par M. Victor Foucher. Ses auteurs s'aidèrent visiblement des lois romaines et des saints canons. Mais, sur tous les points de droit civil, et ils sont nombreux, où ils s'écartèrent des lois romaines, on ne voit pas trop où ils puisèrent leurs décisions. Comme la population bourgeoise de la Palestine était beaucoup plus mêlée de gens de diverses nations que la partie nobiliaire, qu'une portion de cette population était indigène et l'autre mêlée probablement d'autant d'Italiens que de Français, les Italiens étant alors le peuple de l'Europe le plus adonné au commerce et à l'industrie, il est à croire que les rédacteurs de la Cour des Bourgeois ne suivirent, sur les points où ils s'écartaient du droit romain, aucune coutume particulière d'eux connue, et qu'ils ne consultèrent que les lumières de leur raison.

Quoi qu'il en soit, la Cour des Bourgeois est un monument législatif d'une très-haute importance. Les deux cent soixante-six chapitres dont elle se compose, forment un code complet de législation civile, commerciale et criminelle, contenant des décisions très-judicieuses, où l'influence chrétienne apparaît sur bien des points. Les chapitres 15 et 181 prouvent, par exemple, que tout esclave sarrazin qui se faisait chrétien était affranchi par cela même, et jamais esclave chrétien ne pouvait être vendu à des mécréants. Les veuves, d'un autre côté, d'après les chapitres 159 et 164, étaient mieux traitées qu'elles ne

12

l'ont été, croyons-nous, par aucune législation. Elles suc-
cédaient, même dans le cas où il y avait des enfants communs, à tous les biens qu'avait le mari au jour du mariage, et à la moitié de tout ce qui avait été acquis par
les époux depuis.

Les Assises de Jésusalem sont, on le voit, une des sources les plus anciennes et les plus curieuses du droit à la
fois féodal et coutumier, et puisque les deux assises, celle
des Bourgeois comme celle des Barons, furent des œuvres
collectives, nous n'avons rien de particulier à ajouter sur
leurs auteurs.

Dans le livre suivant, nous aurons à signaler les principaux jurisconsultes, postérieurs aux Assises, qui concoururent à fixer ou à perfectionner les institutions féodales ou
coutumières. C'est la quatrième division de notre travail, où
nous allons nous rapprocher des temps modernes.

LIVRE IV

Des principaux jurisconsultes de l'Occident depuis la renaissance des études juridiques jusqu'à Luther.

Dans les temps d'ignorance, il est difficile de trouver des hommes qui priment en quoi que ce soit. Toutes les sciences, comme tous les arts, deviennent métiers. Les hommes d'intelligence ne peuvent alors appliquer leur petit savoir qu'aux choses les plus usuelles de la vie et les plus indispensables. Il y a bien en ce temps, parce qu'il en faut toujours, des agriculteurs, des arpenteurs, des maçons, des empiriques et des gens d'affaires, mais il n'y a ni agronomes, ni géomètres, ni architectes, ni médecins proprement dits, ni jurisconsultes. La science et l'art ne s'apprennent jamais, en effet, par le seul emploi de la main ; ils ne s'apprennent que par de longues études, aidées de bons maîtres et de bons ouvrages ou de bons modèles, toutes choses qui dans les temps d'ignorance font complétement défaut. Aussi n'est-ce qu'à grand peine que, depuis les rédacteurs des Pandectes de Justinien jusqu'à la fin du onzième siècle, nous avons pu signaler çà et là quelques hommes à qui la science du droit ait eu de grandes obligations.

Nous arrivons maintenant à des temps plus favorisés du ciel, à la période où, dans l'Europe occidentale, les progrès du droit parvinrent à leur apogée. Cette quatrième partie de notre travail s'étend de la renaissance des études juridiques jusqu'à Luther, à partir duquel les vrais principes de la science du droit commencèrent à s'obscurcir dans les nations protestantes. Les noms de savants jurisconsultes viendront ici se présenter en foule. La difficulté de notre tâche consistera désormais non pas à signaler à la reconnaissance des âges des jurisconsultes dignes de ce nom, mais à les trier et à ne nommer que les plus grands. Le cadre restreint de notre travail nous contraint à faire ce triage au tamis le plus fin, car, comme nous l'avons dit dans notre introduction, ce ne sont point des tables complètes de jurisconsultes que nous avons entrepris de dresser, ce sont seulement les princes de la science que nous voulons signaler à l'attention des élèves des écoles, en leur faisant bien distinguer chez ces hommes éminents ce qui a donné de l'éclat à leur nom, de ce qui a pu y faire tache, parce qu'il ne faut jamais louer dans les hommes, même les plus grands, que ce qui mérite de l'être.

Une difficulté se présente tout d'abord pour l'ordre à suivre dans le classement des grands jurisconsultes des temps où nous arrivons. Dans l'ancienne France, avons-nous dit, on classait les légistes en trois catégories. Ceux qui se livraient spécialement à l'étude du droit canon se nommaient *Canonistes.* Ceux qui étudiaient surtout le droit romain s'appelaient *Romanistes.* Ceux enfin qui étudiaient les lois ou les coutumes d'une contrée spéciale étaient désignés sous le nom de jurisconsultes *Coutumiers.* Ce classement, si on le suivait, aurait l'avantage de permettre de parler, à part, des trois branches de la science juridique ; mais il présenterait un inconvénient capital, en ce que les jurisconsultes les plus marquants, et ce sont les seuls dont nous parlons dans notre ouvrage, étaient généralement très-versés dans toutes les parties de la science, et publiaient souvent des ouvrages également estimés tantôt sur une de ses branches, tantôt sur une autre. Ce serait donc une cause de répétitions continuelles, que d'avoir à parler du même jurisconsulte en plusieurs endroits.

Il nous a paru dès lors impossible de classer autrement que par ordre chronologique les plus grands jurisconsultes de l'Europe occidentale, postérieurs à la rénovation des études juridiques ; et comme la période que nous embrassons dans ce livre présente, au point de vue des études de droit, trois phases distinctes, l'une de progrès, l'autre de déclin, la troisième de décadence, nous subdiviserons le livre en trois chapitres. Le premier sera consacré aux jurisconsultes de la période qui s'étend depuis Irnérius jusqu'à Boniface VIII : le second, aux jurisconsultes qui acquirent le plus de célébrité depuis Boniface VIII jusqu'à la fin du grand schisme d'Occident ; le troisième ira de la fin du grand schisme jusqu'à Luther.

CHAPITRE PREMIER

Des grands jurisconsultes d'Occident depuis Irnérius jusqu'à Boniface VIII.

§. I. — RÉFLEXION PRÉLIMINAIRE.

L'époque que nous allons parcourir fut celle où la puissance de l'Église, et par une conséquence nécessaire l'importance du droit canon, parvinrent à leur apogée. L'autorité des papes était alors universelle et incontestée dans tout l'Occident, et le droit canon dominait les lois civiles de chaque contrée comme un grand chêne domine les moissons des champs et les herbes des prairies. C'est alors que la servitude personnelle disparut tout à fait de l'Europe occi-

dentale, qui ne connut plus que des serfs de la glèbe, c'est-
à-dire des familles attachées en certaines contrées à la culture des champs, sans jamais pouvoir la quitter sans le
congé du seigneur, mais que le seigneur ne pouvait pas
en détourner non plus. C'est alors que la femme devint
partout l'objet d'un culte aussi bien pour l'homme de peine
que pour le chevalier, au lieu d'être simplement, comme
dans les sociétés païennes, la première servante du chef
de famille pour son travail ou ses plaisirs.

Mais pour toutes les choses que les saints livres ne règlent
pas, l'Église catholique, nous l'avons vu précédemment,
suivait les lois romaines, tant que les édits des princes ou
les statuts locaux n'y faisaient pas obstacle. Et, comme dans
les contrées qu'on appelait dès lors les États de l'Église, il
n'y avait pas d'autre prince que le pape, il en résultait que
la loi romaine constituait le fond de la législation des États
pontificaux, aussi bien qu'au temps de Constantin et de
Théodose le Grand. Cette circonstance explique pourquoi
les papes, au douzième siècle, virent avec bonheur l'étude
du droit romain renaître non loin de Rome, et dans un site
plus salubre, par les enseignements du jurisconsulte qui se
présente maintenant à nous le premier, dans le cycle nouveau que nous allons parcourir.

§. II. — IRNÉRIUS.

Le nom d'Irnérius est un de ces noms providentiels qui
sont destinés à traverser les âges, parce qu'ils marquent
un grand événement dans l'histoire de l'humanité. Ce serait
sans doute tomber dans l'exagération que de comparer
Irnérius à Colomb découvrant le Nouveau Monde. Mais ce
qu'on peut dire avec vérité, c'est que ce savant homme
rendit tout à coup à la science du droit un éclat qu'elle

avait perdu dans l'Europe occidentale depuis le temps de Papinien, c'est-à-dire depuis plus de huit siècles.

Quelles furent les circonstances qui firent éclore cet homme extraordinaire, et quelles furent les conséquences de son enseignement? C'est ce qu'il est intéressant d'étudier. Recherchons d'abord les causes éloignées de l'enseignement d'Irnérius, nous en verrons ensuite les causes prochaines et immédiates.

Pendant plusieurs siècles, ce fut une croyance à peu près générale parmi les légistes, que la rénovation des études juridiques dans l'Occident tint à une cause fortuite. On supposait que le droit romain, après l'invasion des barbares, était complétement tombé dans l'oubli, et ne fut étudié de nouveau que lorsque les Pisans trouvèrent, en 1135, dans la ville d'Amalphi dont ils s'étaient emparés, un manuscrit des Pandectes, qu'on supposait avoir été le seul qui se fût conservé dans l'Europe occidentale. Savigny, dans sa très-remarquable et très-intéressante histoire du droit romain au moyen âge (1), a réfuté victorieusement cette fable, fausse de tout point.

Il est certain d'une part, nous le rappelions il n'y a qu'un moment, il est certain que le droit romain s'était conservé comme loi obligatoire dans beaucoup d'Etats de l'Europe, et que partout il formait la loi du clergé sur tous les points qui n'étaient pas contraires à la législation locale. Il n'est pas moins certain, d'autre part, que l'exemplaire des Pandectes, trouvé à Amalphi par les Pisans, n'était pas le seul qui restât dans l'Europe occidentale. Divers passages des premiers docteurs de l'école de Bologne prouvent qu'ils avaient d'autres manuscrits des Pandectes sous les yeux.

Savigny attribue la renaissance des études juridiques principalement à l'état de prospérité et de richesse où étaient

(1) Chap. 28, § 35.

parvenues les villes Lombardes dès le onzième siècle, mais
ce n'est pas encore remonter assez haut. Jamais les études
de droit romain n'auraient atteint à Bologne l'immense développement qu'elles y prirent tout à coup, si son université
n'eût pu être peuplée que de Lombards. Si Bologne devint
la grande lumière de l'Occident, c'est qu'au temps où nous
sommes arrivé, les croisades avaient depuis longtemps facilité l'accès de cette ville, en développant la puissance maritime de Gênes, de Pise et de Venise. Les étudiants pouvaient
donc affluer à Bologne de toute l'Europe, ce qui, avant les
croisades, était chose impossible.

Ajoutons que les guerres saintes avaient mis les croisés
de toutes les nations en contact avec les Grecs, régis par
les lois romaines, et qui le furent jusqu'au dernier jour
de leur empire. Ce contact incessant dut faire connaître à
ceux des croisés qui avaient quelque science, quantité de
manuscrits de la collection de Justinien, qui se trouvaient
dans les dépôts publics ou les bibliothèques des églises et
monastères de l'Orient. Personne aujourd'hui ne conteste
plus que les croisades provoquèrent un grand mouvement
intellectuel; et comme le droit est la plus importante de
toutes les sciences, c'est le droit qui dut profiter le plus de
cette soif d'apprendre dont toute l'Europe fut alors saisie. La
position centrale de la Romagne par rapport aux autres
contrées de l'Europe occidentale, par rapport à l'Italie méridionale, à l'Espagne, à la France et à l'Allemagne, indiquait
qu'un enseignement public et complet du droit devait réussir
dans cette contrée mieux que dans aucune autre.

Telles étaient les circonstances générales qui devaient
assurer le succès d'un enseignement donné par un homme
d'une grande intelligence et d'une grande instruction.

Toute œuvre nouvelle cependant a peine à réussir quand
elle n'est pas protégée et encouragée par des personnes
puissantes. Mais cette chance heureuse ne manqua pas à

Irnérius. Il eut pour protecteur la princesse la plus distinguée de son temps par les qualités de l'esprit autant que par celles du cœur, la célèbre comtesse de Toscane, Mathilde. Mathilde fit deux grandes choses, dont une seule suffirait pour l'immortaliser. Elle eut d'abord la gloire d'affermir la puissance temporelle des papes, indispensable pour le bonheur des peuples, et sa plus heureuse pensée fut de léguer tous ses États à Grégoire VII. Mais elle ne pouvait pas en avoir de plus utile après celle-là, que de faire enseigner les lois romaines par un homme à la hauteur de cette grande tâche. Celui qu'elle choisit pour cette œuvre importante fut Irnérius.

Savigny cite lui-même le passage de la chronique de l'abbé d'Ursperg, où il est question de la mission que donna Mathilde à Irnérius, d'expliquer les lois (1). Mais, à son dire, la comtesse Mathilde n'aurait exercé sur Irnérius qu'une influence toute personnelle : « Car, dit-il, Bologne n'obéissait pas à ses lois et elle ne pouvait y instituer des professeurs. » La grande exactitude de Savigny se trouve ici en défaut. Mathilde pouvait parfaitement charger Irnérius d'un enseignement à Bologne, parce que cette ville se trouvait comprise dans ses vastes États. Mathilde n'était pas seulement comtesse de Toscane, elle possédait aussi dans l'Italie du nord, Mantoue, Parme, Reggio et Modène; et Bologne, qui n'est qu'à neuf lieues de Modène, faisait partie de ce dernier duché.

Quoi qu'il en soit, il est certain, parce que tous les glossateurs l'attestent, qu'Irnérius enseigna le droit à Bologne avec le plus grand succès, dans la première partie du

(1) Après avoir parlé de Gratien et du temps vers lequel il composa son Décret, le chroniqueur ajoute : « Eisdem quoque temporibus dominus Wernerius libros legum, qui dudum neglecti fuerant nec quisquam in eis studuerat, *ad petitum Mathildæ comitissæ renovavit*. (*Hist. du dr. rom. au moyen âge,* ch. 26 et 27.)

onzième siècle. Savigny a supposé qu'Irnérius, qui, de 1116
à 1118, fut au service de l'empereur Henri V, dut professer
avant cette date et qu'il ne dut pas ensuite professer de nouveau. Mais tout cela est absolument conjectural. Irnérius
aurait pu parfaitement reprendre son enseignement après
avoir quitté le service de Henri V ; le silence de l'histoire
sur ce point ne fournit qu'un argument négatif sans portée,
vu le peu de documents qui nous restent d'une époque aussi
reculée.

Ce qui est certain, en tout cas, c'est qu'Irnérius ne professa pas seulement avec un grand éclat, mais qu'il composa
encore des ouvrages d'une grande utilité pratique et d'une
grande science. C'est lui notamment qui composa les abrégés des Novelles qu'on désigne sous le nom d'Authentiques.
Ces petits abrégés pleins de suc étaient extrêmement utiles, parce que les constitutions des empereurs grecs étaient
d'une prolixité déplorable. Aussi furent-ils transcrits dans
les manuscrits à la suite de chaque loi du Code, que la
Novelle abrogeait ou modifiait, et c'est à cette même place
qu'on les laissa, après la découverte de l'imprimerie, dans
les éditions imprimées. Cet usage, qui s'est conservé jusqu'à
nos jours, prouve toute l'utilité des petits résumés d'Irnérius,
qui sont destinés à durer autant que le Code même.

§ III. — DES QUATRE DOCTEURS, BULGARUS, MARTINUS, UGO ET JACOBUS.

La renommée d'Irnérius devint pour Bologne une source
de gloire et de richesses. Bologne, qui s'appela d'abord
Felsina, avait eu déjà ses jours de splendeur dans l'antiquité. Tite Live et Pline citent Felsina comme l'ancienne
capitale des Étrusques. Mais l'irruption des barbares, suivie
de la dure domination des Lombards, auxquels cette ville
fut soumise jusqu'à Charlemagne, l'avaient fait bien dé-

choir, et avant qu'Irnérius y eût été envoyé par Mathilde
pour y enseigner le droit, son nom hors de l'Italie était à
peine connu.

La renommée d'Irnérius s'était propagée dans toute l'Europe comme une traînée de poudre, grâce aux communications maritimes qui, depuis la grande croisade, s'étaient
singulièrement multipliées : et des hommes avides de s'instruire, il y en avait alors de tous les âges, hommes faits
aussi bien que jeunes gens, affluèrent bientôt à Bologne
de tous les côtés. Les Allemands s'y rendaient par l'Adriatique ou les Alpes Rhétiques ; les Français du Nord et de
l'Est par les Alpes Pennines ; ceux du Midi, et les Espagnols
par la Méditerranée, en traversant une partie de l'Italie
septentrionale ou centrale après avoir débarqué à Gênes ou
à Livourne, pendant que les Italiens s'y rendaient par toutes
voies, choisissant, suivant leur éloignement plus ou moins
grand de Bologne, les voies de terre ou la voie de mer.

L'espèce de culte dont Irnérius avait été entouré, s'étendit
à ceux de ses élèves qui continuèrent avec le plus de succès
ses leçons. Quatre d'entre eux, tant les hommes éclairés
firent cas tout à coup de la science, étaient considérés
par leurs contemporains comme des merveilles du monde.
Parler alors des *Quatre Docteurs,* c'était désigner suffisamment Bulgarus, Martinus, Ugo et Jacobus. Ce n'est pas à
dire qu'Irnérius n'eût formé apparemment d'autres juristes
distingués. Mais nous nous figurons que, dans leur enthousiasme, les juristes de ce temps voulaient que la science du
droit eût quatre grands docteurs, ni plus ni moins, comme
l'Eglise grecque et comme l'Eglise latine. Cet enthousiasme
était cependant excessif, et les noms des quatre docteurs
de Bologne devaient bientôt disparaître du souvenir de la
plupart des hommes comme des fusées, tandis que les noms
des quatre grandes lumières des deux Églises, Grecque et
Latine, doivent briller toujours comme des étoiles.

Les quatre docteurs publièrent cependant des travaux que Savigny a eu la patience de rechercher. Nous renvoyons pour cela à son savant ouvrage, notre intention n'étant pas d'entrer dans les détails biographiques auxquels s'est livré le grand érudit de l'Allemagne. Il est un trait cependant dont le souvenir ne sortit jamais des écoles, et qu'on ne saurait rappeler trop souvent à la jeunesse, tant il fait d'honneur au premier des quatre docteurs, à Bulgarus. Bulgarus avait soutenu qu'en Italie, de son temps encore comme au temps des jurisconsultes classiques de Rome, la dot constituée par le père à sa fille devait revenir de plein droit au père après la dissolution du mariage advenue par le prédécès de la fille, ce qui n'était pas l'opinion de beaucoup d'autres docteurs, notamment de Martinus. La femme de Bulgarus, dotée par son père, vient précisément à mourir avant celui-ci. Que va faire Bulgarus ? Rendra-t-il la dot ? Se prévaudra-t-il, au contraire, de l'opinion d'un nombre considérable d'autres docteurs pour la garder ? Bulgarus n'hésita pas un instant à rendre la dot, montrant dans cette action une délicatesse de conscience que les sceptiques de notre temps n'auraient probablement pas eue.

Après les quatre docteurs, qui enseignèrent jusque vers la fin du douzième siècle, vint un jurisconsulte d'un mérite bien plus grand, qui devait reléguer dans l'ombre les quatre élèves d'Irnérius, dont les noms n'eurent ainsi qu'une splendeur bien courte. Mais, avant de parler d'Accurse, l'un des plus grands jurisconsultes du treizième siècle, arrêtons-nous quelque temps encore au douzième, pour parler d'un canoniste dont la célébrité balance celle d'Irnérius.

§. IV. — GRATIEN.

Quoique le droit romain fût, depuis Irnérius, enseigné à Bologne avec plus d'éclat peut-être qu'il ne le fut jamais dans les trois grandes écoles de l'antiquité, Rome, Constantinople et Béryte, ce droit, mélangé trop souvent d'un alliage païen, et embarrassé par conséquent de beaucoup de branches mortes, ne pouvait avoir l'importance pratique du droit perpétuellement vivant de l'Eglise, autrement dit, du droit canon, et il était naturel que ce dernier droit fût, enseigné à Bologne avec autant de soin que le droit civil. Mais tout enseignement, pour n'être pas exposé à tomber dans les extravagances des rêveurs ou dans les puérilités des petits esprits, a besoin de s'appuyer sur une base respectable et d'une autorité incontestée. A ces conditions, en effet, l'enseignement ne peut jamais être tout à fait mauvais, et ne court d'autre risque que d'être peu goûté des étudiants par la faute des professeurs. Il peut rebuter quelquefois, mais ne peut jamais fausser l'esprit ni corrompre le cœur.

Les romanistes du douzième siècle trouvèrent cette base solide de leurs leçons dans le corps de droit de Justinien, qui, à partir de leur enseignement, fut considéré par tous leurs élèves comme une expression plus vraie du droit romain, que le Code théodosien, seul connu ou du moins seul appliqué auparavant dans l'Europe occidentale. Mais jusqu'au commencement du douzième siècle, les canonistes manquaient d'une base suffisamment sûre pour l'explication des Canons. Les textes de l'Ecriture-Sainte, premier fondement du droit canonique, étaient sans doute dans toutes les mains. Mais sur ce fondement sacré, destiné à régir les consciences aussi bien que les actions extérieures des hommes, les Pères de l'Eglise et les Papes avaient appuyé quantité de maximes et de lois destinées à régler, d'une manière plus ample et plus exacte, tout ce qui dans l'Eglise se traduit par des faits extérieurs et peut blesser des intérêts temporels. Car c'est là ce qui distingue proprement le droit canonique de la théologie pure. Mais ces maximes des Pères et ces lois des Papes n'avaient pas été réunies avec assez de soin. La collection de canons de saint Yves, dont nous avons parlé ci-dessus (1), laissait, à cet égard, beaucoup à désirer, vu que le savant évêque de Chartres n'avait pas eu à sa disposition les richesses bibliographiques infinies des bibliothèques de Rome. L'œuvre de condensation et de fusion dont l'enseignement avait le plus grand besoin, œuvre hérissée de difficultés, fut, au commencement du douzième siècle, entreprise et menée à bonne fin par un seul homme, par Gratien; et son œuvre, composée principalement des décrets des papes, fut appelée, par contraction, le *Décret de Gratien*, comme si elle présentait la quintessence de tous les décrets rendus par les souverains pontifes pour le gouvernement de l'Eglise.

Où naquit Gratien? Où vécut-il? Où mourut-il? Ce sont autant de questions sur lesquelles les rares documents que nous possédons ne permettent de fournir aucune réponse précise. Tout ce que la tradition rapporte, c'est que Gratien appartenait à l'ordre des Camaldules, fondé par saint Romuald vers l'an 1009, et qu'il habita plus ou moins longtemps, dans le monastère de Saint-Félix de Bologne, qui appartenait à cet ordre. Ce fait même cependant a été contesté, et voici la note qu'on trouve à ce sujet dans la *Bibliothèque des livres de droit* de Camus et Dupin, n. 2685. « On assure que Favioli, dans un ouvrage imprimé à Bassano, sous le titre de *Annali Bolognesi*, a démontré la fausseté de l'opinion que Gratien ait été Camaldule, et qu'il doute même que Gratien ait été moine. »

Nous n'avons pas pu nous procurer l'ouvrage de Favioli; mais, sans connaître ses arguments, il nous semble bien difficile de pouvoir douter que Gratien ait été moine. Dans les temps où il vivait, à part les évêques, qui avaient ordinairement une bibliothèque dépendant de leur cathédrale,

(1) Page 132.

et les moines, qui en avaient toujours une, plus ou moins riche, dans leur monastère, il n'y avait de dépôts de livres nulle autre part. Les bibliothèques des particuliers n'étaient rien.

Les monastères, d'un autre côté, n'ouvraient pas leurs bibliothèques au premier venu. Les manuscrits exacts, et d'une écriture bien lisible, étaient si rares qu'ils avaient un prix très-considérable, et nulle part les possesseurs d'un trésor n'ont l'habitude d'en laisser la clef à des étrangers. Les moines, au contraire, pouvaient non-seulement étudier, tout à leur aise, les livres de leurs bibliothèques, puisque c'était leur chose propre ; mais encore, avec des lettres de recommandation de leurs supérieurs, ils avaient un accès facile dans les autres bibliothèques de leur ordre, ou même dans celles d'instituts différents ; un moine, voué par sa profession à la pauvreté, étant bien moins exposé que toute autre personne à la tentation de voler un manuscrit. D'après ces considérations, il nous semble difficile de douter que Gratien ne fût moine.

Quoi qu'il en soit, Gratien fut pour son temps un homme d'une grande instruction. Son recueil de droit canon prouve qu'il connaissait très-bien les principales sources de ce droit, c'est-à-dire non-seulement les canons des conciles généraux, et ceux des conciles provinciaux les plus importants, ainsi qu'un grand nombre de décrets des papes, mais encore la plupart des ouvrages des Pères de l'Eglise.

Le décret de Gratien contient cependant un assez grand nombre d'inexactitudes et d'inadvertances, qui furent relevées, au seizième siècle, par Antoine Augustin, plus connu sous le nom de *Tarraconensis*, parce qu'il était archevêque de Tarragone, dans un savant ouvrage ayant pour titre *De emendatione Gratiani*. Mais ces taches n'empêchent pas que le décret de Gratien, qui embrassait tout le droit canon, ne fût, pour le temps où l'auteur écrivait, un livre d'une érudition immense, qui facilita singulièrement l'étude du droit canon, en rapprochant des textes qui semblaient se contredire, et dont, par quelque note mise à propos, Gratien rétablissait la concordance.

Gratien avait aussi beaucoup emprunté aux collecteurs de canons qui l'avaient précédé, particulièrement à saint Yves de Chartres ; mais la forme et l'agencement de son livre convenaient parfaitement à l'enseignement scolastique de son temps, et expliquent très-bien pourquoi son recueil fut, jusqu'à la publication des Décrétales de Grégoire IX dont nous parlerons bientôt, c'est-à-dire pendant plus d'un siècle, la base unique de l'enseignement du droit canon. Ce qui commença à le rendre sensiblement incomplet et en fit désirer un meilleur, ce furent les décrets du grand pape dont nous allons parler maintenant.

§ V. — INNOCENT III.

Saluons ici tout d'abord avec respect cette grande figure, l'une des plus belles et des plus imposantes du moyen âge, et constatons, à propos d'Innocent III, l'immense influence qu'exerça sur le développement du droit canon la renaissance des études juridiques.

Dans tous les temps, une certaine étendue de science fut indispensable pour qu'un ecclésiastique, même d'une sainteté grande, pût être promu à la papauté ; mais jamais la science ne fut prise en plus grande considération pour élever un homme à cette dignité suprême, que dans le temps où nous arrivons, et qui se prolongea jusqu'après le concile de Trente.

Tant que durèrent les persécutions des empereurs païens, ce qu'il fallait surtout pour arriver à la papauté, c'était un amour du Christ poussé jusqu'à l'immolation la plus complète de soi-même, c'est-à-dire qu'il fallait être prêt, à tout instant, à souffrir toute sorte de tourments pour la foi; et dans les trois premiers siècles, la plupart des papes furent, en effet, martyrs. Après les persécutions, et dans la mesure que le Saint-Esprit laisse aux combinaisons des hommes, la nomination des papes subit successivement l'influence des empereurs de Rome, puis de ceux de Constantinople, puis des grandes familles romaines, puis après, de Charlemagne et de ses successeurs au second empire d'Occident. Mais, un demi-siècle à peine après Irnérius, l'étude du droit avait acquis une telle importance que la science juridique fut considérée, après la sainteté des mœurs, comme un des titres les plus considérables au suprême pontificat, et il en fut ainsi, comme nous le ferons remarquer dans la suite de ce livre, pendant plus de trois siècles.

Le plus grand jurisconsulte qui fût monté jusque-là sur le trône pontifical fut Innocent III. Beaucoup d'autres papes lui furent peut-être supérieurs en sainteté, quoique l'Eglise catholique n'ait jamais eu la pensée de classer les saints par rang de mérite, quantité de ceux qu'elle a canonisés étant peut-être fort inférieurs dans le ciel à d'autres qui ne l'ont pas été (1). Mais il ne serait pas aisé de compter beaucoup de pontifes qui aient eu des vues aussi grandes qu'Innocent III, et qui l'aient surpassé en science, surtout en science juridique.

Nous n'entendons pas, dans un ouvrage d'un cadre aussi étroit que le nôtre, retracer, même d'une manière très-sommaire, la grande et belle vie d'Innocent III, ce qu'il fit, en général, pour l'Eglise, et ce qu'il fit, en particulier, pour la France, dont il acheva de fonder l'unité, menacée par l'hé-

(1) C'est pour cela que l'Eglise catholique célèbre, le 1er novembre, la fête de tous les saints en général, et ce jour-là, tous les papes qui, comme Innocent III, soutinrent avec une énergie exceptionnelle des causes justes, ont un titre particulier aux souvenirs et aux invocations des légistes.

résie des Albigeois. Un savant auteur protestant, Hurter, a consacré deux volumes à décrire les événements mémorables auxquels Innocent III fut mêlé, et qu'il domina et régla par la supériorité de son génie. Pour les faits généraux de la vie d'Innocent III, nous n'avons qu'à nous référer à ce bel ouvrage, d'autant plus remarquable qu'il est sorti d'un écrivain non catholique, à qui il a été impossible cependant de contenir ses sentiments d'admiration envers ce grand pape. Nous ne voulons noter ici que ce qui dans Innocent III est de nature à intéresser spécialement la jeunesse des écoles.

Lothaire Conti, né à Anagni en 1161, et qui devint le pape Innocent III, appartenait à une des familles les plus distinguées du centre de l'Italie ; et comme il était le cadet d'une famille composée de cinq enfants, ses proches, parmi lesquels il comptait trois cardinaux, furent très-heureux de voir s'annoncer chez lui de très-bonne heure une vocation marquée à l'état ecclésiastique. Quand il vint au monde, la science était déjà en très-grand honneur. L'Université de Paris et celle de Bologne brillaient d'une égale splendeur ; mais celle de Paris, où le droit civil n'était pas enseigné, était surtout renommée pour les belles-lettres, celle de Bologne pour le droit. Les trois cardinaux, oncles ou grands oncles d'Innocent III, après avoir veillé à Rome sur ses premières études, qui annonçaient déjà une intelligence des plus heureuses, voulurent, pour que son instruction fût aussi complète qu'elle pouvait l'être dans ce temps, que leur jeune parent allât étudier successivement à Paris et à Bologne. A Paris, il suivit les leçons de Pierre de Corbeil, une des grandes lumières de l'Université, et il conserva toujours la plus vive reconnaissance pour ce professeur illustre, qui avait su distinguer en lui un élève appelé par ses rares talents à de grandes choses. Quand il eut appris à fond, à Paris, la philosophie et les belles-

lettres, le jeune Conti alla à Bologne étudier à la fois
le droit civil, le droit canon et la théologie, et il réussit
merveilleusement dans ces trois branches d'études.

Le jeune étudiant associait à ces graves travaux des
exercices littéraires comme délassement, et c'est peut-être
dès ce temps qu'il composa la belle prose du Saint-Esprit,
Veni, Sancte Spiritus, qui se chante à la messe de la Pen-
tecôte, et qui est positivement son œuvre, quoique, en France
on l'eût, pendant longtemps, attribuée, mais sans aucun
fondement, au roi Robert. Quelques écrivains prétendent
même qu'Innocent III fut l'auteur du *Stabat Mater,* que
d'autres, il est vrai, attribuent à l'un des premiers et des
plus poétiques disciples de saint François d'Assise, à Jaco-
pone de Todi.

A la mort du grand pape Alexandre III, Lothaire
Conti, qui n'avait alors encore que vingt et un ans, avait
déjà obtenu un canonicat à Saint-Pierre de Rome, avant
d'être entré dans les ordres majeurs. Grégoire VIII, quelque temps après, lui conféra le sous-diaconat; et Clément III, son oncle, le nomma cardinal-diacre, quand il
avait à peine trente ans. Quoique le plus jeune du Sacré
Collége, il prit part dès lors aux affaires les plus importantes de l'Eglise; et après la mort de Célestin III, survenue
en 1198, les cardinaux s'étant réunis presque aussitôt,
s'empressèrent d'élever au suprême pontificat le cardinal
Conti, qui n'avait encore que trente-sept ans, mais qui
avait donné déjà des marques irrécusables de deux qualités également essentielles pour un pape, une rare prudence, et une fermeté inébranlable.

Ce furent ces qualités qui donnèrent à Innocent III un
ascendant si grand sur tous les souverains de son époque,
durant son long pontificat de dix-huit ans. Il suffit de dire,
pour montrer quelle était son énergie, qu'il fit rentrer
dans le devoir les deux souverains les plus puissants de

l'Europe, le roi de France, Philippe-Auguste, qui avait renvoyé sans sujet sa femme Ingelberge, et l'empereur Othon IV, qui continuait la triste politique de ses prédécesseurs Henri IV, Henri V et Frédéric Barberousse, en cherchant sans cesse à empiéter sur les droits de l'Eglise.

Le droit canonique s'enrichit, sous Innocent III, de nouvelles sources. D'un côté, comme les erreurs des albigeois et de quelques autres hérétiques avaient causé dans l'Eglise des perturbations funestes, il convoqua un concile œcuménique pour condamner ces erreurs avec plus de solennité; ce fut le quatrième concile général de Latran. D'un autre côté, Innocent publia, pour le gouvernement de l'Eglise, un grand nombre de décrets aussi sages les uns que les autres, dont nous reparlerons par la suite, en indiquant les œuvres d'Hauteserre qui les a commentés. Ces Décrétales suffiraient pour immortaliser le nom d'Innocent III, qui demeure impérissable à tant d'autres titres.

Depuis la publication du décret de Gratien, plusieurs papes antérieurs à Innocent III, Alexandre III notamment, avaient aussi publié des décrétales sur des sujets très-importants. Le recueil de Gratien, moins d'un siècle après sa publication, était donc devenu bien incomplet, et force fut de publier un nouveau recueil, qui devint aussi important que celui de Gratien, et plus autorisé, parce que celui-ci devait être non plus l'œuvre d'un moine, mais celle d'un pape, et d'un pape dont la science n'était pas au-dessous de celle d'Innocent III, auquel il ressemblait d'ailleurs par l'énergie du caractère. C'est de ce pape et de son œuvre que nous allons parler dans le paragraphe suivant.

§ VI. — GRÉGOIRE IX ET RAYMOND DE PENNAFORT.

Ce fut Grégoire IX qui eut la pensée de remplacer par un recueil nouveau, le recueil de Gratien, devenu incomplet, et déparé d'ailleurs par l'absence de toute méthode et par de nombreuses inexactitudes.

Grégoire IX, promu au souverain pontificat en 1227, était de la famille d'Innocent III, né comme lui à Anagni. Il était plus âgé que son illustre parent, puisqu'il avait quatre-vingt dix-sept ans lors de sa mort, survenue en 1241. Il en avait quatre-vingt-trois quand il succéda à Honorius III, et l'on est surpris qu'à un âge aussi avancé il montrât une fermeté d'âme qui ne cédait en rien à celle d'Innocent. Ses démêlés avec Frédéric II occupent une place importante dans l'histoire générale de l'Europe, et sortent par là même du cadre de notre ouvrage. Mais le pontife qui soutint cette grande lutte avec une énergie tout à fait extraordinaire chez un vieillard octogénaire, appartient au sujet de notre livre par un autre côté. Grégoire IX fut peut-être plus grand jurisconsulte qu'Innocent III. Il laissa, du moins, une trace plus lumineuse que lui dans le droit canon, en publiant son recueil de décrétales, qui devint aussitôt la base principale du droit ecclésiastique.

On comprend cependant facilement que pour composer un recueil complet de droit canon sur un plan complètement différent de celui de Gratien, Grégoire IX, détourné qu'il était à chaque instant par les soins infinis qu'exige le gouvernement de l'Église, ne pût exécuter une telle œuvre sans collaborateur. Mais à la différence de Justinien qui, pour la rédaction de son Digeste, recourut à seize jurisconsultes, qu'il laissa complétement maîtres de leurs travaux, Grégoire IX n'employa qu'un seul collaborateur. Ce fut, il est vrai, l'un des hommes les plus savants de son temps, saint Raymond de Pennafort, dont le nom, jusqu'à la fin des siècles, demeurera uni aussi intimement au nom de Grégoire IX que celui de Tribonien l'est au nom de Justinien.

Nous avons, dans un travail particulier (1), esquissé la vie et les travaux de saint Raymond de Pennafort, l'une des grandes gloires de l'ordre de saint Dominique. Nous nous bornerons à rappeler ici qu'issu de la famille des anciens comtes de Barcelone, et allié de fort près à la famille royale d'Aragon, Raymond, comme cela se voyait souvent dans les temps de foi où il vivait, méprisa, dès son plus jeune âge, la splendeur des cours, et ne fit cas que de la vertu et de la science. Vers la fin du douzième siècle, à peine âgé de vingt ans, il enseigna la philosophie à Barcelone avec autant d'éclat qu'Albert le Grand, au commencement du siècle suivant, l'enseigna à Paris. Mais se sentant un attrait particulier pour les études juridiques, il alla, vers l'année 1205, à Bologne, où il reçut bientôt le grade de docteur, et professa ensuite avec le plus grand succès jusqu'à l'année 1219, époque où il fut rappelé par Bérenger, évêque de Barcelone, qui voulut s'aider de ses rares talents pour l'administration de son vaste diocèse. Bérenger le nomma successivement archidiacre, grand vicaire et official de son église, dignités auxquelles Raymond préféra la simplicité monacale. Il entra, en 1222, dans l'ordre de Saint-Dominique, dont il devait être une des plus grandes illustrations.

Grégoire IX, qui avait peut-être déjà connu Raymond à Bologne quand il y professait le droit, informé de son grand savoir en même temps que de ses vertus, l'appela auprès de lui, se l'attacha d'abord comme chapelain, le nomma ensuite grand pénitencier, et finalement le chargea de préparer la nouvelle collection de canons, dont Grégoire avait reconnu la nécessité. Raymond accepta par obéissance cette grande et difficile tâche, et ne mit pas plus de temps à l'accomplir

(1) V. notre notice sur saint Raymond de Pennafort et sur les *Décrétales* de Grégoire IX, dans le *Recueil de l'Académie de Législation*, t. 4, p. 174.

que n'en avaient mis les seize commissaires de Justinien à la composition des Pandectes, c'est-à-dire que le travail qui lui avait été confié en l'année 1231 fut terminé en trois ans. Grégoire IX, quelle que fût sa confiance en Raymond, dut cependant revoir nécessairement son travail, en sorte que l'œuvre put être attribuée très-naturellement au pape même qui en avait conçu la pensée et surveillé l'exécution.

Nous ne dirons rien ici du plan des Décrétales, que nous avons indiqué dans la notice insérée par nous dans le recueil de l'Académie de Législation, que nous venons de rappeler, si ce n'est que ce plan fut visiblement calqué sur celui des Pandectes, ce qui montre que Grégoire IX et Raymond étaient également versés dans le droit civil et dans le droit canonique, ce qui était, du reste, chose commune de leur temps.

Grégoire IX montra, d'un autre côté, toute l'importance qu'il attachait aux études juridiques quand il fonda, en l'année 1233, l'Université de Toulouse, qui fut la première des facultés établies en France, l'enseignement de Placentin à Montpellier, dès l'année 1192, n'impliquant pas qu'il y eût, dès lors, à Montpellier, une université. Qui dit *Université*, dit école composée de plusieurs professeurs, et rien ne prouve que d'autres maîtres aient enseigné à Montpellier en même temps que Placentin.

L'école que Raymond VII s'obligea à fonder à Toulouse par le traité fait avec saint Louis, roi de France, en 1228, dut, au contraire, dès l'origine, compter dix maîtres, dont deux devaient professer le droit canon, et le nombre de ces maîtres ne tarda pas à augmenter (1). Nous verrons, par la suite, qu'il sortit bientôt de cette faculté un grand nombre

_____

(1) Nous avons retracé l'histoire de l'Université de Toulouse dans une série de mémoires insérés dans le *Recueil de l'Académie de Législation*. Ses origines sont indiquées dans le premier de ces mémoires, t. 9 du *Recueil*, p. 249.

de docteurs célèbres en droit canon comme en droit civil. Mais comme Boniface VIII ajouta aux Décrétales de Grégoire IX un sixième livre, qui fut pour ce motif appelé le *Sexte,* nous devons, avant de revenir à des jurisconsultes de moindre autorité, parler maintenant de ce pape célèbre, qui eut à soutenir avec Philippe le Bel une lutte aussi vive que celles que ses prédécesseurs, notamment Grégoire VII, Innocent III, Grégoire IX et Innocent IV, soutinrent dans le cours de près de deux siècles contre les empereurs d'Allemagne.

§ VII. — BONIFACE VIII.

Quelque partialité qu'aient montrée la plupart des historiens français contre Boniface VIII, aucun n'a pu révoquer en doute sa vaste science, et les services qu'il rendit, en particulier, à la science du droit.

Benoît Gaétan, qui fut plus tard Boniface VIII, naquit, comme Innocent III et Grégoire IX, à Anagni. C'est une singularité remarquable, que cette petite ville ait donné naissance à trois papes, qui furent tous trois des jurisconsultes, tous trois des hommes supérieurs, et qui soutinrent tous trois contre les souverains les plus puissants de leur temps les mêmes luttes, avec la même énergie.

Benoît Gaétan s'était appliqué de très-bonne heure à l'étude du droit civil et canonique(1) ; et de très-bonne heure aussi, il prit part aux affaires de l'Église. En 1281, il devint cardinal, et Martin IV d'abord, puis Nicolas IV, le chargèrent de missions très-importantes auprès de divers souverains. C'est en l'année 1296 qu'il publia sa fameuse bulle *Clericis laicos,* où il défendait à tous les membres du clergé de payer des impôts ou redevances quelconques aux souve-

(1) Beaufort, *Histoire des Papes,* t. 3, ch. 8.

rains ou princes sans sa permission. C'est cette bulle qui provoqua de la part de Philippe le Bel et des légistes qui le conseillaient, une résistance qui amena pour le pontife une longue suite de calamités, et fut finalement cause de sa mort. La bulle *Clericis laicos* était cependant tout à fait conforme aux principes que l'Europe chrétienne tout entière avait admis depuis bien des siècles sans difficulté. Boniface VIII était si convaincu de son droit que, dans une seconde bulle, dont le début était plein de tendresse, dans sa fameuse bulle *Ausculta, fili carissime,* il appelait à Rome tous les archevêques et évêques de France, sacrés ou élus, les abbés des principaux monastères, les chapitres des cathédrales, et *tous les docteurs en théologie, en droit canon ou en droit civil,* pour les consulter sur ses différends avec le roi de France, et tâcher de les terminer conformément aux principes du droit. Rien ne prouvait plus manifestement, puisque c'était des sujets même du roi de France que Boniface VIII voulait s'entourer, qu'il était certain de n'avoir rien dit dans sa bulle que de parfaitement conforme aux règles suivies jusqu'à lui dans les rapports de l'Église avec les souverains.

Mais Philippe le Bel eut le malheur d'avoir auprès de lui des conseillers aussi peu religieux que les courtisans d'Henri II d'Angleterre, qui firent périr l'archevêque de Cantorbéry. Il ne tint à rien qu'à Anagni, où Boniface s'était réfugié, il ne fût massacré par Nogaret, envoyé de Philippe, et par ses complices. Les mauvais traitements qu'il y subit ne tardèrent pas à amener sa mort.

Jetons un voile sur ces tristes scènes, qui firent peu d'honneur au petit-fils de saint Louis, et rendons hommage au courage de Boniface VIII et à sa grande science. Le recueil supplémentaire de décrets qu'il publia, et qui semble avoir été son œuvre personnelle, fut un livre précieux pour le droit canon. Le dernier titre, en particulier, ayant pour rubrique : *De regulis juris*, contient, dans un petit nombre de textes, les règles fondamentales de tout le droit, aussi bien du droit civil que du doit canon, et offre par conséquent aux légistes plus d'utilité pratique que le titre correspondant du Digeste, où se trouvent quantité de règles qui, au temps de Justinien, étaient déjà surannées, et dont plusieurs étaient contraires à l'esprit du christianisme.

Pour ne point changer trop souvent de sujet, nous n'avons parlé depuis le § IV de ce chapitre, que des fondateurs de l'enseignement du droit canon depuis Gratien jusqu'à Boniface VIII, ce qui comprend un espace d'un siècle et demi. Nous devons maintenant revenir sur nos pas, et signaler beaucoup d'autres jurisconsultes qui obtinrent dans cette même période une célébrité méritée, en s'occupant de travaux sur le droit romain ou sur le droit coutumier. Nous commencerons par les romanistes, qui laissèrent, du reste, une trace plus lumineuse dans l'enseignement du droit que les jurisconsultes coutumiers, et nous en dirons la raison quand nous arriverons à ceux-ci.

§ VIII. — SUITE DES GLOSSATEURS : AZON, HUGOLIN, ACCURSE.

Après les quatre docteurs, disciples d'Irnérius, dont nous avons parlé au § III, un assez grand nombre de professeurs, presque tous appartenant à l'Université de Bologne, continuèrent d'enseigner le droit romain avec éclat. Comme nous n'avons pas la prétention de refaire les admirables travaux de Savigny sur l'histoire du droit romain au moyen âge, nous pourrions, à la rigueur, nous borner à renvoyer à ce bel ouvrage pour la nomenclature, fort longue, des romanistes du treizième siècle. Nous devons cependant signaler à la jeunesse les plus illustres d'entre eux, et dire quelques mots de leur personne et de leurs travaux, en suivant l'ordre des temps.

I. AZON. — Azon naquit à Bologne, on ne sait en quelle année. Il y professa le droit romain avec éclat au commencement du treizième siècle, et composa plusieurs ouvrages, notamment des gloses estimées sur les trois parties du Digeste, puis une *Somme* sur le Code de Justinien, et une autre sur les Institutes, plus estimées encore. On appelait *Sommes*, dans ce temps, des expositions dogmatiques succinctes sur les lois, tandis que les gloses étaient de simples annotations sur les textes.

II. HUGOLINUS. — Hugolin naquit à Bologne, comme Azon, dont il balança la réputation. Il professa à peu près dans le même temps, mais il survécut à Azon, mort en 1230, puisqu'il est nommé dans un document de l'année 1238 cité par Savigny. Il écrivit des gloses comme Azon, et des sommes aussi ; mais tandis qu'Azon avait composé, comme nous le disions tout à l'heure, des sommes sur le Code et les Institutes, Hugolin fit une somme sur le Digeste. Hugolin jouissait à Bologne d'une grande considération, puisqu'il fut chargé de trois ambassades dans l'intérêt de cette ville, l'une à Rome, l'autre à Florence, la troisième à Reggio. Son attachement à l'ordre, alors naissant, de Saint-Dominique était grand, puisqu'il donna pour la fondation d'un monastère de l'ordre, à Bologne, une somme de cent livres, somme considérable pour le temps.

Nous passons beaucoup d'autres jurisconsultes sur lesquels l'histoire ne nous a rien fourni d'intéressant, pour nous arrêter sur le prince des glossateurs, sur Accurse.

III. ACCURSE. — Quoique Bologne, dès le temps d'Irnérius, fût devenue la capitale intellectuelle de toute l'Europe, et qu'on y vît affluer de tous les coins de l'horizon les hommes qui voulaient étudier à fond la science du droit, les grands jurisconsultes du douzième et du commencement du treizième siècle furent cependant presque tous Italiens.

Accurse, le plus célèbre des glossateurs, naquit à Ba-

gnolo, petit village peu éloigné de Florence. Son père était
un simple laboureur, et les difficultés, toujours plus grandes, que rencontrent les personnes de basse extraction pour
se faire un nom, indiquent combien Accurse dut dépasser
ses contemporains par la science, pour arriver à la grande
célébrité dont, plus heureux que beaucoup d'autres hommes
illustres, il jouit pleinement de son vivant. Cette célébrité
eut cependant pour principale cause une simple compilation,
mais une compilation réussie comme celle de Gratien.

Les gloses, avons-nous dit, étaient des annotations que
les premiers juristes du moyen âge faisaient sur les textes,
principalement pour en expliquer le sens. Ces notes portaient une marque particulière, qui servait à en distinguer
les auteurs ; c'était, en général, la première lettre du nom
du glossateur. Mais toutes n'avaient pas dans les écoles le
même crédit, et, quand elles se furent entassées les unes
sur les autres durant un siècle, il fallut nécessairement les
trier pour n'avoir pas un fatras. C'est l'œuvre qu'entreprit
Accurse, et qu'il mena à bonne fin ; les annotations coordonnées et approuvées par lui prirent le nom de *Grande
Glose,* et formèrent dès lors un tout complet, qui n'admit
plus d'addition ni de retranchement.

Pour exécuter une œuvre pareille, il fallait avoir un esprit
judicieux et une grande science. Accurse avait l'un et l'autre, et ses notes personnelles étaient écrites en un style
qui attira, trois siècles plus tard, les éloges de Cujas, qui se
connaissait en bonne latinité.

Accurse professa à Bologne pendant quarante ans, et l'on
peut dire qu'il y fut comblé d'honneurs. En l'année 1252,
il était assesseur du podestat de Bologne ; dans les villes
italiennes, on le sait, le podestat était le magistrat qui rendait souverainement la justice. Plus tard, il devint citoyen
de Bologne, titre dont les Bolonais étaient singulièrement

jaloux, et qu'ils ne décernaient qu'à des personnages d'un mérite tout à fait exceptionnel.

Accurse, dans le cours de son long enseignement, amassa de grandes richesses. Il acquit à Bologne une belle maison, qui devint plus tard le palais du gouverneur. Et comme sa grande glose ferma le cycle des glossateurs, il est à croire, à moins de supposer quelque interpolation postérieure, qu'Accurse, voilant un petit sentiment de vanité par l'emploi de la troisième personne, désignait sa propre demeure sous le nom de palais dans la glose de la L. 40, § 6, D., *De cont. empt.*, où il est dit sur le mot *rota :* « Ut in palatio « domini Accursii, ubi rota est per quam trahitur aqua. »

Le grand glossateur avait aussi sa maison des champs ; c'était un beau château, appelé Villa Riccardina, entouré de si vastes domaines que sa nombreuse postérité, enfants et petits-enfants, se trouvèrent tous riches à la mort de leur père et aïeul, qui ne mourut, d'après Villani, qu'à soixante-dix-huit ans, c'est-à-dire vers l'an 1260.

C'est dans sa maison de campagne, où il s'était retiré après avoir professé quarante ans, qu'Accurse termina sa grande glose, qui, dès qu'elle eut paru, acquit une si grande autorité dans les écoles et dans les cours de justice, qu'elle ne tarda pas elle-même à être glosée, mais par des annotateurs qui furent tous fort au-dessous du mérite d'Accurse, à commencer par ses trois fils, dont nous allons parler dans le paragraphe suivant. Pour trouver parmi les romanistes un homme plus illustre qu'Accurse, il nous faudra arriver non pas seulement jusqu'à Bartole, mais jusqu'à Cujas.

§ IX. — SUCCESSEURS D'ACCURSE : FILS D'ACCURSE, ODOFREDUS, DINUS.

I. FILS D'ACCURSE. — Accurse eut trois fils, qui cultivèrent la science du droit comme leur père, mais avec des

succès très-inégaux. Le premier, François, obtint une illus--
tration presque aussi grande que son père ; le second, appelé
Cervottus, passa pour être peu instruit ; le troisième enfin,
Guilhaume, après avoir été reçu docteur, ne tarda pas à
entrer dans les ordres sacrés, et, après avoir obtenu divers
bénéfices en France et en Espagne, devint successivement
chapelain du pape, auditeur de rote et chanoine de Florence. Ces détails suffisent pour Cervottus et Guilhaume
Accurse, dont les noms, probablement, n'ont été sauvés
de l'oubli qu'à cause de l'immense renommée de leur père.
Quant à François, qui fut un des personnages les plus considérables de son temps, nous devons ajouter quelques
détails de plus.

François Accurse naquit à Bologne en 1225. Il exerça de
bonne heure des fonctions publiques, et professa le droit
dans sa ville natale en 1270. En 1273, Edouard Ier, roi
d'Angleterre, qui traversait l'Italie à son retour de la Terre-
Sainte, eut l'occasion de le voir, et conçut une opinion si
avantageuse de son intelligence, qu'il voulut se l'attacher.
Il lui confia successivement diverses missions très-importantes, auprès du roi de France notamment et auprès du
pape Nicolas III.

Cette année même, 1273, François Accurse, traversant
la France pour se rendre en Angleterre, fit des leçons à
Toulouse, et y soutint des disputes publiques contre Jacques
de Ravigny, l'un des plus célèbres docteurs du temps et
l'une des gloires de l'université de Toulouse, la plus célèbre
alors de la catholicité après celle de Bologne (1).

François Accurse resta auprès d'Edouard huit à neuf
ans. En 1282, il revint à Bologne, où il professa de nou-

(1) Bartole rappelle dans un de ses ouvrages la dispute des deux
docteurs sur une loi du Digeste. Voyez dans le recueil de l'*Académie de Législation*, t. 9, p. 254, notre mémoire sur l'enseignement juridique à Toulouse.

veau le droit, vraisemblablement jusqu'à l'époque de sa mort, survenue en 1293, laissant après lui une réputation de savoir presque égale à celle de son père, mais comme homme, de fâcheux souvenirs. Dante, quelques années plus tard, le plaçait en enfer parmi les impudiques (1), et son avarice était notoire. Il prêtait à grosse usure à ses élèves, et leur faisait acheter leurs promotions aux grades par des présents. Savigny énonce, à ce sujet, un fait qui ne peut pas cependant être exact, de la manière, au moins, dont il est raconté.

En 1292, dit Savigny, le pape Nicolas III, sur la demande de François Accurse, déclara que tout l'argent qu'il avait reçu, par usure ou concussion, d'ecclésiastiques, serait censé donation, mais que l'argent reçu des laïcs leur serait rendu ou employé en œuvres pies (2). Savigny, qui ordinairement cite ses autorités sur chaque fait qu'il raconte, n'en indique aucune ici, ce qui nous fait croire que cet auteur, si savant d'ailleurs, a dû se méprendre d'une manière grave. Il n'est pas possible de supposer que Nicolas IV eût autorisé François Accurse à retenir le bien d'autrui, et il faut croire que Savigny a commis, à cette occasion, une confusion, qui a lieu de surprendre chez un homme aussi versé que lui dans le droit canon. D'après ce droit, les ecclésiastiques n'eurent jamais la libre disposition de ce qu'ils économisaient sur les revenus de leurs bénéfices. Ils ne pouvaient transmettre à leurs proches, ou léguer à des étrangers, que les biens qui leur étaient advenus de quelque autre côté, les produits non consommés des bénéfices devant revenir à l'Eglise, vu que les bénéfices n'avaient pas pour but d'enrichir les bénéficiers, mais seulement de leur procurer les moyens de vivre honorablement. Il est

(1) *Inferno*, XV, v. 110.
(2) *Hist. du dr. rom. au moyen âge*, ch. 43.

donc très-possible que Nicolas IV, comme chef suprême de l'Eglise et administrateur naturel de ses biens, eût permis à François Accurse de garder ce qu'il aurait extorqué d'ecclésiastiques sur les fonds de leurs bénéfices, mais il n'est pas possible qu'un pape eût pu le dispenser de rendre ce qu'il leur aurait extorqué de leurs biens propres. Pour ces biens là, l'obligation de restituer était aussi étroite vis-à-vis des ecclésiastiques que des laïques, et ce n'est pas le chef de l'Eglise qui eût pu autoriser la plus légère infraction à la règle rigoureuse et qui ne comporte aucune exception : Le péché n'est remis que lorsque le bien soustrait est rendu dans la mesure que le coupable peut le faire : *Non restituitur peccatum nisi restituatur ablatum.* La prière que François Accurse aurait adressée au pape par rapport à des biens qui auraient dû revenir à l'Eglise est, au contraire, très-possible, même probable, et si ce jurisconsulte célèbre se fût mis sérieusement en mesure d'exécuter avant de mourir ce qui lui était prescrit par le pape, il aurait apparemment effacé dans les souvenirs de ses contemporains la tache d'avarice sordide qui est restée attachée à son nom.

II. ODOFREDUS. — Ce jurisconsulte, issu d'une famille noble de Bologne, eut pour principal maître Jacques Baudouin, élève d'Azon, qui fut un des professeurs les plus distingués de Bologne par sa piété autant que par sa science. Pierre de Belleperche raconte de lui que croyant voir une antinomie entre deux textes du Digeste, il passa une nuit en prière devant l'autel de la Vierge pour trouver une conciliation, qu'il trouva, en effet, le lendemain (1).

Odofredus enseigna le droit à Bologne avec beaucoup d'éclat, et fut chargé souvent de négociations importantes. En 1257, notamment, de graves différends s'étant élevés en-

_____

(1) Diplovataccius, n. 73.

tre Bologne et Ravenne, il fut, au témoignage de Savioli (1),
choisi pour arbitre souverain. Les écrits d'Odofredus prouvent néanmoins qu'il était fort inférieur à Accurse, dont il
avait cependant pu suivre les leçons, puisqu'il mourut
en 1265, cinq ans seulement après Accurse. Il est vrai
qu'Accurse, comme nous l'avons dit, avait quitté l'enseignement plusieurs années avant sa mort. Autant la latinité
d'Accurse était correcte, autant le style d'Odofredus était
barbare, et sa dialectique était souvent inintelligible ou
puérile.

III. Dinus. — Né à Magello, près de Florence, vers le
milieu du treizième siècle, Dinus enseigna d'abord le droit à
Pistoie, et acquit bientôt un tel renom dans toute l'Italie,
que lorsque la ville de Bologne se chargea, en 1289, d'entretenir, de ses propres fonds, deux professeurs, alors qu'aupa-
vant ils ne recevaient, tous, leurs salaires que des étudiants,
Dinus fut un des premiers professeurs municipaux qui furent
nommés. Sa grande réputation le fit adjoindre par Boniface VIII aux rédacteurs du sixième livre des Décrétales,
et c'est lui, paraît-il, qui rédigea le titre *de Regulis juris*, qui
termine ce recueil, et dont nous avons parlé plus haut. Ce
qui est au moins certain, c'est qu'il publia un commentaire
sur ce titre par ordre de Boniface, qu'il précéda, peut-être,
dans la tombe. Le dernier document qu'on ait conservé de
lui est du mois de septembre 1298, et Boniface ne mourut
qu'en 1303.

Mais hâtons-nous d'arriver, avant de passer aux jurisconsultes coutumiers, à un contemporain de Dinus qui mérite
un paragraphe à part, parce que ce fut à la fois un grand
jurisconsulte et un homme d'un caractère singulièrement
énergique.

(1) T. 3, 1re part., p. 307.

14

§ X. — GUILLAUME DURAND, ÉVÊQUE DE MENDE.

Arrêtons-nous quelques instants sur cet illustre personnage qui, sous les dehors graves du jurisconsulte, cachait une âme guerrière, une âme qui semblait présager celle de Jules II, et demandons-nous, d'abord, quel fut son véritable nom de famille. Savigny soutient que son vrai nom était, d'après tous les documents, Wilhelmus Durantis (1). Il nous semble difficile cependant de trouver, pour écarter cette orthographe, un document plus important que la dédicace du principal ouvrage de Durand, du *Speculum judiciale,* qui ne tarda pas à faire désigner son auteur dans les écoles sous le nom de *Speculator*. Dans l'édition de cet ouvrage monumental, qui fut faite à Francfort en 1512, et nous n'en connaissons pas de plus correcte, voici ce qu'on lit dès les premiers mots de la dédicace : « Reverendo in Christo patri suo domino Otthobono, cardinali, etc., Gulielmus Durandus, Domini Papæ subdiaconus et capellanus, etc. (2). » Nous croyons donc que c'est Durand plutôt que Durant qu'il faut écrire. Ce nom, porté en France par quantité de gens, se trouve, en effet, presque toujours écrit à la fin avec un *d*, et devait l'être apparemment de même dans la langue provençale, qui fut la langue dominante dans tout le Midi de la France jusqu'au treizième siècle. C'était, par conséquent, celle du célèbre *Speculator*, né à Puimisson, petite ville du diocèse de Béziers, en Languedoc, en l'an 1237.

Savigny n'est pas assez exact non plus quand il dit dans son ouvrage, ch. 45, § 9, que Durand étudia le droit

(1) Chap. 45, § IX.

(2) Dans nos travaux sur l'ancienne Université de Toulouse, nous avions adopté l'orthographe de Savigny, parce que nous n'avions pas alors fait assez d'attention à la préface du *Speculum*.

à Bologne, ce qui ferait supposer qu'il n'avait ni étudié, ni professé dans aucune université française. Un document que nous avons cité dans notre histoire de l'enseignement juridique à Toulouse, prouve, au contraire, avec certitude, que ce grand personnage avait été recteur de l'Université de cette ville, ce qui n'empêche pas qu'il eût pu étudier à Bologne, avant ou après, car les étudiants pouvaient être nommés recteurs aussi bien que les régents, dans les anciennes universités. Nous savons aussi, par un passage de ses propres ouvrages (1), que Durand enseigna le droit canon à Modène avec tant d'éclat, qu'il attira sur lui les regards de la cour romaine. Il devint successivement sous-diacre et chapelain du Pape; et c'est à cette époque de sa vie, comme le prouve la dédicace dont nous avons rapporté le commencement plus haut, qu'il publia son *Speculum judiciale,* qui accrut tellement sa réputation, que Grégoire X amena l'auteur avec lui, comme secrétaire, au concile général de Lyon, où il devait trouver une autre grande lumière de ce temps, saint Bonaventure.

Plus tard, Durand remplit des fonctions plus importantes encore : « Il fut d'abord, nous laissons ici parler Savi-
« gny (2), lieutenant spirituel et temporel pour le patri-
« moine de saint Pierre, sous le pape Nicolas III. En 1278,
« il alla, au nom du même pape, prendre possession de
« Bologne et de la Romagne, et recevoir le serment d'obéis-
« sance. En 1281, Martin IV le nomma vicaire spirituel,
« et en 1283, lieutenant temporel de ces provinces nou-
« vellement conquises. »

En 1285, Durand devint évêque de Mende, et dix ans plus tard, le pape Boniface VIII lui confia des fonctions aussi difficiles qu'importantes, en le chargeant du gouver-

---

(1) *Speculum,* lib. 1, *de Tutore,* § 5.
(2) Ch. 45, traduction de Guérioux.

nement de toute la Romagne et de la Marche d'Ancône.
Le parti des Gibelins était si puissant dans ces contrées,
qu'à chaque instant le légat du Pape était obligé de réunir des troupes pour combattre des compagnies entières
armées et organisées par les révoltés. Durand remplit
cette rude tâche avec un courage admirable durant deux
ans, après lesquels il se trouva tellement fatigué de ses
courses continuelles, qu'il revint à Rome pour y mourir,
le 1er novembre 1296.

La manière dont l'évêque de Mende se comportait durant ces expéditions militaires, nous est indiquée par lui-
même dans son *Speculum,* sous le titre des décrétales,
De dispensationibus, § 4, où il dit qu'un ecclésiastique ne
peut pas commander des troupes, mais qu'il peut cependant les diriger, veiller à leur entretien, pourvoir à leurs
dépenses, et disposer toutes choses pour leur faciliter le
succès, « comme, ajoute-t-il, nous l'avons fait nous-même
« dans la guerre que l'Eglise romaine a eu à soutenir
« contre les cités révoltées de la Romagne (1). »

La prévoyance et l'énergie que demandaient de pareilles fonctions, s'alliaient chez Guilhaume Durand à une humilité rare. En 1285, il avait été élu évêque de la petite
ville de Mende, en Languedoc, et dix ans plus tard Boniface VIII lui offrit l'archevêché de Ravenne. Le siége de
Ravenne avait toujours été dans l'Eglise un siège très-
important. Au quatrième siècle, il fut illustré par saint Pierre
Chrysologue ; au sixième, il acquit une importance particulière à cause du séjour que firent dans cette ville, pendant deux siècles, les fonctionnaires auxquels les empereurs confiaient le gouvernement de toute la partie du

---

(1) Prout nos hujusmodi officium gessimus in guerra, quam Ecclesia Romana contra civitates sibi rebelles in provincia Romaniolæ
gessit.

territoire qu'ils conservaient en Italie ; et quand l'exarchat
eut pris fin, les archevêques de Ravenne acquirent dans
l'ancienne ville impériale une très-grande autorité. Gerbert
occupait ce poste important quand il fut promu à la papauté. Un si grand siége était bien de nature à tenter
l'âme d'un ambitieux ; la meilleure preuve de la grande
humilité de Durand, c'est qu'il le refusa.

Après avoir dit quelques mots de l'homme, disons un mot
de ses ouvrages. Le plus considérable et le plus connu,
fut son miroir judiciaire, *Speculum judiciale*, qu'il appela de
ce nom, parce que c'était comme le miroir de tout ce que
les juges et les plaideurs avaient à faire : les premiers,
pour bien rendre la justice ; les seconds, pour l'obtenir.
L'on pourrait croire, d'après cela, que le *Speculum* n'était
qu'un livre de procédure, mais on se tromperait étrange-
ment. La procédure soit civile, soit criminelle, tant devant
les juridictions séculières que devant les juges d'Église,
s'y trouve, en effet, exposée complétement ; mais le *Speculum* contient aussi des conseils et des formules pour
toute sorte de contrats ou d'affaires, pouvant donner lieu
à des contestations judiciaires, et l'on peut, à ce point de
vue, faire rentrer dans la procédure le droit tout entier.
C'est ce que fit Durand dans le *Speculum*, comme les préteurs à Rome l'avaient fait dans leurs édits. L'ouvrage de
Durand était donc en réalité un traité embrassant tout le
droit ecclésiastique et civil, et l'on est stupéfait que Durand eût pu terminer cet immense ouvrage à l'âge de
trente-quatre ans. Il obtint tant de crédit et eut un tel
succès dans toute la catholicité, qu'il fut imprimé, dès
l'année 1473, presque aussitôt, par conséquent, après l'invention de l'imprimerie ; et de cette date à l'année 1678,
on en compta trente-huit éditions.

La plupart de ces éditions contiennent un autre ouvrage
de droit non moins utile : ce sont des questions sur les

Décrétales, rangées dans l'ordre des titres, auxquelles l'auteur donna le nom de *Repertorium aureum,* comme nous dirions Livre d'or, et qui méritait bien ce titre, tant il était commode pour les décrétistes. Ce titre, comme celui de *Speculum,* était conforme au langage imagé et métaphorique du temps, et n'impliquait pas plus de vanité chez l'auteur que n'en suppose maintenant l'adjectif *complet,* qui vient ordinairement à la suite du mot Répertoire ou du mot Traité, dans un livre de jurisprudence.

Durand composa aussi un livre liturgique des plus précieux, intitulé : *Rationale divinorum officiorum.* L'auteur ayant été longtemps attaché à la personne des papes comme prélat domestique ou chapelain, le livre des *Offices divins* jouit, dès qu'il fut publié, de la plus grande autorité, et l'on peut dire que, comme érudit, aussi bien que comme jurisconsulte, Guilhaume Durand fut certainement un des personnages les plus distingués de l'Europe dans la seconde moitié du treizième siècle.

Avant de poursuivre nos esquisses sur les grands canonistes ou romanistes des siècles suivants, il faut que nous parlions maintenant des principaux jurisconsultes qui, en France particulièrement, furent les échos les plus fidèles du droit féodal ou coutumier, et nous ont conservé, dans d'intéressans écrits, ce qui, jusqu'à eux, ne s'était transmis que par tradition. C'est ce que nous allons faire dans le paragraphe suivant.

§ XI. — DES PRINCIPAUX JURISCONSULTES COUTUMIERS, L'AUTEUR DES ÉTABLISSEMENTS DE SAINT LOUIS, PIERRE DE FONTAINES, BEAUMANOIR.

Nous avons dit précédemment que la savante unité créée par Charlemagne ne fut pas de longue durée, et que sous ses faibles successeurs, à partir surtout des grandes invasions

normandes, qui avaient obligé tous les hommes puissants à
s'enfermer dans des châteaux-forts, il n'y eut plus nulle part
de règles absolument fixes que pour les matières ecclésiastiques. Pour toutes les autres, comme il n'y avait plus de
pouvoir central, tout ne se régla plus que par des usages,
quand ce n'était pas, hélas ! par la loi du plus fort.

Dans le dernier chapitre du livre précédent, nous avons
déjà parlé du premier monument important du droit féodal
et coutumier, des Assises de Jérusalem, qui furent rédigées,
paraît-il, une première fois par écrit, peu de temps après la
prise de la Ville sainte, mais dont le texte se perdit quand
Saladin l'eut reprise, en l'année 1187. Elles furent écrites de
nouveau plus tard, et il nous est parvenu divers manuscrits
de cette seconde rédaction, sans qu'aucun de ces manuscrits
soit proprement authentique (1). Nous allons parler maintenant des jurisconsultes qui, dans l'Europe méridionale, s'occupèrent des mêmes sujets dans le cours du treizième siècle.
Ceux que nous connaissons par leur nom sont en bien petit
nombre, ou plutôt, il n'en existe que deux : Pierre de Fontaines et Beaumanoir. La plupart des autres ne nous sont
connus que par leurs livres. Disons d'abord quelques mots
des deux ouvrages les plus importants de cette seconde ca-
tégorie, le livre des fiefs, *Consuetudines feudorum,* et les Établissements de saint Louis.

I. LE LIVRE DES FIEFS, *Consuetudines feudorum.* — Le droit
féodal, nous l'avons dit souvent, était un droit nécessairement fort bariolé, parce qu'il changeait, à chaque instant,
par la volonté des princes et par l'issue des batailles. Quand
la coutume, en effet, était incertaine, et ce qui n'est pas écrit
est rarement certain, les seigneurs puissants se livraient la
guerre, et ceux qui l'étaient moins cherchaient aussi à prouver la coutume que chacun alléguait, à la pointe de l'épée,

(1) V. *Rép.* de M. Dalloz, t. 1, p. 90.

dans un combat judiciaire, dont l'issue faisait prévaloir la
prétention du vainqueur. Il n'exista donc jamais, en Europe,
de législation uniforme sur les fiefs ; mais, au treizième
siècle, les deux contrées où la matière était le mieux résolue,
étaient la Lombardie et la France.

Le livre des fiefs, *Consuetudines feudorum,* qui est ordinairement imprimé dans les éditions du *Corpus juris civilis* à la
suite des Novelles, retrace les règles suivies en matière féodale dans la Lombardie. On croit qu'une première rédaction
de ce livre avait eu lieu en Lombardie sous Frédéric Barberousse. Celle que nous possédons n'eut lieu qu'au treizième
siècle, sous Frédéric II. Mais la France, depuis les premiers
rois capétiens, n'ayant jamais reconnu en quoi que ce fût la
suprématie des empereurs d'Allemagne, le livre de Frédéric II n'y eut jamais, pour ce motif, force de loi. On
ne pouvait s'en prévaloir devant les juges français que
comme d'un livre de jurisprudence, sur les points que les
coutumes françaises n'avaient pas réglées, tandis que dans
toutes les contrées faisant partie de l'Empire germanique,
le Livre des fiefs eut naturellement plus d'autorité (1).

En France, le droit primitif des fiefs nous a été conservé principalement par les établissements de saint Louis,
par Pierre de Fontaines et par Beaumanoir.

II. — DES ÉTABLISSEMENTS DE SAINT LOUIS. — Le livre
connu sous ce nom date certainement du règne de ce bon
roi, mais, suivant M. Marmier, il ne dut être écrit qu'après
le conseil de Pierre de Fontaines, que M. Marmier suppose avoir été écrit dans l'année 1153 (2). Longtemps on
avait cru que ce livre émanait, en effet, de saint Louis ;
mais cette opinion est aujourd'hui universellement abandonnée. S'il eût, en effet, été composé et publié par ordre

(1) Falk, *Encyc. jurid.*, chap. 2, § 116.
(2) *Le Conseil de Pierre de Fontaines*, Introd., p. xx.

du saint roi, il est à croire que quelque exemplaire authentique s'en serait conservé. On ne comprendrait pas non plus que Joinville eût omis un fait aussi important dans son intéressante histoire, où il raconte avec tant de détails tous les actes qui ont honoré le pieux monarque. Ce livre n'est donc qu'un recueil des coutumes admises du temps de saint Louis, parmi lesquelles se trouvent naturellement çà et là des règles établies par ce prince. La sincérité de l'auteur ou des auteurs du recueil, car le livre aurait pu être une œuvre collective, est, en tout cas, hors de toute suspicion. On y trouve une indication qui fait à saint Louis le plus grand honneur, et qui montre que ce prince judicieux n'était point partisan du combat judiciaire, que les tribunaux ecclésiastiques n'admirent jamais, mais qui, dès les temps les plus reculés, s'était introduit dans les juridictions séculières. Saint Louis craignit sans doute de provoquer trop de mécontentements en défendant absolument cette manière de juger les procès, mais il ne voulut pas au moins qu'on pût y recourir pour des bagatelles. Il défendit rigoureusement d'y avoir recours si l'intérêt du litige n'était au moins de cinq sous, somme qui, au temps de saint Louis, où le sou se divisait en douze deniers, et le denier en douze oboles, où la cent quarante-quatrième partie d'un sou avait, par conséquent, une valeur, n'était pas évidemment une somme insignifiante. En tout cas, c'était commencer à remettre la justice sur le bon chemin, et toute bonne graine, si peu que les circonstances l'aident, finit par porter bon fruit.

III. PIERRE DE FONTAINES. — De Fontaines fut l'auteur d'un des livres les plus intéressants du moyen âge, le *Conseil à un ami,* dont M. Marmier a donné, en 1846, une édition nouvelle et très-soigneusement faite, où il a réuni, dans l'introduction, tout ce que de longues recherches ont pu lui indiquer sur l'auteur et sa famille. Pierre de Fontaines était bailli de Vermandois en 1253, et fut, plus tard, conseiller du roi saint Louis. Son livre atteste beaucoup de savoir et beaucoup de jugement. L'auteur s'y plaint que les coutumes les plus certaines étaient très-souvent mises de côté par de mauvais jugeurs, et recommande fort pour cela à son ami de se baser, autant que possible, quand la coutume ne serait pas bien établie, sur les dispositions des lois romaines, dans lesquelles l'auteur était visiblement très-versé, pour le temps au moins où il vivait. Le conseil était fort sage, mais il ôte au livre une partie de l'intérêt qu'on y cherche. Quand on veut y voir un miroir des mœurs féodales, on n'y trouve souvent que des réminiscences visibles de lois romaines. En cela, le livre de Pierre de Fontaines est fort inférieur à celui de Beaumanoir, dont nous allons parler dans un moment.

On peut juger de l'honnêteté et de la piété de Pierre de Fontaines par le conseil qu'il donne, dès le début du livre, à son ami, qui, suivant un des manuscrits que cite M. Marmier, aurait été le fils même de saint Louis, Philippe le Hardi. Il lui recommande, avant tout, quatre choses : craindre Dieu, s'observer soi-même, surveiller et châtier au besoin ses serviteurs, aimer et protéger ses sujets (1). Ces recommandations marquent, d'une manière saisissante, la piété de l'auteur, piété qui n'apparaît pas moins dans Beaumanoir, dont il nous reste à parler.

IV. BEAUMANOIR. — Le livre de Beaumanoir sur la coutume de Beauvaisis, est certainement le monument le plus intéressant et le plus curieux du droit féodal et coutumier de notre ancienne France, parce que les mœurs féodales s'y reflètent beaucoup mieux que dans le livre de Pierre de Fontaines, ou d'autres livres du même temps, comme le *Livre de*

_____

(1) Cremor de Dieu, contenement de toi, chastiement de tes sergans, amor et defendement de tes sougiez. Ch. 2, i.

justice et de plet, publié, il y a quelques années, par M. Rapetti.

Disons d'abord qu'au temps de Beaumanoir le droit coutumier se composait de deux parties, bien distinctes à l'origine, mais qui, au treizième siècle, étaient depuis longtemps confondues, et ne cessèrent plus de l'être jusqu'à la Révolution française, savoir : le droit des fiefs et le droit proprement coutumier. Ces deux droits différèrent dans l'origine, parce qu'ils étaient loin d'être de même date. Rien de plus ancien que les origines du droit proprement coutumier, c'est-à-dire du droit local, qui, avant la naissance de la féodalité, régissait indistinctement, dans notre ancienne France, les hommes puissants et les petites gens. Ces origines se perdent dans la nuit des temps. Il se peut que quelques-unes remontassent aux Celtes; beaucoup vinrent certainement des usages des tribus germaniques, qui occupèrent, à partir du cinquième siècle, plusieurs contrées de la Gaule; et, parmi les plus récentes, beaucoup aussi furent comme des fleurs de l'esprit chrétien, qui, partout où il pénétrait dans les masses, transformait les mœurs des peuples, comme la greffe, par l'infusion d'une séve nouvelle, transforme les fruits de l'arbre.

Le droit féodal est d'une date bien plus récente. Il ne naquit qu'à l'époque où les fiefs devinrent héréditaires, ce qui n'advint qu'à la fin du neuvième siècle, quand un indigne successeur de Charlemagne, Charles le Gros, après avoir étendu un moment son sceptre sur tous les États du grand empereur, finit, à force de lâcheté, par les perdre tous, et fut heureux de recevoir un canonicat de l'évêque de Mayence pour ne pas mourir de faim. La puissance seigneuriale une fois établie, ses conséquences politiques, qui amenèrent dans le régime de la propriété des conséquences d'une importance capitale, vinrent se mêler au droit coutumier antérieur de chaque contrée; et les deux droits, exerçant désormais une influence réciproque l'un sur l'autre, se confondirent, comme

deux rivières qui se joignent se confondent dans une rivière
plus grande.

Quand Beaumanoir composa son ouvrage, la féodalité
avait atteint son complet développement depuis plus de
quatre siècles, mais elle était encore loin de sa décadence.
Son livre reflète donc parfaitement les mœurs féodales,
parce que l'auteur ne paraît nulle part, comme de Fontaines, préférer les lois de Rome aux coutumes de son pays.
Dans Pierre de Fontaines, le juriste efface presque le chevalier ; dans Beaumanoir, ce serait plutôt le contraire. On
voit chez lui le droit féodal en action. Quand il parle de
la manière de juger les procès, on croit voir les barons,
bardés de fer, tenir les plaids en plein air, tantôt ordon-
nant, dans les cas douteux, le combat judiciaire, tantôt
opinant à haute voix, et se tenant prêts à descendre eux-
mêmes en champ clos pour croiser le fer avec le plaideur
qui oserait les accuser de foi mentie. Dans les mœurs judiciaires de ce temps, on reconnaît toujours des hommes
rudes, mais pleins de franchise et de courage.

Comme tout le droit romain à l'usage des chrétiens et
tout le droit canonique se trouvent dans le *Speculum* de
Guillaume Durand, on peut dire que tout le droit féodal
et coutumier est dans le livre de Beaumanoir, en ce sens
qu'on y trouve tout ce qui touchait, comme nous disons
aujourd'hui, au fond du droit, aussi bien que toute la
procédure civile et criminelle du temps, qui était singulièrement dramatique.

Nous avons peu de détails sur l'auteur de ce livre remarquable, qui fut achevé en l'année 1283, comme cela
est dit à la fin du livre même. Voici ce que Loisel, com-
patriote de Beaumanoir, dit de lui dans ses mémoires sur
le Beauvaisis (1) : « Philippe de Beaumanoir fut conseiller

(1) Chap. 7, n. 12.

de Robert, fils du roi saint Louis, comte de Clermont, dont il était bailli, tenant ses assises... Il appert par son livre qu'il était grand légiste canoniste et coutumier. Il était certainement de Beauvaisis; son langage le montre manifestement, et il le dit lui-même en son prologue. »

M. Laboulaye a recueilli çà et là quelques autres détails (1). Il prouve par diverses pièces qu'il cite, que Beaumanoir était gentilhomme, qu'il fit un voyage à Rome en 1289, pour y accomplir une mission dont il avait été apparemment chargé par le roi de France, et qu'il était bailli de Senlis à l'époque de sa mort, survenue cette année-là ou la suivante.

C'est à peu près tout ce qu'on sait de Beaumanoir, et il est douteux qu'on puisse découvrir sur sa vie de nouveaux renseignements, mais il n'en est pas besoin pour déterminer son rang parmi les légistes; son livre seul prouve qu'il était jurisconsulte, et qu'il mérite d'être classé parmi les plus grands. Par la manière nette et vive dont il s'exprime, on reconnaît à chaque ligne, que c'était un homme parfaitement instruit des usages de son pays, et franchement droiturier, comme on disait de son temps, ce qui voulait dire, prêt à tout sacrifier pour la justice, et fondant sa droiture sur un fondement inébranlable, sur Dieu. Son livre précieux est fermé, pour ainsi dire, par deux fermoirs d'or. Le premier, c'est une invocation à la Très-Sainte Trinité, placée au début du livre; le second, une tendre prière au bon Jésus et à sa benoîte Mère, placée à la fin. Nous nous associons pleinement au jugement de M. Laboulaye, qui conclut dans le travail que nous avons cité, que Beaumanoir appartient incontestablement à la génération des grands hommes qui ont fait la gloire

_____

(1) V. sa notice sur Beaumanoir, dans la *Revue de Législation*, t. II, p. 433.

de notre jurisprudence française, et que son nom peut, sans pâlir, prendre sa place à côté des Dumoulin, des Guy Coquille et des d'Aguesseau.

§ XII. — DU DROIT MUNICIPAL ET DES CHARTES DES COMMUNES.

C'est à la période dont nous nous occupons dans ce chapitre, que les historiens et les juristes placent généralement ce qu'on nomme l'affranchissement des communes, dont on fait généralement honneur au roi de France Louis le Gros, qui régna, comme on sait, au commencement du douzième siècle. Mais ce prince, d'ailleurs fort recommandable, ne prit qu'une bien faible part à un événement qui s'opérait, à la même époque, sur une immense échelle, puisqu'il se produisait avec plus ou moins de puissance dans toute l'Europe chrétienne occidentale. Louis le Gros put avoir une grande part à l'affranchissement des communes dans l'étendue de ses terres ; mais par delà, il est manifeste qu'il ne pouvait rien, puisque ce ne fut qu'à partir de Philippe-Auguste, son petit-fils, que la royauté commença à prendre le dessus sur les grands vassaux. Louis le Gros, quoique suzerain des comtes de Flandre, fut aussi étranger à l'affranchissement des villes flamandes, qu'il le fut au développement magnifique que prenaient déjà de son temps les principales républiques italiennes.

L'affranchissement des communes commença, en réalité, en Europe, et en France en particulier, dès le temps où les irruptions des barbares eurent complétement cessé. Les premiers signes en sont très-reconnaissables dès avant le temps des croisades. En l'année 1070, un quart de siècle avant la première croisade, la ville du Mans s'érigea en commune contre son seigneur, et soutint trois ans entiers contre lui une lutte acharnée (1). Cambrai suivit, en 1076, l'exemple du Mans, et puis, successivement, toutes les villes des Flandres, Gand, Bruges, Lille, Douai, Tournay, voulurent être indépendantes aussi, c'est-à-dire n'être pas complétement à la merci de leurs seigneurs. Nous avons expliqué précédemment comment la féodalité se forma. Les seigneurs, du haut de leurs châteaux forts, dominaient toutes les contrées environnantes, comme l'aigle, dans son aire, domine tous les lieux bas. Les habitants des campagnes étaient, pour employer un mot dont on se servit plus tard, *taillables et corvéables à merci*, c'est-à-dire que le seigneur pouvait leur imposer telles redevances et services que bon lui semblait. Comment de pauvres villageois, complétement désarmés, auraient-ils pu lutter contre un seigneur entouré de servants, bardés de fer comme lui? La chose était impossible. Ils n'avaient d'autre recours contre les exactions des seigneurs qui avaient le cœur dur, que la protection de Celui qui donne la pâture aux petits oiseaux, et qui, quand le milan plane dans l'air, rassemble les poussins sous les ailes d'une mère courageuse, prête à les défendre. Cette mère, au moyen âge, pour les pauvres gens, c'était al sainte Eglise. Quand un seigneur se conduisait en homme cruel et en mécréant, ses sujets le dénonçaient à l'évêque, qui remplissait vis à vis des seigneurs le même office que le Pape vis à vis des empereurs et des rois, menaçant de censures et d'anathèmes ceux dont la tyrannie devenait par trop grande.

Mais, aux temps les plus troublés de la féodalité, il y avait encore cependant dans toutes les contrées de grands centres d'habitation. Les Normands et les Hongrois, dans leurs incursions, pillaient tout, ravageaient tout, mais ils n'avaient pas le temps de tout détruire. Les anciennes

(1) V. M. Dalloz, *Répertoire*, V° *Commune*, n. 39.

villes gallo-romaines subsistaient donc. Si quelques-unes, par une résistance désespérée, avaient provoqué la colère des barbares, qui s'étaient complus à détruire de fond en comble leurs murailles et leurs habitations héroïques, des centres nouveaux, par compensation, se formaient autour des tombeaux de saints, féconds en miracles, ou de grandes abbayes, qui avaient transformé en terres arables d'immenses espaces auparavant déserts. Dès que les habitants d'une ville se comptaient par milliers, le seigneur du lieu se trouvait en présence de gens qui pouvaient suppléer à la force par le nombre; et si, malgré l'indécision qui existait alors, à peu près partout, sur l'étendue des pouvoirs des seigneurs, quelques-uns violaient manifestement les règles de la justice, telles que la loi chrétienne les révèle à toutes les âmes, ils provoquaient des résistances, fécondes souvent en actes héroïques, et dont la plupart ne sont ensevelies dans un éternel oubli, que parce qu'ils se produisirent sur un trop petit théâtre, ou qu'il ne s'est pas rencontré une plume assez habile pour les raconter. Ces luttes se terminaient nécessairement par des transactions, que l'on constatait par des écrits appelés chartes, terme générique, du reste, qui désignait, en ce temps, tous les écrits, comme on le voit par les formules de Marculfe, que le saint moine qualifie lui-même de *Cartæ*. Mais la transaction faite avec le seigneur était l'écrit par excellence ; il avait autant d'importance pour de pauvres gens qu'en eut, en Angleterre, pour les barons, la charte arrachée à Jean sans Terre.

La charte une fois rédigée, le seigneur la jurait. Le serment, en ces temps de foi, était une garantie sérieuse pour l'exécution des contrats. Souvent cependant les seigneurs le violaient; et comme le Pape, pour des Français, était un peu loin, qu'il n'avait pas d'ailleurs d'autres armes que des armes spirituelles contre les parjures, les communes

cherchèrent de bonne heure à placer leurs traités avec les
seigneurs, sous la protection du roi de France, qui était
plus près, et qui avait des gens d'armes, que le Pape n'avait
point; c'est-à-dire que Louis le Gros commença à faire ce
que tous ses successeurs ne manquèrent pas de continuer
après lui, parce qu'ils avaient intérêt à amoindrir le plus
possible l'autorité des seigneurs.

Le roi de France cependant ne faisait pas toujours grande
attention aux doléances des communes, quand leurs seigneurs étaient ses proches ou se trouvaient du nombre de
ses courtisans, et les communes les plus sûres de conserver leur charte intacte, étaient celles que la charte même
autorisait à avoir des milices. Le seigneur alors devait y
regarder à deux fois avant de violer la foi jurée; il était
exposé à une résistance ouverte, et dès que la charte était
enfreinte, tous les hommes en état de porter les armes
étaient avertis par le beffroi, d'accourir en hâte à l'hôtel
de ville pour aviser. Les hôtels de ville, en ce temps,
n'étaient point un lieu d'où partaient des insurrections criminelles : c'était le lieu où s'organisait la défense légitime,
et qui, pour ce motif, était souvent, comme le château du
seigneur, entouré de fossés et flanqué de tours. Il existe
encore en Belgique et dans le nord de la France beaucoup de ces anciennes demeures, imposantes par leur
masse et les souvenirs qu'elles rappellent. Tout homme
qui sait distinguer, à travers les âges, l'écho des douleurs
des siècles passés, s'arrête avec respect devant ces demeures fortes sans être fières, parce qu'au lieu d'avoir servi
de repaire à des hommes enrichis du bien d'autrui, elles
servaient d'asile à des hommes qui n'aspiraient qu'à préserver, contre toute attaque injuste, le peu de bien qu'ils
avaient acquis dans les larmes et les sueurs.

On voit, par ce qui précède, que les chartes des communes étaient des actes politiques et non pas des lois pri-

15

vées; mais comme les communes se plaignaient surtout de la violation de leurs usages, la coutume se trouvait nécessairement constatée par l'acte qui empêchait le seigneur de l'enfreindre; et si les chartes ne peuvent pas être rangées parmi les sources du droit coutumier, sur bien des points, au moins, d'une importance extrême, elles servaient souvent à le constater.

CHAPITRE II

Des grands jurisconsultes de l'Europe occidentale depuis Boniface VIII jusqu'à la fin du grand schisme d'Occident.

§ I. — RÉFLEXIONS PRÉLIMINAIRES.

Grégoire VII, la plus haute intelligence du onzième siècle, avait fondé sur la conscience des peuples chrétiens cette maxime, que les souverains pontifes étaient les juges suprêmes des princes comme de leurs sujets. En un temps, en effet, où les puissants du siècle, tout bardés de fer, pouvaient broyer sous le sabot de leurs chevaux de bataille des roturiers sans défense, il n'y avait nulle possibilité pour les sujets de se soustraire par la force des armes aux exactions des grands. Tous les êtres opprimés levaient donc naturellement leurs mains suppliantes vers le chef auguste de la religion, et se sentaient une force surhumaine pour renverser leurs oppresseurs, dès qu'une sentence du Vicaire de Jésus-Christ avait déclaré les tyrans indignes de porter le sceptre.

La suprématie pontificale, au point de vue temporel, fut, sans doute, niée toujours par les souverains, quand ils avaient intérêt à le faire; mais leurs tentatives pour s'y soustraire demeurèrent infructueuses jusqu'à Philippe le

Bel. Depuis ce prince, les choses suivirent un autre cours, et les raisons de ce changement sont faciles à reconnaître. Elles tinrent à la direction que prirent en ce temps les études des légistes. Ils étaient, sans doute, obligés toujours d'étudier le droit canon, mais l'étude du droit civil leur était pécuniairement plus profitable. Malgré l'extension fort grande qu'avait conservée la juridiction ecclésiastique, les procès civils, jugés par les tribunaux séculiers, ne laissaient pas d'être beaucoup plus nombreux que ceux portés devant les juges d'Eglise; et les légistes trouvaient aussi plus d'avantages matériels à favoriser les prétentions des souverains, dont ils avaient mille avantages à espérer, qu'à maintenir les prérogatives des papes, de qui ils ne pouvaient attendre que des bénédictions, dont bien des gens commençaient dès lors à ne plus sentir le prix. Ce furent donc les sympathies des légistes, intéressés à l'accroissement du pouvoir des princes, qui contribuèrent le plus à changer les principes que l'Europe catholique avait suivis depuis Grégoire VII, et qui firent dominer dans les faits, à partir de Boniface VIII, cette autre maxime, que les papes n'ont aucun droit sur le temporel des princes, et ne peuvent, en aucun cas, les priver de leur couronne.

Ce changement dans le droit public, dont Boniface VIII fut la victime, fut certainement plus nuisible qu'utile aux peuples, et ne profita qu'aux princes. Mais ce serait ouvrir une parenthèse trop longue que d'entreprendre de le prouver par les faits, tant les preuves seraient nombreuses, et dépasseraient dès lors le cadre d'un livre destiné à signaler des gloires individuelles plutôt que des faits d'histoire générale. Nous devons donc nous hâter de reprendre la série des hommes qui se distinguèrent le plus dans la science du droit, depuis la négation de la suprématie des papes sur les rois, qui prévalut dans toute l'Europe depuis Philippe le Bel, jusqu'à la négation, bien autrement funeste, de

leur pouvoir spirituel, que soutinrent les grands hérésiarques du seizième siècle. Mais comme les études juridiques
commencèrent à l'époque où nous arrivons à décliner sensiblement, nous devons, avant tout, rechercher les causes
de leur déclin.

§ II. — DES CAUSES DE L'AFFAIBLISSEMENT DES ÉTUDES JURIDIQUES APRÈS BONIFACE VIII.

La plus apparente de ces causes, ce furent les longues
guerres qu'occasionna la succession à la couronne de
France, au commencement du quatorzième siècle. Quand
Philippe le Bel mourut, on devait penser que le sceptre
de France se transmettrait, apparemment, à sa descendance, durant des siècles. Philippe laissait, en effet, à sa
mort, survenue en 1314, trois fils, qui tous furent rois,
Louis le Hutin, Charles IV et Philippe le Long. Mais le
premier ne laissa, à sa mort, qu'un fils enfant, qui ne lui
survécut que huit jours, et les deux autres moururent
sans descendance masculine. Edouard III, roi d'Angleterre,
se trouvant par sa mère, fille de Philippe le Bel, le parent le plus proche de Philippe le Long, c'était la première
fois, depuis Hugues Capet, que se présentait la question de
savoir si une femme pouvait hériter de la couronne de
France. Philippe de Valois et ses partisans soutenaient la
négative ; Edouard et ses adhérents disaient le contraire.
On sait la longue série de calamités qu'amena ce conflit,
qui ne cessa qu'après cent ans de guerre. Comme les sciences et les lettres sont amies de la paix, les études juridiques et littéraires, chez les deux nations les plus puissantes
de l'Europe, souffrirent beaucoup de ces luttes fratricides,
que les papes ne pouvaient plus faire cesser par voie d'autorité. L'affaiblissement des études juridiques, au quatorzième siècle, dut cependant avoir des causes plus géné-

rales, puisqu'il se produisit dans toute l'Europe. L'Italie et l'Espagne, étrangères à la grande querelle de la succession à la couronne de France, s'en ressentirent autant que l'Angleterre et la France, entre lesquelles s'agitait ce grand débat.

Les deux faits qui nuisirent le plus dans toute la catholicité, aux études juridiques, et qui furent malheureusement unis l'un à l'autre, furent la multiplication des universités et le grand schisme d'Occident.

Au commencement du treizième siècle, il n'y avait encore dans toute l'Europe que neuf ou dix villes qui eussent des universités (1) : en Italie, Bologne et Padoue ; en France, Paris, Toulouse et Montpellier ; en Angleterre, Oxford et Cambridge ; en Espagne, Palencia et Salamanque ; en Allemagne, Vienne ; Upsal enfin, dans les contrées hyperborées. Les plus célèbres de ces universités, Bologne et Paris, attiraient des étudiants de toute la terre, qu'on y distinguait et classait par nations. Les autres, comme Oxford, Toulouse, Salamanque, Vienne, Upsal, voyaient affluer chez elles, de royaumes entiers ou de vastes provinces, les étudiants à qui un trop grand éloignement ou leur peu de fortune ne permettaient pas d'aller étudier à Bologne ou à Paris. Les universités, si peu nombreuses, de ce temps, se trouvaient donc toutes peuplées de nombreux élèves, et partout l'émulation, qui peut seule entretenir et développer la vie intellectuelle, était grande.

Au commencement du treizième siècle, Frédéric II, pour avoir dans ses luttes avec le pape des jurisconsultes à sa dévotion, commença à affaiblir les anciennes universités.

(1) Il y avait sans doute quantité d'autres villes qui avaient des écoles plus ou moins fréquentées; mais on n'appelait Universités, que celles où toutes les sciences, alors connues, étaient enseignées en vertu des bulles du pape. On appelait pour ce motif, une Université, *Studium generale*.

Il imagina de créer, de sa seule autorité, une université
à Naples ; et pour être bien sûr de ne pas manquer son
but, il en confia à un chancelier qu'il nomma, le gouvernement absolu. Ce chancelier avait seul le droit de conférer les grades, de nommer les professeurs, et de régler
les matières des cours (1). Mais si les despotes peuvent
imposer quelques temps des lois absurdes à leurs sujets,
ils ne peuvent pas, grâce à Dieu, obliger les autres nations à les suivre dans une fausse voie. L'université fondée
par Frédéric ne fut reconnue par aucune des autres universités de l'Europe, qui considéraient comme absolument
nuls tous les grades conférés et les diplômes signés par le
chancelier du royaume des Deux-Siciles.

Le pape Innocent IV, pour mieux prémunir apparemment les sujets de ses États contre les enseignements des
faux docteurs de Frédéric II, établit, à son tour, vers le
même temps, un *Studium generale* à Rome (2) ; mais un
pape même ne peut pas, à volonté, créer une université
florissante. Il n'est pas en son pouvoir d'avoir immédiatement sous la main des professeurs distingués, ni d'imposer
à des étudiants, libres de leurs actes, le séjour de telle
ou telle ville. L'université fondée par Innocent IV fut
bientôt oubliée, parce que les élèves y firent défaut, et
celle de Bologne ne perdit rien de sa splendeur, puisque
Accurse ou son fils François y professaient encore, et avec
l'éclat qu'on a vu.

La translation du séjour des papes à Avignon eut des
effets plus fâcheux, parce qu'elle devint l'occasion de la
création de plusieurs nouvelles écoles. Pendant qu'ils rési-
daient à Rome, les papes étaient parfaitement au courant

---

(1) Tiraboschi, L. 6, § 18, et Savigny, *Hist. dr. rom.*, ch. XXI,
§ 120.

(2) Voyez Savigny, ch. XXI, § 119.

de tout ce qui se passait à Bologne, où ils avaient toujours un légat; et les hommes qui y professaient avec distinction, quand c'étaient des ecclésiastiques, se trouvaient aussitôt signalés à leur attention, et appelés bien souvent ensuite à des fonctions de la plus haute importance. Quand Grégoire IX chargea de la rédaction des Décrétales Raymond de Pennafort, quand Boniface VIII confia à l'évêque de Mende le gouvernement des contrées agitées de la Romagne, ils étaient sûrs l'un et l'autre de confier ces mandats importants à des hommes tout à fait dignes, parce qu'ils savaient le cas que les docteurs de Bologne en faisaient. Bologne était, pour ainsi dire, le séminaire des futurs évêques, des futurs cardinaux, on peut même dire, des futurs papes; car, depuis le milieu du onzième siècle jusqu'au milieu du treizième, presque tous les papes y avaient étudié. Mais quand les papes eurent fixé leur résidence à Avignon, ils eurent avec Bologne des relations moins suivies, et ils avaient cependant toujours grand besoin de s'entourer d'hommes éclairés. Ils furent par là naturellement amenés à créer de nouvelles universités dans leur voisinage.

Dès les premier temps de la translation du Saint-Siége à Avignon, une université fut établie dans cette ville par Clément V, en 1305. Après lui, Jean XXII fonda, en 1335, une autre université à Cahors, sa ville natale. Et comme les universités devenaient une cause de richesse pour les villes où elles étaient établies, quand elles étaient peuplées d'étudiants, quantité de villes, dans tous les pays catholiques, demandèrent qu'il en fût créé d'autres dans leurs murs. Il y eut cinq universités nouvelles en France dans le cours du quatorzième siècle. Une d'elles fut fondée à Orange, et comme les écoles qui ont peu de renom cherchent à attirer des élèves par une grande indulgence dans les épreuves, on ne tarda pas à appeler ironiquement docteur *à la fleur d'orange*, les légistes qui étaient allés obtenir un diplôme dans cette ville. Dans tous les autres États de l'Europe, l'Angleterre exceptée, il en fut de même. L'Italie eut cinq ou six nouvelles universités ; l'Espagne, autant ; l'Allemagne aussi. Le Portugal, récemment érigé en royaume, eut aussi son université, à Coïmbre.

A la fin du quatorzième siècle, le grand schisme d'Occident aggrava cette tendance fâcheuse à multiplier les écoles. Chaque pape cherchait naturellement à retenir les étudiants dans les universités de son obédience ; les Français n'allaient plus à Bologne, les Italiens ne se rendaient plus à Paris.

Quantité d'universités nouvelles, créées par les papes ou par les princes, ne naquirent pas viables et s'éteignirent presque aussitôt. Plus on créait d'écoles, plus le niveau de l'enseignement baissait, les grandes étant obligées de se montrer moins sévères dans la collation des grades, pour ne pas se voir désertées par les étudiants, sûrs d'obtenir plus de facilité dans les petites. Le grand fleuve de la science du droit se perdait ainsi dans des rigoles.

L'éparpillement des maîtres et des étudiants dans un trop grand nombre d'écoles fut donc la principale cause de la décadence des études juridiques au quatorzième siècle, et nous ne retrouverons plus, ni dans ce siècle, ni dans le suivant, cette quantité de noms célèbres, qui, dans le long intervalle qui sépara Irnérius de Boniface VIII, rendait pour nous un choix difficile. C'est à peine si la mémoire des peuples, mesure ordinairement très-exacte du mérite des hommes, a retenu, dans la période qui nous occupe maintenant, plus de neuf ou dix grands noms de jurisconsultes. Les plus célèbres furent les deux premiers papes d'Avignon, et c'est par eux que nous allons reprendre nos rapides esquisses, que nous continuerons dans ce chapitre jusqu'à la fin du grand schisme d'Occident.

§ III. — DES PAPES D'AVIGNON, NOTAMMENT DE CLÉMENT V
ET DE JEAN XXII.

Les changements qui surviennent dans le monde, quand
ils tiennent à des causes morales, ne deviennent sensibles
qu'après un certain temps, et sur les esprits jeunes, qui
n'ont pas encore pris leur pli. Malgré les causes d'affaiblissement des études juridiques indiquées dans les considérations qui précèdent, cet affaiblissement ne put se remarquer que dans la génération qui suivit la mort de
Boniface VIII. Aussi les papes qui habitèrent Avignon
jusqu'au grand schisme, furent-ils presque tous des jurisconsultes d'un grand savoir. Les plus célèbres furent les
deux premiers, Clément V et Jean XXII, sur lesquels nous
allons revenir dans un moment; mais leurs successeurs
légitimes à la papauté furent également des hommes très-
versés dans toutes les parties du droit. Innocent VI, en
particulier, professa le droit civil à Toulouse, et fut juge-
mage de la même ville. Devenu pape, il fonda à Toulouse
le collége de Saint-Martial, où étaient reçus gratuitement
vingt pauvres écoliers, dix pour le droit canon, dix pour
le droit civil, ce qui montre en quelle estime l'éminent
fondateur, après avoir ceint la tiare, continuait de tenir
le droit civil, qu'il avait professé (1).

Grégoire XI, qui fut le dernier des papes légitimes qui
résidèrent à Avignon, était, comme Innocent VI, aussi
versé dans le droit civil que dans le droit canon, ainsi
que l'attestent les historiens ecclésiastiques (2).

(1) V. Beaufort, *Hist. des Papes*, t. 3, p. 402, et notre mémoire
sur l'enseignement juridique à Toulouse, *Rec. de l'Académie de législation*, t. 10, p. 164.

(2) Beaufort, *Hist. des Papes*, t. 4, p. 6, et Fleury, dont il reproduit les propres paroles.

Mais Clément V et Jean XXII furent plus que des jurisconsultes. Ils furent des législateurs à la manière de Grégoire IX et de Boniface VIII, c'est-à-dire qu'ils enrichirent le droit canon de plusieurs décrétales, qui ne tardèrent pas à être enseignées dans les universités, comme celles de leurs prédécesseurs. Toutes celles qu'avait rendues Clément V, ainsi que les canons du concile de Vienne, qu'il avait convoqué, furent, après sa mort, et par l'ordre de son successeur, renfermées dans un recueil appelé *Clémentines*, du nom du pontife qui les avait édictées ou promulguées ; et les décrétales de Jean XXII furent, à leur tour, recueillies, mais par de simples particuliers, sous le nom d'*Extravagantes*. Ce mot latin signifiait que ces constitutions sortaient du cadre de l'enseignement, et ne composaient plus un recueil officiel.

Le pontificat de Jean XXII a laissé peu de traces dans la jurisprudence, et n'est resté célèbre que par des querelles très-vives qui se produisirent alors sur des matières de théologie pure. Mais celui de Clément V, outre le grand événement du concile de Vienne, marqua aussi, dans l'histoire générale, par la condamnation des Templiers et la suppression de leur ordre. Ce procès célèbre a donné lieu pendant bien longtemps à quantité de diatribes contre Philippe le Bel et contre Clément V ; mais aujourd'hui les faits horribles qui donnèrent lieu à la suppression des Templiers sont passés à l'état de vérité démontrée, et si Philippe le Bel n'avait pas d'autre tache sur sa mémoire, Dante aurait eu tort de le placer dans son enfer. Il put y avoir sans doute beaucoup de Templiers innocents, comme il peut arriver, chaque jour, à des gens très-honnêtes, de se trouver, à leur insu, en mauvaise compagnie, mais l'ordre était souillé de trop de taches pour ne pas mériter sa suppression.

Nous n'en dirons pas davantage sur les deux grands

canonistes du quatorzième siècle qui portèrent la tiare, et nous passons à d'autres jurisconsultes de la même époque, qui, dans des positions bien moins éminentes, se firent cependant un nom par leur enseignement ou leurs écrits, mais le nombre en fut petit.

§ IV. — DES ROMANISTES OU CANONISTES DU QUATORZIÈME SIÈCLE, ANTÉRIEURS A BARTOLE.

C'est à peine si Diplovataccius, Pancirole, et, après eux, Savigny, ont pu signaler ici, dans un intervalle de près d'un demi-siècle, quelques jurisconsultes dont les noms aient échappé à l'oubli. Ceux qui eurent le plus de célébrité, furent Belle-Perche, en France, et, en Italie, Cinus et Joannes Andreæ.

BELLE-PERCHE. — Belle-Perche naquit dans une petite localité du Bourbonnais, vers le milieu du treizième siècle. Issu de parents obscurs, sa grande science, et la renommée qu'elle lui procura, lui permirent de s'élever aux plus hautes fonctions de l'Etat. Il professa, de bonne heure, à Toulouse d'abord, à Orléans ensuite, et dans les deux villes avec une égale distinction. L'éclat de son enseignement fut bientôt connu à Paris, vu qu'en ce temps les lois civiles ne pouvaient pas y être enseignées, d'après la célèbre décrétale d'Honorius III. Tous les Parisiens qui voulaient les étudier sans s'éloigner trop de la capitale, allaient naturellement à Orléans. Belle-Perche était donc fort connu à Paris de personnes considérables, qui l'y attirèrent et le firent nommer chanoine de Notre-Dame. Il devint ensuite doyen du Chapitre, puis évêque d'Auxerre, en 1306; puis enfin, chancelier de France, ce qu'il dut, d'après Diplovataccius, à sa grande science et à sa grande renommée. Mais il ne put pas exercer longtemps ces hautes fonctions, puisqu'il mourut au mois de janvier 1308, comme l'attestait l'inscription mise sur son tombeau à Notre-Dame de Paris, où il fut enterré. Les deux ou trois ouvrages qui nous sont restés de Belle-Perche, semblent indiquer qu'il dut surtout sa renommée à un grand talent d'enseigner; car ils ne prouvent pas que l'auteur eût une science grande, quoiqu'elle pût paraître telle au temps où il écrivait.

CINUS. — Cinus naquit, en 1270, à Pistoie, dont il devait être la plus grande illustration. Sa famille étant une des plus considérables du pays, il exerça, de bonne heure, dans sa ville natale, les fonctions d'assesseur du premier magistrat. C'était le temps où, en Italie, les hommes qui haïssaient la puissance des empereurs d'Allemagne, et ceux qui la flattaient, se livraient des guerres acharnées; l'époque aussi où ils commencèrent, et ce fut à Pistoie même, à se désigner sous le nom de Blancs et de Noirs, dénominations qui s'étendirent presque aussitôt à tout le reste de l'Italie. Cinus était du parti des Blancs, c'est-à-dire guelfe. Son parti ayant succombé dans une lutte à outrance, en l'année 1307, non seulement il fut dépouillé de ses fonctions, mais il dut se hâter de fuir pour aller se cacher au plus vite dans les montagnes des Apennins, qui dominent Pistoie. Son attachement pour son parti ne devait pas cependant être bien grand, puisque, en 1310, il suivit à Rome le duc de Savoie, envoyé de l'empereur Henri VII, et rendit, en sa qualité d'assesseur de ce prince, divers jugements dans la ville éternelle (1). Deux ans après, il s'occupa de son principal ouvrage, d'un commentaire sur le Code de Justinien, qu'il acheva en 1314. Ce n'est qu'après avoir fini cet ouvrage, qu'il alla prendre le grade de doc-

(1) C'est ce qu'il atteste lui-même dans ses lectures *in Codicem*, sur la Loi I, *Qui bonis cedere possunt,* et sur la L. II, *Ex quib. caus. inf. irrog.*

teur à Bologne ; et depuis, il se livra tout entier à l'enseignement. Il professa successivement à Trévise, à Sienne,
à Pérouse et à Florence, ce qui prouve que Trévise, Sienne
et Florence eurent, au commencement du quatorzième siècle, comme quantité d'autres villes italiennes, françaises
et espagnoles, des embryons d'université, qui n'ont laissé
aucune trace dans la science.

Outre l'ouvrage qu'il avait composé sur le Code, Cinus
avait écrit aussi un cours sur la première partie du Digeste,
le *Digestum vetus*, mais fort inférieur en mérite à sa lecture
sur le Code. Ce dernier ouvrage prouve que Cinus était
non-seulement un jurisconsulte judicieux, mais encore un
homme lettré, car sa latinité est irréprochable. Le littérateur, chez Cinus, l'emportait même apparemment sur le jurisconsulte. Ce qui nous porte à le croire, c'est que Cinus fit
des poésies et eut la rare fortune de devenir l'ami de deux
grands poètes de son temps, disons mieux, de tous les
temps, de Dante et de Pétrarque. Quand Cinus dut s'exiler
de Pistoie en 1307, Dante avait dû, quelques années auparavant et pour la même cause, s'exiler de Florence. Peut-
être les deux proscrits toscans se rencontrèrent-ils dans
les montagnes sauvages des Apennins, voisines de Pistoie ;
peut-être éprouvèrent-ils quelquefois sous le même toit combien le pain de l'exil est amer. L'exil de Cinus seulement
ne dura que quelques années, tandis que celui de Dante
devait se prolonger jusqu'à ses derniers jours, pour la gloire
du genre humain, qui aurait pu ne pas avoir en lui le plus
grand poète des temps modernes, s'il n'avait point connu
toutes les tortures de la haine et toutes les angoisses de
l'infortune. Dans son traité célèbre, *de Vulgari eloquentia,*
Dante parle jusqu'à trois fois de Cinus (1), qu'il représente

(1) Édition de Paris de 1577, p. 17, 23 et 29.

toujours comme un modèle accompli d'éloquence et de beau langage.

Pétrarque, qui ne dut connaître Cinus que beaucoup plus tard, puisque, né en 1304, il avait trente-quatre ans de moins que le jurisconsulte de Pistoie, né en 1270, loue également Cinus en plusieurs endroits de ses ouvrages, et il composa sur sa mort un sonnet touchant qui donnerait à croire que quelques poésies de Cinus lui avaient singulièrement plu (1).

Cinus eut encore une troisième bonne fortune, qui peut sembler assez peu de chose, auprès des autres, aux yeux des hommes de lettres, mais qui a son prix pour les jurisconsultes. Le docteur tant prisé de Dante et de Pétrarque eut, pour surcroît de gloire, aux yeux des légistes, l'heur d'avoir été le maître de Bartole, et il vécut assez pour jouir de la renommée de son élève, sur lequel nous aurons à revenir, après avoir parlé dans le paragraphe suivant, d'un canoniste tout à fait contemporain de Cinus, de Joannes Andreæ.

Joannes Andreæ. — Jean d'André, ainsi appelé parce qu'on joignit, suivant l'usage du temps, à son nom de baptême Jean, celui de son père qui s'appelait André, fut un des canonistes les plus instruits du commencement du quatorzième siècle. Il naquit en 1270 près de Florence, que ses parents ne tardèrent pas à quitter pour aller habiter Bologne. Il n'avait pas encore dix ans quand il commença l'étude des Décrétales, et l'archidiacre Guido de Basio, professeur en droit canon, fut si surpris de sa vive intelligence et du savoir qu'il avait déjà acquis à un âge où l'enfance ordinairement n'a rien appris encore de sérieux,

_____

(1) Il dit dans le premier quatrain :

Piangete, Donne, e con voi pianga amore,
Perchè'l nostro amoroso messer Cino
Novellamente s'è de noi partito.

qu'il lui fît suivre de très-bonne heure les cours de l'Université, et le contraignit à devenir docteur avant qu'il eût l'âge d'homme. Comme Jean d'André était très-pauvre et qu'il fallait payer pour le doctorat des sommes considérables (1), l'archidiacre se chargea de tous ces frais, et Jean, dans une de ses gloses sur le Sexte, rappelle ce fait en termes qui prouvent son humilité autant que sa gratitude (2).

Jean d'André, qui avait eu l'heureuse chance de trouver, au début de sa carrière, un protecteur puissant, en eut une plus heureuse et plus rare encore quand il épousa Milancia. Les femmes, même les plus vertueuses, ont assez souvent des goûts futiles, et des exigences domestiques, qui peuvent gêner beaucoup leurs maris dans leurs études. Milancia, tout au contraire, était une femme très-instruite, même dans la science juridique, et Jean d'André atteste, dans un de ses ouvrages, qu'ils disputaient parfois sur le vrai sens de quelque texte difficile.

La grande renommée de Jean d'André eut pour double cause l'éclat de son enseignement à Pérouse, et les ouvrages importants de droit canon qu'il publia dans sa longue carrière. Il commenta successivement les Décrétales de Grégoire IX, le Sexte de Boniface VIII et les Clémentines, et toujours avec autant de jugement que de science. Il obtint, comme canoniste, autant d'autorité que Guilhaume Durand, dont il enrichit le *Speculum* d'annotations précieuses, aussi estimées que le texte. Sa renommée cependant pâlit devant celle du jurisconsulte, moins âgé que lui d'un

(1) Savigny en donne le détail curieux au chapitre 21, § 82, de son ouvrage.

(2) Il dit, en parlant de son généreux bienfaiteur : « Ipse me gratis doctoravit et invitum : liber enim et inops, lascivus et juvenis, servile docentis officium, et magisterii onus et senium subire nolebam. »

demi-siècle, dont nous allons parler dans le paragraphe suivant.

§ V. — BARTOLE.

Quoiqu'il y ait dans le monde beaucoup de réputations usurpées, il est impossible qu'un homme ait excité chez tous ses contemporains des sentiments de la plus vive admiration sans qu'il les ait mérités par quelque côté, et le nom de Bartole, qui a perdu de nos jours une grande partie de la splendeur qu'il garda longtemps, passera cependant justement à la plus longue postérité. Le savoir de cet homme célèbre fut immense, et les preuves en subsistent encore. Bartole commenta tout le Digeste, tout le Code, et composa, de plus, quantité de traités particuliers. Ses divers ouvrages comprennent cinq énormes volumes in-folio. Cujas même n'a pas rempli un cadre aussi vaste. Si la renommée de Cujas a presque effacé aujourd'hui celle de Bartole, c'est que le grand jurisconsulte toulousain saisissait toujours corps à corps les textes des jurisconsultes romains, sans s'embarrasser, comme Bartole, des gloses qui les masquaient, et qu'il s'aida, pour éclairer ces textes, de connaissances philologiques et littéraires très-étendues, que Bartole n'avait pas. Sa latinité fut aussi, il faut le reconnaître, beaucoup plus belle que celle de Bartole, quoique celle-ci, comme se le figurent à tort bien des gens qui n'ont jamais lu ni même vu les œuvres dont ils parlent, ne soit pas une latinité barbare. Le style de Bartole est commun, mais il n'est pas incorrect.

Bartole mérita sa réputation, parce que sa science était fort vaste pour le temps où il vivait, et que ses solutions étaient généralement pleines de sens et de raison. Deux faits historiques très-remarquables vont le démontrer. Les jurisconsultes dont les écrits ont eu dans leur pays autant d'autorité que la loi elle-même sont fort rares. Les Romains en eurent cependant quelques-uns, comme le prouve notamment la célèbre loi des Citations, dont nous avons parlé dans notre livre premier. Mais nous ne connaissons qu'un seul jurisconsulte, depuis l'origine du monde, dont les opinions aient fait loi dans des pays étrangers au sien, et ce jurisconsulte, c'est Bartole. En Espagne, en effet, sur tous les points qui n'étaient point réglés par le droit spécial du pays, les décisions de Bartole eurent longtemps force de loi (1); et en Portugal, son commentaire sur le Code de Justinien avait autant d'autorité que le Code même (2).

La vie de Bartole fut courte, mais brillante, depuis sa première jeunesse jusqu'à sa fin. Il naquit en 1313, à Sassoferrato, ville du duché d'Urbin, d'une famille obscure. Dès l'âge de quatorze ans, il commença à étudier le droit sous Cinus, dont il suivit les cours à Pérouse pendant quelques années. Il alla ensuite à Bologne, où il fut promu au grade de docteur en 1334, à vingt ans par conséquent. Après avoir passé les cinq années suivantes dans la retraite, où il dut se livrer à d'immenses travaux, il fut promu aux fonctions d'assesseur à Todi d'abord, puis à Pise (3). C'est dans cette dernière ville qu'il commença ses leçons publiques sur le droit, en 1339. Quatre ans après, il alla professer à Pérouse, où Jean XXII avait fondé, vingt-deux ans auparavant, une université, qui devint une des plus florissantes de l'Italie, dès que Bartole y eut commencé son enseignement, qu'il continua sans interruption jusqu'à sa mort, survenue en juillet 1357. Bartole n'avait alors que quarante-quatre ans, et l'on a peine à comprendre que dans une vie aussi courte, avec une santé si délicate et un estomac si faible qu'il

(1) Voyez Duck, *de Usu et autoritate*, liv. 2, C. 6, § 29.
(2) *Freirii Hist. Juris Civilis*, t. 4, p. 77 et suiv.
(3) Voyez Baldus, in Codicem, liv. 1, *de His qui acc. non possunt.*

16

était obligé, dit-on, de faire peser sa nourriture, Bartole eût pu trouver, au milieu des fatigues de l'enseignement, le temps de composer ses immenses ouvrages.

La ville de Pérouse, que Bartole avait enrichie par l'affluence immense d'étudiants qu'il y avait attirés, se montra reconnaissante envers lui. Dès l'année 1348, elle lui accorda ainsi qu'à un de ses frères, sur la demande de l'Université, le droit de bourgeoisie, que les cités italiennes du moyen âge, comme on sait, ne prodiguaient point, et, en 1335, elle le chargea d'une mission auprès de l'empereur Charles IV, qui fut si émerveillé de sa science, qu'il le nomma membre de son conseil et lui accorda de nombreuses faveurs. Une d'elles mérite d'être rappelée. Charles conféra à Bartole et à tous ses descendants qui professeraient le droit comme lui, le droit de légitimer ceux de leurs élèves qui seraient nés hors mariage, et de leur accorder, au besoin, des dispenses d'âge pour toutes les fonctions civiles auxquelles ils seraient dans le cas d'être nommés.

Bartole fut enterré à Pérouse, dans l'église de Saint-François, où on lui éleva un tombeau magnifique, qui ne portait d'autre inscription que ces mots : OSSA BARTOLI. Le sculpteur dut penser que c'était dire assez pour exciter chez l'homme le plus indifférent qui passerait devant le tombeau du grand jurisconsulte, un frissonnement de surprise et un hommage de respect.

§ V. — BALDE.

Balde fut élève de Bartole, et atteignit presque la célébrité de son maître. Il naquit à Pérouse d'une famille noble, en 1327. On dit que Bartole avait commencé à professer à dix-sept ans, Balde commença à donner quelques leçons publiques à quinze, et fut promu au grade de docteur à dix-sept. Presque aussitôt après, il commença sa brillante

carrière d'enseignement, qui devait se prolonger sans interruption durant cinquante-six ans. Il enseigna d'abord à
Bologne pendant trois ans ; puis, trente-trois ans de suite
à Pérouse ; un an ensuite à Pise, six à Florence, trois à
Padoue, dix à Pavie, et mourut dans cette dernière ville,
le 28 avril 1400, comblé de jours et d'honneurs.

Balde, en effet, exerça des fonctions publiques importantes dans toutes les villes où il enseigna. A Pérouse, la
ville où il resta le plus, il fut chargé, à diverses reprises,
de fonctions judiciaires ou diplomatiques, voire une fois de
l'administration militaire ; Florence lui accorda le droit de
bourgeoisie, et Pavie le chargea de réformer les statuts de
son université. Il s'acquitta de ces différentes tâches avec
le plus grand succès, ce qui marque assez quelle était l'é-
tendue de son esprit.

Vers la fin de sa carrière, Balde eut à donner une consultation sur un des plus grands litiges qui se fussent produits jusque-là dans le monde. On sait qu'après la mort
de Grégoire XI, les cardinaux qui se trouvaient à Rome
élurent pour pape Barthélemi Prignano, archevêque de Bari,
canoniste fameux, qui prit le nom d'Urbain VI. Urbain ne
tarda pas à mécontenter un grand nombre de cardinaux,
qui songèrent alors à nommer un autre pape. Ils préten-
dirent que la nomination d'Urbain leur avait été arrachée par
les menaces de Romains, qui, se souvenant du préjudice
immense que leur avait causé le séjour prolongé des papes
précédents à Avignon, voulaient, à tout prix, avoir un pape
qui demeurât parmi eux. Les cardinaux soutenaient qu'une
élection faite dans ces circonstances était radicalement
nulle, et qu'il y avait lieu de nommer un autre pape.

Balde avait été professeur de Grégoire XI, et passait
avec raison pour être aussi versé dans le droit canonique
que dans le droit civil. Urbain VI s'empressa de lui demander une consultation sur le litige soulevé par les car-

dinaux. La consultation fut tout à fait favorable à l'auguste consultant, et fut suivie de son intronisation, qui eut lieu le 18 août 1378. Les cardinaux dissidents ayant persisté dans leurs idées et nommé, peu de temps après, au siége de Rome le cardinal Robert, de Genève, Urbain VI eut recours de nouveau aux lumières de Balde, qui délibéra alors, à Rome, avec un autre jurisconsulte célèbre du temps, Jean de Lignano, une seconde consultation, où il démontra si bien les droits d'Urbain, qu'elle fixa les hésitations de la plupart des docteurs, surtout italiens. Presque tous, dès ce moment, reconnurent Urbain pour le pape légitime. Balde put ainsi se féliciter d'avoir, par ses leçons, contribué à rendre un premier pape, Grégoire XI, digne du suprême pontificat, et d'avoir, par ses écrits, consolidé la tiare sur la tête d'un second.

Dans le cours de sa longue carrière, Balde composa sur les diverses parties du corps de droit de Justinien, et sur les trois premiers livres des Décrétales, des livres qui eurent un grand succès, et ne tardèrent pas, après l'invention de l'imprimerie, à être livrés à l'impression. Ces ouvrages étaient cependant fort inférieurs en mérite à ceux de Bartole, et les études de droit, devenant de plus en plus ternes, menaçaient de tomber dans une complète décadence, si elles n'avaient été relevées en Occident par deux événements mémorables, dont nous allons parler dans le chapitre suivant.

CHAPITRE III

Des grands jurisconsultes d'Occident depuis la fin du grand schisme jusqu'à Luther.

§ 1. — RÉFLEXIONS PRÉLIMINAIRES.

Nous avons dit et prouvé, dans le chapitre précédent, que les progrès des études juridiques, et ceux du droit par conséquent, qui en dépendent nécessairement, subirent un point d'arrêt dès l'époque où Clément V fixa sa résidence habituelle à Avignon. Leur décadence devint bien plus marquée quand, à la mort de Grégoire XI, commença le grand schisme d'Occident. Nous disions tout à l'heure, en parlant de Balde, que les docteurs italiens tinrent généralement Urbain VI pour le pape légitime ; mais les intérêts opposés des princes de ce temps, qui voulaient chacun un pape de leur bord, firent que les anti-papes Clément VIII et Benoît XIII conservèrent longtemps de nombreux partisans dans quelques Etats de la chrétienté. La catholicité tout entière ne fut occupée, pendant près de quarante ans, qu'à rechercher entre deux pontifes qui s'ananathématisaient reciproquement, quel était le véritable pape. Ces dissensions déplorables donnaient lieu à des discussions sans fin, qui n'étaient d'aucune utilité pour la science. Les princes ambitieux et les hommes impies s'inquiétaient peu de ce déplorable différend. Mais les hommes religieux et dépourvus de tout calcul personnel, ceux qui savent que le vrai bonheur de tout être humain ne peut être que dans la concorde et la paix avec tous ses semblables, c'est-à-dire toutes les belles âmes, comme, heureusement, il s'en rencontre toujours beaucoup, n'avaient pas de préoccupation plus grande et de plus vif désir que de voir tous les catholiques réunis sous le même pasteur.

Les hommes politiques ne pouvaient plus, d'ailleurs, rester indifférents à la solution d'une aussi grande question. Les fils de Mahomet profitaient des malheureux différends qui divisaient les princes et les peuples catholiques en deux camps, pour étendre de plus en plus leur domination dans l'Europe occidentale. Les novateurs hardis s'en réjouissaient de leur côté pour ressusciter les erreurs des Albigeois et des Vaudois, ou semer d'autres hérésies. Jean Hus, en particulier, et Jérôme de Prague, précurseurs de Luther, répandaient leurs pernicieuses doctrines dans toute l'Allemagne. Ce fut donc un jour de bien grande joie dans toute la catholicité, que celui où tous les chrétiens, après trente-sept ans de schisme, purent enfin distinguer avec une certitude entière où était leur véritable pasteur. On sait que ce jour bienheureux arriva, quand Martin V eut été reconnu comme le véritable pape par le concile de Constance, en l'année 1415, et l'on comprend aisément les transports de joie qui éclatèrent parmi tous les Pères du saint Concile, quand eut lieu l'intronisation du nouveau pape. La cérémonie se fit avec le plus magnifique appareil. L'empereur d'Allemagne, Sigismond, fut le premier à se prosterner aux pieds du Souverain Pontife, et tous les Pères du concile allèrent le conduire, processionnellement, dans l'église où il devait être reconnu et proclamé comme chef de la chrétienté.

Les soins de Martin V tendirent aussitôt à apaiser les différends des princes et des peuples sur tous les points de l'univers catholique. Ces différends étaient trop profonds entre la France et l'Angleterre, pour que la seule intervention du pape pût les faire cesser. Mais Martin fut assez heureux pour pacifier complétement l'Italie. La paix solide qu'il y établit entre les princes préparait un nouveau mouvement intellectuel, dont l'éclat devait dépasser celui qui s'était produit à Bologne au milieu du douzième siècle, parce qu'il devait s'étendre à toutes les sciences et à tous les arts.

Une des causes de cette nouvelle éclosion de grandes œuvres dans l'Europe occidentale fut la décadence de plus en plus marquée de l'Empire d'Orient, dont il devint aisé de prévoir la fin prochaine, quand les Turcs, commandés par Amurath Ier, s'emparèrent, vers la fin du quatorzième siècle, d'une grande partie de l'Europe méridionale. Constantinople, enserrée dès lors de tout côté par ses redoutables ennemis comme le taureau dans l'enceinte du cirque, ne pouvait tarder à succomber. Beaucoup d'hommes instruits, qui jugeaient ce malheur prochain, commençaient à se réfugier dans l'Europe occidentale, et particulièrement en Italie, emportant dans leurs cassettes leurs manuscrits les plus précieux, comme Énée emportait ses dieux pénates pour fuir l'incendie de Troie.

L'un de ces savants, Emmanuel Chrysoloras, venu en ambassade de Constantinople en Italie pour implorer des secours contre les Turcs, et qui mourut au concile de Constance en 1415, avait professé, quelques années auparavant, à Pavie et à Padoue, avec un immense succès, la langue grecque, jusqu'alors presque entièrement ignorée dans l'Europe occidentale. Chrysoloras eut parmi ses nombreux élèves des hommes qui devaient acquérir une grande renommée littéraire, entre autres Léonard Bruni d'Arezzo, plus connu chez nous sous le nom d'Arétin, et Poggio Braccioloni, que nous appelons le Pogge.

Quand les Italiens se furent épris de la littérature grecque, beaucoup d'entre eux voulurent aller s'en instruire mieux dans l'Empire byzantin. Guarino de Vérone, par exemple, qui vivait au commencement du quinzième siècle, alla faire un long séjour à Constantinople pour mieux ap-

prendre le grec dans cette capitale, et tâcher d'en rapporter
des manuscrits précieux. Quand il revint dans sa patrie, il
en avait deux caisses pleines; et dans un naufrage qu'il
essuya, l'une d'elles s'étant perdue, la douleur qu'il en res-
sentit fit, à ce qu'on assure, blanchir en une seule nuit ses
cheveux, fait extraordinaire, qu'on devrait taxer de fable,
si un changement non moins prompt, survenu à la chevelure de l'infortunée Marie Antoinette, ne démontrait pas
la possibilité de ce phénomène. Guarino servit, bientôt
après, de truchement aux prélats grecs, au concile général
de Florence, qui avait commencé à Ferrare dès l'année 1438.

Ce concile œcuménique augmenta la splendeur de Florence, dont le gouvernement était alors entre les mains de
Côme Ier de Médicis, qui cherchait ses principaux titres
de gloire dans la protection qu'il accordait aux lettres et
aux arts, et qui, dès la naissance de l'art typographique,
s'empressa d'établir à Florence une imprimerie grecque,
pour multiplier, par milliers, les chefs-d'œuvre de la littérature hellénique, qui avaient échappé à la destruction. Les
hommes lettrés qui affluaient à la cour de Côme Ier se ré-
pandirent de proche en proche dans les autres contrées de
l'Italie, et ne tardèrent pas à trouver des imitateurs chez
les nations voisines. Le retour aux études littéraires devint
ainsi universel dans toute l'Europe occidentale. Les bibliothèques des églises et des monastères furent partout fouil-
lées, et plusieurs monuments importants des littératures
anciennes s'y retrouvèrent, pour devenir impérissables dès
que l'art de Faust et de Gutenberg en eut multiplié à
profusion les exemplaires.

Ce grand mouvement intellectuel profita surtout à la littérature et aux arts, mais la science du droit en retira cependant aussi de grands avantages. Avant la découverte de
l'imprimerie, les exemplaires des bons ouvrages étaient si
rares et si chers, que les jurisconsultes n'avaient guère

d'autres livres dans leurs bibliothèques, que les textes du droit civil et du droit canon, plus ou moins chargés de gloses. Dès que l'imprimerie fut découverte, ils purent puiser, avec beaucoup plus de facilité, dans les auteurs classiques de l'antiquité, des secours précieux pour l'intelligence des lois romaines. Les études littéraires, remises en honneur, firent également que les jurisconsultes reprirent dans leurs écrits un langage correct, et une certaine élégance, qui avaient disparu depuis Accurse.

Les progrès, sous ce rapport, sont très-marqués dans les trois jurisconsultes du quinzième siècle dont nous allons parler, et qui furent les principaux précurseurs de Cujas, dont le dernier même eut la gloire d'être l'un de ses maîtres. Ces trois jurisconsultes furent Jason, Diplovataccius et Alciat.

§ II. — JASON.

Jason naquit en 1435, à Pesaro, d'un noble Milanais exilé de sa patrie. Il commença ses études de droit à Pavie, où il passa une année dans le libertinage. Pour sortir du gouffre où il était tombé, il prit la voie la plus sûre. Il se livra à l'étude, et le fit avec tant d'ardeur, qu'à l'âge de trente-deux ans il commença à professer le droit à Pavie, dont l'université était alors une des plus célèbres de l'Italie. Après y avoir enseigné dix-huit ans, l'éclat de son enseignement le fit appeler à Padoue en 1485, et trois ans après, à Pise. Il ne tarda pas cependant à revenir à Pavie, théâtre de ses premiers succès, et y resta jusqu'à sa mort, dont la date précise n'est pas bien connue, mais qui ne put arriver avant l'année 1507, puis qu'on sait que cette année là, notre roi Louis XII, revenant de Gênes dont il s'était emparé, et passant à Pavie, assista à une leçon de Jason, avec cinq cardinaux et cent personnes de sa cour.

Un auteur italien, Jovius, rapporte qu'à cette occasion, le roi de France ayant demandé à Jason, âgé alors de soixante-douze ans, pourquoi il ne s'était jamais marié, le jurisconsulte, un peu ambitieux, eut la présence d'esprit de répondre au roi, que c'était pour pouvoir, au moyen de sa puissante protection, parvenir au cardinalat.

Les ouvrages de Jason, qui presque tous ont été imprimés, et dont Savigny donne la liste (1), n'avaient point, au dire du savant allemand, un grand mérite. Il faut attribuer alors la grande renommée de Jason à ses qualités oratoires; et d'après Jovius et Pancirole, peu d'hommes, en effet, avaient possédé à un plus haut degré que Jason, toutes les qualités qui distinguent les grands orateurs, la prestance corporelle, la noblesse du geste et l'éclat de la diction.

Jason, dans sa longue carrière de professeur, qui se prolongea au moins durant quarante ans, forma naturellement un très-grand nombre d'élèves. Les deux plus célèbres furent Diplovataccius et Alciat.

§ III. — DIPLOVATACCIUS.

Thomas Diplovataccius naquit à Corfou en 1468, mais ses parents l'emmenèrent, tout enfant, en Italie. Après avoir étudié successivement à Naples, puis à Salerne, ce qui semblerait indiquer qu'il fit d'abord des études médicales, il alla étudier le droit à Bologne, et plus tard, sans aucun doute, dans quelqu'une des villes où Jason professa, puisqu'on sait que Jason fut son maître, au moins pour le droit civil. Docteur en 1492, à vingt-quatre

(1) *Hist. du dr. rom. au moyen âge*, ch. 58.

ans par conséquent, il remplit les fonctions d'avocat fiscal à Pesaro avec une rare distinction et la plus stricte impartialité. Sa doctrine et sa franchise faillirent lui être fatales. Ayant manifesté publiquement l'indignation que lui causait un assassinat commis sur un homme notable par le tyran de Milan, Jean Sforce, ses amis lui firent comprendre qu'il n'était plus en sûreté dans le Milanais. Il chercha d'abord un asile à Gubio, qui faisait partie des États du pape Jules II; et après avoir passé quelque temps dans cette localité, trop petite pour qu'un homme de son mérite y pût trouver une société assez lettrée, il se rendit, en l'année 1517, à Venise, où il donna des leçons de droit civil avec un succès immense. Après qu'il eut professé dans cette ville une quinzaine d'années, les habitants de Pesaro firent tant d'instances pour le faire revenir chez eux, qu'il y consentit, et fut nommé presque aussitôt gonfalonier.

Diplovataccius mourut le 29 mai 1541 dans un âge avancé. Il dut conserver une grande ardeur pour le travail jusque dans sa vieillesse, puisqu'il laissa un grand nombre d'ouvrages. Le plus important fut son livre *De præstantia doctorum sive de claris jurisconsultis*. C'est le premier ouvrage où les vies des jurisconsultes célèbres aient été racontées avec quelques détails, et c'est un grand malheur que nous n'en ayons conservé que des fragments. Diplovataccius, dans sa longue carrière, avait pu, en effet, recueillir sur les jurisconsultes célèbres de l'Italie, dont le nombre dépassait peut-être déjà de son temps celui des jurisconsultes de toutes les autres parties de l'Europe réunies, quantité de documents, qui, depuis, ont dû se perdre.

§ IV. — ALCIAT.

Un autre élève de Jason, dont la célébrité devait être plus grande que celle de Diplovataccius, ce fut Alciat.

Alciat, né à Milan le 8 mai 1492, s'adonna de bonne heure à la jurisprudence. Il commença ses études à Pavie, sous Jason, et les continua à Bologne, où il obtint, à vingt-deux ans, le grade de docteur. Il fit paraître, la même année, une explication des plus savantes, de tous les termes grecs qui se trouvent dans le Digeste, et son livre, qui causa autant de surprise et d'admiration aux hommes de lettres qu'aux légistes, avait été, paraît-il, composé par lui à l'âge de quinze ans. Un talent aussi précoce présageait un grand jurisconsulte, et le sujet du livre annonçait aussi que la science du droit allait briller d'un éclat qu'elle n'avait pas eu au temps d'Accurse et de Bartole, grâce à des travaux philologiques devenus faciles, que les glossateurs n'avaient pas pu aborder. Accurse et ses disciples étaient, en effet, d'assez bons latinistes, mais leur savoir, en fait de langues anciennes, se bornait là. Ils ne pouvaient pas s'aider, pour l'explication du droit romain, des documents précieux épars dans quantité d'ouvrages composés par des Grecs sur l'histoire romaine. Dion et Denys d'Halicarnasse, qui en contiennent tant, leur étaient peut-être complétement inconnus, puisqu'ils ne les citent jamais.

Les glossateurs ne faisaient aussi, pour expliquer les textes, que de rares emprunts aux œuvres littéraires des Romains eux-mêmes, dont beaucoup cependant, particulièrement celles des orateurs et des poètes comiques, reflètent parfaitement les lois et les mœurs judiciaires de Rome au moment où leurs auteurs écrivaient. Alciat, helléniste et littérateur consommé, commença à puiser à toutes ces sources. Aussi son enseignement obtint-il un prodigieux succès.

Les universités d'Italie, on l'a vu, se disputaient Jason. Pour Alciat, ce fut la France qui entra en lutte avec l'Italie.

Avignon avait vu son université tomber en décadence depuis l'extinction du grand schisme, qui avait laissé son vaste château vide de papes et d'anti-papes. Ses magistrats municipaux, pour ramener des étudiants dans ses murs, eurent la pensée d'y attirer Alciat, et ne purent que s'en féliciter, tant le nombre des étudiants augmenta aussitôt. Mais les villes sont plus sujettes encore à l'ingratitude que les particuliers, quiconque oblige une multitude de gens paraissant par là même n'obliger personne. Au lieu d'augmenter l'indemnité promise à Alciat, la ville d'Avignon mit peu d'exactitude à la payer. Alciat, qui ne professa jamais pour la science un culte désintéressé, revient alors à Milan, où ses succès font déserter les chaires des autres professeurs, qui lui suscitent aussitôt mille tracasseries. Les hommes médiocres ne les épargnent jamais aux hommes supérieurs, qu'ils jalousent.

La France profita de la haine des détracteurs d'Alciat, grâce à François Ier, prince au cœur chaud, qui aimait les savants autant que les poètes et les artistes, et dont le règne, à bien des égards, ne fut pas inférieur à celui de Louis XIV. Il fit pour Alciat ce qu'il avait fait pour Léonard de Vinci et Le Primatice. Sachant qu'il était persécuté à Milan, il l'attira en France par ses bienfaits, et fonda pour lui une chaire dans l'université de Bourges avec une pension de six cents écus, somme considérable pour le temps, que ce roi généreux doubla cependant bientôt, tant l'enseignement d'Alciat jetait d'éclat et promettait à la France des juristes distingués.

Mais Alciat, avons-nous dit, aimait l'argent. François Sforce, comprenant ce que la Lombardie avait perdu à son départ, le menaça de confisquer ses biens s'il ne revenait dans ses États au plus vite. Pour être plus sûr de déterminer

Alciat, il joignit à ses menaces des offres d'une pension considérable et de la dignité de sénateur. Alciat n'était pas homme à résister à de pareilles offres. Il retourna en Lombardie, et professa à Pavie avec ses succès accoutumés. Quelque temps après, avec l'agrément du duc probablement, il alla professer quatre ans à Bologne, d'où il revint à Pavie, pour se laisser encore gagner par les largesses du duc de Ferrare, Hercule d'Est, qui le détermina à aller dans sa capitale. Alciat resta quatre ans à Ferrare, et revint une troisième fois à Pavie, où il mourut à l'âge de cinquante-huit ans, ayant rempli l'Europe entière de sa renommée, et comblé d'honneurs par ses plus grands souverains. On ne peut citer que Rubens, qui ait obtenu des princes de plus grandes distinctions qu'Alciat. Nous avons dit ce que François Ier avait fait pour lui. Le rival de François Ier, Charles-Quint, fit, à son tour, d'Alciat, un comte palatin et un sénateur. Ferdinand d'Aragon lui fit présent d'une chaîne d'or d'un prix considérable, et le pape Paul III lui donna le titre de Protonotaire apostolique, avec tous les avantages pécuniaires attachés à cette charge éminente, quoiqu'il n'en remplît pas les fonctions. Alciat méritait ces honneurs pour sa science ; mais il est à regretter pour sa mémoire, que sa cupidité, et un goût trop prononcé pour la bonne chère, l'eussent privé d'une récompense plus précieuse que tous les honneurs, l'estime des hommes vertueux. Il fut enterré dans l'église de Saint-Epiphane, à Pavie, et l'épitaphe mise sur son tombeau lui attribue, avec raison, l'honneur d'avoir rendu aux études juridiques tout leur ancien éclat (1).

Alciat publia son premier ouvrage sur le Digeste, qui lui fit aussitôt un nom parmi les jurisconsultes, en l'année 1514,

(1) Elle porte : « Andreæ Alciat (suit la longue énumération de ses titres et dignités), qui omnium doctrinarum orbem absolvit, prima legum studia antiquo restituit decori. »

avant les prédications hérétiques de Luther par conséquent. Rien, dans ses ouvrages ultérieurs, n'indique qu'il eût embrassé aucune des erreurs du célèbre hérésiarque ; c'est pour cela que nous le rattachons à la période antérieure à Luther, quoiqu'il ait vécu trente ans encore après la révolte du moine de Wittemberg. Tous les autres jurisconsultes célèbres du seizième siècle n'ayant acquis, au contraire, leur réputation, qu'après que Luther eut infecté plus ou moins leur pays de ses doctrines, nous ne parlerons d'eux que dans le livre suivant. Pour compléter celui-ci, nous dirons d'abord quelques mots de deux ouvrages remarquables sur le droit coutumier, qui furent écrits en France durant la période dont nous nous occupons, et nous parlerons ensuite du grand travail de la rédaction des coutumes françaises.

§ V. — DES JURISCONSULTES COUTUMIERS DU QUATORZIÈME SIÈCLE, BOUTILIER ET L'AUTEUR DU *Grand coutumier de France*.

I. BOUTILIER (1). — Le livre de pratique qui eut le plus d'autorité en France au quatorzième siècle, est la *Somme rurale* de Jean Boutilier, conseiller au Parlement de Paris, qui mourut dans les premières années du quinzième siècle. Rien n'est plus intéressant que ce livre, et aucun du même siècle ne reflète mieux les mœurs du temps. M. Dalloz suppose que l'ouvrage fut appelé Somme rurale, parce qu'il fut composé dans les loisirs de la campagne (2). Nous ignorons de quelle circonstance M. Dalloz a induit cela. Rien, au moins, dans le livre, ne l'indique, et l'auteur aurait bien pu vouloir dire tout autre chose. Comme les livres de droit

---

(1) Ou Bouteiller. Dans l'édition très-recherchée de Charondas le Caron, de 1611, on trouve le nom écrit des deux façons.

(2) *Répertoire*, t. I, p. 92.

étaient de son temps extrêmement rares, car il est douteux
que l'imprimerie fût encore inventée quand l'ouvrage fut
composé, la *Somme*, c'est-à-dire l'abrégé composé par l'auteur, put être par lui appelée *Rurale*, pour exprimer qu'à
la campagne elle dispensait de tous autres livres. La Somme
rurale est, en effet, comme le célèbre *Speculum juris* de
l'évêque de Mende, un livre où, à propos de procès, il est
question absolument de tout : de droit canon, de droit
civil, autrement dit de droit romain, de coutumes, de droit
criminel, d'administration, de police, et toujours sans aucune
espèce d'ordre. Il n'y en a pas plus dans le livre de Boutilier qu'il ne saurait y en avoir dans un jeu de cartes bien
battues ; mais le livre se recommande par un cachet d'honnêteté et de bonne foi, qui témoigne suffisamment de son
exactitude.

On voit dans le livre de Boutilier combien, dans l'espace
d'un siècle, les mœurs judiciaires, en France, s'étaient
transformées. On a vu précédemment que saint Louis, au
treizième siècle, ne prohibait le combat judiciaire qu'au
dessous de cinq sous. Mais l'exemple donné par le saint
roi ne fut point perdu. Le duel judiciaire, dont Beaumanoir,
contemporain de saint Louis, se plaisait encore à décrire
les péripéties, ne se trouve pas même mentionné dans le
livre de Boutilier, où, cependant, comme nous l'avons dit,
il est question à peu près de tout. On pourrait donc croire
qu'il était, dès lors, tombé en complète désuétude, si nous
ne savions que sous Henri II il y eut encore un duel judiciaire autorisé par le parlement de Paris.

La proscription du combat judiciaire fut la conséquence
naturelle de l'extension de plus en plus grande des études
de droit. Quand les universités en eurent propagé la connaissance partout, les barons commencèrent à ne plus
assister aux plaids, et les gens de robe, qui prirent leur
place, devaient goûter fort peu un usage qui autorisait le

plaideur à adresser un démenti au juge même, et à l'appeler en champ clos. Boutilier, du reste, était si admirateur du droit romain, que, dès le début de son livre, il appelle le droit coutumier un droit *haineux,* auquel le droit écrit, c'est-à-dire le droit romain, doit toujours être préféré, dans les lieux où la coutume n'est pas positivement contraire (1).

II. LE GRAND COUTUMIER DE FRANCE. — Ce livre a été longtemps appelé le *Grand Coutumier de Charles VI.* Dans une nouvelle édition de ce Coutumier, publiée en 1868, M. Laboulaye prouve fort bien que cette indication ne repose sur aucune base sérieuse, et qu'il est impossible de savoir, ni même de conjecturer, quel fut primitivement l'auteur de cette œuvre, qui a visiblement reçu une foule de retouches. L'œuvre, dans tous les cas, est très-estimable, mais, à nos yeux, moins intéressante que celle de Boutilier. On voit facilement par ce livre, tel au moins qu'il nous est parvenu, qu'il ne dut être publié qu'après celui de Boutilier, puisqu'on y cite une ordonnance rendue en 1412, sur les Eaux et Forêts, par Charles VI, d'où apparemment lui vint le nom de Coutumier de Charles VI. Mais, le testament de Boutilier étant de la même année, il est fort à croire, comme nous l'avons dit, que le livre de Boutilier avait été composé bien avant. Dans le *Grand Coutumier,* le droit des coutumes prend, en effet, des teintes de plus en plus ternes, tandis que la jurisprudence du parlement de Paris commence à y occuper une place beaucoup plus grande que dans Boutilier, où il en est à peine question, ce qui n'empêche point que ce livre ne présente un grand intérêt, parce qu'il contient dans la partie qui paraît la plus ancienne, quantité de choses curieuses que le livre de Boutilier n'indique pas.

(1) « Droict haineux est le droict qui, par le moyen de la coustume du païs, est contraire au droict escrit, comme sont cas de retrait lignagier, etc. » Liv, Ier, tit. 1er.

La lecture de ces deux œuvres fait aimer également leurs auteurs, par les sentiments de piété et d'humilité qui y respirent. Le testament de Boutilier, dont nous rappelions tout à l'heure la date, est tout ce qu'on peut imaginer de plus pieux, et l'auteur du grand Coutumier était le plus modeste des hommes. Il dit, dans son prologue, en parlant de son traité : « Je l'ay prins et assemblé dès longtemps sur plusieurs austres livres et opinions des sages praticiens, et sur plusieurs austres choses concernans et regardans le faict de la dicte praticque, selon ma possibilité, faculté et puissance, laquelle j'ay réputé estre petite et foible. » On croit entendre Marculfe, se disant le dernier et le plus vil des moines. Les auteurs de ce temps, remplis de l'esprit chrétien, étaient bien loin de la violence de langage à laquelle donnèrent lieu les querelles religieuses du siècle suivant, et que nos auteurs contemporains n'ont pas encore désapprises, comme si le meilleur moyen de convaincre un adversaire était de lui dire des injures.

Mais achevons ce qui nous reste à dire de la science juridique en France avant les prédications de Luther.

§ VI. — DE LA RÉDACTION DES COUTUMES FRANÇAISES.

Le fait juridique le plus considérable qui se produisit en France depuis la fin du grand schisme, ce fut la rédaction des coutumes.

Il faut se garder de confondre ce qu'on appelait anciennement les coutumiers, avec les coutumes. On désignait sous le premier nom, des livres de pratique composés par des légistes, sans aucun mandat d'un pouvoir constitué, dont l'autorité, par conséquent, était assez faible, tout plaideur pouvant soutenir que le coutumier s'était trompé, ou que ce qu'il avait dit n'était vrai que d'un lieu autre que

celui dont la coutume devait servir à juger le procès. Les
Établissements de saint Louis, le Conseil de Pierre de
Fontaines, le livre de Beaumanoir, celui de Boutilier, le
grand Coutumier de France, et d'autres ouvrages semblables, étaient autant de livres qui n'avaient, comme nous
disons aujourd'hui, qu'une valeur doctrinale, fort inférieure,
par conséquent, à celle des lois. Il en fut autrement des
Coutumes. Quand elles eurent été officiellement rédigées,
elles devinrent par là même des actes législatifs.

Dans les temps de grande ignorance qui suivirent les
irruptions des Barbares et se prolongèrent jusqu'aux croisades, l'usage de l'écriture, nous l'avons dit souvent, devint
fort rare. Les seules lois qui se conservaient assez exactement par l'écriture, c'étaient celles de l'Eglise, parce
qu'elles intéressaient au plus haut degré tous les chrétiens, et encore plus les membres du clergé, les seules
personnes lettrées de ces temps malheureux.

Il advint de là, nous l'avons dit aussi, que l'unité de la
législation civile, que Charlemagne avait tenté d'établir
dans toutes les parties de son vaste empire, à peine réalisée durant le règne de ce grand prince, disparut après
lui, pour faire place à des coutumes aussi nombreuses et
aussi diverses qu'il y avait en France de seigneuries indépendantes. Quelques-unes de ces coutumes, comme celle de
Normandie, furent constatées par écrit de très-bonne heure ;
mais ce fut le très-petit nombre. La plupart ne se conservaient que par tradition dans les souvenirs des habitants
de la contrée. De ces coutumes non écrites naissaient, en
bien des cas, des incertitudes fort grandes. Tout ce qui
est coutume, en effet, est fort changeant, et ressemble
aux cours d'eau mal encaissés, qui ne coulent pas, un an
de suite, dans le même lit, et se portent sans cesse tantôt
d'un côté, tantôt de l'autre.

Les litiges graves et fréquents qui naissaient de cet état

de choses devaient frapper tous les hommes sensés et leur faire désirer plus de fixité dans ces lois ondoyantes. Aussi, dès l'année 1453, Charles VII rendit à Montils-lez-Tours, une ordonnance célèbre, ou il prescrivit la rédaction de toutes les coutumes qui avaient cours dans toute l'étendue de ses domaines. Un de ses grands vassaux, Jean le Bon, duc de Bourgogne, jugea cette pensée si utile qu'il s'empressa de se l'approprier, et qu'il devança son suzerain dans l'exécution. Il publia, dès l'année 1459, les coutumes de Bourgogne, qui avaient été rédigées sur les observations des gens les plus avisés de son duché. Dans la France proprement dite, les choses allèrent moins vite. Quelques coutumes furent rédigées cependant avant la fin du quinzième siècle ; mais pour que la rédaction en fût définitivement arrêtée, il fallait que l'autorité royale intervînt pour les approuver, et la première coutume qui fut sanctionnée de cette manière, fut celle du Bourbonnais, publiée par ordre du roi, le 19 septembre 1500. Ce premier exemple donné, la rédaction officielle des autres coutumes marcha vite, et bon nombre des plus importantes furent publiées sous le règne de Louis XII ou les premières années de François Ier, avant les prédications de Luther par conséquent (1).

La rédaction d'une coutume était, on le comprend, une œuvre collective, comme l'avaient été dans la Palestine les Assises de Jérusalem. Dans les attestations que venaient faire des personnages notables de la contrée devant un ou plusieurs commissaires délégués à ces fins, la mémoire jouait un plus grand rôle que la science. La science y avait sa part cependant. Il devait arriver bien des fois que la coutume sur tel ou tel point était incertaine, parfois même qu'elle

_____

(1) Voyez M. Dalloz, *Essai sur l'hist. gén. du droit français,* p. 134.

pouvait paraître tout à fait mauvaise ; et il n'est pas douteux que les légistes les plus instruits devaient, dans certaines circonstances, exercer une grande influence sur ceux de leurs collaborateurs qui l'étaient moins, pour faire prévaloir la rédaction la plus conforme à l'esprit chrétien. Tous pouvaient s'aider aussi, sur les points douteux, de l'autorité des grands jurisconsultes de Rome , dont les écrits, ceux au moins que le Digeste nous a conservés, étaient alors connus de tous les hommes instruits.

Parmi les rédacteurs des Coutumes, dont les noms furent conservés dans les procès-verbaux de rédaction, mais qui sont presque tous tombés dans l'oubli, il n'est pas douteux que beaucoup durent contribuer aux progrès du droit, plus qu'une foule d'auteurs médiocres dont les livres encombrèrent plus tard la science sans l'enrichir ; et nous devons, en passant, honorer ces hommes sages d'un souvenir de gratitude. C'est dans le livre suivant que nous aurons à louer les illustres commentateurs de leur œuvre modeste, mais éminemment utile. Nous devons clore maintenant ce livre-ci, et aborder une époque pour laquelle nos appréciations différeront grandement de celles que la plupart des jurisconsultes en renom se sont transmises depuis plus de trois cents ans. Les nôtres nous sont inspirées par une conviction si profonde, que notre conscience nous commande de les exprimer avec d'autant plus d'énergie qu'elles rencontrent de nos jours un plus grand nombre de contradicteurs. Les hommes de notre temps ont le tort, ce nous semble, de ne pas remonter assez haut dans le passé. La seule manière pour un homme d'agrandir ses horizons, c'est pourtant de faire reparaître devant ses yeux tous les âges écoulés. Tout homme qui se confine dans un laps de temps trop restreint ressemble un peu à un villageois qui ne peut admirer que son village, quand il n'a pas vu autre chose.

Au demeurant, les événements terribles qu'ont amenés

dans notre malheureuse France notre guerre récente avec la
Prusse, et les excès épouvantables de la Commune de Paris,
qui en furent la suite, ont eu l'heureux effet de dessiller les
yeux de bien des gens, qui s'imaginaient sottement que le
moyen infaillible de se rapprocher de plus en plus de la
vérité en toutes choses, c'était de s'éloigner le plus possible
du moyen-âge. C'est le contraire qui est rigoureusement
vrai, et les événements qui commencent à se dessiner dans
l'ordre religieux nous semblent préparer pour un avenir prochain la confirmation éclatante de ce qui pour nous est une
vérité démontrée.

LIVRE V

Des grands jurisconsultes du seizième siècle depuis Luther.

CHAPITRE PREMIER

Considérations générales sur l'hérésie de Luther et le concile de Trente.

L'hérésie de Luther forme une division naturelle dans notre ouvrage sur les grands jurisconsultes, parce qu'elle exerça une immense influence sur la direction des études juridiques. Cette influence fut-elle utile ou funeste? C'est la question capitale que nous devons examiner au début de ce livre, et nous n'hésitons pas à dire qu'elle fut funeste.

Commençons par distinguer soigneusement deux choses que l'on considère généralement comme inséparables, et qui cependant ne le sont point. Quand, dans une nation, les hommes qui cultivent une science, ou qui pratiquent un art, jouissent d'une grande considération et d'une grande renommée, on en conclut généralement que la science ou l'art où ils se font remarquer doit être en progrès, et nous ne disconvenons pas qu'habituellement cela est vrai; les quatre grands siècles littéraires en offrent autant de preuves. Jamais, cela est certain, les sciences, les lettres et les arts ne brillèrent d'un plus vif éclat qu'à Athènes au temps de Périclès, dans Rome païenne au temps d'Auguste, dans Rome chrétienne sous Léon X, en France enfin sous Louis XIV. Mais de ce qu'une chose arrive ordinairement dans une situation donnée, en conclure qu'elle doit arriver toujours, c'est évidemment une conclusion peu sûre; autre chose est la liaison de la cause avec l'effet, qui se produit inévitablement et toujours; autre chose, une concomitance habituelle, mais qui n'a rien de nécessaire. Nous soutenons donc que le génie, dans les lettres ou les arts, peut fort bien s'élever très-haut, sans qu'il en revienne aux auteurs ou artistes aucune splendeur parmi leurs contemporains; et réciproquement, les savants et les hommes de lettres peuvent être très-considérés dans un pays, quoique leurs talents soient petits. Y eut-il jamais, par exemple, une architecture plus admirable, plus appropriée à l'esprit chrétien, que l'architecture ogivale, dont les arcs aigus, les sveltes colonnes sont autant de jets de prière, qui causent un frissonnement de respect et d'admiration à quiconque les contemple? Qui niera que les cathédrales magnifiques élevées dans ce style, et dont beaucoup sont encore debout, soient le plus bel ornement de la plupart des contrées de l'Europe centrale et occidentale? Qui dira cependant les noms des auteurs de ces œuvres divines? Ces noms restent presque tous ignorés de la terre et ne sont connus que des cieux.

Est-il, à l'inverse, un pays où les lettres et les arts soient plus honorés et mieux rétribués qu'ils ne le sont aujourd'hui dans le nôtre? Que d'écrivains, que d'artistes, pour des œuvres insignifiantes gagnent, de nos jours, plus d'argent que n'en gagnaient nos plus beaux génies du grand siècle! Qui oserait cependant nier que les lettres et les arts ne soient depuis lors bien déchus!

Pareille chose advint à la science du droit au seizième siècle. Jamais, nous en convenons, les jurisconsultes ne furent plus honorés et ne jouèrent un plus grand rôle en Europe qu'à cette époque. Mais, en réalité, la science déclinait, parce qu'elle s'éloignait de l'esprit chrétien.

Disons-le parce que la chose est patente, les légistes

sont ordinairement plus honorés par les princes, et même par les peuples, pour les services qu'ils rendent aux mauvaises causes, que pour les vérités qu'ils défendent. Frédéric Barberousse, Frédéric II, et beaucoup d'autres empereurs d'Allemagne comblèrent, en Italie, de biens et d'honneurs beaucoup de jurisconsultes ; mais ce n'était pas ceux qui défendaient la cause du pape. Pareille chose advint en France sous Philippe le Bel, et se continua sous la plupart de ses successeurs. A l'époque de la révolte de Luther, le même fait se reproduisit en Allemagne, dans tous les pays où l'hérésie prédomina. Nous ne nions point que beaucoup de jeunes légistes n'eussent accepté de bonne foi les idées nouvelles, mais beaucoup de juristes plus mûrs n'épousaient ces idées que par calcul. Les princes et les villes protestantes payaient en argent ou en places des jurisconsultes, comme ils soudoyaient des soldats. C'est de cette époque que date l'établissement de beaucoup d'universités allemandes, et un surcroît de splendeur pour celles qui étaient déjà fondées. Avant Luther, quantité d'étudiants allemands se rendaient dans les universités italiennes, à Bologne notamment, où les étudiants se divisaient par nations, et ceux de l'Allemagne y avaient de très-grands privilèges (1). On comprend que lorsque la séparation religieuse fut consommée, les luthériens désapprirent complétement les chemins des universités italiennes, et l'Allemagne retint nécessairement dans les siennes tous les fils de familles protestantes, dont aucun ne pouvait plus songer à aller en Italie. Les universités allemandes commencèrent, dès lors, à marquer dans la science ; mais cela ne prouve point que le droit y fût en progrès. Nous maintenons, au contraire, qu'au fond, la science du Juste s'obscurcissait, parce que ses principes étaient attaqués, et il suffira de quelques courtes réflexions

(1) V. Savigny, *Hist. du dr. rom. au moyen âge*, ch. 21, § 72.

sur une des plus mémorables assemblées qui aient existé sur la terre depuis l'origine du monde, sur le concile de Trente, pour rendre cette vérité incontestable.

On sait que les erreurs de Luther firent, en peu de temps, dans son âme violente et haineuse, des progrès effrayants. Il n'avait d'abord, quand il engagea sa querelle avec la papauté, attaqué que les indulgences ; mais, de proche en proche, à mesure qu'il avait besoin de favoriser l'incontinence des mauvais prêtres, ou de seconder la cupidité et le libertinage des princes qui l'avaient pris sous sa protection, il se trouva successivement amené à nier presque tous les dogmes enseignés par l'Église catholique depuis quinze siècles.

Léon X, dans une bulle mémorable, condamna la plupart de ces erreurs ; mais les progrès de l'hérésie et la nécessité, reconnue par les papes eux-mêmes, de corriger certains abus qui s'étaient introduits dans l'Église, et dont les nouveaux sectaires se prévalaient auprès des simples pour donner plus de crédit à leurs doctrines, décidèrent Paul III à convoquer un concile œcuménique, où la doctrine catholique sur tous les points controversés devait être précisée et fixée par des discussions approfondies. Ce concile, convoqué à Trente, après dix-huit ans de travaux trop souvent interrompus par des causes tantôt accidentelles, tantôt politiques, se termina enfin sous Pie IV, en l'année 1563.

Il ne peut pas entrer dans notre pensée de rappeler, même en forme de table, les décisions dogmatiques, morales et disciplinaires du Très-Saint Concile. Nous voulons seulement signaler deux points qui montrent combien Luther s'éloignait dans ses doctrines des principes du droit, et surtout du droit chrétien ; l'un a trait à la doctrine de la justification, l'autre à l'indissolubilité du mariage.

Pour mettre l'importance de ces points dans tout leur jour, rappelons d'abord le principe fondamental de tout le

droit, que nous avons énoncé plus d'une fois dans le cours
de cet ouvrage, mais qu'on ne saurait trop répéter.

Le droit est fait pour protéger tous les êtres humains,
comme le soleil est fait pour les éclairer tous. Aux yeux
du Souverain Maître de toutes choses, un homme, si humble que soit sa condition, en vaut un autre ; et aucun ne
peut agrandir sa sphère d'action, de manière à priver les
autres de ce qui leur est absolument nécessaire pour la
conservation de leur vie physique ou de leur dignité morale.

Cette vérité primordiale est la source première de tous
les devoirs des hommes les uns vis-à-vis des autres, et de
leurs droits respectifs par conséquent. C'est une loi évidemment établie par le Créateur, et nous ne connaissons pas, à ce
point de vue, de doctrine plus erronée que celle de Luther.
Luther osa soutenir que l'on était justifié rien que par la foi.
D'après lui, pourvu qu'on eût la ferme confiance d'être sauvé
par Jésus-Christ, les bonnes œuvres étaient complétement
indifférentes. Bien plus, il osa dire que, par elles-mêmes,
les œuvres humaines les plus morales et les plus utiles
n'étaient pas seulement des actes sans valeur, que c'étaient
des péchés mortels. Propositions véritablement monstrueu-
ses et intolérables, qui auraient pour conséquence de placer
les sociétés chrétiennes bien au-dessous des sociétés païennes. Celles-ci admirent toujours, ce qui est l'évidence même,
que les hommes doivent être d'autant plus honorés qu'ils
font plus de bien aux autres hommes, tandis que, d'après
Luther, le tyran le plus exécrable serait sûr d'être sauvé
pourvu qu'il eût la ferme confiance de l'être, ce qui va droit
à encourager les actions les plus détestables, puisque le
monstre le plus achevé devrait se croire aussi sûr d'aller au
ciel avec sa prétendue foi que l'homme le plus charitable, que
le plus grand des saints. Nous savons bien que les partisans
de Luther ne tiraient pas de la fausse doctrine de leur apôtre
cette conséquence pratique, et que beaucoup, par tempé-

rament, ne laissaient pas d'être ce qu'on appelle d'honnêtes
gens; mais le principe ne laissait pas d'être abominable,
et le concile de Trente proclama non-seulement un principe
théologique, mais un principe de droit que les religions
les plus fausses ne sauraient jamais éteindre dans les consciences humaines, quand il déclara que la foi ne saurait
jamais justifier sans les œuvres, en ce sens que les mauvaises œuvres doivent, quand elles ne sont pas réparables
d'une autre manière, être effacées au moins par la sincérité
d'un repentir fondé sur l'amour de Dieu.

Une autre erreur de Luther, moins radicalement anti-
sociale, mais essentiellement antichrétienne, ce fut la
négation de l'indissolubilité du mariage. Le divin Sauveur
vint au monde pour y prêcher une doctrine plus pure non-
seulement que celle des païens, mais que celle des phari-
siens. Il y vint pour relever tout ce qui était par terre et
protéger tout ce qui était foulé; le fond de sa doctrine
tendait d'abord à alléger par degrés les fers des esclaves
de manière à les en dégager finalement tout à fait, puis
ensuite, à protéger le sexe faible. Or, nous l'avons déjà
dit précédemment, et c'est l'évidence même, le divorce est
plus profitable à l'homme, dont les devoirs du mariage
n'atténuent pas d'une manière sensible les forces, qu'à la
femme dont ils altèrent souvent la santé et flétrissent inévitablement la beauté.

Luther avait une trop haute intelligence pour ne pas
voir cela. Mais quand il eut jeté sa robe de moine aux
orties, quand il eut déclaré que les vœux de chasteté n'é-
taient pas obligatoires, quand, joignant le scandale de
l'exemple à la perversité de la doctrine, il osa contracter
mariage avec une religieuse, comment aurait-il pu affirmer
l'indissolubilité du mariage contre ses protecteurs, contre
le landgrave de Hesse en particulier, qui le pressait de
l'autoriser à changer de femme, et mettait sa protection

à ce prix! Le concile de Trente ne défendit donc pas seulement le dogme catholique, il défendit un dogme social, quand il proclama de plus fort l'indissolubilité de tout mariage canoniquement contracté.

Disons aussi que toutes les décisions du concile sur la réformation de l'Église furent admirables de sagesse. Elles faisaient disparaître tous les griefs articulés par Luther et par ses adhérents, contre certains abus qui s'étaient introduits dans la discipline du clergé séculier, ou des ordres monastiques.

Quel bonheur alors c'eût été pour l'univers entier, si, par la sagesse et la charité qui animaient toutes leurs décisions, les Pères du concile de Trente avaient pu guérir les plaies profondes que la violence de Luther et de ses disciples avait faites à toute l'Allemagne, et qui s'étendirent bientôt à la moitié de l'Europe! Dès avant Luther, l'humanité voguait à pleines voiles vers un meilleur avenir. Les plus grandes découvertes des temps modernes étaient faites. L'imprimerie était connue depuis plus d'un demi-siècle; l'Amérique l'était aussi, et Vasco de Gama avait montré la voie maritime des grandes Indes. Pour la première fois depuis la création, l'homme, roi de la terre, avait pu faire le tour de son domaine; et Copernic, en découvrant le véritable système du monde, avait mis, pour ainsi dire, les fils d'Adam en possession du ciel matériel et visible. Se figure-t-on le nombre infini de merveilles que le monde eût pu voir, si les hommes d'intelligence avaient tous été animés des mêmes principes et eussent tendu tous au même but, l'accroissement du bonheur de la race humaine par la science et l'art, toujours unis à la charité? C'eût été, dans le monde entier, que l'Europe chrétienne dominait déjà, une explosion d'enthousiasme, et l'humanité, rachetée par le Christ, retrouvait le paradis terrestre.

La révolte de Luther devait empêcher la réalisation de ce rêve, replacer sur une multitude d'intelligences le bandeau de l'erreur, et les frapper de stérilité. Avant Luther, nul être humain ne perdait son temps à chercher ici-bas son chemin. Chaque homme, chaque enfant savait d'où il venait et où il devait aller. Il savait qu'il venait d'Adam et qu'il devait aller à Jésus-Christ. Illuminé par ces deux vérités capitales, dont les clartés s'unissaient pour mieux éclairer sa marche, il n'avait pas besoin d'employer les plus précieuses années de la vie rien qu'à chercher sa voie. Il pouvait aborder tout d'abord la science ou l'art qui l'attiraient, et consacrer tous les moments de son existence à les étudier et à les faire progresser.

Depuis les grandes hérésies du seizième siècle, que d'hommes, au contraire, sont devenus à charge à eux-mêmes et inutiles à leurs semblables pour avoir perdu leur voie! Combien n'emploient les plus belles années de la jeunesse qu'à amonceler des doutes dans leur esprit, pour ne plus rien voir ensuite devant eux, quand les nécessités pressantes de la vie les contraindront à marcher! Combien alors n'emploient la seconde partie de leur existence qu'à ressaisir, une par une, les croyances que la première leur avait fait perdre! Et ceux-là sont encore les plus heureux. S'ils n'ont rien fait d'utile pour leurs semblables, ils ont au moins eu le temps de ressaisir le fil qu'ils avaient brisé, et ce fil suffit pour les ramener à une patrie bienheureuse, où ils se réjouiront à jamais de n'avoir perdu qu'une partie des perles de leur diadème. Mais combien d'autres, hélas! qui, quand le scepticisme a glacé leur cœur, ne parviennent plus à retrouver leur chemin, et finissent leur vie par le suicide ou l'épuisent dans la débauche!

Luther et ses tristes imitateurs Zwingle, Calvin, et les autres hérésiarques du seizième siècle, n'apercevaient point peut-être toutes les conséquences que leur doctrine du libre

examen et des inspirations personnelles du Saint-Esprit
devaient fatalement engendrer ; mais ils les auraient vues,
si de mauvaises passions n'avaient pas offusqué leur intelligence en même temps qu'elles corrompaient leur cœur.

Ce qui empêcha que les exhortations des Pères du concile
de Trente fussent entendues par les fauteurs et les adhérents
de Luther et de Calvin, c'est qu'ils s'étaient tous engagés si
avant dans la voie du mal, qu'ils auraient eu besoin de
faire les plus grands sacrifices pour en sortir. Comment des
milliers de prêtres et de moines apostats, engagés dans des
mariages incestueux, auraient-ils pu réprimer les aiguillons
de la chair qui les maîtrisaient, et dont ils s'étaient durant de longues années habitués à suivre sans résistance
les honteux penchants ! Comment ces hommes, généralement si pleins d'orgueil, que chacun d'entre eux se croyait
par l'intelligence au-dessus de tous les Pères du concile,
auraient-ils pu subir l'humiliation d'une rétractation ! Comment aussi les princes qui, dans tout le nord de l'Europe,
s'étaient emparés des biens de l'Église, comment l'Électeur
Palatin, celui de Brandebourg, le landgrave de Hesse et
une foule d'autres, auraient-ils consenti à rendre des biens
dont la possession avait pour quelques-uns doublé ou triplé
leur fortune et leur puissance ! Si un apôtre vendit Notre-
Seigneur pour trente deniers, on ne pouvait guère espérer
que les grands déprédateurs du Nord consentiraient à rendre
à l'Église des contrées entières, qu'ils s'étaient appropriées
sans autre titre que la force !

Le concile de Trente ne parvint donc pas à ramener les
dissidents ; il arrêta, du moins, le flot, jusque-là toujours
montant, de l'hérésie. Tous les peuples et tous les princes qui
n'étaient pas encore engagés dans les voies de l'erreur, virent
bien que les chefs des dissidents étaient des hommes de
mauvaise foi, qui se refusaient à toute discussion sérieuse,
et qui ne parlaient des prétendus maux de l'Église que pour

se faire, au moyen de leurs fausses doctrines, une plus large
part dans les biens terrestres et les grossières satisfactions
d'ici-bas.

L'unité de l'Europe occidentale fut alors brisée. La chrétienté fut séparée en deux tronçons, l'un qui resta compacte,
ce fut le tronçon catholique, l'autre qui se décomposait déjà
en plusieurs fractions, qui devaient se multiplier de plus en
en plus, et n'avoir qu'une idée commune, la haine de la
Papauté.

Le droit canonique tarit alors subitement dans les contrées protestantes, quoique les princes et les légistes de
ces pays, pour faire illusion aux bonnes gens, en conservent encore le nom. Le droit canonique, nous l'avons déjà
dit ailleurs, est, par essence, comme l'Église catholique dont il est une émanation nécesaire, un droit universel, que ne peuvent limiter ni les mers, ni les fleuves, ni
les montagnes, et qui doit régir le monde entier, comme la
foi elle-même. Notre terre pourrait être parfaitement éclairée par deux soleils; mais être régie par deux droits cano-
niques différents, c'est métaphysiquement impossible. Les
protestants ne peuvent donc pas appeler droit canon les règles plus ou moins nombreuses, dérivées de la foi catholique, qu'il leur a plu de conserver dans leurs églises. Nier
une seule loi canonique, c'est nier la loi tout entière, et
trier ici, c'est, par cela même, violer et détruire. Quand nous
continuerons à parler de droit canon dans la suite de ce
livre, nous n'aurons donc en vue que le droit ecclésiastique
des contrées catholiques ; et quand nous nous arrêterons sur
des jurisconsultes protestants, dont beaucoup furent certainement des esprits supérieurs, ce ne sera qu'à propos de
matières juridiques étrangères aux dogmes religieux. Rien
n'empêche qu'un homme qui s'obstine à nier le soleil en plein
midi, ne puisse, durant l'épaisseur des nuits, découvrir une

nouvelle planète. Il faut alors le plaindre de son obstination, et le remercier de sa découverte.

Indiquons encore, avant de reprendre nos esquisses sur les grands jurisconsultes, pourquoi, dans la suite de notre ouvrage, nous citerons plus de jurisconsultes français que de jurisconsultes étrangers. Les hérésies du seizième siècle en sont encore la cause. Pour rendre aussi complète que possible leur séparation de Rome, Luther, Calvin, et leurs imitateurs en tout pays, abandonnèrent dans leurs écrits la langue de l'Église romaine, le latin, et préférèrent se servir de leur langue nationale. C'était un moyen de rendre leurs ouvrages plus populaires, un moyen aussi d'échapper à la précision des expressions sacrées, ou des termes théologiques employés dans l'école, qui résistaient invinciblement à leurs erreurs. Nous ne disconvenons pas que pour les œuvres littéraires le langage propre à chaque nation ne convienne mieux; mais dans l'ordre scientifique, l'emploi d'une seule langue, commune à tous les savants, est certainement préférable. Avant Luther, cette langue commune était le latin, et les savants de tout ordre formaient ainsi dans la chrétienté comme un monde à part et une république particulière. Ni les bras de mer, ni les fleuves, ni les montagnes n'empêchaient alors, d'un peuple à un autre, la communication d'une idée scientifique et la propagation du livre qui la contenait. Malgré la difficulté des routes et le mauvais état des chemins, la renommée portait bien vite le nom d'un jurisconsulte de n'importe quel pays, du lieu où il avait écrit, à toutes les universités de l'Europe ; tandis qu'aujourd'hui, par une conséquence fâcheuse de l'abandon du latin, malgré la rapidité vertigineuse des communications, il est, dans chaque nation, beaucoup de jurisconsultes très-distingués, dont les œuvres ne parviennent à la connaissance des nations voisines, que lorsque la mort a depuis longtemps desséché les mains qui les avaient écrites.

Si donc, dans ce livre et dans les suivants jusqu'à la fin de notre ouvrage, les jurisconsultes français se présentent sous notre plume en plus grand nombre que ceux des autres nations, cela tiendra uniquement à notre ignorance, et non pas au désir d'exalter les jurisconsultes français aux dépens de ceux des autres pays. Si la France avait été, jusqu'à nos jours, un peu trop vaine de ses gloires, ses enfants ont bien sujet maintenant d'être confus de leurs jactances, et peuvent sentir toute la vérité de la parole évangélique : Quiconque s'élève sera abaissé! Mais il est temps de rentrer dans notre sujet, et de continuer d'esquisser, dans l'ordre chronologique, les jurisconsultes qui ont le plus honoré la science, depuis Luther jusqu'à nos jours, en commençant, comme dans les livres précédents, par les canonistes, continuant par les romanistes, et finissant par les coutumiers, que nous appellerons plutôt dorénavant *Civilistes*. Les coutumes, en effet, à partir du moment où elles furent rédigées, ne différèrent plus des édits des princes, qui ne tardèrent pas à modifier sur bien des points tantôt les lois romaines, tantôt les coutumes particulières d'une contrée.

CHAPITRE II

Des canonistes du seizième siècle postérieurs à Luther : Covarruvias et Antoine Augustin.

La tenue du concile de Trente fut, dans tout l'univers catholique, un événement si important, que les canonistes n'étaient partout occupés que de ce qui s'y passait et de ce qu'on y décidait. Aussi, pendant sa tenue, il ne se publia nulle part, croyons-nous, d'ouvrage important sur le droit canon. Il en fut autrement dès qu'il eut pris fin.

En France, vers la fin du siècle, Pierre Pithou composa sur les Libertés de l'Église gallicane, un livre plein d'érudition, mais que déparaient un certain nombre de propositions peu orthodoxes. Cujas, de son côté, composa sur les Décrétales de Grégoire IX un ouvrage important, mais ce fut l'Espagne qui produisit alors les deux canonistes les plus instruits dans Covarruvias et Antoine Augustin, qui prirent, l'un et l'autre, une grande part aux travaux du concile de Trente, et méritent, à tous égards, dans notre livre, quelques mots particuliers sur leur personne et leurs ouvrages.

§ I. — COVARRUVIAS.

Quelle grande figure que celle de Covarruvias ! Quoi de plus majestueux qu'un homme dont le front, plissé par de hautes pensées, s'offre à nos regards avec la double auréole de la sainteté et de la science !

Diégo Covarruvias y Leiva, surnommé le Bartole espagnol, naquit à Tolède en l'année 1512. Son père était architecte de la cathédrale, et la vue de ce magnifique édifice, l'un des plus imposants de l'Espagne et de la catholicité, dut frapper, dès son enfance, son imagination et contribuer à agrandir ses idées. Il étudia de bonne heure la jurisprudence, et y fit des progrès si rapides qu'à un âge où beaucoup de légistes sont encore sur les bancs, il commença à professer le droit canon à Salamanque. Il passa ensuite à l'université d'Oviédo pour y continuer le même enseignement, et s'y livra à des travaux véritablement prodigieux, s'il est vrai, comme on le raconte, que presque tous les volumes de la bibliothèque d'Oviédo, la plus riche alors de l'Espagne, portaient des notes de sa main.

Charles-Quint savait distinguer les hommes de mérite. En 1549, il fit nommer Covarruvias, dont la réputation était déjà grande dans toute l'Europe, à l'évêché de Saint-

Domingue, et Philippe II le fit transférer, en 1560, au siége de Ciudad-Rodrigo.

Quand le concile de Trente, après une suspension de plusieurs années, fut rouvert par Pie IV, Covarruvias s'empressa de se rendre à cette mémorable assemblée. Son grand savoir y fut aussitôt tant apprécié qu'il eut l'insigne honneur d'être chargé, conjointement avec Hugues Buoncompagno, qui fut plus tard Grégoire XIII, de dresser les décrets qui restaient à faire sur la réformation, et ce fut lui qui en fit la rédaction, qu'approuva complétement son illustre collaborateur.

A son retour du concile, Covarruvias fut nommé à l'évêché de Ségovie, et quelque temps après, président du conseil de Castille, l'une des plus hautes dignités de l'Espagne. Tout ce que ces importantes fonctions pouvaient lui laisser de loisirs, il l'employait à des travaux d'érudition prodigieux, tant ils étaient nombreux et variés. Nul ne connaissait mieux les moindres détails de l'histoire d'Espagne, et il consacra un ouvrage à l'histoire d'un grand nombre de ses vieilles cités. Deux de ses traités sur les monnaies prouvent qu'il avait sur ces matières des vues aussi saines que nos plus judicieux économistes. Mais les deux principaux titres de gloire de Covarruvias pour les jurisconsultes furent d'abord son traité *des Peines*, l'ouvrage le plus remarquable qui eût encore été publié sur le droit pénal, et surtout un très-grand ouvrage sur les *Immunités de l'Eglise,* qui n'avaient jamais été mieux exposées dans leur origine ni dans leur portée. Cet ouvrage, remarquable à tous égards, plaça sur le champ Covarruvias parmi les grands canonistes.

Ce savant infatigable, dont les plus grands jurisconsultes de son temps ou du siècle suivant, notamment Ménochius, Faber et Grotius, louèrent les vertus autant que la science, mourut à Madrid le 27 septembre 1577. La Providence sembla vouloir prolonger l'éclat de son nom, d'abord dans son frère Antoine, qui fut le plus habile helléniste de son siècle, puis dans deux de ses neveux, dont l'un publia un ouvrage remarquable sur la langue castillane, et l'autre fut évêque d'Agrigente, et composa quantité d'ouvrages sur des sujets de morale principalement. Ces quatre personnages, nés tous à Tolède, furent tous des hommes si savants et si vertueux qu'un auteur espagnol, Blaise Lopez, put écrire, à leur sujet, le distique suivant, qui sent bien un peu l'emphase espagnole, mais que l'Europe savante n'improuva pas cependant, tant les Covarruvias étaient honorés partout.

> His non alta suos componat Roma Catones :
> Toletam jactat quatuor, illa duos.

§ II. — ANTOINE AUGUSTIN.

Antoine Augustin, archevêque de Tarragone, désigné pour ce motif dans l'école sous le nom de *Tarraconensis*, honora l'Espagne presque autant que Covarruvias et à la même époque, puisqu'il naquit quatre ans seulement après lui. Il assista, comme Covarruvias, au concile de Trente, et s'y distingua, comme lui, par ses vastes connaissances.

Le seizième siècle fut pour l'Espagne le siècle de toutes les gloires. Le nombre de saints, de grands capitaines, de hardis navigateurs, de savants et d'hommes de lettres qu'elle produisit alors, peut à peine se compter. Covarruvias et Antoine Augustin, comme représentants de la science juridique, méritent certainement de figurer dans cette splendide galerie d'hommes illustres.

Antoine Augustin appartenait à une famille distinguée. Son père, vice-chancelier d'Aragon, était un de ces hommes rares qui jugent l'éclat des fonctions les plus élevées fort inférieur à la science. Il fit étudier son fils, d'abord, dans les deux universités les plus célèbres d'Espagne, Alcala et Salamanque, et quand il eut reçu les leçons de leurs maîtres les plus renommés, il l'envoya à Bologne pour y compléter ses études. Une éducation aussi soignée et aussi intelligente porta ses fruits. Antoine Augustin, à l'âge où beaucoup de jeunes gens achèvent à peine de prendre leurs grades, avait acquis une érudition immense non pas seulement en droit, mais dans toutes les sciences cultivées de son temps. Ses connaissances littéraires devinrent le fondement de la grande réputation qu'il acquit parmi les jurisconsultes, parce qu'elles lui permirent de corriger quantité d'erreurs de texte, ou d'opinions fausses des interprètes, dans l'un et l'autre droit. Il n'avait que vingt-cinq ans, quand il publia son premier ouvrage de corrections sur le droit civil (1), qui n'eut d'abord que quatre livres, mais qu'il augmenta beaucoup et porta à six dans des éditions ultérieures. Il entreprit plus tard un travail analogue sur le recueil de Gratien, et publia, quelques années avant sa mort, ses corrections, fruit d'immenses recherches (2), puisqu'il avait dû, pour les faire, lire tous les ouvrages dans lesquels Gratien avait puisé. Il est vrai de dire que le moine d'Arezzo, qui devait aller de couvent en couvent consulter des milliers de manuscrits, plus ou moins incorrects, était loin d'avoir pour l'intelligence des textes les secours qu'avait le savant archevêque de Tarragone, écrivant à une époque où l'imprimerie avait déjà reproduit dans de bonnes éditions les sources les plus importantes du droit canonique. La gloire du moine n'est donc pas obscurcie par celle de l'archevêque, qui ne fit mieux que parce qu'il avait pour mieux faire des moyens que le moine n'avait pas. Antoine Augustin mourut en 1586.

(1) *Emendationum et opinionum juris civilis libri quatuor.*
(2) Dialogi XL, *de Emendatione Gratiani.*

CHAPITRE III

**Des grands romanistes du seizième siècle : Sigonius,
Govéa, Duaren, Cujas, Donneau, Hotman.**

§ I. — SIGONIUS.

L'Italie est vraiment une terre bénie du ciel. Dieu a créé
sans doute le soleil, la lune et les étoiles pour tous les hommes; mais il semble les avoir créés plus spécialement pour
les peuples qui ne connaissent point les brumes épaisses, et
n'ont guère d'autres jours que des jours sereins, d'autres
nuits que des nuits splendides. Ce sont ces jours, ce sont
ces nuits que la Providence a accordés à l'Italie; et pour lui
donner un climat doux sous un ciel étincelant, elle lui donne
encore les brises de deux mers, et lui verse les eaux fraî-
ches des fleuves du haut des Alpes et des Apennins. Nulle
terre plus que celle-là ne porte les grandes âmes à la con-
templation par la beauté des sites, et nulle autre ne les y
porte aussi davantage par la grandeur des souvenirs. Si son
aspect est cher aux poëtes et aux artistes, il l'est encore
plus aux érudits, et l'érudition, quoi qu'en disent les jeunes
fats et les femmelettes, double l'existence, qu'elle décore,
loin de la déparer.

Il est, par exemple, au delà de l'Atlantique, un peuple
jeune, dont on ne saurait contester la grandeur. Il a tra-
versé, le premier, les mers sur les ailes de la vapeur; il s'est
élancé presque aussitôt que l'Angleterre sur les routes rapides, tracées par des rubans de fer; il a des hommes de
talent par milliers, des publicistes, des savants, des ingé-
nieurs de premier ordre, des écrivains et des romanciers
maniant la plume à la perfection, et cette plume, ce n'est

pas toujours une main d'homme qui la tient, c'est souvent une main de femme. Que manque-t-il donc à cette race intelligente? Il lui manque des érudits. Les Anglo-Américains sont un grand peuple, mais un peuple enfant, qui, comme l'enfance et l'adolescence, va toujours en avant, à travers monts, à travers vaux, ne se doutant pas qu'il y a un passé après lui, et n'ayant, par cela même, qu'un demi aspect des choses. L'Italie, au contraire, est vraiment la terre de Janus, elle regarde en avant autant qu'en arrière, en arrière autant qu'en avant. Les vieillards y sont jeunes par l'imagination, les jeunes hommes y sont vieux par les souvenirs. Un enfant, à Rome, a deux mille ans dès que son père l'a conduit au Colisée ou dans la prison Mamertine, et la plupart des villes italiennes sont plus ou moins dans le même cas que Rome. Le jeune lazzarone courant dans les rues de Naples ou couché sur le port, n'a pas plus, il est vrai, la conscience du passé, que l'enfant de Paris dévorant des yeux tout ce qu'il voit briller derrière les vitrines, mais il l'acquiert dès qu'il a visité Pompéi.

Il ne se passe pas de siècle que l'Italie n'étonne le monde par quelque prodige d'érudition : au seizième siècle, elle eut Sigonius ; au dix-septième, Muratori ; au dix-huitième, Benoît XIV. Nous ne dirons rien des deux derniers, parce que, dans leurs immenses ouvrages, la science du droit n'occupe qu'une place relativement petite ; mais Sigonius mérite une mention spéciale, parce que ses vastes travaux ne se bornèrent pas à la législation des Hébreux et des Athéniens, à l'histoire ecclésiastique, à celle de l'Italie jusqu'à la fin du treizième siècle, et qu'il composa sur le droit ancien du peuple romain un ouvrage en onze livres, où n'ont pas manqué de puiser largement tous les juristes qui se sont occupés de l'histoire du droit romain après lui.

Sigonius, né à Modène vers 1520, se sentit de bonne heure un goût prononcé pour l'enseignement. Il professa avec éclat les humanités à Modène d'abord, puis à Padoue, puis à Bologne, d'où sa rénommée de professeur et d'érudit passa facilement à Rome. Grégoire XIII l'appela dans la Ville Éternelle, en 1578, pour lui confier la continuation d'une histoire ecclésiastique commencée par Panvinio, tâche dont il s'acquitta avec un rare bonheur. Le successeur de notre roi Henri III au trône de Pologne, Étienne Battori, prince fort instruit, voulant attirer Sigonius à sa cour, lui fit des offres brillantes, que le grand érudit, quoique pauvre, refusa pourtant ; s'il les avait acceptées, ce n'eût pas été pour longtemps. Au milieu des tristes plaines de la Pologne, il eût été bientôt pris de nostalgie ; et, comme Henri III, si la Pologne eût voulu le retenir, il se fût sans doute échappé en fugitif pour aller revoir ses chères antiquités romaines, ou les églises, les palais, les musées publics ou privés de Modène, sa ville natale, sa bibliothèque surtout, formée par la maison d'Este, et l'une des plus riches de l'Italie. C'est à Modène, en effet, que Sigonius voulut aller passer ses derniers jours. Il y mourut en 1584, à l'âge de soixante ans, sans avoir jamais professé le droit, mais beaucoup plus versé cependant dans le droit romain et le droit canon, que beaucoup de docteurs célèbres des universités italiennes, qui en ont fourni un si grand nombre.

Les romanistes dont nous allons parler dans les paragraphes suivants furent, au contraire, tous professeurs de droit et professeurs illustres. Tous aussi professèrent en France, dont les écoles éclipsèrent, à cette époque, les vieilles universités italiennes, sans excepter celle de Bologne, et quatre d'entre eux étaient Français. Govéa seul ne l'était point ; et, comme il naquit avant les autres, c'est de lui d'abord que nous allons parler.

§ II. — GOVÉA.

Antoine Govéa naquit à Béja en Portugal, vers l'an 1505. On ne sait presque rien de ses premières années ; la célébrité qu'il acquit de très-bonne heure indique cependant qu'il avait dû étudier avec ardeur dès son plus jeune âge. Il fut appelé à Paris, à l'âge de vingt-deux ans, par un de ses oncles, qui était principal du collége de Sainte-Barbe, et il s'y livra à de grands travaux littéraires. Reçu docteur ès-arts à vingt-six ans, il professa pendant cinq ans les humanités à Paris ou à Bordeaux. Cherchant ensuite apparemment une carrière plus lucrative, il quitta Bordeaux pour aller étudier pendant quelque temps le droit à Toulouse et à Avignon. Mais, soit qu'il n'eût pas trouvé dans ces universités d'assez habiles maîtres, soit qu'il eût un caractère versatile, Govéa abandonna ces premières études de droit pour en revenir aux travaux littéraires où il s'était d'abord distingué, et il publia à Lyon, en 1539, un recueil de poésies latines qui obtinrent un très-grand succès.

Rien n'est plus heureux pour un jeune homme de talent, qui n'a pas bien la conscience de ce qu'il y a de plus distingué dans sa nature, que de rencontrer sur ses pas un homme supérieur qui le lui révèle. Govéa eut le bonheur de trouver cet homme dans Émile Ferret, légiste du plus grand mérite, dont il fit la connaissance à Lyon. Ferret fit sentir à Govéa toute l'importance des études juridiques, que des maîtres moins habiles n'avaient pas su lui faire comprendre. Quoique voué désormais par goût à l'étude des lois, Govéa ne put pas abandonner tout à fait ses occupations premières, qui étaient son principal gagne-pain, et il revint à Paris pour y professer, durant deux ou trois ans, la philosophie. C'est alors qu'il soutint contre Ramus, devant des arbitres que François Ier avait voulu désigner lui-même à raison de l'importance de la querelle, une dispute célèbre, dans laquelle il défendit si bien la philosophie d'Aristote, que Ramus voulait bannir des écoles, qu'au dire de tous ceux qui l'entendirent, il battit complétement son adversaire, l'un des plus grands érudits cependant de l'époque.

Ce succès éclatant ne détourna point Govéa des études juridiques, mais il lui servit à attirer un peu plus les regards des hommes instruits, sitôt qu'il commença à professer le droit. Ce fut d'abord à Toulouse, puis à Cahors, à Valence et à Grenoble. Toutes les villes qui avaient des universités, comme nous l'avons dit en retraçant les pérégrinations d'Alciat, se disputaient les professeurs de mérite, qui devenaient pour elles une source de richesses, par l'affluence de la jeunesse qu'ils attiraient dans leurs écoles.

Vers l'année 1562, Govéa quitta la France pour la Savoie, dont le duc, Emmanuel-Philibert, l'avait nommé membre de son conseil secret, et il mourut, quelques années après, à Turin, laissant une réputation égale à celle d'Alciat parmi les jurisconsultes de son temps, dont les appréciations ont été confirmées par des légistes éminents des siècles postérieurs. Le président Favre, en particulier, et Gravina mettent Govéa en parallèle avec Cujas même, dont il eût peut-être égalé la science juridique, s'il n'avait pas consacré la plus grande partie de son temps à d'autres travaux. Ses œuvres complètes ont été imprimées plusieurs fois. La dernière réimpression date, à peine, d'un siècle. Elle fut faite à Rotterdam en 1766, et rien ne prouve mieux le mérite des travaux de Govéa, les livres qui se réimpriment deux cents ans après la mort de l'auteur pouvant se compter.

§ III. — DUAREN.

L'université de Bourges, où Duaren professa à deux reprises, eut une destinée singulière. Elle brilla comme ces météores que l'on voit traverser le ciel avec un éclat subit, mais qui s'éteignent presque aussitôt. Elle ne fut fondée qu'en l'année 1466, près de trois siècles après celles de Paris et de Toulouse, et cinquante ans s'étaient à peine écoulés depuis sa fondation, que les plus grands romanistes français y professèrent presque en même temps. Bourges eut alors plus d'éclat que n'en eut jamais aucune autre université, sans excepter celle de Bologne; mais quand la voix des maîtres célèbres qui avaient créé sa renommée eut cessé d'y retentir, un demi-siècle suffit aussi pour la faire retomber dans une obscurité si profonde qu'on ignore si, au moment de la Révolution française, elle subsistait encore.

Les quatre professeurs qui firent, au seizième siècle, la célébrité de l'université de Bourges, furent, dans l'ordre des dates, Duaren, Cujas, Donneau et Hotman.

Duaren, né à Saint-Brieux vers l'année 1509, occupa d'abord, dans sa ville natale, une charge de magistrature que lui avait laissée son père. Se sentant appelé à l'enseignement du droit, il commença à s'y livrer à Paris, où il ne pouvait cependant donner que des leçons privées, la bulle d'Honorius III, qui ne permettait pas d'y enseigner publiquement le droit civil, y étant encore en pleine vigueur. Ce fut peut-être le motif qui porta Duaren à aller enseigner dans une université où l'enseignement fût complet, et il alla professer une première fois à Bourges en 1538. Il n'y trouva pas apparemment des avantages suffisants, puisqu'il revint à Paris en 1548, pour y suivre le barreau. La ville de Bourges sentit bientôt la perte qu'elle avait faite; elle offrit à Duaren des appointements considérables, qui le déterminèrent à y revenir. Il y mourut en 1559, à l'âge de cinquante ans, inquiet de voir que sa grande réputation commençait à pâlir devant celle du prince des romanistes, dont nous allons parler dans le paragraphe suivant.

§ IV. — CUJAS.

De tous les jurisconsultes postérieurs à ceux de Rome païenne, Cujas est certainement le plus célèbre, et sa célébrité, que trois siècles révolus n'ont fait qu'augmenter, est basée sur des titres irrécusables. Il est fâcheux que les actes de sa vie privée n'aient point répondu à la supériorité de son génie. Parlons d'abord, à notre aise et avec bonheur, du savant : nous ajouterons ensuite, à regret, quelques mots sur l'homme.

Cujas naquit à Toulouse de parents obscurs, en 1522. Tous ses biographes constatent que sa jeunesse donna de bonne heure de grandes espérances. L'université de Toulouse, au commencement du seizième siècle, était encore si renom‑mée, que Cujas, dont les parents, d'ailleurs, n'étaient pas riches, ne pouvait pas songer à aller faire ses premières études juridiques ailleurs. Son premier maître fut Arnaud Ferrier, homme d'un grand savoir, qui, bientôt après, quitta l'enseignement pour la magistrature. Il fut d'abord conseiller au parlement de Toulouse, et passa ensuite à celui de Paris, où il acquit une si grande considération, qu'il fut un des trois députés chargés de représenter la France au concile de Trente, lors de la reprise de ses travaux, en 1562.

Arnaud Ferrier avait déserté les traditions de Bartole pour entrer dans la voie nouvelle ouverte par Alciat. Son enseignement devait convenir merveilleusement à Cujas, qui marqua, de bonne heure, un penchant prononcé pour les études philologiques et historiques. Le jeune légiste toulousain, plein d'admiration pour son maître, conçut peut‑être dès lors la pensée de débarrasser complétement le droit romain du manteau de plomb sous lequel les bartolistes l'avaient écrasé en s'attachant aux gloses, et aux gloses des gloses, plutôt qu'aux textes mêmes des jurisconsultes ro‑

mains. C'étaient de singulières gens, qui faisaient plus de cas du brou de l'amande que de l'amande même.

Une chaire de droit étant devenue vacante à Toulouse, en 1553, Cujas, âgé alors de trente-un ans, se mit sur les rangs pour la disputer. Pendant longtemps, sur la foi d'un conte imaginé par Papyre Masson, on avait cru que Cujas succomba dans ce concours. Un très-intéressant écrit, publié en 1842 par M. Bénech, professeur à la Faculté de Droit de Toulouse, a fait justice de cette erreur. Il y est démontré que Cujas abandonna le concours avant la fin des épreuves, parce qu'on lui offrit à l'Université de Cahors des avantages pécuniaires plus grands que ceux qu'il aurait eus à Toulouse, s'il avait obtenu la chaire pour laquelle il s'était inscrit.

La carrière de Cujas fut, en effet, aussi voyageuse, pour ne pas dire aussi errante, que celle d'Alciat, et pour les mêmes motifs. Il alla d'abord professer à Cahors, puis à Bourges, puis à Valence, d'où il revint à Bourges, qu'il quitta pour Grenoble, d'où il passa à Turin, pour retourner à Bourges une troisième fois ; et finalement, il eût apparemment cédé aux instances d'un de ses élèves les plus distingués, devenu l'un des magistrats les plus honorés du Parlement de Toulouse, Pierre Dufaur de Saint-Jory, qui le pressait d'aller finir sa carrière de professeur dans sa ville natale, si on lui avait assuré des avantages aussi grands que ceux qu'il avait à Bourges. Voici ce qu'il répondit à Pierre Dufaur : « Je ne puis aucunement quitter ici des commodités qui sont infinies pour une simple régence de Toulouse. Ce serait reculer au lieu de m'avancer, et une œuvre non d'un homme chenu tel que je suis, mais je vous laisse à penser de qui. La ville de Toulouse n'aurait garde de me loger et bailler les deux mille livres que j'ai ici, et de me défrayer pour la conduite de mes meubles, ce que les Berruyers ont fait et tous ceux qui m'ont voulu avoir. Et l'Université à peine m'élirait-elle ; ou quand elle le ferait, elle n'aurait garde de me faire doyen comme je suis ici, etc (1). »

Cette lettre de Cujas est intéressante et curieuse, parce qu'elle prouve qu'au seizième siècle les villes s'arrachaient les professeurs distingués, pour attirer, à force de sacrifices, un plus grand nombre d'élèves dans leurs universités. Les pérégrinations de Cujas, comme celles d'Alciat, de Govéa, et de presque tous les professeurs éminents de ce temps n'eurent pas d'autre cause. Les villes, du reste, gagnaient toujours à se montrer généreuses. Cujas, en particulier, chaque fois qu'il se déplaçait, dépeuplait une université pour en peupler une autre. Ses élèves, secondés en cela par leurs parents, quand ils avaient le bonheur d'en avoir de doctes, étaient si émerveillés de sa science, que beaucoup le suivaient d'école en école, toutes les fois que leur fortune le leur permettait.

Cujas, cependant, ne possédait pas toutes les qualités du professeur. Au dire de ses élèves les plus dévoués, son débit laissait à désirer, et il était peu propre à l'argumentation. Ses succès n'étaient que de meilleur aloi, puisqu'il ne les devait qu'à l'immensité de sa science et à l'excellence de sa méthode. Cette méthode était fort simple et d'une lucidité merveilleuse. Elle consistait à entourer les textes des jurisconsultes romains de toutes les lumières qui, au moment où ils furent écrits, en rendaient l'intelligence facile, et surtout à saisir la pensée du jurisconsulte, en rattachant le fragment à expliquer, à l'œuvre entière d'où les compilateurs de Justinien l'avaient extrait. Nous avons dit ailleurs que Justinien rendit à l'humanité de grands services en conservant à la postérité quantité de perles de la sagesse antique des jurisconsultes romains, qui se seraient perdues, s'il ne

____

(1) V. la Dissertation de M. Bénech, p. 78.

les eût fait recueillir dans un livre unique, comme on réunit les pierres précieuses dans un seul écrin. Mais si la compilation des Pandectes fut une idée heureuse, l'exécution le fut beaucoup moins, ou pour mieux dire, elle fut manquée. Tribonien et ses collaborateurs, après s'être distribué les ouvrages dont ils avaient à faire des extraits, en firent un étrange amalgame. On dirait qu'ils étaient payés à la tâche, et que chacun, à la rédaction d'un titre, devait, pour gagner son salaire, apporter nécessairement quelque extrait des livres mis dans son lot, qu'on cousait ensuite au hasard à d'autres extraits du même auteur, ou à des fragments d'auteurs différents, ce qui était plus fâcheux encore, parce que cela brisait toute unité. Tribonien et ses collaborateurs semblaient s'efforcer de faire à coups de ciseaux, comme nous parlerions aujourd'hui, une œuvre semblable à celle dont parle Horace dans son *Art poétique,* qui ressemblerait à une statue ayant une tête d'une façon, un pied ou une main d'une autre (1). Chaque tronçon a beau être parfait dans son genre ; leur réunion ne peut produire que l'effet le plus choquant et le plus disparate.

Cujas s'attacha sans cesse dans son enseignement à faire disparaître ce malheureux enchevêtrement. En allant chercher soigneusement au milieu d'autres débris toutes les parcelles de la statue antique, que les ouvriers de Tribonien avaient maladroitement brisée, il recomposait la statue primitive, et projetait sur l'œuvre ainsi ranimée, toutes les splendeurs qui pouvaient venir du dehors, nous voulons dire tout ce que l'antiquité, dans ce qui nous reste des jurisconsultes, des historiens, des poètes, pouvait fournir pour éclairer la pensée du jurisconsulte.

Cujas avait à peu près tout exploré, depuis les antiquités de Rome les plus reculées jusqu'aux monuments juridiques

_____

(1) Ut nec pes, nec caput uni reddatur formæ.

les plus récents de la nouvelle Rome de Constantin, jusqu'aux Basiliques, dont, avant Fabrot, il avait publié quelques livres, et au manuel d'Harménopule, et l'on peut dire qu'il s'écoula après lui plus de trois cents ans sans que la science du droit romain eût progressé d'un seul pas. Si Cujas eût connu en entier les institutes de Gaïus, et quelques autres palimpsestes ou documents épigraphiques retrouvés de notre temps, il n'eût laissé rien à glaner aux romanistes des temps modernes.

Cujas mourut à Bourges en 1590, à l'âge de soixante-huit ans. Nul jurisconsulte, de l'aveu de tous les hommes doctes, ne l'a dépassé en science, et s'il rencontra quelques détracteurs de son vivant, leurs critiques passionnées sont depuis longtemps oubliées. Ses admirateurs eurent tort cependant de l'appeler le moderne Papinien.

Cujas égala et dépassa peut-être Papinien en science, mais il lui fut fort inférieur pour le caractère. Quel admirateur de Papinien et de son courage stoïque, pourrait approuver la conduite de Cujas dans les temps troublés qu'il traversa! Quand quelqu'un de ses élèves voulait s'éclairer auprès de lui sur les questions religieuses qui agitaient alors le monde, Cujas avait coutume de répondre : « Cela n'a nul trait à l'édit du préteur : *Nil hoc ad edictum prætoris.* »

Mais les élèves qui le questionnaient auraient très-justement insisté en lui disant à leur tour : « Que nous importe à nous l'édit du préteur! Qu'avons-nous besoin de nous enfoncer dans les ténèbres du passé, quand nous cherchons la lumière qui doit guider maintenant nos pas! L'édit du préteur ne s'occupait que des biens qui passent, et les chrétiens ne doivent se préoccuper que de ceux qui demeurent. N'allez donc pas nous distraire d'aussi graves et d'aussi importantes pensées, en nous expliquant une législation morte et qui ne saurait revivre. Ce qui nous importe pardessus tout, c'est de ne point manquer notre but final.

Dites-nous donc clairement où est la lumière que nous
devons suivre. Est-ce de Rome qu'elle doit toujours nous
venir ? Est-ce d'Augsbourg ou de Genève ? » Qu'aurait pu
répliquer Cujas à un raisonnement aussi pressant ? Rien
certainement de soutenable.

La réponse évasive à laquelle Cujas avait coutume d'avoir
recours put venir d'abord de croyances vacillantes plutôt
que de calculs intéressés. Cujas n'avait pas suffisamment
étudié et approfondi les grandes controverses religieuses
que Luther et Calvin avaient soulevées. Les leçons qu'il fit
sur trois livres des Décrétales de Grégoire IX, et que Fabrot
rédigea après sa mort d'après les cahiers de ses élèves,
prouvent qu'il connaissait assez bien le droit canon, quoiqu'il l'eût étudié beaucoup moins que le droit romain. Mais
quant aux matières purement théologiques, il ne paraît pas
que Cujas s'en fût jamais occupé, et c'était dans sa vaste
science la plus regrettable des lacunes. Elle le rendit plus
accessible aux sophismes de Calvin, dont il adopta ostensiblement les idées lors de son premier enseignement à
Bourges. Plus tard, quand la cause catholique eut visiblement triomphé dans la plus grande partie de la France,
Cujas n'assista plus aux prêches des calvinistes, mais il se
gardait tout autant d'attaquer leurs doctrines, et cette conduite équivoque ne pouvait lui être inspirée que par le désir
de ne se compromettre d'aucun côté, ce qui la rendait peu
honorable.

Les contemporains de Cujas avaient donc tort de le comparer à Papinien. Il lui manqua, pour ressembler au préfet
du prétoire de Septime Sévère, de mourir, ou d'être prêt,
au moins, à mourir pour la vérité ; et c'est vraiment dom-
mage qu'un jurisconsulte aussi éminent, dont le plus beau
titre scientifique est d'avoir expliqué avec une sagacité
incomparable les textes de Papinien, n'eût pas modelé sa

conduite sur celle de ce courageux personnage. S'il l'eût fait, la France n'aurait pu rien envier à Rome.

§ V. — DONNEAU ET HOTMAN.

I. Donneau. — Si, malgré les nouvelles sources de droit romain découvertes dans notre siècle, le premier rang parmi les romanistes n'a pas cessé d'appartenir à Cujas, le second semble revenir à Donneau, dont la science n'était guère inférieure à celle de Cujas, et dont l'esprit était peut-être plus vigoureux. La méthode, en effet, que suivit Donneau dans son enseignement avec un succès immense, présentait plus de difficulté que celle de Cujas. Celui-ci, dans ses nombreux ouvrages, ne se livra qu'à l'exégèse des textes, exégèse admirable, sans doute, de science et de lucidité, mais qui n'exigeait pas la conception d'un de ces plans grandioses, complétement indépendant des textes expliqués, où ces textes viennent s'adapter comme les fragments d'une mosaïque, pour composer un magnifique tableau. Donneau, au contraire, répudia complétement la méthode exégétique, et dans ses commentaires de droit civil il éleva à la science juridique un monument complet, parfaitement coordonné d'après un plan aussi juste que vaste, bien préférable à celui du Digeste ; car celui-ci fut calqué, comme on sait, sur l'édit du préteur, travail sans plan originaire, qui ne s'était formé, d'année en année, que de pièces et de morceaux, assez mal unis l'un à l'autre.

En vantant la méthode de Donneau, nous sommes loin, cependant, de blâmer celle de Cujas. Il est incontestable que la synthèse et l'exégèse, autrement dit, l'analyse, ont chacune leurs avantages, et doivent se compléter l'une par l'autre. La synthèse fait mieux voir l'ensemble d'une théorie, l'exégèse en explique mieux les détails. Le professeur qui suit la méthode synthétique ressemble à un homme qui juge un édifice par le dehors. Il en a certainement dans l'esprit une image plus nette qu'une personne qui n'aurait vu l'édifice qu'à l'intérieur, et pièce par pièce ; mais il est vrai de dire que pour bien connaître l'édifice et le bien juger, il faut connaître à la fois le dedans et le dehors. La meilleure manière d'enseigner est donc de combiner le mieux possible les deux méthodes, de bien coordonner d'abord les textes, et de les expliquer ensuite avec autant de soin que si chacun formait un tout complet.

Pour en revenir à Donneau, disons que sa vie fut aussi malheureuse que son enseignement fut brillant.

Donneau était plus jeune que Cujas de sept ans, étant né en 1527. Il sortait donc à peine de l'adolescence quand les doctrines de Calvin commencèrent à se propager en France. La jeunesse s'éprend facilement de tout ce qui est nouveau, et ne manquerait pas de préférer la lune au soleil, si l'astre des nuits venait à se montrer pour la première fois à notre horizon. Donneau se jeta donc, tête baissée, dans les erreurs des novateurs, et fit profession ouverte de leur religion à Bourges, où il occupait une chaire depuis l'année 1551. Lors de la Saint-Barthélemy, il courut de grands dangers et dut s'empresser de quitter la France. Il alla d'abord à Genève, puis à Heidelberg, où il inaugura l'enseignement du droit civil, auquel il devait sa célébrité. Il passa ensuite à l'université de Leyde, où il se mêla encore mal à propos de questions politiques et religieuses, ce qui l'obligea de quitter Leyde aussi précitamment qu'il s'était enfui de Bourges. Ce fut pour revenir en Allemagne, et reprendre à Alfort son professorat, qu'il continua jusqu'à sa mort, arrivée en 1591.

Donneau mourut à soixante-trois ans, et il est à regretter qu'il n'eût pas vécu quelques années de plus. La France, en effet, qu'il n'avait point certainement cessé d'aimer, car les grandes intelligences sont celles qui sentent le mieux tout ce que renferme de doux le nom de Patrie, la France venait de retrouver la paix, que quarante ans de guerres religieuses avaient si profondément troublée. Henri IV venait de remonter sur le trône de ses ancêtres. Donneau, dont la nature était franche, se fût certainement, s'il eût vécu plus longtemps, senti attiré vers le bon prince, qui lui eût probablement fait des avances, pour tâcher de rendre à la France un homme d'un si grand mérite; et si Donneau eût vu de près l'aimable Béarnais, un esprit aussi judicieux que le sien n'eût pas manqué de trouver sage la maxime du bon roi, savoir que, dans les matières graves, où il y va du salut de l'âme, il est sage de prendre toujours le parti le plus sûr; c'est-à-dire qu'il fût apparemment rentré comme Henri, dans la religion de ses pères.

II. HOTMAN. — Hotman, fils d'un conseiller au parlement de Paris, naquit en 1524, quatre ans après Cujas, trois ans avant Donneau. Comme celui-ci, après la mort de Henri II, il embrassa publiquement le calvinisme à l'université de Bourges, où il professait; et comme lui, il jugea prudent, après la Saint-Barthélemy, de quitter la France pour se fixer en Suisse, où il mourut en 1590. Son commentaire sur les Institutes fut une œuvre fort remarquable pour son temps, mais qui ne pouvait pas se comparer à l'ouvrage monumental de Donneau.

Inutile de citer d'autres noms de romanistes au seizième siècle, et nous nous hâtons de passer aux jurisconsultes coutumiers de cette époque, si mémorable par le grand mouvement d'idées qui s'y produisit dans toutes les branches des connaissances humaines.

CHAPITRE IV

Des grands juristes coutumiers du seizième siècle : Dumoulin, d'Argentré, Chopin, Coquille, Loisel.

Avant la renaissance des études juridiques au commencement du douzième siècle, c'est à peine si nous avons rencontré quelques jurisconsultes, postérieurs à ceux de Rome païenne, dont les noms se soient conservés. Après Irnérius, les anciennes universités, celle de Bologne surtout, propagèrent un bien plus grand nombre de noms ; mais avant la découverte de Faust et de Guttenberg on peut les compter encore ; l'imprimerie une fois découverte et introduite dans toutes les villes savantes, on ne les compta plus. Après les beaux siècles de la jurisprudence romaine, la grande difficulté pour nous était de trouver des jurisconsultes dont la vie ou les ouvrages pussent offrir quelque intérêt aux jeunes légistes, pour qui nous cherchons à former une collection de portraits dont la physionomie accentuée puisse produire un effet utile sur leurs âmes. A partir du quinzième siècle, au contraire, les ouvrages de droit commencent à se multiplier, et dès le commencement du seizième, ils étaient en si grand nombre, que la difficulté de notre tâche ne consistera désormais que dans le choix à faire entre des multitudes de juristes, dont les noms seuls, avec l'indication de leurs ouvrages, forment dans la Bibliothèque de droit de Camus et Dupin un très-gros volume. Il nous faut donc ici nous restreindre absolument aux jurisconsultes dont les ouvrages ont eu tant d'autorité, que leurs noms retentissent encore fréquemment dans les écoles, et dont les fronts restent ceints d'une auréole de gloire qui semble ne plus devoir les quitter.

Les grandes coutumes générales des principales contrées du nord et du centre de la France furent, avons-nous dit, rédigées, une première fois, dès le commencement du seizième siècle ; et après leur publication, elles ne tardèrent pas à être annotées ou interprétées par des jurisconsultes éminents.

Le premier qui s'offre à nous, sinon dans l'ordre des temps (1), au moins dans l'ordre de mérite, c'est Dumoulin, puis d'Argentré, puis, mais à un rang déjà bien inférieur, Chopin et Coquille. Nous bornerons nos appréciations à ces quatre jurisconsultes coutumiers, et à Loisel, qui essaya de concentrer tout le droit coutumier en quelques courtes règles. Ces cinq jurisconsultes formeront le sujet du présent chapitre.

§ I. — DUMOULIN (2).

Nous arrivons à une des plus grandes figures de jurisconsulte, si grande que nous n'en connaissons aucune qui l'ait été davantage dans les temps modernes.

La plupart des maîtres de la science juridique ont des physionomies qui se ressemblent tant, qu'on les distingue à peine l'une de l'autre. Presque tous sont des hommes dont l'existence a été consacrée à des travaux de cabinet. Si l'on en rencontre qui, par leur mérite, se sont élevés à de hautes fonctions, leur vie habituellement n'a pas cessé, pour cela, d'être aussi sereine que celle des autres. Ce sont toujours des visages parfaitement respectables, mais si calmes que leur vue monotone lasse bientôt l'attention.

Dumoulin tranche au plus haut degré sur tous ces savants

---

(1) Le commentaire de Carondas le Caron sur la coutume de Paris est antérieur à celui de Dumoulin.

(2) V. sur Dumoulin une intéressante notice de M. Hello dans la *Revue de Législation*, t. 10, p. 97.

aux traits incolores, dont l'existence, parfois séculaire, ne
fut troublée par aucun incident. Jamais, en effet, vie ne fut
plus accidentée que la sienne. Doué d'une âme droite, mais
d'un esprit prompt et porté à la controverse, Dumoulin ne
rencontra jamais sur ses pas que des admirateurs passionnés
ou des ennemis acharnés, et il sut montrer en toute circonstance un caractère si noble et si fier, qu'à nos yeux ce
fut plus qu'un grand jurisconsulte, ce fut un grand homme.

Né à Paris à la fin de l'année 1500, Dumoulin ne devança
que de quelques jours ce seizième siècle où devaient s'accomplir de si importants événements, et dont il devait être
une des plus grandes illustrations. Son père était avocat.
Il étudia les belles-lettres dans l'Université de Paris ; mais
la décrétale d'Honorius III qui défendait d'y enseigner le
droit civil étant alors en pleine vigueur, il alla commencer
ses cours de droit à Orléans, et les acheva à Poitiers. Il fut
reçu avocat au Châtelet de Paris à vingt et un ans; mais,
quoiqu'il dût obtenir par la suite de grands succès oratoires, au début de sa carrière il n'avait pas la parole facile,
ce qui le fit renoncer à la plaidoirie et le détermina à se
livrer exclusivement à des travaux de cabinet et à la consultation.

Aujourd'hui la simplicité et l'unité de nos lois civiles en
rendent la connaissance si facile, que la plupart des hommes d'affaires se croient en état de diriger les procès, sans
avoir recours à des hommes plus particulièrement voués à
l'étude de la science. Au temps de Dumoulin c'était autre
chose. A chaque instant, surtout au Parlement de Paris,
dont le ressort embrassait un tiers au moins de la France
actuelle, il se présentait des questions ardues, qui tenaient à
la multitude des lois ou coutumes dont le Parlement avait à
faire l'application à ses justiciables. Il avait même à juger
souvent des questions de droit romain, parce que plusieurs
contrées de son ressort, comme le Lyonnais et le Forez,

faisaient partie des pays de droit écrit, et bien peu d'avocats étaient à même de répondre à court délai, sur les
innombrables questions de droit qui se présentaient devant
le Parlement dans les affaires qu'ils avaient à y défendre.
Il y avait donc en ce temps, à Paris, beaucoup de légistes
qui se livraient exclusivement à la consultation ; et Dumoulin fut de ce nombre. Par goût à la fois et par nécessité, car il était pauvre, il se livra à des études immenses
pour pouvoir commencer fructueusement, au début de la
vie, un genre de travail qui semblait, jusqu'à lui, devoir
être l'apanage exclusif des avocats vieillis dans les exercices du barreau. Dumoulin consacra à cette importante
tâche tous ses jours et la plus grande partie de ses nuits,
ce qui lui fit acquérir, en peu de temps, une grande renommée. Il n'y eut bientôt plus un procès considérable au Parlement de Paris ou dans les Parlements voisins, où la partie
qui croyait avoir le droit pour elle ne tînt à se munir de ses
conseils et à s'aider de sa science.

C'est dans ses consultations écrites, que Dumoulin commençait à fourbir et à aiguiser les armes qui devaient le
faire connaître de toute l'Europe. Il s'y forma un style incisif
et plein d'animation, qui fût devenu facilement un grand
style, si Dumoulin avait eu le temps de le châtier ; mais ce
temps, il ne l'eut jamais. Pressé qu'il était par l'aiguillon
d'une indigence qui, pour être infiniment honorable, ne laissait pas d'être cuisante, on le voit fréquemment se plaindre
dans ses écrits tantôt d'un imprimeur impatient, qui ne lui
permet pas de se relire, tantôt des difficultés qu'il éprou-
vait, malgré ses labeurs, à sustenter sa famille. Il avait eu
d'abord la pensée de rester toujours dans le célibat, jugeant
cet état plus commode pour se livrer à ses grands travaux ;
mais plus tard, il comprit qu'il avait besoin de soins désintéressés et affectueux, qu'un célibataire ne peut guère rencontrer, et il avait contracté un mariage, qui ne tarda pas

à être fécond. Dumoulin eut heureusement la même chance que Jason ; il rencontra une femme, Louise de Beldon, assez instruite pour l'aider dans ses travaux, et qui, comme nous le verrons plus tard, poussa son amour pour lui jusqu'à l'héroïsme.

Ce qui mit le sceau à la réputation de Dumoulin, ce fut son commentaire sur la première coutume de Paris, rédigée en l'année 1510. L'esprit dans lequel ce commentaire fut conçu y fut accusé dès les premières pages. Le premier titre de la coutume traitant des fiefs, Dumoulin s'y déclara. ouvertement ennemi de la féodalité. Tous ses biographes s'accordent à dire qu'il était parent de la reine d'Angleterre Elisabeth, du côté de son infortunée mère Anne de Boulen. Mais, cette parenté n'empêcha point notre jurisconsulte de marquer toujours une antiphathie profonde pour les droits féodaux, ce qui ne put qu'augmenter son autorité dans les classes inférieures de la société.

Ceci ne touchait pas encore d'une manière directe à la politique, cause de divisions si profondes au temps où vécut Dumoulin ; mais deux circonstances vinrent tout à coup porter bien au-delà de l'enceinte du palais la réputation du grand jurisconsulte parisien, et toutes deux se rattachaient aux questions religieuses, alors si ardemment débattues.

La première s'offrit à Dumoulin à l'occasion d'un édit de François Ier, qui avait prononcé la peine de la confiscation générale contre tous ceux de ses sujets qui professeraient des doctrines hérétiques, et avait promis à leurs délateurs le quart des biens confisqués. Cette promesse imprudente fit surgir, et il fallait s'y attendre, une multitude de gens qu'une cupidité condamnable portait seule à faire des dénonciations. Il s'agissait de savoir s'il fallait attacher quelque valeur juridique au témoignage de pareilles gens. Dumoulin prouva, avec sa vigueur ordinaire, que les lois ne permettaient pas de tenir le moindre compte de témoignages aussi suspects ; mais cet avis, que les magistrats suivirent, excita les plus vives colères chez les misérables dont Dumoulin avait flétri les manœuvres indignes, et fut l'une des causes, si ce ne fut pas la principale, des inimitiés ardentes et implacables qui devaient le poursuivre tout le reste de sa vie.

La seconde cause, ce fut un débat plus célèbre encore, qui éclata quelques années après, entre le fils de François Ier, Henri II, et le pape Jules III, au sujet du duché de Parme, et finit par dégénérer en guerre ouverte. Henri II voulant user de représailles contre le pape, en qui il ne voyait plus qu'un souverain armé contre lui, défendit à ses sujets de payer, à Rome, les droits qui étaient dus sur les mutations de bénéfices. Jules III, soutenant qu'Henri II avait excédé son droit, le menaça d'excommunication. Henri publia, en réponse, un édit dans lequel il maintenait de plus fort ses défenses antérieures. C'est l'édit connu sous le nom d'*édit des petites dates*, parce qu'il prescrivait des mesures pour constater en France la véritable date des actes émanés de l'autorité apostolique, actes qui, assez souvent, étaient antidatés. Dumoulin, dont l'autorité était fort grande, fut chargé confidentiellement par les ministres d'Henri II de commenter cet édit, et il le fit avec la vivacité qu'il mettait dans tous ses écrits, s'élevant avec emportement contre divers abus de la chancellerie romaine. Ces sorties virulentes n'impliquaient chez Dumoulin aucune erreur grave, et surtout volontaire, en matière de foi ; mais on y reconnaissait, dès les premières lignes, un gallican déclaré et passionné, dont les diatribes plaisaient beaucoup aux luthériens et aux calvinistes, charmés de trouver dans un homme aussi savant que Dumoulin, sinon un partisan de leurs erreurs, au moins un auxiliaire dans leurs attaques, de plus en plus violentes, contre la cour de Rome.

Comme les différends de la France avec le pape ne tar-

dèrent pas à s'arranger, c'est au sujet du commentaire de
l'édit des petites dates, que le connétable Anne de Montmo-
rency, quand il présenta Dumoulin à Henri II, aurait prononcé ce mot resté célèbre : « Sire, ce que trente mille de
vos soldats n'ont pu faire, ce petit homme l'a fait avec un
petit livre. » Supposé qu'en effet le livre de Dumoulin eût
contribué à ramener Jules III à des sentiments plus pacifiques vis-à-vis d'Henri II, il n'en reste pas moins vrai que
cet écrit fit, auprès des personnes sensées, peu d'honneur à
Dumoulin, parce que la passion y avait plus de part que le
raisonnement, et prouvait, chez l'auteur, une ignorance
complète de l'organisation de la chancellerie romaine, et des
misères inévitables qu'entraîne toute administration servie
par un grand nombre d'employés.

Dans un temps où le clergé de tous les États de l'Europe
ne vivait que du produit des bénéfices, la chancellerie romaine avait un nombre effrayant de brefs à expédier. Ce
travail immense exigeait un nombre de commis très-considérable, dont la plupart étaient pris parmi les laïques. Il
était impossible, dans de pareilles conditions, qu'il ne se
commît pas, dans les matières bénéficiales, des fraudes et
des concussions ; et il était aussi injuste de faire un grief
aux souverains pontifes de ces abus inévitables, qu'il le
serait aujourd'hui de rendre un souverain, ou des ministres,
responsables des abus qui s'introduisent dans les ministères,
et qui, parfois, notre pauvre France en a eu de trop nombreuses preuves dans ces derniers temps, atteignent des
proportions colossales, que le gouvernement des papes ne
connut jamais.

De cette époque datent les malheurs de toute sorte qui
vinrent frapper Dumoulin, et qu'il supporta, il faut le dire,
avec un indomptable courage. La Sorbonne, quoique peuplée de gallicans, avait trop de respect pour la personne
des papes pour ne pas condamner l'écrit de Dumoulin, rem-

pli d'irrévérences, et où, çà et là, se trouvaient, de plus, des propositions hétérodoxes, que Dumoulin n'avait pas su éviter. La Sorbonne ayant prononcé, le Parlement dut aussi condamner l'écrit. Dumoulin obtint cependant du conseil du roi un sursis à l'arrêt; mais il s'était déjà fait quantité d'ennemis qui excitèrent contre lui une émeute, où sa maison fut pillée et sa personne poursuivie par des cris de mort. Forcé de fuir, il se réfugia en Allemagne auprès du landgrave de Hesse qui avait eu souvent recours à ses conseils pour des affaires privées.

Dumoulin rentra en France peu de temps après; mais les haines violentes qu'il avait suscitées n'avaient pas encore eu le temps de s'apaiser : sa maison fut envahie de nouveau par des gens de la lie du peuple ameutés contre lui, et il dut revenir en toute hâte en Allemagne.

Cette fois il fut accueilli par le duc de Vittemberg, qui le décida à donner des leçons de droit à l'université de Tubinge. Le jurisconsulte français, qui avait toujours son franc parler et s'inquiétait peu de ce que les ministres luthériens admettaient ou n'admettaient pas, émit dans ses leçons quelques propositions qui déplurent si fort à ces ministres, qu'il fut obligé de quitter Tubinge, le duc lui ayant déclaré qu'il ne se sentait plus assez sûr de pouvoir le protéger contre les attaques de ses ennemis.

Accueilli une seconde fois par le landgrave de Hesse, Dumoulin paya dignement l'hospitalité qu'il recevait, par des consultations savantes sur un procès aussi compliqué qu'important, et qu'il parvint à faire gagner au landgrave; mais la réussite qu'il obtint et qui semblait devoir lui assurer des avantages pécuniaires considérables, fut cause, au contraire, que sa vie courut, peu de temps après, les plus grands dangers.

Le gendre du landgrave, George, comte de Montbelliard, qui avait de son côté, un procès important, avait invité le jurisconsulte à des fêtes qu'il donnait à l'occasion de son mariage. A peine Dumoulin est-il arrivé, que le comte lui soumet son procès et le prie de rédiger, pour lui, une consultation. Dumoulin examine l'affaire, la trouve mauvaise, refuse la consultation demandée, et prend aussitôt congé du comte; mais saisi en route par des hommes apostés, il est reconduit à Montbelliard, et jeté dans un cachot, où le comte George ose se présenter pour le tenter de nouveau.

Nul homme de guerre ne montra jamais plus de courage que n'en fit voir alors Dumoulin : « J'eus toujours, dit-il « fièrement au comte, une bonne conscience, et je n'ai « jamais prostitué ma plume pour soutenir de mauvaises « causes ; si j'ai acquis quelque considération en France, « c'est qu'on sait bien que je suis incapable de soutenir « jamais une cause que je croirais injuste. » Et comme il vit, en se retournant, qu'il était entouré d'hommes d'armes, qui le regardaient d'un air menaçant : « Je ne crains pas « la mort, s'écria-t-il, j'ai assez vécu ; mais si je meurs, « j'aurai un vengeur dans le ciel. » Quelle grandeur d'âme dans l'avocat, et quelle bassesse dans le prince, qui n'eut pas honte, le misérable, de faire conduire mystérieusement son captif dans une prison plus dure, dans l'espoir d'y lasser sa patience !

Le courage de Louise de Beldon égala celui de son mari. Dès qu'elle apprend qu'il a été arrêté en trahison, elle monte à cheval, au milieu même d'un accès de fièvre, et se dirige avec sa jeune fille vers Montbelliard, où elle finit par découvrir que Dumoulin est retenu dans la forteresse de Blamont. Elle y vole, fait d'inutiles efforts pour voir son mari, et revient à Montbelliard, où elle renouvelle ses plaintes avec tant d'éclat que le comte en est effrayé. Il finit par se rendre à Blamont dans l'intention de rendre à Dumoulin sa liberté, pourvu qu'il signe un acte, préparé à l'avance, dans lequel il devait renoncer à se plaindre, et s'obliger à résider deux ans à Montbelliard. Dumoulin déchire l'acte avec mépris, et en dresse un autre dans lequel il promet de se taire. Le comte n'ose plus insister, Dumoulin sort enfin de prison, et, secondé toujours par sa généreuse femme, s'évade des États du comte et se réfugie à Dôle.

Tout dans la vie du grand jurisconsulte n'était qu'heur et malheur. Des angoisses d'une dure prison il passe aux enivrements d'une série de triomphes, à Dôle d'abord, puis à Besançon. Les habitants de ces deux villes le prièrent tant de leur faire entendre sa parole, qu'il ne put s'y refuser, et nulle salle ne se trouva assez vaste pour contenir les foules qui accouraient de plusieurs lieues pour l'entendre.

Revenu à Paris, Dumoulin y trouva ses enfants sans pain dans sa pauvre maison, qui venait d'être dévastée une troisième fois. Il se remet au travail avec une sorte de rage, et bientôt après on voit sortir, coup sur coup, de sa plume, des ouvrages importants, dont le prix, qui devait assurer son pain quotidien, lui était avancé par des libraires, assurés du succès de tout ce qui venait de lui. C'est alors notamment qu'il publia son fameux traité *De la divisibilité et de l'indivisibilité*, ouvrage étonnant, où, avec quelques lignes seulement de deux ou trois textes du droit romain, il créa tout un corps de doctrine, qui arracha des cris d'admiration aux docteurs de toutes les nations, surpris de voir une théorie des plus vastes jaillir du cerveau d'un seul homme, qui l'avait puisée dans les profondeurs les plus abstruses de la métaphysique (1).

(1) Dans notre traité *De la solidarité et de l'indivisibilité*, nous nous sommes permis quelques critiques de peu d'importance sur la théorie de Dumoulin ; mais, outre que nous avons pu nous tromper, c'eût été un vrai miracle, que Dumoulin, dans une théorie à la fois si obscure et si vaste, eût pu éviter jusqu'à ces fautes de détail qui sont la suite nécessaire de la fragilité humaine, *quas humana parum cavit natura.*

On sait qu'après l'édit de 1562, qui avait pour but d'apaiser les querelles religieuses, le sang qui coula à Vassy, à la suite d'une rencontre entre les gens de la suite de François de Guise et une troupe de calvinistes, excita parmi les protestants une telle rage qu'ils mirent en feu tout le royaume. Comme ils s'emparèrent du pouvoir partout où ils se trouvèrent les plus forts, il arriva naturellement qu'ils durent plier, à leur tour, dans toutes les villes où ils se trouvaient les plus faibles. A Paris, comme le prouva bientôt l'association redoutable connue sous le nom de Sainte-Ligue, les catholiques étaient en majorité. Tout calviniste fut donc obligé de s'enfuir au plus vite, et Dumoulin, soupçonné de l'être, dut quitter son logis, dévasté une quatrième fois. Il erra longtemps dans la Beauce et dans le Perche, allant comme Dante de château en château, jusqu'à ce qu'il trouva un abri dans Orléans, dont les calvinistes s'étaient emparés, et dont le duc de Guise fut obligé de faire le siége.

Dumoulin, dans Orléans assiégé, privé apparemment de ses livres de droit, s'engage, pour distraire son esprit infatigable, dans les profondeurs de la théologie. Surpris de voir combien Calvin avait dépassé les erreurs de Luther en s'éloignant de plus en plus des livres saints, il entreprend un grand travail d'érudition et de philologie sur les quatre Évangiles, pour en démontrer la concordance, et ruiner d'un seul coup toutes les erreurs de Calvin, qui avait sapé l'autorité des Évangiles en y relevant de prétendues contradictions.

Calvin, véritable souverain de Genève, avait, comme tous les souverains, des espions dans toutes les villes où il comptait des adeptes. Quand Guise se fut emparé d'Orléans, Dumoulin n'osant point revenir à Paris, alla chercher un refuge à Lyon, où les calvinistes avaient établi un consistoire. Ses jours y furent bientôt plus menacés qu'ils ne l'avaient été à Paris. Le livre qu'il avait préparé sur la concordance des Évangiles fut connu des calvinistes, et Calvin, averti par eux, mande aux membres du consistoire de Lyon de faire arrêter Dumoulin, pour empêcher à tout prix la publication de son livre. Dumoulin est arrêté, en effet, et une troupe de fanatiques allaient enfoncer sa prison pour le précipiter dans la Saône, qui coulait au bas. Le crime eût été commis, si le duc de Soubise, gouverneur de la place, ne fût arrivé à temps pour arracher le grand jurisconsulte aux mains de ces scélérats.

Échappé de nouveau à une mort violente, comme dans la prison de Montbelliard, Dumoulin demanda à la prière le calme que la science n'avait jamais pu lui donner. Dès ce moment, la lumière se fit dans son âme troublée, mais restée toujours franche et loyale. Non-seulement il rentra, sans la moindre restriction, dans la religion de ses pères, mais encore, à la différence de Cujas, qui ne sortait pas de sa réserve timide, il contribua puissamment à ramener dans le bercail de l'Église romaine, un grand nombre de ses concitoyens, peut-être même d'habitants de pays étrangers, tant son nom était connu et honoré dans toute l'Europe.

Dès que le concile de Trente eut fini ses travaux, Dumoulin adhéra avec empressement, dans une consultation qu'il publia, à tous les décrets du concile sur les points de foi et de morale, et n'improuva qu'un certain nombre de canons sur la discipline, comme contraires aux usages de l'Église gallicane, usages qui, en bien des points, étaient acceptés alors ou du moins tolérés par les souverains pontifes.

L'esprit inquiet de Dumoulin avait enfin trouvé le repos. L'ardent jurisconsulte avait, de très-bonne heure, pris pour devise dans ses écrits : *Veritas vincit,* voulant apparemment exprimer par là qu'il ne défendait jamais que la vérité, et qu'il devait toujours vaincre par elle; mais ce fut la vérité par essence qui le vainquit lui-même, en chassant de son esprit toutes les idées hétérodoxes qui l'avaient longtemps

20

obscurci. Il entrevit alors les splendeurs éternelles, et rendit à Dieu son âme généreuse en l'année 1566. Il mourut, dit Bérault-Bercastel (1), non-seulement dans la communion de l'Église, et avec des sentiments parfaitement orthodoxes, mais avec une piété exemplaire et un vif repentir de ses égarements passés. Il ne regretta la vie que parce qu'il ne pourrait plus engager les compagnons de son égarement, tant par ses écrits que par ses exemples, à imiter son retour. Il eut pour témoins le célèbre docteur Claude d'Espence, alors principal du collége du Plessis (2), et le curé de Saint-André des Arcs, qui lui administrèrent les derniers sacrements et l'assistèrent jusqu'au dernier soupir.

Dumoulin, dans plusieurs actions de sa vie, manqua, sans doute, de prudence ; mais sa résolution ferme et inébranlable de ne soutenir jamais que ce qu'il croyait juste, y allât-il de sa vie, racheta toutes les imperfections de son bouillant caractère. Grâce à sa probité austère, que rien ne put jamais entamer, il pourra servir éternellement de modèle aux avocats et aux professeurs comme aux magistrats, tous également obligés, dans leur sphère respective, à concourir de tout leur pouvoir, et quoi qu'il en puisse coûter, au triomphe de la justice sur la terre.

§ II. — D'ARGENTRÉ (3).

D'Argentré a été de tout temps mis en parallèle avec Dumoulin. Sa science, en effet, au moins en droit coutu-

---

(1) *Hist. gén. de l'Église*, liv. LXVI.

(2) Claude d'Espence était un docteur de si grand renom que Paul IV lui offrit la pourpre, s'il voulait rester en France; mais d'Espence, homme simple, aussi bon Français que bon catholique, refusa cet honneur.

(3) Voir sur d'Argentré une intéressante notice dans le *Recueil de l'Académie de Législation*, t. V, p. 49.

mier, égala celle de Dumoulin, auquel il ne fut inférieur qu'au point de vue des idées générales et philosophiques, qui avaient plus d'étendue chez le jurisconsulte parisien que chez le juriste breton.

Dumoulin, avons-nous dit, était allié par Anne de Boulen à la famille des Tudor; mais lui-même n'était pas noble. Bertrand d'Argentré, né à Vitré en 1519, appartenait, au contraire, à l'une des plus nobles familles de Bretagne. Ses ancêtres s'étaient distingués dans les armes; son père, Pierre d'Argentré, avait suivi la même carrière; mais quand il fut nommé sénéchal de Rennes, par François Ier, il dut quitter sa cotte de mailles pour revêtir la robe de magistrat. Bertrand d'Argentré était petit de taille, et ce fut, dit-on, cette circonstance qui détermina son père à lui faire faire des études juridiques, plutôt que de lui donner une éducation militaire. Le jeune Bertrand se livra à ces études avec passion, et l'amour de son pays natal le porta à étudier de préférence les coutumes de l'antique Armorique.

La Bretagne fut, de toutes les contrées de la Gaule, celle qui échappa le plus longtemps à la domination romaine. On peut dire qu'elle ne fut jamais complétement soumise, tant ses habitants restèrent fidèles à leurs vieilles traditions. La Bretagne était donc essentiellement un pays coutumier, et la première rédaction de ses coutumes remonte, suivant Hévin, au commencement du quatorzième siècle. Hévin cependant s'est apparemment trompé, puisque d'Argentré, parfaitement versé dans les antiquités de la Bretagne, dont il a écrit l'histoire, ne fait remonter cette rédaction qu'à l'année 1450. Cette très-ancienne coutume, qui n'avait aucun caractère officiel, fut revisée au mois d'octobre 1539, dans l'assemblée générale des États de la province, et une seconde révision fut ordonnée en 1575 par Henri III, qui nomma une commission pour préparer cet important travail. La plupart des commissaires furent pris parmi des magistrats du Parlement

de Rennes ; mais Bertrand d'Argentré, qui avait succédé à
son père dans la charge de sénéchal de Rennes, et qui jouissait d'une grande réputation dans toute la province, fut
adjoint à cette commission. Il fut un de ceux qui prirent le
plus de part aux conférences et travaux préliminaires, qui
ne durèrent pas moins de cinq ans, puisque la nouvelle
coutume ne fut arrêtée et promulguée que dans l'assemblée
générale des États de la province, en 1580.

On peut dire que la nouvelle coutume fut principalement
l'œuvre de d'Argentré, parce qu'à l'époque où elle s'élabo-
rait il avait déjà publié ses plus importants ouvrages,
savoir un commentaire des quatre premiers titres de l'ancienne coutume, de celui des Donations et de celui des
Appropriances, ainsi que son traité sur les Partages nobles.
Ces publications remarquables donnaient à d'Argentré, auprès des autres commissaires chargés avec lui d'une rédaction nouvelle de la coutume, une autorité si grande qu'ils
croyaient ne pouvoir mieux faire que de suivre son sentiment, sur tous les points où ils n'avaient point de convictions
arrêtées.

A peine la nouvelle coutume fut-elle promulguée, que
d'Argentré fut prié par les États de publier une histoire de
Bretagne, à laquelle il travailla avec tant d'ardeur qu'il
l'acheva en deux ans. Cette œuvre, qui lui fit honneur, fut
cependant moins remarquable que ses travaux juridiques.
Quoique d'Argentré écrivît, en latin, d'une manière correcte,
il n'avait pas, à un degré suffisant, l'art de la narration, et la
distinction de style qui est indispensable pour rendre une
histoire attachante.

Après la publication de cette œuvre historique, d'Argentré
revint à ses travaux préférés. Il s'occupa d'un commentaire
complet de la nouvelle coutume, dont il connaissait l'esprit
mieux que personne, puisqu'elle était en grande partie son
œuvre. Pendant qu'il s'occupait de cet important travail,

Henri III tenait d'une main débile les rênes de l'État.
En 1580, il fit la paix avec les huguenots et leur permit
l'exercice de leur religion. Cette permission mécontenta les
catholiques, scandalisés d'ailleurs des mœurs efféminées
de Henri. La Ligue s'organisa pour résister aux progrès des
calvinistes, et Henri de Guise, qui en était le chef, devint
bientôt si puissant, que le prince Valois, craignant d'être
détrôné, commit l'indignité de faire assassiner Guise
en 1588. Il éprouva le même sort l'année suivante. Sa mort
ne fit que rendre plus acharnée, sur tous les points de la
France, la lutte entre les catholiques et les sectateurs de
Calvin.

D'Argentré était fermement attaché à la religion de ses
pères. Après la mort de Henri III, les ligueurs, qui ne voulaient pas reconnaître Henri IV, s'étaient emparés de Rennes, mais ils ne purent s'y maintenir. Les partisans de
Henri IV ayant repris la ville, jugèrent nécessaire d'en
bannir les habitants notables qui s'étaient prononcés pour
la Ligue. D'Argentré fut du nombre des proscrits. Il se
retira dans le château d'un de ses amis, où il mourut,
le 13 janvier 1590, à l'âge de soixante-onze ans, regretté
de toute la Bretagne, dont il a été, comme jurisconsulte, la
principale gloire. D'Argentré, en effet, joignait à sa grande
science toutes les qualités d'un parfait gentilhomme. Il s'était
trouvé, de bonne heure, possesseur d'une immense fortune,
dont il fit toujours le plus noble usage. Sa demeure ressemblait à celle d'un prince, et son plus grand plaisir était de
recevoir à sa table les personnages les plus distingués de la
Bretagne, qui aimaient autant ses manières obligeantes
qu'ils estimaient sa science.

La mort avait frappé d'Argentré avant qu'il eût publié son
commentaire complet de la nouvelle coutume ; mais l'œuvre
était achevée et fut publiée, quelques années après, par son

fils Charles d'Argentré de la Boissière, président au parlement de Rennes.

D'Argentré, nous l'avons dit, fut le digne émule de Dumoulin, et attaqua souvent les doctrines du jurisconsulte parisien en matière féodale, avec une vivacité voisine de la violence, puisqu'il lui arrivait souvent de dire : Dumoulin rêve,
Dumoulin radote, ou d'user d'autres termes aussi peu mesu-
rés. Mais, outre que ce langage, un peu dur, était le langage
du temps, d'Argentré avait pour excuse l'énergie de ses
convictions, opposées de tout point, sur ces matières, à
celles de Dumoulin. D'Argentré faisait tous ses efforts pour
défendre et pour conserver un état social que Dumoulin, au
contraire, attaquait avec sa bouillante énergie et ne cachait
pas vouloir détruire.

On se demande de quel côté se trouvait la vérité dans
cette grande lutte, et de quel côté était l'erreur. Disons, tout
de suite, que d'Argentré avait pour lui la vérité historique,
mais que Dumoulin se guidait par une vérité plus haute et
qui domine l'autre, par la vérité philosophique. D'Argentré
partait toujours de cette idée, que les droits féodaux étaient
parfaitement légitimes, par cela seul qu'ils avaient été perçus
par les seigneurs dès les temps les plus reculés. Mais Dumoulin voyait les choses de plus haut. Il se demandait si des
coutumes, si anciennes qu'elles fussent, ne devaient pas être
abandonnées, dès l'instant que les circonstances qui leur
avaient donné naissance étaient changées, et sa haute raison lui disait qu'elles devaient l'être, conformément à cette
règle de logique : L'effet doit cesser quand la cause a disparu, *Cessante causâ cessat effectus.*

Quelle était, en effet, l'origine de tous les droits féodaux?
C'était la protection que le seigneur devait à son vassal, et
pour laquelle il était juste que le vassal, à son tour, rendît
au seigneur certains devoirs et lui fournît certains secours.
Dans les premiers temps de la féodalité, il y avait entre eux

parité complète d'obligations. Tout pouvoir central ayant alors disparu en France et dans la plupart des Etats de l'Europe, la vie et la fortune des hommes étaient perpétuellement en danger. Tantôt c'étaient des hordes de barbares qui se jetaient sur une contrée pour l'asservir ou au moins pour la piller, tantôt c'étaient des seigneurs voisins qui se faisaient la guerre les uns aux autres. A tout instant, le vassal était obligé de venir en aide à son seigneur, ou le seigneur à son vassal ; et comme c'était le seigneur suzerain qui faisait les principales dépenses pour protéger tous les fiefs mouvants de sa seigneurie, il était d'une justice parfaite qu'il reçût de temps en temps des aides de ses vassaux et des redevances des autres habitants du fief.

Mais quand la puissance royale eut réduit presque à rien la puissance seigneuriale, les choses changèrent complétement de face. Les vassaux et les roturiers n'eurent plus dès-lors, partout, d'autre protecteur que le roi de France, qui seul payait des soldats, et, seul, faisait toutes les dépenses nécessaires pour assurer le bon ordre dans tous les pays relevant de la couronne. Si, nonobstant ce changement complet dans le régime politique, les habitants avaient continué de payer tous les droits seigneuriaux qu'ils payaient auparavant, ils eussent, en réalité, payé deux maîtres, un qui les protégeait efficacement, et un autre qui ne les protégeait plus du tout, et c'était assez d'en payer un.

Dumoulin avait parfaitement aperçu toutes les conséquences de cette transformation dans l'ordre politique, qui échappaient au regard moins profond de d'Argentré.

La différence d'appréciation entre ces deux grands jurisconsultes put tenir aussi quelque peu, aux milieux différents dans lesquels ils vivaient. La France, au point de vue fiscal, se divisait, avant la révolution de 1789, en pays d'États et pays de Généralités ou d'Élections. Dans les premiers, les rois de France ne pouvaient lever à leur profit nul impôt sans le consentement des États de la province, tandis que dans les autres ils pouvaient lever tels impôts qu'il leur plaisait.

La Bretagne était un pays d'États, tandis que l'île de France, et toutes les contrées qui appartenaient en propre aux rois capétiens comme seigneurs directs, étaient des pays d'Élection, où les impôts étaient véritablement écrasants, parce qu'ils ne dépendaient que de la volonté des rois. Dumoulin, qui vivait dans un pays d'Élection, était naturellement plus frappé du surcroît de gêne que causaient aux sujets du roi les droits féodaux, que d'Argentré, qui vivait dans un pays d'États, où les trois ordres avaient également intérêt à n'accorder aux rois que les impôts qui ne leur portaient pas à eux-mêmes un trop grand préjudice.

A cette différence fiscale, si grande entre la contrée qui avait vu naître Dumoulin et celle où naquit d'Argentré, s'en joignait une autre plus grande encore, au point de vue moral.

Depuis la réunion de la Bretagne à la couronne, tous les Bretons, seigneurs et sujets, n'étaient plus, il est vrai, protégés dans leur personne et dans leurs biens, que par le roi de France. Mais les seigneurs qui n'avaient plus à fournir à leurs vassaux ni aux habitants de leurs terres de protection armée, continuaient cependant de leur en fournir une autre, qui touche beaucoup plus les cœurs, une protection de bienveillance et de bons exemples. Les seigneurs bretons menaient, en général, une vie honorable et pure, et leurs vassaux ou sujets payaient dès lors, sans répugnance, des droits perçus toujours avec douceur, dont ils retrouvaient l'équivalent, les uns, les gentilhommes, dans le bon usage que les seigneurs faisaient de leur crédit auprès du roi ; les autres, les roturiers, dans l'usage plus honorable encore qu'ils faisaient de leur fortune. Si le paysan breton, grevé par l'énormité des charges féodales et royales, en était ré-

duit, même aux années de récoltes abondantes, à se nourrir
d'un pain grossier, il savait au moins qu'aux années de
grande disette ce pain lui revenait des châteaux, sous forme
de don ; et beaucoup de ces braves gens, qui menaient la vie
la plus dure, voyaient avec bonheur leurs fils et leurs filles
mener, sans dangers pour leurs mœurs, une vie infiniment
plus douce que la leur au service de leur seigneur ou de sa
dame. Si le respect et l'amour des classes laborieuses pour
la noblesse s'est conservé en Bretagne jusqu'à nos jours, on
peut juger ce que devaient être ces sentiments au temps de
d'Argentré.

Dumoulin avait sous les yeux un spectacle bien différent.
Les galanteries de François Ier et de Henri II avaient commencé à pervertir la noblesse qui entourait ces deux rois,
trop amis des plaisirs. Les mœurs des gentilhommes se gâ-
tèrent encore davantage à la cour de Catherine de Médicis ;
et avec Henri III et ses mignons, elles tombèrent dans les
plus bas fonds de la honte et de la dépravation. Il est toujours pénible pour l'orgueil, dont les classes inférieures ne
sont pas plus exemptes que les classes élevées, de payer
des redevances à des personnes occupant une position plus
haute, même quand elles méritent toute espèce de considération ; mais on se sent beaucoup plus humilié d'avoir à
payer quoi que ce soit à des gens qu'on méprise, et les contrées voisines de Paris fournissaient beaucoup plus de ces
nobles méprisables que la religieuse Bretagne, où il ne s'en
trouvait presque aucun.

C'étaient donc apparemment les mœurs de la noblesse
bretonne, infiniment plus pures que celles de la noblesse qui
hantait la cour des rois de France, ou recherchait les plaisirs bas de la capitale, qui firent tomber d'Argentré dans
une des erreurs les plus graves que pût commettre un jurisconsulte. Dumoulin, sans doute, se gênait trop peu, quand
il disait tout simplement d'une coutume féodale qui parais-

sait trop dure, qu'il ne fallait pas la suivre ; et l'on comprend que d'Argentré s'élevât alors, ce qu'il ne manquait jamais de faire avec la plus grande vivacité, contre une hardiesse aussi grande. Mais le jurisconsulte breton tombait dans une erreur de droit bien plus insoutenable que les hardiesses de Dumoulin, quand il allait jusqu'à dire que, même dans les situations douteuses, il fallait adopter la solution la plus favorable aux seigneurs. En émettant cette étrange opinion, d'Argentré se mettait en opposition flagrante avec les monuments les plus respectés, non-seulement de la sagesse chrétienne, mais même de l'équité païenne. Ulpien, en effet, formulant en cela une doctrine commune à tous les jurisconsultes romains, avait posé comme une règle fondamentale de droit, puisée dans les lumières de la raison, qu'en matière d'obligations il faut toujours, dans le doute, décider en faveur du débiteur (1), plus de dix siècles avant que Boniface VIII posât, dans les mêmes termes, la même règle dans le Sexte (2).

Concluons de là que d'Argentré ne voyait pas les choses d'aussi haut que Dumoulin ; qu'il n'avait pas compris, aussi bien que lui, l'importance de la maxime capitale : *Cessante ratione legis cessat lex*, maxime dont l'application intelligente suppose, chez le jurisconsulte, une connaissance parfaite du véritable état social au milieu duquel il vit ; que les conceptions du juriste grand seigneur, de la Bretagne, étaient donc loin d'être aussi vastes que celles du légiste bourgeois, de Paris : et s'il faut être surpris d'une chose, c'est qu'après les attaques parfois trop vives, mais habituellement très-justes, de Dumoulin contre les droits seigneuriaux, ces droits eussent pu subsister jusqu'à la Révolution

(1) Semper in obscuris quod minimum est sequimur. L. 9, D., *de Reg. jur.* Si non appareat quid actum est, ad id quod minimum est redigenda summa est. L. 34, *eod.*
(2) In obscuris minimum est sequendum. *Reg. XXX.*

française. Cette résistance de plus de trois siècles, opposée
par la féodalité fiscale au choc continuel d'idées nouvelles
qui l'assaillaient de tout côté, prouve donc la grandeur primitive de la féodalité militaire, comme les vastes ruines des
châteaux féodaux qui, sur quantité de sommets escarpés,
dressent encore fièrement au grand soleil leurs épaisses
murailles tapissées de lierre, prouvent la solidité des fondements sur lesquels furent originairement bâties ces imposantes demeures.

§ III. — CHOPIN ET COQUILLE.

Dumoulin et d'Argentré furent, sans contredit, les deux
jurisconsultes français du seizième siècle les plus versés dans
le droit coutumier, mais Chopin et Coquille n'en furent point
séparés par une distance bien grande.

I. CHOPIN, né en Anjou en 1537, mena, comme Dumoulin,
une vie fort troublée par les querelles religieuses et politiques auxquelles il se mêla. Après avoir plaidé longtemps,
avec distinction, au parlement de Paris, il consacra la fin de
sa vie à la publication d'ouvrages remarquables, l'un sur la
coutume d'Anjou, l'autre sur le domaine des rois de France.
Ce domaine, à cause des territoires immenses dont les rois
de France avaient été, comme l'on disait dans ce temps,
seigneurs sans milieu, avait une très-grande importance, et
donnait lieu à un grand nombre de difficultés ardues, résultant du principe de l'inaliénabilité et de l'imprescriptibilité
de ces domaines, que les légistes cherchèrent à faire prévaloir dès le treizième siècle. Chopin parvint à débrouiller
assez bien ces difficultés, et devint ainsi le prince des *Doma-
nistes*. On désignait par ce nom les légistes qui s'occupaient
spécialement des matières domaniales, comme on appelait
Feudistes, ceux qui s'appliquaient spécialement à l'étude des
lois des fiefs. Chopin mourut à Paris en 1606.

II. COQUILLE. — Gui Coquille composa, au seizième siècle, sur la coutume de Nivernais, un commentaire remarquable, où il fit preuve d'un esprit si juste, que Pothier, dans le siècle dernier, l'appelait habituellement, quand il le citait, le judicieux Coquille, honorable épithète, qui est restée, depuis, accolée à son nom. La droiture de Coquille dut contribuer à la rectitude de son jugement, car les consciences délicates distinguent l'erreur plus facilement que les autres, comme une main fine sent mieux les aspérités de ce qu'elle touche.

Coquille naquit à Decize, dans le Nivernais, vers l'an 1523, trois ans seulement après la naissance de Cujas. Étant à peu près du même âge que le grand romaniste, et plus âgé que Donneau, il commença ses études juridiques à une époque où l'université de Bourges ne brillait pas encore de l'éclat que ces deux professeurs célèbres devaient lui donner. C'est apparemment pour cela que Coquille, quoique fort rapproché de Bourges, alla étudier, d'abord, le droit à Padoue, dont l'université était alors la plus célèbre de l'Italie. Il suivit, à son retour d'Italie, les cours de l'université d'Orléans, puis, le barreau de Paris, et alla se marier ensuite à Decize, sa ville natale, où sa grande modestie l'eût apparemment retenu tout le reste de sa vie s'il n'était devenu veuf. Il s'attacha alors au barreau de Nevers, et acquit, en peu de temps, dans sa province, une réputation très-grande, dont il ne songea jamais à tirer profit. Il exerçait, au dire de ses biographes, sa profession d'avocat d'une manière si désintéressée, qu'il lui arrivait parfois de refuser une partie des honoraires qu'on lui offrait, et sa règle était de donner, chaque année, aux pauvres le dixième de ses revenus.

Coquille était aussi peu ambitieux qu'il était peu avide d'argent. Sa réputation de jurisconsulte avait dépassé les limites du Nivernais, et Henri IV, désirant l'attirer à Paris, lui offrit de le nommer conseiller d'État. Coquille refusa ce poste éminent, faisant plus de cas de l'attachement que lui témoignaient ses compatriotes, que d'une position brillante, qui l'eût détourné de ses travaux préférés. Il s'occupait, en effet, sans cesse et avec la plus grande ardeur, de son commentaire sur la coutume de Nivernais ; et, bien différent des gens qui n'ont pas fini plutôt un livre qu'ils le livrent à l'impression, Coquille hésitait toujours à publier le sien, quoique les personnes les plus compétentes admirassent son ouvrage et le pressassent d'en faire profiter le public. Il avait atteint l'âge de quatre-vingts ans, qu'il hésitait encore, et la mort, fatiguée d'attendre, vint mettre fin à son honorable carrière le 12 mars 1603. Ses œuvres, qui comprenaient, outre les Commentaires de la coutume de Nivernais, beaucoup d'autres travaux, furent publiées presque aussitôt après ; réimprimées depuis plusieurs fois, elles se trouvaient, avant la Révolution française, dans la bibliothèque de tous les jurisconsultes.

§ IV. — ANTOINE LOISEL.

Le nom de Loisel se trouve naturellement uni à celui de Coquille, parce que ces deux jurisconsultes eurent des relations d'amitié, et le premier ouvrage de Coquille, qui fut publié après sa mort, le fut par les soins de Loisel.

Antoine Loisel, né à Beauvais en 1536, fut un des avocats les plus distingués du barreau de Paris au seizième siècle, et composa, au commencement du siècle suivant, car il ne mourut qu'en 1617, un livre fort connu et fort intéressant, intitulé : « Pasquier ou dialogue des avocats du parlement de Paris. » Les mœurs des avocats de cette époque sont retracées dans ce dialogue avec beaucoup d'esprit et de verve.

Ce n'est pourtant pas ce livre qui contribua le plus à la renommée de Loisel. Il en avait, auparavant, publié un autre, beaucoup plus important, sous le titre d'*Institutes coutumières*. Toutes les coutumes de notre ancienne France, quoique présentant beaucoup de diversités dans les détails, avaient des points plus nombreux encore de ressemblance. Toutes s'étaient formées dans les contrées du nord de la France, par l'amalgame de deux éléments qui y avaient eu à peu près la même puissance, d'un côté, l'élément germanique, de l'autre, l'élément chrétien. Elles se ressemblaient donc toutes, comme se ressemblent des sœurs nées du même père et de la même mère, à qui l'on peut appliquer presque toujours les vers du poète :

> Facies non omnibus una,
> Nec diversa tamen.

Loisel eut l'heureuse idée d'extraire des coutumes, les principes qui étaient communs à toutes ou à presque toutes, pour en former autant de sentences, et l'idée non moins heureuse de donner à ces sentences une forme concise et souvent rimée, pour les faire pénétrer plus aisément dans la mémoire. Il donna à ce recueil, contenant la moëlle de tout le droit coutumier, le nom d'*Institutes coutumières*. Ce livre, savamment commenté dans la suite par Laurière, obtint un très-grand succès, et il le méritait certainement.

Pour la science, en effet, Loisel pouvait presque marcher de pair avec Coquille, et le devançait beaucoup pour le style, qui chez Coquille n'a que de la netteté, tandis que chez Loisel il a de la vivacité et du mordant. Mais le cœur du spirituel avocat du parlement de Paris valait moins que celui du respectable commentateur de la coutume de Nivernais. Nous n'en voulons d'autre preuve que quelques proverbes assez grossiers, que Loisel mêla, fort mal à propos, à ses *Institutes coutumières*, entre autres celui-ci, qu'il avait ramassé dans Rabelais, car il ne sortit jamais de la plume honnête d'un jurisconsulte : « Oignez vilain, il vous poindra : Poignez vilain, il vous oindra. » Le mot *vilain*, synonyme, dans le vieux langage français, de villageois, servait à désigner autrefois tous les habitants des champs, qui n'étaient pas nobles. Les seigneurs, ceux au moins qui avaient un cœur dur, aimaient à répéter le proverbe de Loisel, chaque fois qu'ils usaient vis-à-vis de leurs tenanciers de mauvais traitements, ou ce qui est parfois pire pour des natures délicates, de mauvais procédés. Cette maxime, dont ils abusaient, fomentait dans l'esprit de leurs sujets des sentiments de haine, que les générations se transmettaient l'une à l'autre, et qui, après s'être amoncelées de siècle en siècle, finirent par amener une explosion formidable.

Quand la révolution française éclata avec la puissance que l'on sait, les fils des vilains, à qui des races entières avaient appliqué trop souvent, de père en fils, le proverbe de Loisel, fatigués de seigneurs qui n'avaient cherché qu'à les poindre, répondirent au dicton préféré de leurs anciens maîtres, par ce cri sauvage, qui en était la contre-partie : « Guerre aux châteaux, paix aux chaumières ! » A ce cri terrible, le fer, d'une main, une torche, de l'autre, ils assaillirent, au même instant, les demeures féodales de leurs oppresseurs, dont la plupart, heureusement pour eux, avaient fui. Mais alors, ne pouvant pas rougir du sang de maîtres détestés les dalles de leurs châteaux, les villageois, dans leur fureur, s'en prenaient aux châteaux mêmes. Les flammes des incendies qu'ils y avaient allumés se répondaient en France de cime en cime, projetant partout dans le ciel des lueurs sinistres. Quand le feu s'éteignait faute d'aliment, l'esprit de vengeance, bien souvent, survivait encore. La pioche alors achevait ce que les torches avaient commencé. Les plus hautes et les plus fières demeures étaient celles qu'épargnaient le moins ces malheureux, ivres de colère, et la plupart furent alors rasées de fond en comble. Les seuls châteaux que le feu respecta et qui ne perdirent pas une pierre, et le nombre heureusement en fut assez grand, furent ceux dont les seigneurs, bienveillants pour leurs tenanciers, avaient des sourires pour leurs fils et du respect pour leurs filles, et dont les châtelaines rassemblaient pour eux avec piété, dans une pièce voisine de leur chapelle, des simples pour soulager tous leurs maux, et des baumes pour guérir toutes leurs blessures.

LIVRE VI

Des grands jurisconsultes du dix-septième siècle.

CHAPITRE PREMIER

Considérations préliminaires.

Le dix-septième siècle fut-il une époque de progrès pour le droit, ou commença-t-il à en marquer la décadence? C'est une question qu'on peut se poser, quand on constate que ce siècle ne produisit pas dans la science juridique des jurisconsultes aussi remarquables que ceux du seizième, que les Cujas, les Donneau, les Dumoulin, les d'Argentré. Mais de ce qu'une science n'est pas cultivée par des esprits aussi vigoureux que ceux qui lui ont donné la première impulsion, ce n'est pas à dire qu'elle décline par cela même. Elle ne déclinera pas tant que des esprits, même de moindre portée, la maintiendront au point où elle était parvenue; elle progressera, au contraire, si peu qu'ils la poussent au delà. Quoique aucun navigateur ne puisse faire, désormais, en géographie des découvertes dont l'importance approche de celles de Colomb ou de Gama, chaque coin de terre nouveau qu'on découvre constitue cependant, en géographie, un progrès évident.

Il en fut ainsi du droit au dix-septième siècle. Il fut certainement en progrès, quoiqu'on n'y rencontre plus des jurisconsultes aussi remarquables, Grotius excepté, que ceux qui avaient illustré le seizième. Nous allons voir, en effet, dans le cours de ce chapitre, que toutes les parties du droit qu'on avait cultivées auparavant y conservèrent pour le moins le niveau où elles étaient arrivées, et que certaines branches, qui avaient été complétement négligées jusqu'alors, prirent, tout à coup, une grande extension. Parlons d'abord des branches qui avaient été cultivées depuis le douzième siècle, du droit canon, du droit romain et du droit civil; nous parlerons ensuite de celles qui surgirent, pour ainsi dire, au dix-septième, du droit des gens, du droit commercial, et de la philosophie du droit. Ce sera le sujet d'autant de chapitres.

CHAPITRE II

Des principaux canonistes du dix-septième siècle : Hauteserre, Thomassin, Fagnan, Luca.

Le dix-septième siècle compta des canonistes éminents dans la plupart des contrées catholiques, en France notamment et en Italie.

En France, les canonistes les plus renommés du dix-septième siècle furent de Marca, Doujat, Hauteserre et Thomassin. Nous grouperons dans un premier paragraphe ce que nous voulons dire sur les deux premiers; nous consacrerons un paragraphe particulier à chacun des deux autres, et un troisième paragraphe aux deux plus grands canonistes italiens.

§ I. — DE MARCA, DOUJAT.

I. DE MARCA, né en 1594, fut un des grands personnages du dix-septième siècle. Il exerça d'abord diverses fonctions de magistrature. Devenu veuf en 1632, il entra dans l'état ecclésiastique, et devint successivement évêque de Conse-

rans, archevêque de Toulouse et de Paris, et finalement
cardinal. Il fut chargé à Rome de grandes négociations
diplomatiques, qu'il sut mener à bonne fin. Ce qui doit faire
classer Marca parmi les grands canonistes, c'est son livre
célèbre, *De la Concordance du Sacerdoce et de l'Empire*, ouvrage plein d'érudition, qui, dans sa première édition, contenait quelques propositions peu orthodoxes, que l'auteur
corrigea plus tard. De Marca mourut le 29 juin 1662.

II. DOUJAT. — Jean Doujat, qui naquit à Toulouse en 1609
d'une famille distinguée, et qui, lors de sa mort, survenue
en 1688, était doyen des docteurs régents de la Faculté de
Droit de Paris, avait dans le droit canon, qu'il professait,
des connaissances très-étendues. Il en fit preuve dans une
édition latine des *Institutions du droit canonique de Lancelot*,
qu'il publia en 1682, avec de bonnes notes; puis dans une
histoire, un peu écourtée, du droit canonique, qu'il publia
en 1685, puis enfin dans un autre ouvrage, qui ne fut qu'un
développement du précédent, et qu'il publia, en 1687, sous
le titre de *Prænotionum canonicarum libri quinque*. Mais, dans
tous ces ouvrages, Doujat ne montre guère que de l'exactitude en exposant les idées d'autrui. Les vues personnelles et
originales y manquent, et tout légiste qui ne fait que se rendre l'écho, même fidèle, des idées d'autrui, tout ce qu'il dit
fût-il exact, ne saurait être classé parmi les grands jurisconsultes.

Les deux canonistes français du dix-septième siècle dont
nous allons parler un peu plus en détail, méritent mieux
ce nom, Hauteserre surtout, qui ne fut pas inférieur aux
deux grands canonistes italiens dont nous parlerons dans
le dernier paragraphe de ce chapitre.

§ II. — HAUTESERRE.

Hauteserre fut un des professeurs les plus distingués de l'ancienne Université de Toulouse, qui en compta un si grand nombre ; et pour y trouver un homme d'une égale vertu, il faudrait remonter à un professeur du quatorzième siècle, à Étienne Aubert, qui devint pape sous le nom d'Innocent VI.

Dans un livre comme celui-ci, où nous n'avons que le temps de saluer avec respect les hommes qui ont le plus contribué aux progrès des diverses branches du droit, nous ne nous étendrons pas sur la vie d'Hauteserre, que nous avons retracée ailleurs (1). Mais nous ne pouvons nous dispenser de signaler ici de nouveau ce respectable personnage, comme un des plus grands canonistes qui aient honoré la France.

Hauteserre, dans sa longue vie, qui dura plus de quatre-vingts ans, publia sur divers sujets quantité d'ouvrages, qui prouvent combien ses connaissances étaient vastes. Son *Histoire d'Aquitaine*, en particulier, contient une foule de documents dont se sont aidés, dans le siècle dernier, les savants auteurs de l'*Histoire de Languedoc*, et Savigny, dans le nôtre, pour son *Histoire du droit romain au moyen âge*. Mais ces ouvrages d'Hauteserre, quoique ayant un mérite fort grand, n'offrent pas l'importance de ceux qu'il composa sur le droit canon, et en particulier, de son *Commentaire des Décrétales d'Innocent III*, ouvrage analogue à celui que Cujas avait publié sur Papinien avec des soins particuliers, et l'on peut dire avec amour, pensant, avec raison, que tous les textes du prince des jurisconsultes romains étaient au-

---

(1) Notice sur la vie et les écrits d'Hauteserre, insérée dans le *Recueil de l'Académie de Législation de Toulouse*, t. VI, p. 378.

tant de pierreries, dont on ne pouvait comprendre tout le prix qu'en les rapprochant et les enchâssant de manière à en faire ressortir l'éclat. Les Décrétales d'Innocent III, dont le pontificat dura dix-huit ans, sont aussi les pierres les plus précieuses et les plus polies que saint Raymond de Penna-fort eût employées pour le recueil de droit canon publié par Grégoire IX. Le commentaire d'Hauteserre sur ces Décrétales en faisait mieux ressortir la valeur, et nous ne doutons pas qu'il ait puissamment servi, dans notre siècle, à Hurter, pour mesurer l'étendue et la profondeur du génie d'Innocent III.

Le beau travail d'Hauteserre n'obtint pas, cependant, en France, tout le succès qu'il méritait, et l'oubli dans lequel ne tarda pas à tomber, chez nous, ce livre remarquable, ainsi que les autres œuvres d'Hauteserre, rappelle naturel-lement à l'esprit la réflexion d'Horace, que le succès des livres dépend souvent de circonstances tout à fait étrangères à leur mérite intrinsèque : *habent sua fata libelli*.

Il nous semble entrevoir les deux circonstances principa-les qui nuisirent au succès des œuvres d'Hauteserre dans notre pays. La première dut venir de la langue qu'employa ce savant homme dans ses écrits : ce fut le latin, dont l'usage, en France, était déjà abandonné par les savants comme par les hommes de lettres, et non sans raison. La langue française, en effet, par la rigueur et la clarté de sa syntaxe, convient parfaitement aux exposés scientifiques ; et pour devenir agréable autant que claire, il ne lui man-quait, avant le siècle de Louis XIV, que de la variété, du nombre et de la souplesse. Nos grands prosateurs de ce siècle mémorable lui avaient donné toutes ces qualités, qu'elle n'avait pas avant eux. Pascal lui donna du trait, Bossuet, de la majesté, Fénelon, de la grâce et de l'harmonie. Pourquoi continuer alors à se servir d'une langue morte, qui ne conservait plus aucun avantage sur la nôtre, alors surtout que les autres nations l'avaient abandonnée aussi?

C'est cependant ce que fit toujours le vieux Hauteserre,
dont le langage latin, quoique très-correct, ne pouvait que
paraître suranné aux lecteurs de Pascal et aux auditeurs
de Molière.

Une autre circonstance qui dut nuire, en France, aux
œuvres d'Hauteserre, c'est que ce grand jurisconsulte ne
pouvait qu'improuver les empiétements, de plus en plus
grands, que se permettaient, de son temps, les parlements
sur la juridiction ecclésiastique. Dans les premiers siècles
du moyen âge, la juridiction de l'Église, secondée qu'elle
était par l'opinion publique du temps, avait certainement
empiété sur les juridictions séculières ; mais depuis Philippe
le Bel, les légistes surent donner au courant de l'opinion
une autre direction ; et sous Louis XIV, les parlements,
en accueillant avec une facilité extrême les appels comme
d'abus dirigés contre les sentences ecclésiastiques, avaient
fini, très-évidemment, par porter la main sur l'encensoir.
Un livre fameux, le *Traité de l'abus,* de Févret, avait été
publié tout exprès pour colorer d'un vernis de droit ces
entreprises sacrilèges. Le clergé de France, dans une de
ses assemblées générales, confia à Hauteserre le soin honorable de réfuter ce livre (1), et cette réfutation allait paraître, quand la mort frappa son respectable auteur, le
27 août 1682. La réfutation ne fut imprimée que plusieurs
années après ; mais la désapprobation qu'Hauteserre témoi-
gnait, tout haut, au sujet des empiétements des parlements
sur le pouvoir spirituel, ne devait pas porter les avocats à
citer souvent au Palais, devant des parlementaires, dont
plusieurs étaient entachés de jansénisme, les ouvrages,

(1) Dans notre notice citée plus haut, nous avons reproduit la
lettre que l'Assemblée générale du clergé de France fit adresser à
Hauteserre ; c'est une des plus honorables que jamais jurisconsulte
ait reçue.

toujours parfaitement orthodoxes d'Hauteserre, auquel les nations étrangères rendirent plus de justice que la nôtre. Pour montrer tout le cas qu'on faisait de lui en Italie, il suffit de dire que ses œuvres complètes furent réimprimées à Naples, en onze volumes in-4°, de l'année 1777 à l'année 1780, un siècle, par conséquent, après la mort de l'auteur. Est-il un seul des jurisconsultes du siècle présent, dont les œuvres aient quelque chance d'être réimprimées à cet intervalle?

§ III. — THOMASSIN.

Le Père Thomassin, de la congrégation de l'Oratoire, né à Troyes en 1619, fut, à la fois, un savant théologien et un profond canoniste. Nous n'avons rien à dire du théologien, si ce n'est qu'il sut, dans des matières difficiles, sur celle de la grâce en particulier, se maintenir dans la plus parfaite orthodoxie, dès que Rome eut condamné les erreurs de Jansénius; mais le canoniste mérite une mention spéciale dans notre galerie de jurisconsultes, parce que l'ouvrage qui fit sa réputation exigeait une science très-vaste et beaucoup de discernement.

Jusqu'à la Révolution française, le clergé possédait, dans tous les pays catholiques, des biens immenses, qu'on désignait sous le nom de *Bénéfices*. Ces biens n'étaient pas régis par une administration publique, comme le sont aujourd'hui, dans tous les pays de l'Europe, les biens de l'État; ils étaient administrés par l'ecclésiastique qui en avait été investi pour acquitter les charges spirituelles, primitivement imposées par les donateurs. L'Église était toujours réputée propriétaire des bénéfices, mais le bénéficier en avait la jouissance viagère. En un temps où les ecclésiastiques ne recevaient aucun traitement de l'État, on comprend combien les matières bénéficiales offraient d'intérêt, et les difficultés qu'elles présentaient étaient immenses. Il fallait d'abord déterminer, par rapport à chaque bénéfice, les personnes qui avaient le droit d'y nommer. Il fallait ensuite régler comment en devaient être acquittées toutes les charges spirituelles et temporelles ; fixer enfin les cas dans lesquels le bénéficier en encourait la privation. Des milliers d'ouvrages furent écrits sur ces matières difficiles, et l'un des meilleurs fut certainement celui que publia le P. Thomassin, sous ce titre : *Discipline ecclésiastique sur les bénéfices et les bénéficiers.* L'ouvrage n'eut pas moins de trois volumes in-folio, qui furent publiés d'année en année, de 1680 à 1682. Ce grand travail fit, tout de suite, autorité dans tous les pays catholiques, et il fut si complet que tout ce qui fut écrit plus tard sur les matières bénéficiales, n'en fut que la répétition ou l'abrégé. Ce livre fut si apprécié par le pape Innocent XI, qu'il voulut attirer l'auteur à Rome : mais Louis XIV, à qui le pape fit exprimer son désir par le cardinal Casanate, bibliothécaire de Sa Sainteté, répondit que le Père Thomassin faisait trop d'honneur à la France pour qu'il pût consentir à s'en priver.

Le Père Thomassin mourut en 1695. Comme presque tous les États catholiques se sont, aujourd'hui, emparés des bénéfices, pour y substituer un traitement aux ecclésiastiques ayant charge d'âmes, l'ouvrage le plus remarquable qu'eût publié le P. Thomassin offre maintenant peu d'intérêt. Il n'en est pas cependant entièrement dépourvu. Outre qu'on aime à voir la manière dont ce savant canoniste résolvait de graves problèmes de droit, il est, de plus, certaines maximes admises dans notre droit actuel, qu'on ne peut bien comprendre, qu'à la condition de connaître les dispositions du droit canon sur les bénéfices, d'où elles ont été tirées. Telle est, en particulier, la célèbre maxime : *Spoliatus ante omnia restituendus,* invoquée à chaque instant chez nous en matière d'actions possessoires, et dont les légistes qui n'ont pas étudié le droit canonique exagèrent habituellement la portée.

§ IV. — FAGNAN ET LUCA.

Les dictionnaires biographiques d'hommes célèbres fournissent une preuve assez triste de la futilité des hommes, qui attachent presque tous la renommée à des œuvres éphémères et sans valeur, plutôt qu'à des ouvrages éminemment utiles. On trouve, en effet, dans tous les biographes, les noms de milliers de littérateurs médiocres et d'avortons d'artistes, dont la célébrité d'un jour ne tint qu'à des circonstances du moment, et ne fut qu'une affaire de mode, tandis que bien souvent des hommes, auteurs de travaux très-remarquables, y sont complétement omis ou n'y occupent que quelques lignes. Dans les recueils biographiques publiés en France, par exemple, il en est qui n'indiquent pas même les noms de deux grands canonistes que produisit l'Italie au dix-septième siècle, de Fagnan et du cardinal de Luca. On trouve cependant sur le premier quelques lignes dans Feller et dans Michaud, mais du cardinal de Luca, qui fut un jurisconsulte du plus grand mérite, pas un seul mot, *Ne verbum quidem !*

Comment expliquer une si étrange prétérition ? Elle tint à la même cause qui étouffa, en France même, la renommée d'Hauteserre. Les canonistes français, laïques pour la plupart, grands prôneurs qu'ils étaient de ce qu'ils appelaient les Libertés de l'Eglise gallicane, n'admettaient pas qu'un jurisconsulte italien pût, en droit canon, avoir le sens commun. Dire alors d'un livre que c'était l'œuvre d'un auteur d'au-delà des monts, cela voulait dire qu'il devait être plein d'erreurs d'un bout à l'autre, et cette manière leste et cavalière de traiter des auteurs graves était commode, parce qu'elle dispensait de toute réfutation. Mais la vérité est que la France n'eut jamais de canonistes plus instruits que les canonistes italiens Fagnan et Luca.

I. FAGNAN. — Fagnan, né en 1598, fut, pendant quinze ans, secrétaire de diverses congrégations de cardinaux, parce qu'il était considéré en Italie comme l'oracle du droit canon, qu'il avait étudié avec amour dès ses plus jeunes années. Il composa, en 1661, par ordre du pape Alexandre VII, un commentaire sur les Décrétales de Grégoire IX, où il fit entrer toutes les additions faites au droit canon par les papes postérieurs. Ce bel ouvrage n'occupait pas moins de trois volumes in-folio, et fut réimprimé à Venise en 1678, vingt ans après la mort de l'auteur, survenue en 1657, par conséquent.

II. LUCA. — Jean-Baptiste Luca naquit, en 1617, à Venozza, dans la Basilicate, d'une famille très-obscure, et s'éleva par son seul mérite jusqu'à la pourpre romaine. Ce qui lui valut cette dignité éminente, ce fut son immense science, dont il donna d'abord des preuves irrécusables dans des Notes, très-intéressantes, sur le concile de Trente, et qui brilla encore davantage dans sa grandiose compilation de droit ecclésiastique, qu'il publia, quelques années avant sa mort, sous le titre mérité, de Théâtre de justice et de vérité, *Theatrum justitiæ et veritatis*. Luca, dans ce grand ouvrage, fait constamment preuve d'un esprit éclairé, dégagé de toute passion, et ne recherchant partout que le Vrai et le Juste. Ce savant homme mourut en 1683, à l'âge de soixante-six ans ; et si nous voulions louer ses œuvres par le détail comme elles méritent de l'être, ce n'est pas quelques lignes que nous aurions dû lui consacrer, mais un chapitre, ce qui veut dire que nous sommes obligé, pour ne pas sortir de notre cadre, de nous en tenir aux quelques mots que nous venons d'écrire.

CHAPITRE III

Des principaux romanistes du dix-septième siècle, notamment du président Favre, et de quelques autres auteurs.

Hauteserre, dont nous avons parlé dans le chapitre précédent comme canoniste, était aussi très-versé dans les lois romaines. Il publia notamment sur les Fictions de droit, un ouvrage des plus importants et des plus savants, qui fut réimprimé après sa mort, en Allemagne. Jean de Lacoste, plus connu sous le nom latinisé de Janus a Costa, venu au monde avant Hauteserre, professa le droit avant lui, et comme lui, à Cahors et à Toulouse. Comme lui, il était à la fois civiliste et décrétiste, c'est-à-dire qu'il était aussi versé dans le droit romain que dans le droit canon, et ses ouvrages sur ces deux branches du droit étaient également estimés. Lacoste mourut en 1637. Il ne nous souvient pas d'autres jurisconsultes qui aient marqué, en France, dans le droit romain, au dix-septième siècle. Mais d'autres contrées furent, sous ce rapport, plus heureuses. La Bresse, d'abord, contrée française, il est vrai, par sa situation, ses mœurs et son langage, mais qui, depuis le commencement du quinzième siècle jusqu'à la fin du seizième, appartint aux ducs de Savoie, princes, dès ce temps, plus italiens que français, la Bresse, disons-nous, fournit à la science, à cette époque, un jurisconsulte d'une célébrité fort grande et non moins méritée. Ce fut le président Favre, auquel nous allons consacrer un paragraphe particulier. Nous parlerons dans un second, de plusieurs autres jurisconsultes de diverses contrées de l'Europe, dont la science ne fut guère inférieure à la sienne.

§ I. — LE PRÉSIDENT FAVRE.

Antoine Favre, désigné, en latin, sous le nom de Faber, et qui devint premier président du sénat de Chambéry, était né à Bourg-en-Bresse, le 4 octobre 1557, dans la seconde moitié du seizième siècle par conséquent; mais comme la renommée des jurisconsultes est plus lente à se former que celle des poètes et des artistes, qui arrivent quelquefois à la célébrité d'un seul bond, Favre n'entra en pleine possession de la sienne qu'au dix-septième siècle. Il s'était cependant fait remarquer de très-bonne heure par d'excellents écrits. Cujas, qui avait été son maître, vivait encore, quand il publia un livre intitulé *Conjecturæ juris civilis,* dont le prince des romanistes fut émerveillé, et qui excita l'admiration de tous les jurisconsultes. Mais ce qui fit passer le nom de Favre des hautes sphères de la science, où n'habitent qu'un très-petit nombre d'hommes, dans les rangs pressés des praticiens, et le rendit populaire, ce fut l'ouvrage qu'il appela de son propre nom Code de Favre, *Codex Fabrianus.* C'était une œuvre, à la fois, de science et de pratique, beaucoup plus utile en cela que les ouvrages des grands romanistes du seizième siècle, qui n'étaient le plus souvent que des œuvres d'érudition.

Alciat, Cujas et leurs émules, en expliquant les lois romaines, s'appliquaient uniquement à bien saisir la pensée du jurisconsulte romain auquel la loi avait été empruntée. Ils remontaient pour cela à l'époque où il avait écrit, et se reportaient par la pensée au milieu dans lequel il vivait, sans s'inquiéter de ce qui était advenu dans le monde après lui. Aussi, en lisant leurs savants écrits, il semble souvent qu'on vit au siècle d'Adrien ou de Septime-Sévère, et que rien dans le droit n'a changé depuis.

Nous ne disconvenons pas que pour mieux saisir la pensée

du jurisconsulte romain, il est bien de procéder ainsi, comme il est bon, dans une tragédie, tirée de l'histoire grecque ou romaine, que les acteurs soient vêtus à l'antique. Mais cette manière d'expliquer le droit n'entre pas cependant dans les réalités de la vie. Ce qui importe le plus à chaque génération, ce n'est pas de connaître le droit qui existait dans les temps antérieurs, mais celui qui la régit à l'heure présente. L'étude du droit antérieur ne peut avoir d'utilité réelle qu'autant qu'elle sert à éclairer le droit contemporain.

Le président Favre fut frappé de cette idée. Il imita les papes du quatrième siècle, qui conservèrent, à Rome, l'extérieur de tous les temples païens, tout en changeant complétement leur destination primitive, pour faire adorer le Christ invisible dans le lieu même où les païens n'adoraient que des idoles matérielles et insensibles. Le Code du président Favre ressemble, en effet, complétement, à l'extérieur, au Code de Justinien; rien n'est changé dans la distribution des matières, le nombre des livres est le même, la série des titres dans chaque livre est la même aussi; et cependant ce n'est plus du droit romain qu'il y expose, ou du moins ce n'est qu'un droit romain transformé, un droit romain beaucoup plus conforme à l'esprit chrétien qu'il ne l'était, non-seulement au temps des Papinien et des Paul, mais au temps même de Justinien, qui n'avait pas su imprégner suffisamment ses œuvres législatives de l'arôme évangélique. Le Code de Favre n'est pas du tout, en effet, un recueil de droit romain pur; c'est plutôt un tableau du droit qui s'était formé dans la Savoie par les décisions du sénat suprême de Chambéry; et cette compagnie judiciaire ayant compté de bonne heure des jurisconsultes très-habiles, les décisions qu'elle rendait firent bientôt autorité hors de son ressort, dans toutes les contrées qu'on appelait autrefois de droit écrit, parce que le droit romain était toujours resté la base première de leur législation.

On peut donc dire que le Code du président Favre fit époque, parce qu'il fut conçu dans un plan auquel tous les romanistes distingués qui écrivirent après lui ne manquèrent pas de se conformer. Le président Favre a donc laissé dans le droit, ce qui est arrivé à bien peu de jurisconsultes, une trace impérissable de son passage, et le souvenir de ses vertus ne s'effacera jamais non plus, parce que son nom restera toujours uni à celui de saint François de Sales. Dire de ce magistrat respectable qu'il fut l'ami préféré de l'évêque de Genève, c'est assez dire à quel point sa vie fut honorable et chrétienne.

§ II. — DE DIVERS ROMANISTES FLAMANDS, HOLLANDAIS
OU ALLEMANDS DU DIX-SEPTIÈME SIÈCLE.

Qu'il y ait des lieux plus favorables que d'autres à la poésie et aux arts d'imagination, c'est une vérité dont on ne saurait douter. La poésie, au moins la poésie descriptive, et parmi les arts, la peinture et la sculpture, ne sont que l'expression de l'admiration de l'homme pour la nature physique. Pour que cette expression soit vive, il faut que l'admiration soit grande; et pour que l'admiration soit grande, il faut que la nature soit belle. De grands horizons, un ciel d'azur, un climat tempéré, une végétation riante, des eaux limpides sont des conditions indispensables pour exciter l'imagination des poètes et des peintres; et les sculpteurs ne se plaisent aussi que dans les climats chauds, où les formes humaines ne sont point cachées par de lourds vêtements, et où les statues de marbre peuvent étaler leurs blanches formes au grand air, durant des siècles, sans subir l'affront d'une moisissure.

Pour les sciences psychologiques, il n'en est point de même. L'homme peut s'y livrer avec un égal succès sous tous les cieux et dans tous les climats. La jurisprudence surtout, qui n'a d'autre but que de régler avec prudence et douceur les rapports d'homme à homme, est, pour ce motif, également appréciée dans toutes les contrées dont les habitants sont sortis des limbes de la vie sauvage. Aussi les progrès de la jurisprudence en un pays ne dépendent guère que de la valeur des hommes qui s'y dévouent avec amour. Quand ces hommes disparaissent d'une contrée, la science juridique y décline; quand ils s'y montrent, quelques années suffisent pour qu'elle y devienne brillante. En Italie, par exemple, tant que les docteurs de Bologne eurent l'amour du juste, leur université resta la première de l'univers; mais son éclat disparut, dès que ses maîtres ne firent de l'enseignement qu'un métier. La France dut sa splendeur, au seizième siècle, à Duaren, à Cujas, à Doneau. Ces grands jurisconsultes, morts ou exilés de leur patrie, les études de droit commencèrent à s'étioler, pour aller reverdir dans des contrées où se trouvaient des légistes plus épris de la science. Au dix-septième siècle, ce fut le tour des Flandres et de la Hollande, avec lesquelles l'Allemagne rivalisa bientôt. Les Flandres reçurent leur initiation de Pérézius; la Hollande, de Vinnius, de Voet et de Noodt; l'Allemagne, de Gyphane, de Wissembach et de Brunemann. Disons quelques mots de ces jurisconsultes, restés justement célèbres.

Il se rencontre aujourd'hui, dans tous les pays, tant de gens qui se livrent à l'étude des lois et tant d'autres qui écrivent pour les commenter, qu'il semble, au premier abord, difficile de faire un classement parmi des centaines de noms qui remplissent les catalogues des libraires. Rien cependant n'est plus aisé. Il s'agit tout simplement d'attendre un quart de siècle, un demi-siècle au plus, pour juger les auteurs. A la différence de ce qui s'opère dans la nature physique, tout ce qui est vide de science s'enfonce sur le champ dans l'oubli, tout ce qui n'en contient qu'une proportion légère, peut rester dix ans, vingt ans, à la surface; les livres qui en sont pleins sont les seuls qui surnagent toujours. Tout

légiste dont les œuvres sont lues et étudiées après un siècle
n'a donc pu être qu'un jurisconsulte remarquable, et tous
ceux que nous nommons dans ce paragraphe sont dans ce
cas. Les livres de tous sont restés classiques.

I. Pérézius. — Nous plaçons Antoine Pérez, né en l'année 1583, parmi les jurisconsultes flamands, quoiqu'il fût né
en Espagne, dans la Haute-Navarre. Il fut, en effet, amené
fort jeune dans les Pays-Bas, soumis alors à l'Espagne, et fit
ses études à l'Université de Louvain, où il reçut le bonnet de
docteur en 1616, pour y occuper une chaire bientôt après.
A la différence de la plupart des professeurs du seizième
siècle, qui, comme on l'a vu dans le livre précédent, quittaient très-aisément une université pour une autre qui leur
offrait des gages plus forts, et qui semblaient tous adopter
la devise égoïste : *Ubi bene, ibi patria*, il ne paraît pas que
Pérez ait jamais quitté Louvain, où il professa avec le plus
grand succès durant plus d'un demi-siècle, puisqu'il y célébra le jubilé de son doctorat en 1666, et y mourut en 1672,
d'autres disent en 1669.

Pérez composa plusieurs ouvrages sur le droit public et le
droit civil, tous très-estimés. Le plus connu, qui suffit pour
lui assurer toujours un rang distingué parmi les jurisconsultes, ce fut son livre intitulé : *Prælectiones sive commen-
tarii in XII libros Codicis.* Cet ouvrage contient un exposé
très-exact de tous les principes du droit romain dans l'ordre
du Code de Justinien ; mais Pérez imita le grand magistrat
de Chambéry. Sur chaque titre du Code, il indique d'abord
ce qu'on peut appeler le droit romain de Justinien, c'est-à-
dire le droit observé sous cet empereur ; mais il ne manque
jamais d'indiquer ensuite les modifications que ce droit avait
reçues postérieurement soit par les Décrétales des Papes sur
toutes les matières se rattachant au droit canonique, soit par
des édits ou usages particuliers à la Flandre. La manière de
Pérez ne diffère, on le voit, de celle de Favre qu'en ce qu'elle

donne une plus grande place aux principes du droit romain, et ne fait guère qu'indiquer, sans développements, les changements apportés à ce droit ancien. Ce fut la marche qui fut presque toujours suivie depuis par les auteurs qui écrivirent sur le droit romain , notamment par Vinnius, dont la célébrité est restée aussi grande que celle de Pérézius.

II. Vinnius, Voet, Noodt. — Vinnius naquit en Hollande en 1558. Il était plus jeune de cinq ans que Pérézius, mais il ne fournit pas une carrière aussi longue, puisqu'il mourut quinze ans avant le jurisconsulte flamand. Les travaux qu'il publia ne furent cependant inférieurs à ceux de Pérez ni pour le nombre ni pour le mérite. Le plus important fut son *Commentaire des Institutes,* dont il existe une foule d'éditions faites en Hollande, en Allemagne et en France. La dernière édition française ne remonte pas plus haut que les premières années de notre siècle (1). Vinnius avait donné à son *Commentaire des Institutes* la double épithète d'*Academicus* et de *Forensis,* pour exprimer qu'il n'était pas fait seulement pour l'usage des étudiants, mais encore pour les praticiens, à qui il devait apprendre à la fois le droit de Justinien et celui qui s'observait en Hollande quand l'auteur écrivait.

Jean Voet et Gérard Noodt professèrent tous deux, comme Vinnius, à l'Université de Leyde, qui, au dix-septième siècle, grâce à ces jurisconsultes éminents, jeta presque autant d'éclat qu'en avait jeté en France, au seizième, l'Université de Bourges. Tous deux publièrent sur les Pandectes des travaux qui n'ont point vieilli, et qui ont à peu près autant de valeur que le Commentaire de Pérez sur le Code, et celui de Vinnius sur les Institutes. Jean Voet ne mourut qu'en 1704, et Noodt en 1727; mais tous deux moururent dans un âge avancé. Leur réputation, faite depuis longtemps, re-

(1) C'est l'édition de Paris de 1808, 2 vol. in-12.

montait donc sans nul doute au dix-septième siècle, auquel nous les rattachons.

III. WISSEMBACH ET BRUNEMANN. — Doneau, en s'exilant en Allemagne, avait commencé à donner à quelques universités de ce pays un certain renom, qu'augmenta beaucoup Giphanius, né dans la Gueldre en 1534, mais qui professa avec éclat, comme Doneau, dans plusieurs universités allemandes, à la fin du seizième siècle, et mourut à Prague en 1604. Au dix-septième siècle, Brunemann et Wissembach, Allemands tous deux, cultivèrent avec le plus grand succès la science juridique, que Doneau avait importée dans leur pays, et qui ne devait plus cesser d'y compter des personnages considérables jusqu'au temps où nous vivons.

Wissembach, né le 8 octobre 1607 dans le comté de Nassau, professa le droit successivement à Heidelberg, à Groningue et à Francfort-sur-l'Oder. C'était un puits de science. La meilleure preuve en est qu'il composa des travaux très-savants et également estimés sur les trois recueils de Justinien : les Instituts, les Pandectes et le Code. Qu'on suppose un homme ayant fait, à lui seul, presque autant que Vinnius, Voet et Pérez réunis, et l'on se fera une idée du savoir de Wissembach, qui n'atteignit pas cependant un âge très-avancé, puisqu'il mourut le 16 février 1665, âgé de cinquante-huit ans seulement.

Brunemann, né le 7 avril 1608 à Cologne, sur la Sprée, fut le digne émule de Wissembach. Celui-ci n'avait commenté que les sept premiers livres du Code de Justinien. Brunemann compléta dignement son œuvre. Il professa longtemps comme lui à Francfort-sur-l'Oder, et y mourut comme lui, le 5 décembre 1672.

Tenons-nous en, pour les romanistes du dix-septième siècle, aux jurisconsultes de premier mérite que nous avons cités, et passons à ceux qui se firent distinguer à la même époque, en France, par leurs travaux sur le droit civil.

CHAPITRE IV

Des grands civilistes français du dix-septième siècle.

§ I. — OBSERVATIONS GÉNÉRALES.

Nous rappelons, en commençant ce chapitre, que les travaux sur le droit canon et le droit romain sont les seuls qui puissent offrir un intérêt presque égal dans toutes les contrées de l'Europe : le droit canon, parce que tous les États de l'Europe comptent dans leur sein un nombre plus ou moins considérable de catholiques : le droit romain, parce que presque tous ont fait longtemps de ce droit la base de leur législation propre, qui, dans une certaine mesure, en reste toujours imprégnée. Tout ouvrage d'un mérite achevé sur le droit canon ou le droit romain pénètre donc assez facilement dans d'autres nations que celle où il a paru, et peut procurer à son auteur une réputation européenne.

Quand il s'agit, au contraire, des lois civiles propres à une nation, il est impossible que les livres destinés à les commenter offrent un intérêt considérable aux nations étrangères. La réputation d'un civiliste est donc nécessairement très-circonscrite, à moins qu'il n'ait traité des sujets régis principalement par des principes philosophiques.

Quoiqu'il soit évident pour nous, par conséquent, que dans tous les pays de l'Europe il a dû y avoir, au dix-septième siècle, de grands civilistes, nous confessons ne pas les connaître ; et parmi les Français mêmes, il y en a beaucoup dont nous jugeons inutile de citer des travaux même importants, mais devenus aujourd'hui sans intérêt.

Nous avons, par exemple, cité les jurisconsultes qui, au

seizième siècle, s'occupèrent avec le plus d'éclat de notre
vieux droit coutumier : nous avons parlé surtout en détail de
Dumoulin et de d'Argentré, dont le premier commenta d'une
façon si magistrale la Coutume de Paris, et le second, d'une
manière si pieuse la Coutume de Bretagne. Nous avons vu
que Chopin et Coquille, marchant sur les traces des deux
plus grands interprètes du droit coutumier, commentèrent, à
leur tour, au seizième siècle, le premier, la coutume d'Anjou, le second, celle du Nivernais.

Mais chaque province du Nord, on le sait, avait sa coutume propre, et dans chacune, par conséquent, il était
naturel que des hommes instruits s'appliquassent à commenter la coutume du pays. Au dix-septième siècle, ces commentaires se multiplièrent beaucoup. Sans parler des jurisconsultes, déjà fort nombreux, qui profitèrent des travaux de
Dumoulin, et des décisions judiciaires rendues depuis qu'il
avait écrit, pour donner de nouveaux commentaires de la
Coutume de Paris, la plus importante de toutes, La Thaumassière, s'aidant des travaux antérieurs de Boyer et de
Ragueau, commenta savamment la Coutume de Berry ; Taisand, celle de Bourgogne ; Brodeau, celle du Maine ; Basnage, celle de Normandie. Nous en passons une foule
d'autres, pour ne pas dresser de fastidieuses nomenclatures.
Force est pour nous maintenant de nous restreindre, et de
ne parler que des jurisconsultes qui, au lieu de commenter
une coutume particulière, firent des travaux remarquables
sur quelques parties du droit, intéressant, à peu près au
même degré, la France entière ; et parmi ceux-là, nous ne
mentionnerons encore que les plus notables.

§ II. — AUTEURS DE TRAITÉS PARTICULIERS SUR LE DROIT
FRANÇAIS : LOISEAU, RICARD, RENUSSON, BASNAGE.

On a vu dans le premier livre de notre ouvrage comment
la littérature juridique des Romains s'agrandit par degrés.
Elle ne consista d'abord que dans des textes de lois ou des
formules d'action. Elle porta ensuite sur l'édit du préteur,
que les grands jurisconsultes de Rome annotèrent. Mais, à
mesure que des lois importantes se publiaient, il fallait bien
qu'elles fussent commentées à leur tour, et le nombre des
ouvrages portant sur des matières spéciales devint dès lors
considérable.

Quand les barbares, en Occident, eurent enfoui presque
tous les trésors de la littérature juridique des Romains sous
les monceaux de ruines qu'ils faisaient partout sur leur passage, les œuvres de droit redevinrent aussi rares qu'au temps
de Papyrius et de Flavius. On ne trouve d'abord que de
courts abrégés de quelques œuvres des principaux jurisconsultes de Rome, ou du Code théodosien, auxquels viennent
s'ajouter plus tard quelques décisions des conciles, ou des
formules pour les actes les plus importants de la vie civile.

A partir de la rénovation des études juridiques, la biblio-
graphie du droit dut naturellement s'augmenter. Mais les
jurisconsultes de ce temps n'osaient pas s'aventurer dans la
pleine mer, pour ainsi parler, de la science. Ils ne quittaient
jamais la terre, c'est-à-dire qu'ils rattachaient tous leurs
travaux à une base fixe. Pour la plupart, c'étaient les
recueils de Justinien ; pour beaucoup d'autres, c'était l'ordre
suivi, de leur temps, pour le jugement des procès, imitant
en cela les grands jurisconsultes de Rome, dont les principaux travaux se rapportaient à l'édit du préteur.

Cette manière d'écrire sur le droit était à peu près la seule
praticable, tant que l'imprimerie ne fut pas inventée. Les

copistes de tous les pays avaient assez à faire de recopier sans cesse les lois et les commentaires des lois. Il n'y avait point place pour des traités particuliers, contenant des règles générales sur des parties du droit qui peuvent ne se rattacher à des textes que par un fil léger. Mais quand l'imprimerie fut inventée, tout auteur eut un moyen facile de propager sur quoi que ce fût sa pensée, et les traités particuliers naquirent, pour se multiplier désormais, à mesure que s'écouleraient les siècles, comme les épis dans les champs et les fleurs dans les prés. Au dix-septième siècle, ces traités, en France, furent déjà fort nombreux, et nous choisissons, entre un demi-cent, les auteurs qui se distinguèrent le plus dans ce genre de travaux.

I. Loiseau. — Charles Loiseau, né à Nogent-le-Roi en 1566, était fils d'Antoine Loisel, dont nous avons parlé à la fin du livre précédent, et c'est pour le mieux distinguer de son père qu'on changea la désinence de son nom. C'était se conformer du reste à un usage du temps, qui proscrivait les désinences en *el* avec une rigueur qui, à notre jugement, n'était point du tout commandée par l'euphonie. On se mit à dire alors Loiseau au lieu de Loisel, comme beau pour bel, nouveau pour nouvel, château pour castel, etc. Quoi qu'il en soit, Charles Loiseau fut un jurisconsulte aussi distingué que son père. Il eut autant d'esprit que lui et il eut plus de cœur.

On peut juger de l'esprit de Loiseau par le tableau très-vrai, au fond, quoique légèrement chargé, des justices de village, dont le nombre était infini, et dont il retrace les abus dans un livre resté classique : « En France, disait-il, nous voyons aujourd'hui qu'il n'y a presque si petit gentilhomme qui ne prétende avoir en propriété la justice de son village ou hameau ; tel même qui n'a ni village ni hameau, mais un moulin ou une basse court près sa maison, veut avoir justice sur son meunier ou son fermier ; tel encore qui n'a ni basse court ni moulin, mais le seul enclos de sa maison, veut avoir justice sur sa femme et sur son valet ; tel finalement qui n'a point de maison prétend avoir justice en l'air sur les oiseaux du ciel, disant en avoir eu autrefois. »

Et quand il entre dans le détail infini des abus, ce n'est plus le sourire de l'ironie qui se dessine sur ses lèvres, ce sont des larmes qu'on voit s'échapper de ses yeux.

Nous blâmions dans Loisel sa froide indifférence, quand il rappelait dans ses Institutes coutumières le sot proverbe de Rabelais : « Oignez vilain, il vous poindra ; poignez vilain, il vous oindra. » Comment, au contraire, ne pas être touché de ce que dit Loiseau sur le sort des pauvres villageois, qu'il représente traînés par une série d'appels indéfinis de justice en justice, et ruinés par les frais énormes occasionnés dans les plus petites affaires par l'échelle interminable des juridictions ! On est surpris en lisant le livre de Loiseau, qui écrivait au commencement [du dix-septième siècle, que les justices seigneuriales aient pu subsister jusqu'à la nuit du 4 août 1789, tant les abus relevés par Loiseau étaient nombreux et déplorables. Il avait pu parfaitement constater ces abus à Châteaudun, où il fut longtemps bailli, et connaissait, à ce titre, des appels dirigés contre les sentences des juges seigneuriaux. Loiseau composa quatre autres traités non moins estimés, l'un sur les Offices, l'autre sur les Seigneuries, le troisième sur les Déguerpissements par hypothèque, le quatrième sur la Garantie des rentes. Ce bon et savant jurisconsulte mourut à Paris en 1627.

II. RICARD. — Jean-Marie Ricard, né à Beauvais en 1622, fut avocat au Parlement de Paris, où il se distingua par sa haute probité et un désintéressement aussi grand que celui de Coquille. Il avait une manière des plus honorables de se délasser des grands travaux de sa profession, c'était d'écrire des ouvrages pleins de science. Il trouva ainsi le moyen de composer, dans une vie relativement courte, puis-

qu'il mourut à cinquante-six ans, divers traités sur divers
sujets très-importants, sur les Donations d'abord, puis sur le
Don mutuel, les Dispositions conditionnelles, les Substitutions, la Représentation, et le Rappel à succession. Ces divers traités, qui n'occupent pas moins de deux volumes
in-folio, présentaient tant d'intérêt pratique que, malgré les
vastes dimensions des œuvres complètes de Ricard, il en
a été publié au moins huit éditions, sans parler des œuvres
qui ont pu être publiées à part. Ricard mourut en 1698.

III. RENUSSON. — Quand les jurisconsultes français commencèrent à aborder les traités particuliers, ils avaient, pour
expliquer les théories de droit que connaissaient les Romains,
les secours inappréciables de leurs grands jurisconsultes. Un
bon traité était, par conséquent, une œuvre beaucoup plus
difficile, quand il s'agissait d'une matière importante où les
travaux des juristes romains ne pouvaient être d'aucune
utilité, parce qu'ils ne l'avaient point connue, ni même
soupçonnée. On est, par exemple, prodigieusement surpris
que ces juristes si éminents n'eussent connu, en fait de régimes matrimoniaux, que deux systèmes, aussi défectueux l'un
que l'autre, l'un d'oppression de la femme par le mari, l'autre d'une séparation complète de leurs patrimoines respectifs. Pour que les biens de la femme pussent se mêler à ceux
du mari, il fallait qu'elle tombât en sa puissance, auquel cas
il acquérait tout son patrimoine et se faisait la part du lion.
Puis, quand ce système, trop dur pour la femme, fut abandonné, le mari ne faisait que jouir de ce que sa femme lui
avait apporté en dot : leurs propriétés respectives restaient
parfaitement distinctes, ce qui devait fournir des causes incessantes de querelles.

Les chrétiens comprirent mieux les conséquences d'une
union parfaite. La communauté des biens entre époux jaillit
chez eux, d'une manière toute naturelle, de l'union plus
intime des cœurs, et elle se produisit plus facilement dans

les contrées qui n'étaient que peu ou point soumises aux
lois romaines, toute plante croissant plus facilement sur
un sol que d'autres plantes n'encombrent point. Mais la
communauté entre époux, quoique la parure naturelle du
mariage chrétien, a l'inconvénient, avec le grand nombre de
nuances qu'elle comporte, de donner lieu à des difficultés
fréquentes et souvent très-ardues, que ne résolvaient point
les quelques articles consacrés dans chaque Coutume à cette
matière si importante. Un jurisconsulte du dix-septième
siècle eut le courage d'entreprendre de résoudre toutes ces
difficultés, et il y réussit. Ce jurisconsulte fut Renusson,
né au Mans en 1632, et qui, après avoir publié cette œuvre
capitale, qui fait le plus grand honneur à son nom, ne laissa
pas de poursuivre le cours de ses travaux. Il publia successivement un Traité du douaire et de la garde-noble et bourgeoise, un Traité des propres, et un Traité de la subrogation, qui n'étaient pas inférieurs à son Traité de la communauté, et dont le dernier, celui de la subrogation, présentera
toujours de l'intérêt, parce qu'il se rattache au système général des contrats, base principale et éternelle de toutes les
législations. Renusson mourut à Paris en 1669.

IV. BASNAGE. — Henri Basnage, né en 1615, près de
Carentan, en Normandie, fut aussi un des grands civilistes
français du dix-septième siècle. Il publia sur la coutume de
Normandie, l'une des plus curieuses et des plus intéressantes
de nos anciennes coutumes, un commentaire très-estimé; et
son Traité des Hypothèques fut aussi une œuvre remarquable,
qui a joui, en France, d'une très-grande autorité, tant que
notre pays conserva les hypothèques occultes, c'est-à-dire
jusqu'à la fin du siècle dernier. Basnage mourut à Rouen
en 1695.

Tenons-nous en, pour ne pas trop nous attarder en chemin, aux quatre civilistes français du dix-septième siècle
que nous venons de nommer, et hâtons-nous d'arriver à une

branche du droit dont l'utilité n'est pas, comme celle du droit civil, limitée à un seul peuple, mais qui intéresse, au contraire, au même degré, toutes les nations : nous voulons parler du droit international, dont il est naturel que nous parlions dans ce livre que nous consacrons aux grands jurisconsultes du dix-septième siècle, puisque c'est alors que cette branche si importante du droit atteignit son plus grand développement.

CHAPITRE V

Des progrès du droit des gens au dix-septième siècle, spécialement de Grotius et des publicistes qui le suivirent.

Le dix-septième siècle n'ajouta pas grand chose à la science juridique ni pour le droit canon, ni pour le droit romain, ni pour le droit civil français, si ce n'est pour ce dernier la belle ordonnance de 1667 sur la procédure. Mais il vit s'accomplir un progrès très-grand dans une des branches les plus importantes du droit, qui était resté trop longtemps négligée par les jurisconsultes, celle du droit international. Ce progrès remarquable fut presque l'œuvre d'un seul homme, digne pour cette cause d'un renom éternel. Cet homme fut Grotius.

Dans un ouvrage que nous avons hâte de finir pour ne pas effrayer la jeunesse à qui nous le dédions, par un trop gros volume, nous jugeons inutile de raconter la vie accidentée de Grotius, et de parler de quantité d'ouvrages que composa ce grand publiciste sur des matières étrangères au droit. Nous pourrons ainsi lui payer, un peu plus à notre aise, un tribut de louanges et d'immense gratitude pour son livre justement célèbre sur *Le droit de la guerre et de la paix*.

Le droit qui régit les nations dans leurs rapports respectifs, que nous appelons bien souvent chez nous *droit des
gens,* mais qu'il est mieux d'appeler *droit international,* pour
ne pas le confondre avec le *jus gentium* des Romains, remonte, sans doute, comme le droit civil, aux premiers âges
de l'humanité. Il naquit le jour où un patriarche dit à un
autre, comme Abraham dit à Loth : « La terre où nous sommes ne peut plus suffire pour nourrir nos familles respectives. Il faut nous séparer. Prenez le côté que vous voudrez,
le côté de l'orient ou celui de l'occident ; je prendrai l'autre,
et une ligne sacrée marquera les limites que ni vos troupeaux ni les miens ne pourront jamais dépasser. » Nous
disons qu'à dater de ce jour le droit international naquit,
parce que les deux patriarches étaient égaux l'un à l'autre,
qu'aucun ne devait, par conséquent, d'obéissance à l'autre,
et que leurs rapports ne purent plus désormais être réglés
que par des accords, ou par les principes de justice éternelle
gravés par Dieu même dans la conscience des hommes,
absolument comme cela existe aujourd'hui entre les nations
les plus grandes.

Les peuplades les plus barbares observent donc dans leurs
rapports certaines règles qu'elles considèrent comme sacrées. De tout temps, par exemple, la piété naturelle qu'ont
les hommes pour la divinité, fit qu'on respectait l'étranger
quand il allait s'abriter dans les temples, ou se placer sous la
protection des dieux domestiques de la famille à qui il venait demander l'hospitalité. De tout temps aussi, la personne
des ambassadeurs fut réputée inviolable, afin que les peuples ne fussent pas exposés à s'entr'égorger indéfiniment,
faute de connaître et d'entendre les propositions de paix que
l'ennemi pouvait avoir à leur proposer.

Mais qu'il y avait loin de ces ébauches de droit international au droit qui s'observe aujourd'hui ! Qu'il y avait loin
de Rome païenne, où tout étranger était réputé ennemi, à

nos pays chrétiens, dont les peuples reconnaissent tous avoir le même Père dans le ciel, et, dans Adam, avoir eu encore un second père commun sur la terre! Qu'il y avait loin de guerres sans pitié, se terminant ordinairement par l'extermination du peuple vaincu ou la captivité de tous ses membres, à nos guerres chrétiennes, où toute violence n'est légitime que dans la mesure nécessaire pour vaincre la résistance de l'ennemi!

Mais que de principes à poser pour assurer l'application de ces règles fondamentales! Il faut déterminer avec soin toutes les causes légitimes de guerre, indiquer la manière dont elle doit être déclarée, préciser avec soin tout ce dont les peuples étrangers au débat doivent s'abstenir pour ne point violer la neutralité; fixer ensuite les armes dont les belligérants peuvent se servir sans que l'humanité s'en offense, les ruses que les nécessités de la guerre autorisent et celles que la morale condamne absolument; puis les manières dont la guerre finit, et quand c'est par des accords qu'elle prend fin, jusqu'à quel point ces accords sont obligatoires pour la nation vaincue qui a dû les subir. Ce sont là autant de questions complexes et immenses que nul publiciste n'avait ni résolues ni même nettement formulées avant Grotius, qui non-seulement les posa toutes, mais les résolut avec un tact de justice incomparable, dans son magnifique ouvrage : *Du droit de la guerre et de la paix.* On s'étonne que cette œuvre capitale ait pu sortir du cerveau d'un seul homme, puisqu'elle nécessitait une vigueur de conception plus grande, et des sentiments de justice plus vifs, que ceux dont avaient fait preuve dans leurs plus beaux écrits les jurisconsultes romains.

Ce n'est pas à dire que Grotius eût posé des règles en tout point certaines, et que du premier jet de sa pensée il eût atteint la perfection. Des œuvres, parfaites de tout point dépassent les forces de l'humanité et ne peuvent venir que de Dieu.

Mais ce qu'on peut affirmer, c'est que Grotius créa la science du droit international, qui n'existait avant lui qu'à l'état d'ébauche; et tout ce que firent, après lui, les divers publicistes qui continuèrent son œuvre, fut peu de chose auprès de ce qu'il avait fait sans le secours de personne. Il traça la voie de la manière la plus lumineuse, et tous les hommes distingués qui s'y engagèrent après lui ne firent, pour éclairer mieux quelques détails, que profiter des clartés qu'il avait projetées sur ce vaste sujet. Puffendorf, Burlamaqui, et tous les autres publicistes qui se sont occupés de droit international jusqu'à nos jours, ne furent par rapport à lui que ce que furent Améric Vespuce, Magellan, et une foule d'autres navigateurs, pour l'immortel Gênois qui ouvrit le premier, aux habitants du vieux monde, la route de l'Atlantique, et mit le premier l'humanité en possession des deux hémisphères. Quand la gloire de l'inventeur est immense, celle de ses imitateurs ne peut être que petite.

Grotius, éternel honneur non-seulement de la Hollande, où il était né, mais de l'humanité tout entière, mourut le 28 août 1645.

CHAPITRE VI

Des progrès du droit commercial au dix-septième siècle : Scaccia, Casarégis, Savary, Valin, Emérigon.

Le droit commercial, qui, comme le droit international, est, de sa nature, un droit universel, formait déjà un corps de doctrine dans le monde moderne, avant que le droit international fût constitué à l'état de science. Sa première floraison date des croisades. Dès que Gênes, Pise et Venise commencèrent à couvrir les mers de leurs navires, et à établir des courants de richesses de l'Occident en Orient, et réciproquement, il se forma chez les peuples commerçants un droit particulier, qui se dégageait peu à peu des formalités gênantes du droit civil pour acquérir une marche plus prompte, comme le jeune poussin cherche à se débarrasser, dès qu'il marche, de la coque qui le gêne. Mais ce droit s'établissait peu à peu par la Coutume, et il devait s'écouler des siècles avant qu'il fût savamment expliqué par des jurisconsultes.

Le droit commercial, comme notre ancien droit coutumier, fut régi d'abord sur la plupart des points, par des Coutumes non écrites, sorte d'accords tacites qu'étaient réputés avoir faits les commerçants, quand ils n'avaient pas prévu et réglé les suites que pouvait avoir une opération engagée entre eux. C'est surtout les événements de mer, si variés et si imprévus, qui durent être réglés par ces usages, ce que le Digeste nous a conservé de la loi Rhodienne ne pouvant plus, dès le temps des croisades, suffire pour un commerce plus actif que ne le fut jamais celui des anciens Romains. Les commerçants des contrées baignées par l'Océan, les Français de l'Ouest, les Anglais, les Flamands se soumirent alors spontanément à un certain nombre de règles qui leur parurent justes, et qui furent écrites plus tard dans un livre appelé le *Rôle d'Oleron*. Ceux du littoral de la Méditerranée, les Espagnols, les Français du Midi, les Italiens, eurent leurs usages aussi, qui furent consignés par écrit dans un livre remarquable rédigé à Marseille ou à Barcelone, et connu sous le nom de *Consulat de la mer* (1).

Ces Coutumes cependant ne pouvaient régler que les cas les plus usuels, les décisions rendues sur des litiges qui se produisent rarement, ne pouvant, par cela même, avoir jamais la notoriété générale qui, seule, constitue une Coutume.

_____

(1) Suivant M. Pardessus, le *Rôle d'Oleron* remonterait à la fin du onzième siècle, et le *Consulat de la mer*, à la fin du treizième. Voyez la *Collection des lois maritimes*, t. I, p. 301, et t. II, p. 20.

Ce n'est qu'après la découverte de l'imprimerie que le droit commercial put être traité avec toute l'extension qu'il comporte, par des jurisconsultes. Les juristes qui traitèrent avec le plus d'intelligence ces matières délicates furent, parmi les Italiens, Stracca, Scaccia et Casarégis, et parmi les Français, Savary, Valin et Emérigon. Nous allons parler, dans un premier paragraphe, des trois premiers ; nous en consacrerons un second aux trois autres.

§ I. — STRACCA, SCACCIA, CASARÉGIS.

I. STRACCA. — Stracca était un jurisconsulte d'Ancône, qui dut naître au commencement du seizième siècle, puisque son livre célèbre *Tractatus de mercaturâ seu mercatore*, fut réimprimé à Lyon en 1556, ce qui indique que le livre avait paru en Italie quelque temps auparavant. Ce livre ne pouvait, d'ailleurs, être l'œuvre d'un jeune homme, puisqu'il prouvait chez l'auteur tout à la fois une grande connaissance des matières commerciales et des principes du droit, à laquelle on n'arrive communément qu'à un âge assez avancé. Le livre de Stracca se propagea bientôt dans toute l'Europe, et son auteur fut l'auteur de droit commercial le plus accrédité, jusqu'à la publication du livre de Scaccia.

II. SCACCIA. — Sigismond Scaccia, Romain de naissance, publia à Rome, en 1647, sous le titre : *De Commerciis et cambio*, un traité général de droit commercial. Cet ouvrage obtint un succès si prompt qu'il fut réimprimé à Rome dès l'année suivante, et ne tarda pas à l'être dans tous les États de l'Europe. Cette œuvre considérable prouve une science en droit commercial véritablement prodigieuse. L'estimable auteur sut cependant entourer sa vie d'une telle obscurité, que nous n'avons pu découvrir dans aucun Dictionnaire biographique ni le lieu ni l'année de sa mort. Nous avons un peu plus de détails sur Casarégis, qui fut aussi un jurisconsulte de premier ordre.

III. Casarégis (Joseph-Laurent-Marie), naquit à Gênes en 1670. Il étudia le droit dans sa patrie d'abord, puis à Pise, et, après avoir exercé quelque temps la profession d'avocat dans sa ville natale, il professa le droit dans l'Université qui venait d'y être fondée. Ses dissertations sur le commerce, *Discursus legales de commercio,* au nombre de deux cent vingt-six, sont autant de chefs-d'œuvre. Pour marquer sa pénétration, un jurisconsulte italien, son contemporain, Blaise Altémar, se servait d'une expression latine fort belle ; il l'appelait *Vir in jure totus oculeus,* un juriste tout yeux. Casarégis publia quelques autres ouvrages de droit commercial aussi estimés que ses dissertations, et mourut à Florence au mois de juin 1737. Il fut enterré dans l'église des Carmes-Déchaussés, et l'auteur de son épitaphe n'hésita pas à écrire sur le marbre, que sa renommée s'était étendue dans l'univers entier : *Fama nominis toto orbe celeberrimus.*

§ II. — Savary, Valin, Emérigon.

Les coutumes commerciales dont nous avons parlé, comme le Consulat de la mer et le rôle d'Oleron, avaient, avons-nous dit, chez les peuples où elles s'étaient formées, une grande autorité, mais qui ne dépassait pas celle qu'avait le droit romain dans la plupart des contrées de l'Europe, autrement dit, de la raison écrite. Cette autorité est toujours assez faible, des juges pouvant refuser d'en tenir compte sans encourir aucune censure. Sous ce rapport, il est vrai de dire que l'honneur d'avoir fixé, pour la France au moins, le droit commercial, par des lois positives et obligatoires, revient au grand ministre de Louis XIV, qui fit édicter par ce prince deux ordonnances célèbres, l'une sur le commerce de terre, en 1673, l'autre sur la marine, en 1681. Mais Colbert avait lui-même fait préparer ces ordonnances par des hommes sages et expérimentés. On n'a aucun renseignement précis sur les juristes habiles qui préparèrent l'ordonnance de la Marine, et l'on ne peut les honorer que comme cette foule d'hommes éminents qui formèrent, à Rome, pièce par pièce, le droit prétorien, dont la plupart nous sont inconnus. Pour l'ordonnance de 1673, nous connaissons, au contraire, très-bien l'homme distingué qui y eut la plus grande part; ce fut Savary.

I. SAVARY (Jacques), né à Doué en Anjou, d'un honnête commerçant, le 22 septembre 1622, prit, dans sa jeunesse, quelque teinture de droit dans l'étude d'un procureur, puis dans celle d'un notaire. Il ne tarda pas à se livrer ensuite tout entier au négoce, et c'est dans une pratique intelligente du commerce, éclairée par un sens très-droit, qu'il acquit une connaissance si complète du droit commercial, que Colbert le fit nommer par Louis XIV, membre de la commission chargée de préparer l'ordonnance projetée sur le commerce de terre. Savary prit aux travaux de cette commission une si grande part, que son président, le conseiller d'état Pussort, avait l'habitude, quand l'ordonnance de 1673 eut été publiée, de l'appeler le Code Savary.

Ce qui avait fondé la réputation de Savary et attiré sur lui l'attention de Colbert, fut l'ouvrage important publié par lui, en 1669, sous le titre de : *Parfait négociant*. Ce titre était on ne peut mieux choisi. L'ouvrage contenait, en effet, non-seulement tout ce qu'un négociant devait savoir, au temps de l'auteur, pour réussir dans ses affaires, mais encore quantité de préceptes de piété et de charité, qui devaient sans doute être observés alors fidèlement par la grande majorité des négociants, puisque Savary s'inspirait toujours dans son livre de la pratique régnante. Tous les modèles d'actes de société, par exemple, et Savary en donne un grand nombre, suivant la nature différente des com-

merces que l'on pouvait entreprendre, commencent également-
ment par cette formule pieuse : Au nom de Dieu et de la
Vierge, et finissent par un article où les associés promet-
tent de donner, annuellement, un tant de leurs bénéfices
ou une somme déterminée aux pauvres, pour attirer sur leur
commerce les bénédictions de Dieu. Cette particularité suffit
pour montrer la délicatesse de conscience qu'apportaient,
dans l'exercice de leur profession, les négociants du dix-
septième siècle. L'abandon complet et universel des pratiques saintes que l'on suivait alors, n'explique que trop l'esprit d'indélicatesse et de fraude qui se glisse aujourd'hui,
trop souvent, dans les actes d'une profession que les indigents ont cessé de bénir, depuis qu'ils n'en reçoivent plus
la manne de la charité !

L'ouvrage de Savary eut un immense succès non-seulement en France, mais encore dans toutes les contrées commerciales de l'Europe. Il fut traduit en anglais, en hollandais,
en allemand et en italien, et l'on en compte, en France, neuf
éditions.

Un homme qui avait des croyances aussi saintes que
Savary ne pouvait avoir que des mœurs parfaitement pures.
Il eut de Catherine Thomas sa femme, dix-sept enfants,
dont six moururent en bas âge. Les onze autres occupèrent
tous des places honorables dans l'Eglise ou dans l'Etat. Ce
jurisconsulte, homme de bien, mourut en 1690.

II. VALIN ET EMÉRIGON. — Si l'ordonnance de 1673 rappelle nécessairement le nom de Savary, celle de 1681 rappelle aussi les noms honorés de Valin et d'Emérigon ; et
quoique ces deux jurisconsultes recommandables n'aient
écrit leurs livres qu'au dix-huitième siècle, nous croyons
devoir en dire un mot ici, et unir leurs noms à celui de
Savary, pour ne point séparer des juristes qui cultivèrent
avec un égal succès la même branche du droit, ou du moins

deux branches unies l'une à l'autre d'une manière aussi intime que l'est la mer aux continents qu'elle baigne.

En un temps comme le nôtre, où la plupart des hommes qui cultivent la même science ou le même art, sont atteints d'une jalousie basse, qui les porte à se nuire, autant qu'ils le peuvent, les uns aux autres, Valin et Emérigon méritent d'être cités à la jeunesse comme des modèles accomplis de la courtoisie qui doit toujours régner entre les écrivains, et n'être jamais altérée par de viles considérations de lucre.

Valin, né à la Rochelle, en 1695, exerça quelque temps la profession d'avocat. Il devint ensuite procureur du roi au bailliage de la Rochelle, et remplit le même office auprès du siége de l'amirauté de la même ville : ce siége, dont le ressort était immense, connaissait de toutes les affaires contentieuses relatives au commerce de mer. A ce dernier titre, Valin, par sa charge même, était obligé d'étudier avec le plus grand soin toutes les dispositions de l'ordonnance de la Marine, et la pensée lui vint tout naturellement de la commenter. C'est à quoi il s'appliqua avec le plus grand soin et le plus grand succès. L'ordonnance de la Marine contenait des dispositions si sages, qu'elle était devenue, presque aussitôt après sa publication, le droit commun de tous les Etats commerçants, et le commentaire de Valin fut, dès son apparition, recherché par tous les jurisconsultes de l'Europe.

Pendant que Valin s'occupait sur les plages de l'Océan à préparer son commentaire, qui devait embrasser tout le droit maritime, un autre jurisconsulte français, d'un égal mérite, s'occupait d'une branche spéciale de ce droit, mais l'une des plus importantes, des assurances et des prêts à la grosse, et préparait son livre sur les bords de la Méditerranée.

Balthazar-Marie Emérigon, né en 1726, fut d'abord avocat au parlement d'Aix, mais devint plus tard conseiller au siége de l'amirauté de Marseille, obligé dès lors, comme Valin, à appliquer journellement les dispositions de l'ordonnance de 1681. Quand Emérigon apprit que Valin allait publier son commentaire, son propre ouvrage sur les assurances, fruit de plusieurs années de travail, était à peu près achévé; et, par le plus rare désintéressement, il offrit à Valin non-seulement tout ce qu'il avait écrit sur ce sujet difficile, mais encore tous les documents sur d'autres parties du droit maritime qu'il avait pu recueillir. Valin fut profondément touché de cette offre; et dans la préface de son ouvrage il exprima publiquement sa reconnaissance à Emérigon, tout en l'engageant, à son tour, de la manière la plus pressante, à publier son excellent livre. Valin n'avait pu, en effet, y faire qu'un petit nombre d'emprunts, pour ne pas changer, à propos d'un sujet spécial, les proportions de son commentaire général de l'ordonnance.

Emérigon céda au vœu de son ami, mais ce fut seulement après la mort de Valin, survenue en 1765. Son beau *Traité des Assurances* fut publié en 1783, et il mourut lui-même le 2 avril de l'année suivante.

Avant de quitter le dix-septième siècle, nous avons encore à parler d'un jurisconsulte célèbre, de Domat; mais l'appréciation de son œuvre se rattachant à ce qu'on appelle la Philosophie du droit, demande un chapitre spécial.

CHAPITRE VII

De la Philosophie du droit, à propos de Domat.

§ Ier. — IDÉES GÉNÉRALES SUR LA PHILOSOPHIE DU DROIT.

Il est assez de mode aujourd'hui de parler de la philosophie du droit, et il est bon de savoir ce qu'il faut entendre par là.

Le *Dictionnaire de l'Académie française* définit la philoso-

phie, « la science qui a pour objet la connaissance des choses
« physiques et morales par leurs causes et par leurs effets. »
Cette définition nous semble ne pas marquer suffisamment
la différence entre la science et la philosophie. Le savant,
en effet, recherche aussi les causes et les effets de tout ce
qu'il étudie; mais le philosophe, suivant qu'il commence ses
études par la cause ou par l'effet, va beaucoup plus loin
que le savant en hauteur et en profondeur. Le philosophe
est l'être le plus chercheur de la création. L'animal ne cherche le pourquoi de rien; la plupart des hommes ne cherchent le pourquoi que de ce qui touche à leurs intérêts matériels; le savant, tout en dépassant une sphère aussi étroite,
borne ses investigations à ce qui se rattache à la science
qu'il cultive; mais le philosophe recherche le pourquoi de
tout. Il est rare, sans doute, qu'un grand savant ne soit
pas un grand philosophe; mais le philosophe dépasse toujours le savant qui n'est que savant, de cent coudées : il a
dans son intelligence, pour mesurer les grandes choses et
distinguer les plus petites, un télescope et un microscope
qui portent beaucoup plus loin et grossissent beaucoup plus
que ceux du savant, et la philosophie nous semblerait pouvoir être assez justement appelée la science qui recherche
les causes premières et les fins dernières de toutes choses.

Un physicien voit tomber une pomme, il se dit : Pourquoi
cette pomme est-elle tombée de l'arbre? Et de questions en
questions, de solutions en solutions, il arrive à saisir et à
prouver que tous les mondes s'attirent. Mais le philosophe
va plus loin. Il se dit : Pourquoi les mondes s'attirent-ils?
Restent-ils, en s'attirant, insensibles les uns aux autres, et
l'homme est-il le seul être de la création qui admire la magnificence et la régularité de leurs mouvements? Qui sait
s'il n'y a point dans les corps célestes qui roulent au-dessus
de nos têtes, d'autres admirateurs de ce grand spectacle?
Qui sait si des intelligences dont la vue, plus perçante que

la nôtre, pourrait voir des myriades d'astres immenses qui
échappent complétement à nos regards, ne les arrêteraient
pas cependant de préférence sur notre petite terre, pour
avoir été honorée du plus grand miracle de l'amour divin;
comme font les souverains de la terre, qui ne jettent que des
regards indifférents sur leurs immenses possessions, et ne les
fixent le plus souvent avec amour que sur l'étroit espace em-
belli par un visage de femme, qui a touché leur cœur !

Le naturaliste, après avoir bien étudié la structure du
dromadaire, reconnaît que ce grand quadrupède est fait
pour traverser les déserts sablonneux et pour porter des far-
deaux. Mais le philosophe se demande : Pour qui donc le
dromadaire a-t-il cette structure? Est-ce pour lui-même?
ne serait-ce pas pour l'homme? Et si c'est pour l'homme,
pourquoi le dromadaire a-t-il été fait pour l'homme, et non
pas l'homme pour le dromadaire? A quoi tient ce privilége
de la nature humaine?

Un homme est mort. Le médecin recherche la cause qui a
mis fin à ses jours, pour pouvoir la combattre avec plus
de succès chez les hommes qu'il jugera plus tard atteints
du même mal. Le philosophe se dit : Pourquoi les hommes
meurent-ils? et quand ils sont morts, qu'advient-il de leurs
restes? Il aime tant à remonter aux causes les plus reculées
dans le passé, et à découvrir les effets les plus lointains
dans l'avenir, qu'il demeurera perpétuellement inquiet dès
qu'il s'est posé ces questions redoutables, s'il ne rencontre
quelqu'un qui puisse lui en donner une solution, puisée à un
foyer plus brillant que celui que tout être humain porte
au-dedans de lui-même.

Pour rentrer dans la spécialité qui nous occupe, nous
disons que la philosophie du droit consiste à rechercher les
causes premières et le but final de toutes les lois, sans limiter cette recherche à un pays déterminé ni à un temps limité,
parce que la philosophie vise toujours à l'absolu. Le philoso-

phe voit distinctement la première cause des lois dans un
Etre tout-puissant qui a disposé toutes choses avec une sagesse infinie, et il en voit le but final dans la plus grande
somme de bonheur possible pour tous les êtres qu'a fait
éclore sa main puissante. Et ce qui donne à la science du
droit la suprématie sur toutes les autres sciences morales,
c'est que Dieu a voulu ici associer l'homme à son action. Il
se charge, à lui seul, de départir aux plantes la rosée et à
l'insecte sa nourriture ; mais pour rendre les hommes aussi
heureux que possible, il veut que l'élite de l'humanité complète l'œuvre qu'il n'a qu'ébauchée, et vienne en aide, par
de sages mesures, à tout ce qui dans la grande famille
d'Adam a besoin de secours et d'appui.

Un tel résultat peut-il être atteint par des lois communes
à tout le genre humain, ou faut-il pour les diverses familles
de peuples des lois différentes? C'est la première question
que se pose le philosophe.

Comme les règles mathématiques sont absolument invaria-
bles, Pascal, grand mathématicien, ne comprenait pas que
les lois changeassent si souvent suivant les pays. « Plaisante
justice, s'écriait-il avec amertume, qu'une montagne borne :
vérité en deçà des Pyrénées, erreur au delà ! »

Pascal, grand mathématicien aussi, aurait dû remarquer
cependant qu'il n'y a que les purs esprits qui restent perpétuellement dans l'absolu. Tout ce qui est corps est dans un
certain lieu de l'espace, et tout ce qui est local est nécessairement contingent. Comme les lois humaines régissent
tout l'homme, et que l'homme a tout à la fois un corps et
une âme, il y a nécessairement pour lui des lois absolues,
mais il y a nécessairement aussi des lois contingentes, c'est-
à-dire variables , parce qu'elles dépendent des milieux différents qui entourent les corps. Pascal n'aurait point nié que
la chaleur n'est pas la même sur tous les points de la terre,
et qu'elle est beaucoup plus forte sous l'équateur qu'aux

pôles. Rien que cette différence amène dans les lois des divers peuples des variétés innombrables. Dans les pays chauds, le corps humain est plus tôt formé que dans les pays froids. Dans les premiers, les hommes sont pubères à quatorze ans, les femmes à douze. Dans les seconds, la puberté n'arrive que plus tard; et comme le développement de l'intelligence marche toujours beaucoup moins vite que celui du corps, quand l'âge de la puberté arrive tard, ce que les légistes appellent la majorité, qui est, pour ainsi dire, la puberté de l'âme, est retardé par la même raison. Dans les pays chauds, un homme peut être apte aux affaires à vingt ans ; dans les pays froids, il pourra ne l'être, en moyenne, qu'à vingt-cinq.

Si les lois des peuples doivent changer suivant le point de terre qu'ils occupent par rapport au soleil, elles doivent changer aussi suivant la position où ils se trouvent par rapport aux mers et par rapport aux montagnes, par rapport aux terres riches et à celles qui ne le sont point. Les peuples qui se mirent au bord des mers ont des lois maritimes, dont les peuples sis au milieu des terres n'ont pas besoin. Dans les steppes de terres pauvres, où le morcellement du sol est impraticable, la communauté immobilière est forcée : il n'y a là de propriété individuelle possible que sur les troupeaux et sur les meubles proprement dits. Qui ne voit dans des situations si peu ressemblantes, des raisons physiques qui doivent amener entre les lois des différents peuples des variétés infinies !

Il reste vrai, cependant, qu'une ressemblance aussi grande que possible, entre les lois des différents peuples, est une chose fort désirable. Elle a toujours plu aux esprits généralisateurs, c'est-à-dire aux grands esprits. Dans son immortel ouvrage sur la dignité et les progrès des sciences, *De Dignitate et augmentis scientiarum,* le chancelier Bacon consacra tout un chapitre à l'exposition d'un plan de justice

universelle, Leibnitz exposa des idées semblables dans un
de ses ouvrages (1), et Vico, dans le siècle dernier, a consacré à ce même sujet tout un livre (2). Qui oserait avoir,
sur ce point, d'autres idées que celles de ces génies supérieurs ! Tous les hommes étant nés d'un même père, tout
législateur sage doit évidemment encourager le plus possible les rapports de peuple à peuple, admettre, par conséquent, la liberté du commerce, en tant qu'elle ne com-
promet pas la sûreté de l'État, assurer par des traités
l'uniformité de droits, la plus grande possible, entre les
régnicoles et les étrangers, favoriser aussi de tout son
pouvoir l'unité des poids, des mesures, des monnaies, des
taxes postales, voire un langage commun à tous les peuples, sans préjudice de leur langue particulière ; et comme
cette langue commune ne peut plus être le latin, tout
Français qui aime sa patrie doit traiter sa langue avec
autant de respect que d'amour, pour lui conserver pieuse-
ment la netteté parfaite et la délicatesse infinie, qui, depuis
plusieurs siècles déjà, en ont fait la langue diplomatique
de l'Europe et les délices des esprits fins de tous les pays.

Le moyen le plus sûr d'arriver à cette fusion des différentes nations, qui rendrait les guerres de plus en plus
rares, c'est que les peuples, et leurs chefs surtout, évitent,
avec le plus grand soin, les guerres fratricides, ce qu'ils
feraient toujours, s'ils étaient pénétrés des idées de justice
qui animaient le grand jurisconsulte français du dix-septième siècle, dont il nous reste à parler, avant d'aborder
le siècle suivant.

(1) *Nova methodus discendæ docendæque jurisprudentiæ*. Ce livre
remarquable parut en 1668.

(2) *De uno universi juris principio et fine uno Liber unus*. Tome III
de l'édition de Milan de 1835.

§ II. — DOMAT.

Domat est de tous les jurisconsultes français du dix-septième siècle celui dont le nom est destiné à rester le plus
célèbre, parce que pour composer son beau livre des *Lois
civiles disposées dans leur ordre naturel*, il remonta aux
sources élevées d'où découlent tous les principes du droit,
nous voulons dire aux notions de justice que Dieu inculqua,
dès l'origine, dans l'intelligence du premier homme, et qu'il
rendit ensuite plus brillantes par les enseignements de son
Verbe. Autrement dit, le livre de Domat est un livre entouré de toutes les lumières de la philosophie chrétienne,
et comme ces lumières sont indéfectibles, elles communi-
quent à toute œuvre qui s'en est inspirée un éclat qui défie
les siècles.

Jean Domat, né à Clermont, le 30 novembre 1625, eut
le bonheur de jouir, au printemps de sa vie, de l'amitié
de Pascal, et, à son déclin, de celle de d'Aguesseau.

Quoique Pascal fût né comme Domat à Clermont, et qu'il
n'y eût pas entre leurs naissances deux ans d'intervalle, il
ne paraît pas qu'ils se fussent connus dès le premier âge :
mais ils se connurent dans leur jeunesse, et l'histoire nous
montre Domat accompagnant, en 1648, Pascal sur le sommet
du Puy-de-Dôme, quand celui-ci faisait ses expériences célèbres sur la pesanteur de l'air. Pascal n'avait alors que
vingt-cinq ans, et Domat, vingt-trois. Ces deux hommes
célèbres s'étaient à peine vus qu'ils éprouvèrent l'un pour
l'autre les sympathies les plus vives. L'amitié inaltérable
qui se forma entre eux dès ce moment rappelle les amitiés
si tendres de Virgile et d'Horace, ou de Montaigne et de
la Boétie.

L'amitié que d'Aguesseau conçut pour Domat était d'une
autre nature, parce qu'il était plus jeune que Domat de

quarante ans. Elle eut pour cause l'estime profonde que le grand magistrat conçut pour l'éminent jurisconsulte dès qu'il connut son livre, et qu'il ne tarda pas à exprimer dans un de ses ouvrages, où il a dit de lui : « On peut appeler Domat le jurisconsulte des magistrats, et quiconque posséderait bien son ouvrage ne serait peut-être pas le plus profond des jurisconsultes, mais il serait le plus solide et le plus sûr de tous les juges (1). » Cet éloge est certainement mérité. Domat, en effet, était loin d'avoir l'érudition de nos grands jurisconsultes du seizième siècle ; mais, comme on entend par érudition des connaissances plutôt curieuses que nécessaires, il est certain qu'un juge n'a pas besoin de ces connaissances-là. Il lui suffit de posséder tout ce qu'il a besoin de savoir pour bien juger les litiges qui lui sont soumis ; et pourvu qu'il voie toujours le principe de solution, il importe assez peu au plaideur à qui ce principe doit faire gagner sa cause, que le juge ait su si la loi qu'il a appliquée remontait, ou non, aux XII Tables.

Ce qui fait le principal mérite de l'œuvre de Domat, c'est la beauté du plan et la symétrie des parties.

On y voit d'abord, dans le *Traité des Lois,* qui en forme le prologue, une sorte de portique magnifique, où Domat pose déjà le principe fondamental de toutes les lois, qui n'est autre que l'Amour ; et l'on est agréablement surpris de trouver dans ce beau traité un chapitre consacré à l'Amitié. Cela prouve combien l'âme de Domat était aimante, puisqu'il ne voyait pas dans l'amitié une de ces rencontres de pure distraction qui n'engendrent aucun devoir, mais un lien véritable engendrant des obligations récipropres, quoiqu'elles ne soient pas sanctionnées par les lois civiles.

(1) *Instructions propres à former un magistrat.* Tome I des œuvres complètes de d'Aguesseau, p. 389.

Le Traité des Lois est une conception toute personnelle à Domat. Tout y est de lui, le plan et les détails. Dans l'ouvrage même des *Lois civiles,* dont ce traité célèbre n'est que le frontispice, le plan seul appartient à Domat, puisque tous les matériaux en ont été empruntés aux jurisconsultes de l'ancienne Rome. Mais la merveille ici consiste en ce que les textes de ces jurisconsultes, choisis par Domat, ont été triés avec un tel soin que tout alliage païen a disparu, et qu'un souffle constamment chrétien s'échappe comme par miracle de toutes ces bouches païennes.

Nous disons cela de la première partie de l'ouvrage, consacrée au droit privé. La seconde, qui ne fut composée que beaucoup plus tard, et qui fut consacrée au droit public, fut, dès le principe, inférieure à l'autre. Elle a, d'ailleurs, perdu pour nous beaucoup de son prix, par suite des changements si grands qui se sont produits chez nous dans l'ordre politique depuis la révolution de 1789 ; mais la partie relative au droit privé offre autant d'intérêt que si elle datait d'hier, et nous ne connaissons aucun livre plus récent où l'ensemble du droit privé ait été présenté avec plus de méthode et de netteté.

Domat n'était pas seulement un grand jurisconsulte, c'était aussi un homme d'un grand courage. Il en donna une preuve remarquable dans les fonctions d'avocat du roi au présidial de Clermont, qu'il commença à exercer dès l'âge de trente ans. L'autorité royale n'était guère alors, en Auvergne, connue que de nom. Nulle contrée n'avait une noblesse plus turbulente. Le sol du pays favorisait ses habitudes d'indépendance. Dans leurs châteaux-forts, situés sur des cimes inaccessibles, la plupart des seigneurs, s'ils eussent eu des hommes et des canons, auraient pu soutenir des siéges contre les troupes du roi, et ils profitaient de ces positions inexpugnables pour commettre toute sorte de violences et de déprédations. Domat ne craignit pas d'affronter les haines de cette noblesse redoutable ; et à la suite de poursuites criminelles dirigées par lui contre quelques-uns de ses membres les plus puissants, il fut plus d'une fois menacé de mort, s'il ne les abandonnait. Domat ne tint jamais compte de ces menaces, mais bien peu de juges avaient autant de fermeté que lui. Le mal était si grand que Domat, voyant l'impuissance complète des juges royaux inférieurs pour réprimer d'aussi graves désordres, alla, tout exprès, à Versailles solliciter de Louis XIV l'envoi de juges extraordinaires pour briser les résistances des seigneurs, et il appuya sa demande sur tant de documents irrésistibles qu'elle fut accueillie ; ce sont ces assises extraordinaires qu'on appela les Grands Jours. Les magistrats du Parlement de Paris, envoyés pour les tenir, furent investis par le roi de pouvoirs illimités. Ils en usèrent pour faire emprisonner, dès leur arrivée, un des plus grands seigneurs de l'Auvergne, ce qui causa dans toute la noblesse une telle frayeur, que les restitutions et réparations de tout genre que firent les déprédateurs à quantité de pauvres gens, pour échapper à des poursuites criminelles, furent innombrables (1). Les commissaires de Louis XIV achevaient ainsi de détruire en Auvergne les derniers et tristes restes de la féodalité militaire, que Richelieu avec frappée au cœur quand, pour un seul moment de trahison envers le roi, il laissa tomber à Toulouse, sous le couperet d'un bourreau, la tête d'un connétable qui s'appelait cependant le premier baron chrétien. La France entière dut beaucoup alors à Domat, parce que les rigueurs déployées vis-à-vis des nobles d'Auvergne produisirent les plus heureux effets dans tout le royaume, où tous les nobles comprirent qu'ils ne pouvaient plus échapper à l'application des lois.

(1) Un livre récemment publié par M. Loubers, procureur de la République, à Montpellier, sous ce titre : *Domat, philosophe et magistrat*, contient sur les crimes de tout genre imputés alors à la noblesse d'Auvergne, d'intéressants détails. Voyez p. 77, et suiv.

Domat mérite donc, à tous égards, la renommée qui s'attacha, de bonne heure, à son nom. Dans la longue et brillante
galerie de grands personnages qui illustrèrent en France le
règne de Louis XIV, dans ce pêle-mêle étonnant, qu'on
n'avait vu jamais et qu'apparemment on ne reverra pas,
d'hommes éminents dans tous les genres, d'orateurs sacrés,
de savants, de poètes, d'artistes, destinés pour la plupart à
rester immortels ; si l'on cherche une figure de jurisconsulte
qui puisse supporter le voisinage de tant d'hommes dont le
front rayonne de gloire, on n'en trouve pas de plus belle que
celle de Domat, et de plus digne de se trouver en si belle
compagnie, tant la haute raison approche du génie.

Malheureusement, quand Domat mourut, le 14 mars 1696,
on touchait presque au siècle où le sophisme, en France,
devait détrôner la raison. C'est de ce siècle, non moins célèbre que le dix-septième, mais pour des raisons différentes,
que nous allons parler dans le livre suivant.

LIVRE VII

Des grands jurisconsultes du dix-huitième siècle.

CHAPITRE PREMIER

De l'état du droit au dix-huitième siècle.

Nous avons vu dans le livre précédent que le droit n'avait pas laissé de progresser dans le dix-septième siècle, quoique ce siècle eût produit moins de jurisconsultes que le seizième, et nous en avons dit les raisons. Mais, dans le dix-huitième siècle, le droit alla très-certainement en déclinant, parce que nulle part on ne l'étudia avec autant d'amour qu'on l'avait fait aux époques précédentes.

En France, et nous donnions alors le ton à l'Europe, les études sérieuses cessèrent d'être de mode. Molière s'était moqué très-agréablement des pédants qui donnaient toujours à leur nom des terminaisons en *us*, et, en général, de tous les hommes qui se donnaient des airs de science. Dans le dix-huitième siècle, il devint de mode de se moquer de la science elle-même ; et ce siècle se donna à lui-même le titre de siècle du Bel esprit. Or, ce qu'on appelle un bel esprit est presque l'opposé d'un esprit juste. Un esprit juste ne recherche en tout que le vrai ; un bel esprit ne recherche pas le faux absolument et toujours, mais le vrai et le faux lui sont indifférents ; il ne considère jamais que le côté piquant ou plaisant des choses. Un bel esprit, c'est un homme qui ne prend pas la vie au sérieux, et qui suppose qu'on n'a rien de mieux à y faire qu'à plaisanter de tout. Le roi des beaux esprits fut Voltaire, et un homme qui tient à passer pour un bel esprit doit nécessairement le prendre pour guide et pour maître. Pour de telles gens, le droit canonique et le droit romain étaient les choses les plus lourdes et les plus inutiles du monde ; et pour le droit civil, ils se contentaient d'en apprendre ce qu'il faut absolument savoir pour défendre sa fortune contre les coquins, ou pour la grossir sans passer pour coquin soi-même. Le nombre de ces hommes devint si grand au dix-huitième siècle, que la science juridique s'affaissa, ne trouvant plus un nombre d'adeptes suffisant pour la soutenir. Il se rencontra cependant, çà et là, quelques hommes distingués qui ne suivirent pas la mode, et continuèrent, à l'imitation des vieux âges, à faire des travaux sérieux la principale occupation de leur vie, et à laisser les pointes et les jeux d'esprit continuels aux hommes futiles et aux demi-sots.

Nous allons donc signaler, dans l'ordre précédemment suivi, les juristes sérieux qui ne suivirent pas l'entraînement d'une mode déplorable, mais nous le ferons plus rapidement que pour les époques antérieures, parce que les jurisconsultes éminents pour les parties du droit le plus anciennement cultivées furent alors en très-petit nombre. Pour nous consoler de cette pauvreté, nous signalerons avec bonheur les progrès que firent cependant, durant ce siècle, le droit public, l'économie politique et le droit criminel.

CHAPITRE II

Des principaux canonistes et romanistes du dix-huitième siècle.

Ces deux branches du droit, si fécondes dans les siècles précédents, donnèrent, au dix-huitième siècle, si peu de fruits, que nous devons réunir dans un même chapitre les quelques hommes qui s'y distinguèrent.

§ I. — DES PRINCIPAUX CANONISTES DU DIX-HUITIÈME SIÈCLE : D'HÉRICOURT, GIBERT, DURAND DE MEILLANE, VAN ESPEN.

I. D'HÉRICOURT (Louis), né à Soissons, en 1687, publia, en 1729, un grand ouvrage, qui faisait pendant à l'ouvrage de Domat sur les lois civiles, sous le titre de « *Lois ecclésiastiques de France dans leur ordre naturel.* » Cet ouvrage, comme celui de Domat, était remarquable par sa méthode rigoureuse et par une clarté parfaite d'exposition. Aussi obtint-il un très-grand succès. Son savant auteur mourut le 18 octobre 1772.

II. GIBERT (Jean-Pierre), né à Aix, en Provence, en 1660, jouit, comme canoniste, d'une autorité égale à celle de d'Héricourt. C'était, en effet, aussi un très-savant homme, qui publia plusieurs ouvrages sur des matières spéciales de droit canon, tous très-exacts, et un traité complet de ce même droit, en trois volumes in-folio, intitulé : « *Corpus juris canonici per regulas naturali ordine digestas.* » » Ce titre ressemblait beaucoup à celui de l'ouvrage de d'Héricourt, qui avait précédé de six ans celui de Gibert, ce dernier n'ayant paru qu'en 1735. D'Héricourt était laïque, Gibert avait embrassé l'état ecclésiastique, et s'y fit remarquer par

24

une rare modestie. Son savoir, universellement reconnu, lui eût donné des titres aux plus hautes dignités de l'Église, s'il n'eût préféré, par humilité, rester au dernier échelon. Il mourut simple tonsuré en 1726, et dans un état voisin de l'indigence, tant il était aumônier. La simplicité et les autres vertus de Gibert étaient d'autant plus remarquées, qu'au temps où il vivait, il y avait beaucoup de ces ecclésiastiques frivoles qu'on appelait abbés de cour, qui n'avaient de clérical que le costume, et leur costume même avait encore un cachet de mondanité. Leur légèreté fit beaucoup de mal au clergé, que bien des gens irréfléchis jugeaient par ces tristes échantillons.

III. DURAND DE MAILLANE, né à Saint-Remi, en Provence, vers 1760, commença à faire pour le droit canon ce que d'autres auteurs, Claude de Ferrière notamment, avaient déjà fait pour le droit civil ; il mit la science en dictionnaire, procédé excellent pour former des hommes superficiels, parce que la plupart des hommes jugent inutile d'étudier péniblement d'avance ce qu'ils n'auront peut-être jamais besoin de savoir, et trouvent plus commode de traiter la science comme une officine de pharmacie, où l'on n'ouvre les bocaux qui renferment les drogues, qu'à mesure des exigences. Le dictionnaire de droit canonique de Durand de Maillane convenait parfaitement à ce but et obtint un succès très-mérité chez les praticiens. L'auteur mourut en 1814.

IV. VAN ESPEN, né à Louvain, en 1646, composa sur le droit canon un ouvrage plus étendu encore que celui de d'Héricourt, sous le titre un peu fastueux de Droit ecclésiastique universel, *Jus ecclesiasticum universum.* Cet ouvrage dénotait un très-grand savoir et fait regretter vivement que l'auteur eût adopté les erreurs du jansénisme et y eût persisté avec opiniâtreté. Il mourut à Amersfort, en Hollande, en 1728.

§ II. — DES PRINCIPAUX ROMANISTES DU DIX-HUITIÈME SIÈCLE.

Le dix-huitième siècle fut aussi pauvre en romanistes qu'en canonistes. Les romanistes qui s'y firent le plus distinguer furent en Italie, Gravina, Heineccius en Allemagne, Pothier et Terrasson en France. Nous parlerons en détail de Pothier comme civiliste dans le chapitre suivant. Nous dirons ici un mot des trois autres.

I. GRAVINA. — Nous disions, en parlant plus haut de Sigonius, que l'Italie était la terre privilégiée de l'érudition. Au point de vue littéraire et artistique, sa gloire a subi d'assez longues éclipses; l'érudition n'en a eu jamais. Pour la science du droit en particulier, l'Italie eut, au dix-huitième siècle, un romaniste d'un très-grand mérite, ce fut Gravina. Jean-Vincent Gravina naquit dans la Calabre, le 18 janvier 1664 : il avait donc trente-six ans quand le dix-septième siècle disparut dans l'abîme du passé, pour faire place au siècle suivant. Mais l'esprit chez l'homme se développe plus tard que le corps : ce qu'on appelle physiquement un homme fait ne peut jamais être qu'un savant commencé. Gravina doit donc être rangé parmi les jurisconsultes du dix-huitième siècle, parce que la renommée ne s'empara pas de son nom plus tôt. Il dut sa célébrité à son livre des Origines du droit civil, *Origines juris civilis,* qui, dès son apparition, fit grande sensation en Italie et ne tarda pas à être connu dans les autres contrées de l'Europe. Son savant auteur fut appelé à Rome par le pape Innocent XII. Il y devint professeur au collége de la Sapience, et y mourut en 1718.

II. HEINECCIUS. — Heineccius, né à Eisemberg, dans la principauté d'Attenbourg, professa le droit à Francfort-sur-l'Oder, puis à Halle, où il mourut, le 31 août 1741. Sa ré-

putation fut européenne comme celle de Gravina, et elle
fut plus grande encore. Gravina, en effet, fut plutôt un
érudit qu'un jurisconsulte. Heineccius fut l'un et l'autre.
L'érudit, chez Heineccius, se fit surtout remarquer par une
histoire du droit civil romain et germanique; le jurisconsulte, par un commentaire sur les lois Julia et Pappia-
Poppœa, œuvre des plus remarquables, et par un livre
intitulé : *Éléments de droit civil dans l'ordre des Institutes,*
publié en 1727, qui eut un tel succès qu'il ne tarda pas
à devenir classique. En France, aussi bien qu'en Allemagne,
ce livre resta la base de l'enseignement dans les écoles jusqu'à la révolution française. La grande renommée d'Heineccius n'était pas certainement une renommée imméritée,
mais elle devint presque une gloire, et c'était trop. Son
éclat prouvait que les romanistes éminents étaient, au dix-
huitième siècle, devenus bien rares. Heineccius était fort
inférieur aux géants qu'eut la science juridique au seizième
siècle, aux Alciat, aux Cujas, aux Donneau : il est vrai que
les nains paraissent des géants à côté des pygmées, et la
France, au dix-huitième siècle, n'eût produit, en fait de
romanistes, que des pygmées, si elle n'avait pas eu Pothier,
sur lequel nous allons bientôt revenir, et Terrasson.

III. Terrasson. — Antoine Terrasson, né à Paris le
1er novembre 1705, y professa avec distinction le droit
canon et porta cependant, de préférence, ses recherches
sur le droit romain. Il publia, en 1750, une Histoire
de la jurisprudence romaine, contenant son origine et ses
progrès, œuvre très-estimable en elle-même, mais dont
l'honneur ne revenait pas tout entier à Terrasson, qui avait
dû évidemment s'aider des travaux de Gravina et d'Heineccius sur le même sujet. Terrasson eut la bonne pensée
d'imprimer, à la fin de son histoire, tout ce qu'en dehors
des recueils de Justinien, on connaissait, de son temps,
d'anciens textes de lois, plébiscites, sénatus consultes, for-

mules d'action, etc. Nous disons que cette pensée fut très-bonne, parce qu'on ne saurait trop recommander à la jeunesse des écoles d'étudier ces précieuses épaves des siècles passés. Il en est des sources du droit comme de celles des fleuves, dont les eaux sont cristallines quand elles s'épanchent du pied des glaciers ; mais, à mesure qu'elles s'en éloignent, elles perdent de leur transparence, et finissent bientôt par charrier du limon.

CHAPITRE III

**Des grands civilistes français du dix-huitième siècle :
Pothier, Furgole, d'Aguesseau.**

§ I. — RÉFLEXIONS PRÉLIMINAIRES.

Si la science du droit, comme nous l'avons dit dans le chapitre précédent, resta stationnaire, au dix-huitième siècle, pour le droit canon et le droit romain, on ne saurait nier que pour le droit civil elle fit en France quelques progrès.

Les commentaires de nos anciennes coutumes, commencés au seizième siècle par nos jurisconsultes les plus renommés, s'étaient continués au dix-septième ; mais la tâche était loin d'être finie, et le dix-huitième siècle vit paraître plusieurs œuvres estimables sur des coutumes moins importantes, ou moins étudiées, que celles qui avaient été commentées d'abord.

Au dix-septième siècle, on avait déjà reconnu aussi l'utilité des traités particuliers, où une théorie de droit est exposée d'après ses principes généraux et rationnels, sans la rattacher à aucun texte particulier de loi ni de coutume, et ce genre d'ouvrages fut encore plus apprécié au dix-huitième siècle. Le droit français tendait ainsi de plus en plus à se dégager des mœurs locales et à se fondre dans une seule loi extraite par un choix intelligent des diverses coutumes, à la manière dont l'abeille compose son miel du suc de diverses fleurs. Les jurisconsultes les plus distingués du dix-huitième siècle contribuèrent donc puissamment, par leurs travaux, à préparer l'unité de législation qui fut établie dans notre pays par le Code civil. Un auteur estimable, Bourjon, publia même, en 1747, un ouvrage de droit très-étendu, conçu dans ce plan, qu'il appela le *Droit commun de la France*. D'autres juristes non moins habiles s'attachèrent à des sujets particuliers. Boullenois traita avec beaucoup de sagacité une matière très-difficile et alors très-usuelle, celle des Statuts réels et personnels. Lebrun, émule de Renusson, traita comme lui la Communauté, et composa un travail non moins estimé sur les Successions. Roussilhe publia un très-bon traité de la Dot. Dunod ne fut pas moins heureux en traitant à fond la matière si importante de la Prescription; et il n'y avait plus, à vrai dire, aucune matière de droit civil qui n'eût donné lieu à des ouvrages sérieux et estimés, quand, pour concentrer le fruit de tous ces travaux, parut sur la scène du monde juridique le jurisconsulte qui devait en faire le principal honneur au dix-huitième siècle. C'est assez désigner Pothier.

§ II. — POTHIER.

Pothier, bien certainement, n'a pas été le plus savant des jurisconsultes français, mais il en a été peut-être le plus sensé.

Robert-Joseph Pothier naquit à Orléans le 6 janvier 1699. Il entra assez jeune dans la magistrature et devint bientôt conseiller au présidial d'Orléans; aimant la retraite et l'étude, il amassa, durant plusieurs années, des trésors de science, qu'il ne s'empressait pas de produire, parce que sa modestie fut toujours plus grande que son savoir. Il avait quarante-deux ans quand il fit paraître le premier ouvrage qui commença sa réputation : ce fut un commentaire de la coutume d'Orléans, publié en 1740, qu'il améliora beaucoup dans une édition postérieure. Les personnes qui ne connaissaient point Pothier pouvaient supposer, par cet excellent livre, qu'il avait dû se vouer exclusivement à l'étude du droit coutumier. On ne pouvait guère soupçonner qu'un magistrat, dont les fonctions absorbaient une grande partie de son temps, en trouvait assez pour joindre à ses travaux sur le droit coutumier des études approfondies sur le droit romain ; et ce fut pour le public un sujet de grande surprise, quand le savant magistrat publia, en 1748, son bel ouvrage sur les Pandectes de Justinien. La place d'un juriste qui se montrait également versé dans le droit coutumier et le droit romain était dès lors marquée dans l'enseignement. Aussi, le chancelier d'Aguesseau, juste appréciateur des vrais mérites, nomma-t-il Pothier, l'année suivante, et sans qu'il en eût fait la demande, à une chaire de droit français qui vint à vaquer dans l'université d'Orléans.

Pour les natures communes, les fonctions cumulées qui augmentent l'aisance de la vie portent ordinairement à la paresse : dans une nature d'élite, c'est le contraire ; elles ne font qu'exciter l'émulation, et en élargissant les horizons, elles agrandissent les idées. Pothier fut une de ces natures rares. L'accomplissement exact de tous ses devoirs de magistrat et de professeur ne l'empêcha point de continuer ses travaux scientifiques, et il aborda les ouvrages qui devaient mettre le sceau à sa renommée.

Nous avons dit que lorsque la plupart des coutumes françaises eurent été commentées, les jurisconsultes sentirent la nécessité de mieux expliquer, dans des ouvrages spéciaux, les matières importantes de droit français, qu'aucune coutume ne réglait d'une manière assez complète ; mais leur attention dut se porter d'abord sur les matières d'une origine exclusivement féodale ou coutumière, comme les fiefs, les successions des pays coutumiers, la communauté et les douaires, les donations contractuelles, etc. Quant aux contrats à titre onéreux, les coutumes n'en disaient presque rien ; et comme les règles de ces contrats sont presque toutes puisées dans des principes d'équité, que les jurisconsultes romains avaient parfaitement saisis et parfaitement expliqués, on s'en tenait, pour la solution des difficultés sans nombre que la matière des contrats présente, à l'application des lois romaines.

Pothier comprit, et c'est la pensée qui lui fit le plus d'honneur et lui mérite incontestablement le rang élevé qu'il occupe parmi les jurisconsultes, Pothier comprit que la théorie des obligations ne devait pas être éclairée seulement par la raison pure, c'est-à-dire par ce rayon pâle que Dieu fait luire dans l'âme de tout homme venant en ce monde, qu'elle devait être éclairée aussi, sur bien des points, par les lumières plus vives de la Révélation. C'est en puisant à la fois à ces deux sources qu'il composa son chef-d'œuvre, c'est-à-dire son *Traité des obligations,* qu'il publia en 1761, et qui devait, quarante ans après, servir de type aux rédacteurs du code civil. Tous les autres traités que Pothier publia de son vivant ne furent que le développement de celui-là. Après avoir traité des contrats en général, il était naturel qu'il expliquât les règles spéciales des contrats particuliers, de ceux au moins qui offrent un grand intérêt pratique. Il publia, en effet, successivement le Traité du *Contrat de rente,* celui *du Louage,* celui *de la Vente,* puis les *Contrats de Société,* les *Contrats maritimes,* et les *Contrats de bienfaisance,* enfin le Traité du *Contrat de mariage,* et il en avait composé encore plusieurs autres sur diverses matières, qui ne furent publiés qu'après sa mort.

Les œuvres posthumes d'un auteur sont ordinairement trèsinférieures à celles qu'il a publiées lui-même, et où il a pu mettre la dernière main. Celles de Pothier, sans être dépourvues de mérite, ne firent pas exception à cette règle, tandis que celles qui virent le jour de son vivant étaient des œuvres achevées et firent immédiatement autorité pour les canonistes aussi bien que pour les civilistes. Pothier, en effet, dans tous ses ouvrages sur les contrats, ne manque jamais de distinguer les règles du for extérieur, de celles du for intérieur. Pour ce qui regarde le for extérieur, il ne s'inspirait que des œuvres des jurisconsultes de l'ancienne Rome ; pour celles du for intérieur, c'est dans le droit canon et la morale évangélique qu'il les puisait, et c'est une distinction que ne font pas assez nos jurisconsultes contemporains. Les personnes peu instruites, qui lisent leurs ouvrages, faute d'y voir cette distinction marquée, peuvent être portées à croire que tout ce que la loi civile ne condamne pas est licite, erreur fatale qui ne peut produire pour ceux qui la commettent, et pour la société tout entière, que des effets désastreux.

Un jurisconsulte païen avait dit : Tout ce qui est permis par la loi n'est pas honnête : *Non omne quod licet honestum est.* Si cela était vrai chez les païens, combien n'est-ce pas plus vrai pour les chrétiens ! Dans les contrats à titre onéreux, en particulier, il y a une foule de mensonges et d'indélicatesses, dont la loi civile est obligée de ne pas tenir compte, pour ne pas exposer tous les contrats à être ébranlés par des procès incessants ; mais cela ne saurait justifier devant Dieu les personnes qui usent de tels procédés. C'est ce que Pothier ne manque jamais l'occasion de faire sentir, et ce qui donne à tous ses traités un parfum d'honnêteté qui charme et qui édifie.

Les ouvrages de Pothier sur le droit civil méritent donc certainement d'être lus et relus pour les bonnes choses qu'ils contiennent, et il est regrettable que le style n'en soit pas aussi bon que les idées. Le style de Pothier ne manque pas précisément de clarté, quoiqu'il y ait çà et là des incorrections qui rendent la pensée moins nette, mais la clarté est son seul mérite. Il manque presque toujours de concision et de vigueur, et toujours de distinction. Tous les sujets, même les plus sévères, comportent cependant un genre d'élégance qui leur est propre. Les œuvres de droit ont donc le leur, et c'est ce que Pothier ne paraît pas avoir soupçonné. Les anciens, en cela, seront toujours nos maîtres. Le style de Cicéron est aussi beau dans son traité des Lois, que dans ses plus éloquentes harangues ; et si un artiste de la Grèce antique avait eu à faire une statue de Thémis, il n'eût pas sans doute commis la faute de mettre des fleurs dans ses cheveux, mais il ne l'eût pas représentée non plus avec une chevelure en désordre et une tunique étriquée.

Les doctrines toujours parfaitement saines de Pothier étaient le reflet de la grande honnêteté de sa vie. Il possédait, à un très-haut degré, toutes les vertus morales et chrétiennes. Quand il termina sa longue carrière, le 2 mars 1772, ce fut un deuil général pour la ville d'Orléans, qui fit placer sur sa tombe une table de marbre, où se trouvaient gravés en lettres d'or les regrets causés à ses concitoyens par la mort de ce parfait homme de bien. Ce monument modeste ayant disparu dans la Révolution, la ville d'Orléans a voulu réparer une perte si regrettable, et elle l'a fait dignement. Il y a quelques années, elle a érigé au jurisconsulte qui l'a tant honorée une statue, non loin de celle de l'héroïne de Vaucouleurs. Ce voisinage n'a rien que de naturel. La droiture du cœur, quand elle est parfaite et constante, comme elle l'était dans Pothier, n'est que l'héroïsme à l'état latent, caché par l'obscurité de la vie, comme les jours sans soleil, qui ne sont cependant des jours que parce que le soleil est sur l'horizon, quoique voilé par des nuages.

§ III. — FURGOLE.

Pothier fut la plus grande personnalité juridique du nord
de la France, au dix-huitième siècle ; au midi, ce fut Furgole. Quoique inférieur à Pothier, Furgole fut aussi un grand
jurisconsulte, dont la vie calme fut aussi honorable et aussi
sereine que sa science fut grande.

Jean-Baptiste Furgole naquit le 26 octobre 1690, à Castel-
Ferrus, dans l'Armagnac. Il fit ses études à l'Université de
Toulouse, et devint avocat au parlement de cette ville, position qu'il ne quitta plus, et où il sut, comme Pothier, faire
de grands et utiles travaux sans nuire à ses devoirs profes-
sionnels. Si les auteurs du Code civil, au commencement de
ce siècle, s'inspirèrent surtout des travaux de Pothier,
d'Aguesseau, dont nous allons parler dans le paragraphe
suivant, qui fut, peut-on dire, le législateur de la France
au dix-huitième siècle, puisque tous les édits de Louis XV,
sur des matières de droit, furent rédigés par lui, d'Aguesseau s'inspira surtout des idées de Furgole. C'est Furgole,
dont le savoir lui était connu, qu'il chargea de rédiger les
questions proposées à tous les parlements de France sur les
Donations, les Testaments et les Substitutions, qu'il se proposait de soumettre à des lois uniformes et précises. On peut
dire, par conséquent, que Furgole eut une grande part aux
belles ordonnances de 1731, de 1735 et de 1747, qui furent
rendues pour fixer la jurisprudence, jusque-là très-confuse,
et souvent très-opposée des divers parlements, sur ces matières aussi importantes que difficiles. Comme ce fait n'était
pas ignoré du public, on comprend quelle dut être l'autorité des commentaires que Furgole publia successivement
sur ces trois grandes ordonnances. On croyait, en les lisant,
entendre le législateur expliquer lui-même sa pensée. Aussi
ces commentaires furent-ils, avant la Révolution française,

réimprimés en différentes villes quantité de fois. Le *Traité des Testaments,* auquel Furgole s'appliqua avec plus de soin qu'aux autres, fut surtout une œuvre des plus remarquables. Furgole s'était aidé, pour cet ouvrage monumental, des travaux de deux grands jurisconsultes italiens, de Ménochius d'abord, puis de Mantica, à qui son beau traité *De Conjecturis ultimarum voluntatum* avait ouvert l'accès au cardinalat ; mais Furgole ajouta encore à leurs précieux travaux ; et son Traité des Testaments est une mine si riche que les légistes, malgré les changements apportés sur bien des points aux lois anciennes par le code civil, peuvent y puiser encore bien souvent des solutions sur des points qui ne sont nulle autre part aussi bien traités. Furgole mourut au mois de mai 1764.

§ IV. — EN QUOI LES GRANDS JURISCONSULTES DIFFÈRENT DES GRANDS MAGISTRATS. — D'AGUESSEAU.

Dans un livre où nous nous sommes proposé de donner de beaux exemples à la jeunesse des écoles, nous n'avons pas eu encore l'occasion de rendre un juste tribut d'hommages aux grands magistrats, que la France, en particulier, a comptés en si grand nombre. C'est qu'il y a entre un grand jurisconsulte et un grand magistrat une différence facile à voir. On est grand magistrat par l'intrépidité de l'âme, on est grand jurisconsulte par l'étendue de l'esprit. Un moment peut suffire pour montrer le grand magistrat. Des travaux considérables peuvent seuls faire reconnaître le grand jurisconsulte. On peut bien être l'un et l'autre comme Papinien, et c'est alors atteindre le *summum* de la dignité humaine ; mais c'est aussi rare que d'unir la sainteté au génie.

Pour être grand magistrat, il faut s'être trouvé dans des circonstances où la grandeur d'âme ait pu se produire, et ces circonstances, heureusement pour l'humanité, ne sont pas fréquentes. C'est surtout dans les temps de guerres civiles, que les magistrats sont obligés de montrer un grand courage. C'est le temps où l'on voit des Mathieu Molé et des Duranti résister à des factieux jusqu'à la prison et à la mort. Dans les temps parfaitement calmes, il ne peut pas y avoir de grands magistrats; comme quand la religion n'est pas persécutée, il ne peut pas y avoir de martyrs. Le grand chancelier de Henri VIII, Thomas Morus, fut, de bonne heure, connu de toute l'Angleterre, comme un magistrat ayant autant d'esprit que d'intégrité (1). Mais il fallut, pour que le monde entier pût apprécier sa grandeur d'âme, que son roi eût changé de religion et voulût l'obliger d'en changer aussi. Jusqu'à ce moment, nul n'eût pu pressentir qu'il devait être un grand magistrat et un martyr. Mais comme son esprit, quoique cultivé, n'avait pas une grande portée, qu'il ne composa d'ailleurs sur le droit aucun travail sérieux, on n'a pu jamais dire de Thomas Morus que ce fut un grand légiste. Bacon, au contraire, était un grand jurisconsulte, parce que son coup d'œil d'aigle saisissait aussi facilement les principes fondamentaux du droit, que ceux des sciences physiques, dont il a été le père. Mais ce ne fut qu'un magistrat indigne, parce qu'au lieu de traiter la justice, dont il était dans son pays l'oracle souverain, comme une épouse dont on n'approche qu'avec respect, il la traitait comme une courtisane dont on abuse.

Nous avons dit que Papinien fut à la fois un grand magistrat et un grand jurisconsulte; l'on peut en dire autant,

_____

(1) Entre beaucoup de traits charmants nous rappelons celui-ci :
« Un grand seigneur, voulant se le rendre favorable dans un procès, lui envoya deux flacons d'un grand prix. Morus, ayant dit au domestique d'attendre un instant, fit remplir les flacons du meilleur vin de sa cave et les rendit au domestique en lui disant : « Vous assu-
« rerez votre maître que tout le vin de ma cave est à son service. »

quoique dans une mesure moindre, sans doute, de d'Aguesseau. D'Aguesseau montra la grandeur d'âme que doit avoir tout magistrat digne de ce nom, lorsque par deux fois il aima mieux s'exiler de la cour et se retirer dans sa demeure champêtre de Fresne, que de seconder les vues de l'aventurier Law, dont le Régent approuvait les plans insensés, que d'Aguesseau jugeait, au contraire, et avec raison, devoir ruiner la France.

D'Aguesseau fut aussi un grand jurisconsulte ; il fut même plus que cela, il fut un sage législateur. Nous avons rappelé, en parlant de Furgole, les belles ordonnances qui avaient été rendues sous Louis XV sur les Donations, les Testaments, les Substitutions, et nous aurions pu en citer quelques autres non moins belles. Mais le voluptueux Louis XV n'était point comme Justinien, comme Charlemagne, comme Napoléon Ier, homme à concourir aux lois qui se publiaient sous son nom. Il ne faisait que les signer ; et les plus sages qui furent publiées sous son règne furent, en réalité, l'œuvre de d'Aguesseau, qui s'aida bien, nous l'avons dit, du savoir de Furgole, mais qui ne laissa pas d'avoir la principale part dans ces œuvres importantes.

Aux grandes qualités du magistrat et du jurisconsulte, d'Aguesseau joignait le charme de l'homme lettré. Ses plaidoyers, ses mercuriales, étaient autant de morceaux d'éloquence ; et ses Instructions à son fils, écrites dans le meilleur style, contiennent un plan complet d'études fortes et un austère règlement de vie, bien propres à former des magistrats accomplis. Ce livre, qui eut un très-grand et très-légitime succès, servit certainement à former ces magistrats intrépides du parlement de Paris et du parlement de Toulouse, qui périrent en si grand nombre sous la hache révolutionnaire, et se montrèrent aussi impassibles devant la mort, qu'ils l'étaient sur leurs siéges quand ils rendaient leurs sentences.

D'Aguesseau était né à Limoges, le 7 novembre 1668, et mourut à Paris, le 9 février 1751. C'était un esprit sage autant qu'éclairé, et un parfait chrétien. A ce titre, d'Aguesseau ne pouvait partager les sentiments des hommes légers qui trouvent toujours un livre bon, pourvu qu'il pétille d'esprit. Il dut, par conséquent, être fort scandalisé des premières œuvres d'un magistrat, son contemporain, dont la renommée devait dépasser de beaucoup la sienne. Nous voulons parler de Montesquieu, dont nous apprécierons les œuvres principales, peu dignes d'un homme grave, dans le chapitre suivant.

CHAPITRE IV

Du droit public au dix-huitième siècle : J.-J. Rousseau, Montesquieu, Mably.

§ I. — CONSIDÉRATIONS PRÉLIMINAIRES.

Nous avons vu qu'au dix-septième siècle toutes les branches du droit avaient progressé, comme toutes les sciences et tous les arts. Le droit public seul fit exception. Il demeura fort en arrière, et il convient de rechercher la cause de cette singularité. Elle tint à la gloire même dont Louis XIV était entouré, et à l'opinion que des légistes courtisans s'étaient faite, ou voulaient donner à d'autres, de sa puissance. On peut dire que toutes les splendeurs du règne de Louis servirent la thèse favorite de ces légistes flatteurs, qui consistait à nier l'infaillibilité du pape pour mettre à sa place l'infaillibilité du roi. Ce furent eux qui formulèrent cette prétendue maxime, destructive de tout droit public : « Si veut le roi, si veut la loi, » maxime que Louis XIV traduisit par cette parole qu'on lui attribue, et que nous doutons cependant être sortie de sa bouche, tant elle eût marqué d'égoïsme et de présomption : « L'État, c'est moi. »

La doctrine de ces légistes aboutit, d'un côté, à la célèbre déclaration de 1682, qui ferait tache sur la mémoire de Bossuet, s'il n'eût exprimé plus tard de vifs regrets de l'avoir signée ; d'un autre côté, à un despotisme, qui écrasait de plus en plus le pauvre peuple à mesure qu'il devenait plus brillant. C'étaient, en effet, ses privations et ses sueurs qui faisaient les frais de toutes les magnificences du grand roi et de sa cour. La chose était si patente qu'elle valut à la France le seul poëme épique dont elle ait vraiment sujet de s'honorer, le seul qui, quoique écrit en prose, puisse être comparé, sans trop de désavantage, aux œuvres éter-nellement admirables de Dante, de Tasse et de Milton. Le charitable archevêque de Cambrai composa son *Télémaque,* pour faire comprendre à Louis XIV que les rois ne sont faits que pour procurer le bonheur des peuples ; et quoique jamais écrivain n'eût su entourer cette vérité de plus de miel, le grand roi la trouva un peu amère et renvoya le pieux archevêque à ses ouailles. Un des plus grands hommes de guerre de Louis XIV, l'immortel Vauban, qui cachait un cœur d'évêque sous une armure de guerrier, osa répéter cette vérité au monarque plus franchement. Il fit voir ce que coûtaient les magnificences de Versailles, en lui représentant les pauvres gens des campagnes obligés de disputer les aliments que leurs sueurs avaient fait venir, à l'avidité insatiable des traitants (1), et ne fut pas mieux récompensé de sa franchise.

N'exagérons rien cependant. N'imputons ce qu'il y avait d'excessif dans la conduite de Louis XIV, qu'aux flatteries

(1) Le livre de Vauban sur ce sujet, la *Dixme royale*, fut imprimé en 1707 ; mais il ne parut alors que tronqué ; il contenait trop de vérités.

de ses courtisans, et reconnaissons que c'est un des souverains qui ont fait le plus d'honneur à la France. Il fut grand dans les succès ; il fut grand aussi, ce qui est plus rare, dans les revers; et bien loin que les siècles écoulés depuis aient affaibli sa grandeur, ils l'ont rendue plus sensible pour tout homme qui connaît un peu l'histoire, et qui compare Louis XIV à tous les chefs que la France a eus depuis. La gloire du grand roi put donc parfaitement faire illusion à ses contemporains, et leur faire croire que la seule pensée d'imposer des limites à sa puissance était un sacrilége.

Mais, Louis XIV mort, comment conserver de pareilles illusions, quand on vit les folies et les turpitudes de la régence! Quand ce triste gouvernement eut pris fin, on put espérer un instant que Louis XV, dont le front avait reçu l'huile sainte, saurait éviter les immoralités dont tous les honnêtes gens avaient tant rougi. Mais, hélas! les faiblesses de Louis devinrent bientôt des hontes; et comment la France aurait-elle pu supporter avec patience le prolongement indéfini d'une puissance absolue de son roi, quand elle se vit gouvernée par des courtisanes! Cette résignation n'était plus possible, elle fut devenue imprévoyance et sottise. Il fallut donc chercher le remède à des maux devenus intolérables ; et puisqu'il n'y avait plus possibilité de croire à l'infaillibilité des têtes couronnées, il fallut chercher les moyens de modérer leur puissance, de manière à ce qu'elle ne pût s'exercer que pour le bien de tous. Pour cela, il était indispensable de rechercher la véritable origine des pouvoirs publics.

Rien n'était plus licite que cette recherche. Les plus grands théologiens, saint Thomas en tête, en avaient donné l'exemple. L'obéissance des hommes libres diffère, en effet, essentiellement de celle des esclaves, qui n'ont qu'à s'incliner devant la volonté du maître sans pouvoir jamais en scruter les motifs. L'homme libre ne doit qu'une obéissance raisonnable, suivant la parole de l'Apôtre : *Rationabile sit obsequium vestrum.* Il lui est, par conséquent, toujours permis de rechercher jusqu'à quel point ce qu'on lui demande est légitime ; mais il ne doit se porter à cette recherche qu'avec beaucoup de prudence et de circonspection, comme, quand on veut s'assurer de la solidité d'un édifice, on tâche, tout en sondant les fondements, de ne rien faire qui puisse les ébranler.

Les philosophes du dix-huitième siècle ne surent pas garder cette mesure. Ils constataient, et c'était malheureusement trop visible, que la société au milieu de laquelle ils vivaient était une société corrompue, qu'il fallait refaire. Un pouvoir, en effet, ne peut durer qu'autant qu'il est respecté ; et, au dix-huitième siècle, ce n'était pas seulement le pouvoir royal qui était méprisé, celui des seigneurs l'était encore davantage, parce que l'immoralité qu'un grand nombre d'entre eux ne prenait pas seulement la peine de cacher, était vue de plus près par tous les habitants de leurs terres. Tous les abus qu'on voyait portaient donc les esprits à rechercher des combinaisons politiques qui pussent atténuer le mal, mais cette recherche fut mal dirigée et fit éclore quantité de faux systèmes.

Le plus faux de tous, et celui cependant qui eut le plus de partisans, fut celui du grand sophiste Jean-Jacques Rousseau, qui, dans son *Contrat social,* voulut faire remonter la formation de toutes les sociétés politiques à un accord formé entre des hommes sauvages, qui n'auraient été précédemment unis par aucun lien. Jean-Jacques faisait passer les hommes de l'état sauvage, où tous auraient vécu comme les bêtes fauves dans les forêts, à l'état de société ; idée contraire à toutes les traditions historiques, qui nous montrent la vie sauvage comme un état non de progrès, mais de décadence. Rousseau, du reste, ne croyait pas, le plus souvent, un mot de ce qu'il écrivait. Jamais le monde n'avait vu un raisonneur, en apparence plus convaincu, tant sa parole était éloquente; mais tout cela n'était que fantasmagorie. Des novateurs, plus hardis même quelquefois que Rousseau, comme de notre temps Saint-Simon, Fourrier et d'autres, ont pu se faire des adeptes, parce qu'ils étaient convaincus de ce qu'ils disaient. Rousseau ne fit jamais que des dupes, et malheureusement il en fit et continue d'en faire beaucoup, parce que le beau langage est la plus dangereuse de toutes les glus.

Le dix-huitième siècle eut deux autres publicistes célèbres, que nous nous garderions bien d'appeler aussi des sophistes, parce que leurs ouvrages, nous n'en doutons point, furent écrits avec bonne foi. Ces deux publicistes, qui méritent, pour ce motif, beaucoup plus de respect que l'auteur d'*Émile* et de la *Nouvelle Héloïse*, furent Montesquieu et Mably, dont nous allons apprécier les œuvres de droit public au point de vue du jurisconsulte, avec la brièveté que nous imposent les dimensions étroites de notre cadre.

§ II. — MONTESQUIEU.

Montesquieu, comme Voltaire, comme Rousseau, comme Buffon, remplit tout le dix-huitième siècle de sa célébrité; et ce n'est pas dans un ouvrage aussi sommaire que le nôtre que des détails biographiques sur cet illustre personnage pourraient trouver place, pas plus que des appréciations sur ses œuvres secondaires, dont quelques-unes n'auraient pas dû sortir de la plume d'un magistrat. L'œuvre la plus belle de Montesquieu fut suivant nous, son livre *sur les causes de la grandeur des Romains et de leur décadence*. Il suffisait, en effet, au génie de Montesquieu, pour écrire ce livre remarquable, de s'inspirer des idées de Cicéron ou de Tacite; et son œuvre eût très-bien pu être écrite après la chute de l'empire d'Occident par un sage païen. Mais, dans son *Esprit des lois*, Montesquieu abordait un sujet plus vaste : il voulait rechercher les causes premières de toutes les lois, et il est évident pour nous qu'il n'était pas remonté assez haut pour les trouver.

Montesquieu était un grand penseur, mais non pas un grand métaphysicien, puisque le fatalisme se montre à découvert au début de son livre, dans sa définition célèbre : « Les lois sont les rapports *nécessaires* qui dérivent de la nature des choses. » Il n'y a, en effet, d'autres lois nécessaires que celles qui sont la conséquence obligée de l'existence de Dieu et de ses perfections. Comme Dieu est un être souverainement bon et souverainement beau, aussi bien que souverainement puissant, il est nécessaire non-seulement que tout ce qui existe en lui, mais même ce qu'il produit hors de lui, soit aussi, quand il sort de ses mains, parfaitement bon et parfaitement beau : *Et vidit quod esset bonum.* Mais les rapports qui lient les êtres ensemble, ou qui les relient à Dieu, sont des rapports parfaitement volontaires du côté de Dieu, en ce sens qu'il n'était pas obligé de les établir, puisqu'il n'était pas obligé de créer ces êtres eux-mêmes. Dieu seul, avant les temps, était nécessaire ; rien de ce qui existe en dehors de lui ne l'était. Les rapports qu'il a établis entre les corps et même entre les intelligences, en tant qu'ils ne découlent pas des idées éternelles de justice et d'amour qui sont lui-même, ont été des rapports parfaitement libres ; et c'est parce qu'il avait été parfaitement libre de ne pas les établir, qu'il peut, à son gré, les suspendre par des miracles.

La définition de Montesquieu est donc mauvaise, puisqu'elle suppose que des rapports une fois établis entre les choses ne peuvent plus être brisés par les miracles. Nous comprenons donc très-bien que lorsque cette définition célèbre fut attaquée par les théologiens, tous les sophistes du temps de Montesquieu, temps d'incrédulité et d'athéisme, eussent fait ligue pour la défendre ; mais dix-sept siècles de foi chrétienne se levèrent, de leur côté, de leur sépulcre pour la condamner.

Ce qui montre avec évidence que la définition de Mon-tesquieu est fataliste, c'est qu'en ajoutant que la divinité a ses lois, ce qui n'est vrai que pour ses attributs, parce que les attributs de Dieu sont Dieu même, Montesquieu s'aide, pour expliquer sa pensée, de cette parole de Plutarque : la Loi est la reine de tous les mortels et IMMORTELS. Il avait donc en vue le *fatum* aveugle et inexorable des païens, c'est-à-dire quelque chose de supérieur à la divinité même, ce qu'un chrétien ne saurait admettre sans commettre une impiété abominable.

La définition de Montesquieu contrarie d'ailleurs les prin-cipes les plus élémentaires de la logique. Qu'est-ce, en logique, qu'une définition? C'est une lumière jetée sur une idée, qui vous empêche de la confondre avec aucune autre. Voilà pourquoi on dit dans l'École, qu'une définition, pour être bonne, doit embrasser tout l'objet défini et ne convenir qu'à cet objet, *omni et soli definito*. Or la définition de Montesquieu, bien loin de donner une idée nette des lois, en brouille toutes les notions, en voulant embrasser dans le même cercle des choses qui diffèrent par essence, et plus que la nuit ne diffère du jour. Il y a un abîme, en effet, entre les lois divines, suivant qu'elles se rapportent à la Divinité elle-même, ou bien aux êtres qu'elle a fait éclore du néant, et un abîme non moins profond entre les lois divines et les lois humaines. Vouloir comprendre dans la même définition des idées aussi prodigieusement différentes, c'est plus que vouloir définir de la même manière le triangle et le cercle, qui ont au moins cela de commun que ce sont également des figures finies; c'est vouloir enserrer dans les mêmes termes deux idées qui s'excluent absolument et complétement l'une l'autre; c'est prétendre envelopper dans la même formule l'infini et le fini, ce qui est le comble de l'absurdité.

La définition que Montesquieu donne des lois est donc évidemment fausse, puisqu'elle suppose qu'aucune loi n'est l'œuvre d'une volonté parfaitement libre, et qu'elles sont toutes également nécessaires. Mais c'est précisément parce que Montesquieu assimile par là les êtres intelligents doués de liberté, aux êtres matériels qui n'en ont aucune, que sa définition fut proclamée comme une découverte admirable par tous les athées du dix-huitième siècle, heureux d'y voir la justification de tous les vices et de toutes les passions. Un rapport *nécessaire,* résultant de la nature même des choses, ne peut jamais, en effet, être loué ni blâmé, la nécessité, comme on le dit très-justement quand il s'agit d'apprécier la moralité des actes humains, n'ayant point de loi, c'est-à-dire point d'autre loi qu'elle-même.

Ce qui achève enfin de démontrer que Montesquieu professait, au fond, des doctrines fatalistes, c'est l'influence, beaucoup trop grande, qu'il attribue aux climats sur la législation des divers peuples. Suivant lui, la chaleur du climat amène inévitablement le despotisme des princes, l'esclavage, la polygamie et l'asservissement des femmes (1); et un climat tempéré et brumeux comme celui de l'Angleterre amène, au contraire, naturellement une monarchie tempérée par des institutions libres. Montesquieu ne dit pas sans doute que telles ou telles institutions dépendent *uniquement* du climat; mais il assigne au climat une influence prépondérante, qui domine la volonté humaine, et il commet en cela une erreur des plus graves. Il est, sans doute, des vertus qui sont plus difficiles à pratiquer sous un climat que sous un autre; mais, sous le même ciel, la pratique de la même vertu demande aussi, suivant les tempéraments,

_____

(1) *Esprit des Lois,* liv. 15, ch. 1 ; liv. 16, ch. 2, et *passim.*

des luttes bien inégales, ce qui ne veut pas dire que la vertu ne soit qu'une affaire de tempérament. De même, en effet, que l'homme est le seul être de la création qui puisse vivre sous toutes les latitudes, de même il peut pratiquer partout les vertus les plus difficiles. La zone torride peut avoir des hommes libres et des saints comme les zones tempérées, Dieu, qui est la justice même, proportionnant toujours sa grâce à l'entraînement des mauvais penchants que sa créature libre doit vaincre.

Montesquieu, quoique magistrat, était donc, sur le principe fondamental du droit, bien éloigné des idées des jurisconsultes. Les jurisconsultes, en effet, fort différents en cela de certains médecins athées, qui ne voient dans tous les crimes que des monomanies, destructives de toute liberté, ne reconnaissent aux circonstances extérieures sur les déterminations humaines nuisibles à la société, que des motifs d'atténuation dans la peine, jamais des excuses complètes. Le jurisconsulte croit fermement qu'en tout lieu, l'homme qui conserve sa raison peut contenir ses passions et conserver l'empire sur lui-même, comme il peut, en tout lieu, commander à la nature extérieure, donner partout un mors au coursier rapide, et faire partout parler la foudre, enchaînée sur un fil de métal.

Disons, du reste, que ce qui dépare le plus le grand ouvrage de Montesquieu, c'est son frontispice, c'est la définition fameuse que nous avons combattue; mais si le portique est manqué, l'édifice, dans son ensemble, a certainement de la grandeur, et les détails y sont traités de main de maître. Il est tel chapitre de l'Esprit des Lois, qui contient plus de vérités en dix lignes, que des auteurs pâteux n'en savent mettre dans un volume ; et quand les chapitres s'allongent, c'est que l'importance du sujet le commande. C'est ainsi que Montesquieu exposait avec complaisance tous les avantages de la constitution anglaise (1). Il faisait, en cela, acte de bon citoyen et de bon Français. La régence et le gouvernement de Louis XV prouvaient avec évidence, comme nous l'avons dit au commencement de ce chapitre, qu'il fallait, de toute nécessité, bannir à jamais de la France le pouvoir absolu, qui ne peut manquer de produire tôt ou tard les fruits les plus amers, qu'il soit exercé par un seul homme, ou qu'il le soit par des multitudes. Des milliers de tigres font même toujours plus de mal qu'un seul.

Montesquieu faisait donc bien de vanter la constitution anglaise. Si l'Assemblée législative et la Convention s'étaient inspirées de ses idées, elles auraient su prévenir le règne de la Terreur, et éviter, par la création d'une seconde chambre, les dangers d'une assemblée unique et toute-puissante, d'où ne peuvent sortir que des dictatures. Une nation ne peut rester libre qu'à la condition de savoir tempérer la fougue impatiente des hommes jeunes et ambitieux, qui veulent tout renverser pour se faire une grande place, par la sagesse d'hommes vieillis dans les affaires, qui savent combien les innovations sont dangereuses quand elles ne sont point né- cessaires.

Nous irions fort loin si nous voulions rappeler beaucoup d'autres vérités non moins importantes, que Montesquieu a mises en lumière avec un rare bon sens et un style d'une vigueur plus rare encore, et si nous ajoutions à nos appré- ciations des détails biographiques. Mais notre livre n'est pas une galerie de portraits, pas même une suite d'ébauches: ce n'est qu'un album d'esquisses, jetées en courant sur le papier. Bornons-nous donc à rappeler que Montesquieu, né au château de la Brède, près Bordeaux, le 18 janvier 1689, après avoir été, durant plusieurs années, président au parle- ment de Bordeaux, mourut à Paris le 17 février 1755. Il ne

_____

(1) *Esprit des Lois*, liv. xi, ch. vi.

vit donc pas les signes précurseurs de la Révolution française d'aussi près que le publiciste dont nous allons parler
dans le paragraphe suivant, et qui nous conduira jusqu'à
cette date mémorable.

§ III. — MABLY.

L'abbé de Mably, né à Grenoble le 14 mars 1709, acquit,
dans le dix-huitième siècle, autant de réputation, sinon plus,
que son frère, l'abbé de Condillac. Nous n'avons rien à dire
de Condillac, parce que, dans ses œuvres, trop voisines du
matérialisme pur, ce philosophe célèbre se tint toujours
renfermé dans les limites de la métaphysique, et n'aspirait
pas, au moins d'une manière patente, à changer l'ordre politique au milieu duquel il vivait. Le but de Mably, au contraire, était parfaitement accusé. Il visait à améliorer la
situation de ses contemporains, par des réformes dans les
institutions et dans les lois. A part quelques productions
légères qu'il est inutile de mentionner, et qui tombèrent
bientôt dans l'oubli ; les ouvrages qui fondèrent sa réputation
furent tous écrits dans un but de réformation morale ou
politique, ou plutôt morale et politique à la fois ; car Mably
pensait, en quoi il avait raison, que les mauvaises lois ne
peuvent que nuire aux mœurs, comme les mauvaises mœurs,
quand elles sont parvenues à gagner toute une nation, rendent inutiles les meilleures lois.

Les cinq principaux ouvrages de Mably furent, dans l'ordre de leur publication, son Droit public de l'Europe, ses
Observations sur l'histoire de France, ses Observations sur
les Grecs et les Romains, ses Entretiens de Phocion sur les
rapports de la morale avec la politique, et ses Observations
sur les lois des États-Unis de l'Amérique. Dans tous ces
livres, avec la prudence cependant que commandait la législation d'alors, restée sévère pour les écrivains qui attaquaient

le gouvernement, Mably bat en brèche très-habilement les institutions politiques de son temps, en particulier celles de la France ; et dans les Entretiens de Phocion, il exalte, non . sans raison, les grandes vertus de ce grand personnage de la Grèce antique, qu'il donnait visiblement pour modèle à son siècle d'égoïsme et de corruption.

Mably se proposait un but louable. En offrant pour type à ses contemporains un sage de l'antiquité païenne, il commettait cependant une erreur d'appréciation, qui eût pu être excusable dans un écrivain laïque, mais qui ne l'était guère chez un homme engagé comme Mably dans les ordres sacrés. Mably aurait dû comprendre et sentir que les maux dont la société souffrait de son temps n'étaient pas de ceux que des vertus païennes pouvaient guérir.

Après la fin de la féodalité militaire, la féodalité fiscale avait gardé de la première des airs de domination, que ne justifiaient plus des services rendus au pays. Ses mœurs, à la fois hautaines et avides, n'excitèrent dès lors, chez les hommes du tiers-état, que des sentiments de haine ; et elles creusèrent, durant plusieurs siècles, entre la noblesse et la roture, un abîme immense, que des vertus païennes étaient complétement incapables de combler. La charité chrétienne pouvait seule rapprocher deux classes de la société qui s'éloignaient de plus en plus l'une de l'autre. Au lieu de consacrer sa plume à vanter des sages de l'antiquité païenne, Mably eût mieux fait d'employer les talents que la Providence lui avait donnés, à prêcher aux nobles, à qui il touchait par la naissance, des sentiments de bienveillance et d'estime pour les hommes placés plus bas dans l'échelle sociale ; et à ceux-ci, de la patience dans leurs maux et de la modération dans leurs désirs. De telles prédications, faites avec zèle, si elles eussent trouvé beaucoup d'imitateurs, eussent prévenu peut-être les orages de la Révolution de 1789, qui se préparait, et dont Mably put voir déjà les avant-coureurs dans les désor-

dres financiers, qui amenèrent la première convocation des
notables, en 1787, deux ans avant la mort de Mably, survenue le 13 avril 1785.

Les passions haineuses qui divisaient les deux classes de
la nation demeurèrent, par malheur, aussi profondes après
les innombrables écrits sur le droit public, qui furent publiés
sous le règne de Louis XV, qu'elles l'étaient avant, et devaient, dès lors, amener nécessairement la révolution terrible, dont nous parlerons dans le livre suivant. Ajoutons, pour
terminer celui-ci, quelques réflexions sur le droit criminel
d'abord, et puis sur l'économie politique.

CHAPITRE V

Des progrès du droit criminel au dix-huitième siècle.

Comme l'économie politique, ainsi que nous le verrons
dans le chapitre suivant, est une science à part, qui n'a avec
le droit que des points de contact, assez rares, on peut dire
que la seule branche du droit qui progressa au dix-huitième
siècle, fut le droit criminel, dont les progrès, il faut le
reconnaître, furent immenses. Là justice nous oblige à dire
aussi que ces progrès furent dus principalement à l'influence
des philosophes du temps, qui s'étaient emparés d'une idée
chrétienne, dont les divers législateurs de l'Europe ne
s'étaient point jusque-là suffisamment pénétrés.

Le droit pénal, au commencement du moyen âge, était
empreint d'humanité et de mansuétude. Jamais, en effet, le
droit canonique n'admit les peines qui entraînaient effusion
de sang. C'est ce que signifiait la maxime célèbre : *Ecclesia
abhorret a sanguine.* Il n'admettait d'autres peines corporelles que la prison et des abstinences forcées, et ces peines
elles-mêmes étaient appliquées avec une grande douceur.
Nous en avons pour preuve certaine les mesures que pri-

rent souvent les évêques pour améliorer la situation des prisonniers.

Un décret du concile de Toulouse de l'année 1590, par exemple, recommandait aux évêques de visiter très-souvent par eux-mêmes, ou de faire visiter par des personnes de confiance, non-seulement leurs propres prisons, mais encore celles des cours séculières, quand ils n'y rencontreraient point d'obstacles. Il leur enjoignait de veiller à ce qu'il ne manquât rien aux détenus des choses indispensables à la vie, et de ne préposer à la garde des prisons épiscopales que des gardiens à la fois vigilants et charitables.

Le droit canon prescrivait aussi de ne prononcer aucune peine contre des accusés, qu'après l'observation de diverses règles de procédure, destinées à protéger les innocents et à empêcher les erreurs judiciaires, si fatales quand il s'agit de la vie ou de l'honneur des hommes.

Mais, il faut l'avouer, les pouvoirs séculiers procédaient de toute autre façon. Les peines prononcées par les seigneurs ou leurs officiers furent, durant tout le moyen âge, des peines arbitraires et cruelles; et les juges n'observaient d'autres procédures que celles qu'il leur plaisait de suivre, ce qui veut dire que bien souvent ils n'en suivaient aucune, et que sur le moindre indice ils faisaient pendre, brûler ou torturer les malheureux qu'ils se figuraient être coupables. Pour quantité de méfaits qu'aujourd'hui nous réputons assez légers, ils prononçaient souvent des peines atroces, celles du feu, de la roue, de la potence précédée de tortures; et la simple peine de mort, pour des riens. Comme toute condamnation à une peine capitale entraînait la confiscation des biens du condamné au profit du seigneur, les juges de seigneurs avares ou rapaces étaient toujours portés à prononcer ces peines redoutables. Tout voléreau qui, par malheur pour lui, se rencontrait avoir quelque chose, devenait pour eux un *gibier de potence*, pour employer l'expression fort dure

dont on usait beaucoup dans ce temps, et qui malheureusement avait un sens trop vrai. Les juges étaient poussés aussi
à cette barbarie, parce qu'il n'y avait point possibilité de
garder longtemps les condamnés en prison. Les seigneurs
étant obligés de pourvoir à l'entretien de tous les détenus
qui n'avaient rien, ce qui était le cas le plus fréquent, les
officiers qu'ils préposaient à leurs justices, au lieu de laisser
languir les coupables dans les fossés des châteaux, où il
fallait leur donner au moins du pain, trouvaient plus simple
et plus économique de les pendre.

Il est triste de dire que, quand la puissance royale domina
celle des seigneurs, ce déplorable état de choses ne changea
guère ; et tandis que les ordonnances de Louis XIV sur la
Procédure civile, le Commerce et la Marine, firent, par la
sagesse de leurs dispositions, le plus grand honneur à ce
monarque et à ses conseillers, l'ordonnance Criminelle de
1670 forme une vraie tache dans ce beau règne, tant ses
dispositions furent dures, pour ne pas dire cruelles. Un
écrivain du dix-huitième siècle put dire avec vérité, de certains juges de ce temps, hommes à la fois légers et barbares, qu'ils se servaient du même papier pour signer une sentence de mort et pour écrire un poulet à leurs maîtresses.

Les philosophes du dernier siècle attaquèrent avec vigueur
ces abus et reprirent avec fracas, au nom de la philanthropie, la plupart des idées que l'Église, depuis le commencement du moyen âge, n'avait cessé d'appliquer sans
bruit au nom de la charité. Ils n'étaient pas fâchés de jeter,
par des critiques acerbes des mœurs judiciaires de leur
temps, de la déconsidération sur les grandes compagnies de
magistrature, qui, fréquemment, se croyaient obligées de
faire saisir et brûler leurs écrits obscènes ou impies. Quoi
qu'il en soit, on ne saurait nier que les attaques qu'ils diri-
gèrent contre les lois criminelles appliquées, de leur temps,
dans toute l'Europe, étaient parfaitement fondées. Ce fut en

Italie que ces lois commencèrent à subir une sorte de flétris-
sure, dans le célèbre traité *des Délits et des Peines*, de Bec-
caria, qui fut publié en 1764. Tous les philosophes français,
Voltaire à leur tête, vantèrent fort le livre du criminaliste
italien, dont les idées furent bientôt après adoptées et développées par un de ses compatriotes non moins illustre, par
Filangieri. Ils préparaient ainsi la réforme heureuse des lois
pénales, qui devait être commencée chez nous par la loi de
1791 et le code du 3 brumaire an IV, et continuée, dans
notre siècle, par des lois plus douces encore.

CHAPITRE VI

Des économistes français au dix-huitième siècle, et des rapports du droit avec l'économie politique.

Dans un livre consacré à exalter tout ce qui est juste, il
faut rendre justice aux siècles comme aux hommes. Nous venons de voir, dans le chapitre précédent, que le droit criminel reçut, au dix-huitième siècle, de notables améliorations.
Disons aussi qu'une science sociale des plus importantes,
l'économie politique, y prit également une grande extension;
et, à cette occasion, il nous semble bon d'indiquer la distance très-grande qui sépare l'économie politique du droit,
et les points de contact qu'ont cependant ces deux sciences.

L'économie politique est aussi ancienne que le monde, à
ne consulter que ses germes; mais elle ne date que d'hier,
si l'on entend parler d'une science complète et bien ordonnée. Qu'est-ce, en effet, que l'économie politique? C'est la
science de la production des richesses, ou plus exactement,
des lois générales qui en favorisent le développement. Ses
premiers germes remontent au premier âge du monde, parce
qu'ils naquirent en même temps que l'agriculture, l'indus-

trie et le commerce. Le premier économiste fut Triptolème,
l'inventeur de la charrue; le second, l'homme qui, pour vaincre les obstacles que la nature oppose à nos désirs, s'aida le
premier de ces bras supplémentaires, plus puissants que nos
bras de chair, qu'on appelle des outils. Le troisième fut
l'homme qui eut la pensée de dompter le cheval, l'éléphant
ou le dromadaire; et le quatrième, celui qui sut se servir,
pour se déplacer ou transporter des produits, des fleuves et
des rivières, que Pascal, dans son beau langage, a si justement appelés des chemins qui marchent.

Mais des siècles et des siècles se passèrent avant que des
hommes réfléchis eussent l'idée d'étudier les causes éloignées qui tantôt facilitent, tantôt entravent le développement des richesses. L'étude approfondie de ces causes ne
remonte, en France, qu'aux disciples de Quesnay, et, en
Angleterre, à Adam Smith. Les physiocrates et Smith mirent en évidence quantité de faits ayant une influence immense sur la production de la richesse, qui ne frappent pas
tout d'abord l'œil de l'agriculteur, de l'ouvrier ni du mar-
chand; et l'on doit considérer ces premiers fondateurs de
l'économie politique comme de véritables bienfaiteurs de
l'humanité, parce qu'aucun d'eux ne poussa les conséquences de ses découvertes, jusqu'à heurter les principes de justice éternelle, qui ont une importance bien autre que celle
des lois économiques.

Mais les économistes qui suivirent les fondateurs de la
science n'imitèrent pas tous leur sagesse. La plupart se
firent du rôle de l'économie politique dans les sociétés humaines une idée tout à fait exagérée, qui arriverait jusqu'à la
négation des principes du droit. C'est donc le cas de tracer
d'une manière exacte les limites qui séparent les deux sciences. Tant que l'économie politique ne met pas des êtres
humains en opposition d'intérêts, tant qu'il ne s'agit que de
retirer, aux moindres frais possibles, du sein de la terre ou

des mers tous les objets qui peuvent être de quelque utilité à tous les hommes en général, c'est de l'économie politique pure, et ceux qui cultivent cette science n'ont pas à craindre d'empiéter sur les jurisconsultes. Le droit alors n'a pas à intervenir, tous les hommes ayant un égal intérêt à ce que la nature soit vaincue et embellie, et que la terre produise les plus beaux fruits et les plus belles moissons.

Mais chaque fois que la production de la richesse exige le concours de plusieurs êtres humains, l'économie politique touche par là même aux principes de droit, qu'elle doit absolument respecter, par ce que ces principes-ci, qui sont d'ordre divin, ont incontestablement la priorité sur ceux qu'une sagesse purement humaine prétend formuler comme des règles absolues. Supposez, par exemple, qu'une doctrine économique dût amener le décuplement immédiat de toutes les richesses, mais qu'elle amenât du même coup entre les hommes des inégalités de répartition telles que, pour augmenter les jouissances de quelques êtres privilégiés, elle fît plus de malheureux sur la terre qu'il n'y en avait auparavant, cette doctrine serait positivement abominable, et tous les hommes justes devraient en avoir horreur. C'est pourtant la doctrine que suivent en réalité, de nos jours, un nombre considérable d'hommes riches, qui ne cherchent qu'à tirer le plus de produit possible de leurs capitaux, sans s'inquiéter le moins du monde du mal que peut faire à d'autres hommes l'usage qu'ils en font.

D'autres économistes, et ceux-ci sont ordinairement des théoriciens, ont parfaitement reconnu que les hommes devaient avoir une part aussi égale que possible dans tous les produits de la terre ; mais, ne pensant qu'aux biens matériels, les seuls, en effet, dont s'occupe l'économie politique, ils ont recherché les moyens de produire cette égalité par des combinaisons sociales nouvelles. Ils n'ont rêvé pour tous les hommes et toutes les femmes, mêlés comme dans la

République de Platon, qu'un travail en commun, accompagné de musique, et suivi de fandangos espagnols ou de kermesses flamandes.

Si quantité de grands propriétaires, d'industriels à millions, et de gros commerçants entendent l'économie politique dans le premier sens, les économistes de cabinet, qui peuvent n'avoir pas vingt sous vaillant, sont portés tout naturellement à l'entendre en sens opposé. Mais, à leur tour, s'ils perdent de vue que, les jouissances matérielles sont très-peu de chose, comparées aux jouissances morales, ils versent inévitablement du côté des Saint-Simon, des Fourrier, des Cabet, erreur aussi déplorable que l'autre. La première a pour résultat de faire mourir des multitudes d'êtres humains dans la misère, pour procurer plus de jouissances à un petit nombre de gens privilégiés; la seconde, d'abrutir l'humanité tout entière dans une vie de taverne.

A quoi tiennent ces déviations, en sens diamétralement opposé, d'un grand nombre d'économistes? Elles tiennent, chose étrange, à la même cause. C'est que les uns et les autres se préoccupent trop des biens matériels. Les uns et les autres donnent à l'économie politique, dans le classement des sciences morales, une importance exagérée, puisqu'elle détruirait alors d'autres branches, bien autrement nécessaires pour le bonheur de l'humanité, la morale et le droit, le sentiment de l'honnête et celui du juste; et comme nous le verrons plus tard, si Rossi mérite d'être classé parmi les grands jurisconsultes, c'est, en partie, pour avoir bien tracé la sphère de l'économie politique, et son rang par rapport aux sciences morales d'un ordre supérieur.

Les économistes qui veulent sincèrement le bonheur du genre humain ont grand besoin de connaître la ligne de démarcation que nous venons de rappeler. Un juriste, aujourd'hui, qui ne connaît pas l'économie politique, ne peut

26

être, nous en convenons, qu'un jurisconsulte incomplet; mais un économiste, qui ne connaît pas les règles de la justice, ne peut être qu'un savant très-dangereux. Jurisconsultes et économistes doivent donc toujours s'entendre pour tâcher d'établir autant que possible le règne de la justice sur la terre, afin d'éviter des catastrophes semblables à celle que nous allons rappeler en abordant le livre suivant.

Nous touchons ici à des événements mémorables dont bien des personnes souffrent encore. Notre devoir est cependant d'en parler avec autant de franchise, que s'ils remontaient à vingt siècles. C'est, en effet, ce que nous ferons, n'ayant point la sotte prétention d'imposer nos idées à qui que ce soit. Nous nous sentons, au contraire, toujours disposé à rétracter toutes les appréciations que des réflexions nouvelles, provoquées par les écrits des hommes graves, ou par de grands événements, qui sont proches peut-être, et qui sont toujours les leçons de Dieu, nous prouveraient être fausses.

LIVRE VIII

Des grands jurisconsultes depuis la Révolution française jusqu'à nos jours.

CHAPITRE PREMIER

De l'état du droit au moment de la Révolution française.

Plus de trois quarts de siècle écoulés depuis la révolution française, permettent maintenant aux esprits impartiaux de juger sans passion ce grand événement, et de reconnaître qu'il a produit finalement, dans le monde entier, plus de bien qu'il ne causa de douleurs et n'enfanta de crimes.

La féodalité, longtemps avant la fin du siècle dernier, avait fait son temps. Quand, dans la nuit célèbre du 4 août 1789, les représentants de la noblesse consentirent spontanément à l'abolition de tous les droits seigneuriaux, ils firent une action grande, qui eût amené une révolution sans crimes, si cette résolution généreuse n'eût pas rencontré parmi les nobles qui ne siégeaient pas dans l'assemblée Constituante beaucoup de désapprobateurs, et n'eût pas fait naître des regrets chez beaucoup de ceux qui l'avaient prise dans un moment d'enthousiasme, sans calculer ce que sa réalisation devait amener pour eux de sacrifices cuisants.

Il eût fallu, nous le reconnaissons, un héroïsme véritable dans toute la noblesse, pour que tous ses membres consentissent à descendre des piédestaux où leur naissance les avait placés, et à ne plus chercher la grandeur que dans

le mérite personnel ; mais cet héroïsme difficile était indispensable pour qu'une révolution, depuis longtemps faite
dans les idées, se traduisît sans ébranlements douloureux
dans les faits.

Quand la partie la plus jeune et la plus ardente de la
noblesse quitta la France pour aller offrir son épée à des
gouvernements étrangers, elle prétendait sauver l'infortuné
Louis XVI, et l'on ne saurait douter qu'elle en eût, en effet,
le désir ; mais, en réalité, elle laissait cette auguste victime
exposée sans défense aux attaques violentes de la démagogie, et rendait inévitable la catastrophe sanglante de
la mort du bon roi. Au lieu de s'exposer à des reproches
de trahison en quittant la France, les nobles eussent cent
fois mieux fait d'y rester pour y défendre le roi, d'abord
dans les discussions publiques des assemblées électorales,
dont les choix devaient décider du sort du pays, et puis, si
l'heure en fût venue, en se groupant tous autour de son
trône pour le sauver ou pour mourir avec lui.

La grande faute de l'émigration, jointe aux idées irréli-
gieuses, dont la noblesse était aussi infectée que la bourgeoisie, amena cette longue série de crimes, qui cacha
longtemps sous des mares de sang, et du sang le plus
pur de la nation, le côté grand et beau de la Révolution.
Dix ans alors s'écoulèrent au milieu d'agitations incessantes,
terribles au-dedans, glorieuses au-dehors, au milieu des-
quelles croissait la génération qui devait recueillir les fruits
durables de la Révolution, sans en avoir connu les horreurs.
Il faut laisser aux historiens la tâche de décrire ces scènes,
tour à tour majestueuses ou cruelles. Les jurisconsultes ne
doivent rechercher que l'effet moral et utile qui s'en dégagea
quand le volcan fut éteint, et qu'après une conflagration
épouvantable, le métal pur se fut dégagé des scories.

Ce moment parut à la grande majorité de la nation être
arrivé, lorsque Napoléon Bonaparte devint le chef du gou-

vernement consulaire ; et il est à croire qu'il fût arrivé en effet, si ce grand homme avait su être, en même temps, un grand citoyen, et si, élevé par là Providence au faîte de la puissance pour protéger le droit, il n'eût presque aussitôt profité de son pouvoir pour satisfaire uniquement son insatiable ambition. Napoléon débuta cependant par une œuvre grande au point de vue juridique, par la publication d'un code de lois civiles, uniforme pour toute la France ; et c'est par quelques appréciations sur les principaux auteurs de ce grand travail, que nous allons commencer la série des jurisconsultes marquants du dix-neuvième siècle.

CHAPITRE II

Des principaux rédacteurs du code civil et de leur œuvre.

La France de Charlemagne, sous les derniers rois de sa race, se trouva morcelée en une multitude de seigneuries complétement indépendantes les unes des autres, qui ne se rattachaient plus au sceptre du suzerain que par des liens de vassalité aussi faibles qu'un fil de soie. A partir de Hugues Capet, le mouvement de décomposition, parvenu à ses extrêmes limites, s'arrête, et le travail de reconstitution commence. Il ne fut complet qu'au bout de huit siècles. Dans cette longue période, des contrées nouvelles s'étaient rattachées successivement au noyau primitif des possessions de Hugues Capet, tantôt par conquête, tantôt par des traités amiables, notamment par des conventions de mariage. Dans ces traités, il était généralement exprimé que les contrées réunies à la couronne conserveraient leurs usages et leurs lois. Il advint de là que la France était plutôt une agglomération d'États gouvernés par la même personne, qu'une nation compacte et homogène. Cet état de choses amenait dans les lois des diversités innombrables, dont les inconvénients avaient été vivement sentis dès le règne de Charles V. On sait que ce grand prince désirait que tous ses peuples fussent régis par la même loi ; mais les diverses provinces tenaient tant à leurs coutumes particulières, que cette fusion ne fut possible que lorsque tous les membres de la nation française eurent été rapprochés par une communauté étroite de gloires et de malheurs. La dernière fusion s'acheva durant les grandes éruptions de la Révolution française ; et quand elles eurent fini, on n'eut plus qu'à donner aux laves, composées de mille éléments divers, le temps de se refroidir, et à couler la statue. Cette statue ce fut le Code civil, et les hommes distingués qui y consacrèrent leurs soins et leurs veilles, ont droit certainement à une place honorable parmi les jurisconsultes. Disons un mot d'abord de ceux qui prirent le plus de part à la confection de l'œuvre, avant d'en discuter le mérite et d'en signaler les imperfections.

Pour la rédaction d'un premier projet de Code civil, Napoléon Bonaparte fit un choix heureux. Il chargea de cet important travail quatre jurisconsultes distingués : Tronchet, Bigot-Préameneu, Portalis et Malleville. Les deux premiers nés, l'un à Paris, l'autre en Bretagne, étaient très-versés dans le droit coutumier ; les deux autres, dont le premier, Portalis, avait été avocat au Parlement d'Aix, le second, Malleville, avocat au Parlement de Bordeaux, connaissaient parfaitement la jurisprudence des pays de droit écrit. Ces choix garantissaient que le projet de code serait une sorte de transaction entre les lois romaines et les institutions coutumières, dont on choisirait ce que les unes et les autres offraient de plus sage pour en faire une œuvre meilleure, comme le laboureur trie soigneusement le grain qu'il veut jeter en terre, pour avoir un blé plus beau.

Le projet préparé par ces quatre jurisconsultes, fut une œuvre remarquable, qui reçut encore cependant de grands perfectionnements dans les discussions du conseil d'État, qui comptait parmi ses membres beaucoup d'autres jurisconsultes d'une grande distinction, notamment Berlier, Regnaud de Saint-Jean-d'Angely, Treilhard, Réal, et quelques autres. Le consul Cambacérès, très-savant légiste, prenait part naturellement à ces discussions; mais le Premier Consul les présidait aussi bien souvent, et le grand capitaine devenait alors tout à coup, par une sorte d'intuition, un jurisconsulte dont les aperçus justes et profonds étonnaient les hommes qui avaient passé leur vie entière à étudier les lois. L'examen du Tribunat et les observations du tribunal de Cassation et des tribunaux d'appel, offraient une dernière garantie de la sagesse des projets qui étaient, après tant d'épreuves, soumis enfin au vote du Corps législatif.

Une élaboration aussi prolongée et aussi savante ne pouvait amener qu'une œuvre très-remarquable. Bonaparte en fut si satisfait que, devenu empereur, il voulut l'appeler de son nom. Disons cependant, pour rester toujours dans le vrai, que le Code civil n'excita une satisfaction universelle dans la partie honnête de la nation, que parce qu'il faisait disparaître quantité de lois révolutionnaires, empreintes d'une profonde immoralité. La Convention nationale, dans divers décrets trop célèbres, notamment dans ceux du 5 brumaire et du 17 nivôse an II, avait offensé tout ce qui, en France, conservait des sentiments honnêtes. Le décret du 5 brumaire contenait un véritable outrage à la morale publique et religieuse, en assurant aux enfants naturels absolument les mêmes droits qu'aux enfants issus du mariage; et l'égalité absolue entre les héritiers, prescrite par le décret du 17 nivôse, amenait un affaiblissement déplorable de la puissance paternelle. Comparé à des lois aussi détestables, le Code civil put paraître une œuvre parfaite aux hommes qui ne reportaient pas plus loin leurs regards dans le passé; mais pour ceux qui avaient conservé toute la délicatesse de l'esprit chrétien, il contenait plus que des imperfections : il renfermait de grandes taches.

Combien les auteurs du Code civil étaient loin des idées chrétiennes sur l'organisation de la famille, quand ils conservèrent le divorce, introduit par les lois révolutionnaires, et qui en est la destruction ! Qu'ils étaient loin aussi du culte que les Français des vieux âges de la monarchie avaient voué aux épouses qui perdaient leurs époux, quand ils abolirent les douaires, qui, durant des siècles, avaient assuré aux veuves une existence honorable et maintenu leur autorité sur leurs enfants !

Sur bien d'autres points de moindre importance, le Code civil donne prise à des critiques fondées (1) ; et l'on ne peut plus dire que ce soit le meilleur code de l'Europe, depuis que le Code civil italien a été promulgué. Ce dernier code est maintenant supérieur au nôtre, et nos législateurs doivent se hâter de réparer quelques-unes des grandes injustices que le code italien a corrigées, comme celle qui n'appelle le conjoint survivant à la succession du prédécédé que lorsque celui-ci n'a point laissé de parents au degré successible, disposition impossible à justifier.

Nous avons cité les noms des jurisconsultes qui eurent la plus grande part à la confection du Code civil, et ces noms, ceux surtout de Cambacérès, de Portalis, de Tronchet, de Treilhard, sont des noms destinés à rester illustres. Aucun de ces grands légistes cependant n'eut autant de science et de logique que le célèbre conventionnel Merlin de Douai, auquel nous consacrerons un article à part. Nous devons, auparavant, nous occuper de ce que firent pour l'enseigne-

---

(1) Dans deux mémoires lus à l'*Académie de Législation*, nous avons indiqué plusieurs dispositions du Code, dans la matière des successions et celle des donations, qui nous paraissent devoir être changées. V. *Recueil de l'Acad.*, t. v, p. 123, et t. VIII, p. 86.

ment du droit les hommes qui avaient eu la plus grande part
à la rédaction du Code civil.

CHAPITRE III

De l'enseignement du droit en France depuis le Code civil.

Les hommes éminents qui concoururent à la rédaction du
Code civil comprirent bien qu'ils auraient fait une œuvre
vaine, si, en élaborant de bonnes lois, ils ne les faisaient
point pénétrer profondément dans la mémoire des hommes.
Les lois dont les dispositions sont parfaitement claires, con-
tinuent, sans doute, de vivre tant que les tribunaux en font
l'application. Mais quand les lois sont obscures, où donc les
magistrats peuvent-ils aller chercher les lumières éclatantes
qui doivent dissiper leurs doutes, si ce n'est dans les dépôts
précieux de la sagesse antique, dans les œuvres immortelles
des Papinien, des Paul, des Ulpien, et dans les œuvres non
moins impérissables des Cujas, des Dumoulin, des Pothier?
Et peut-on, sans une première initiation aux principes fondamentaux de la science juridique, comprendre les écrits de
ces grands jurisconsultes?

Mais cette initiation, qui la donnera aux jeunes intelligences? Est-ce le magistrat, dont la vie presque entière est
absorbée par des travaux toujours précieux pour la justice,
mais presque toujours stériles pour la science? Cela est absolument impossible. Il faut, pour un enseignement aussi important, des hommes qui en fassent l'occupation de toute
leur vie, et il faut que ces hommes frappent les intelligences
jeunes et vierges qu'ils doivent endoctriner, par la beauté
et la majesté du droit. Il faut qu'ils apprennent à de jeunes
hommes, à l'âge heureux où l'on ne se guide encore par

aucune pensée intéressée, à aimer la justice pour elle-
même, comme les jeunes artistes de talent, tant qu'ils sont
dans l'atelier du maître et n'ont pas à s'inquiéter des nécessités de la vie, cultivent l'art pour le seul plaisir d'enivrer
leur âme des manifestations sensibles du Beau.

Les rédacteurs du Code civil avaient compris cela ; et
avant même que les divers titres du Code fussent réunis en
un seul corps par la loi du 30 ventôse an XII, une première
loi du 22 du même mois avait rétabli l'enseignement juridique, qui avait cessé d'être distribué en France, depuis que
toutes les anciennes universités avaient sombré dans le
grand naufrage des études amené par la révolution française. Cette mesure était absolument indispensable ; mais le
gouvernement d'alors se trompa d'une manière grave quand,
dans un décret du quatrième jour complémentaire de l'an XII,
il organisa cet enseignement. Il créa, en effet, pour les contrées qui devaient rester à la France (1), neuf facultés de
droit : c'était beaucoup trop.

Les auteurs du décret auraient dû se rappeler qu'au
temps où l'Empire romain s'étendait depuis les colonnes
d'Hercule jusqu'à l'Euphrate, il n'y avait que trois grandes
écoles de droit dans cet immense empire, l'une à Rome,
l'autre à Constantinople, la troisième à Béryte. Ils auraient
dû savoir aussi que, dans les temps modernes, l'époque où
l'enseignement juridique eut le plus d'éclat, fut celle où
l'on ne comptait en Europe que cinq universités : en Italie,
Bologne ; en France, Paris pour le droit canon, et Toulouse pour le droit civil ; en Espagne, Salamanque ; Oxford,
en Angleterre. Nous avons constaté précédemment que
l'enseignement juridique commença à décliner quand les

(1) Nous parlons ainsi, parce qu'à l'époque où le décret fut rendu,
la Belgique, la rive droite du Rhin et une partie de la haute Italie
ayant été réunies à l'empire français, le décret établissait aussi des
facultés à Bruxelles, à Coblentz et à Turin. C'était douze en tout.

universités se multiplièrent, et il ne pouvait en être autrement.

L'enseignement ne peut produire de grands effets que lorsque les élèves sont aussi avides d'apprendre, que les maîtres sont heureux d'enseigner, et cette ardeur réciproque ne peut se trouver que dans de grandes écoles. Le maître, d'abord, ne se sent porté à communiquer les trésors de la science qu'aux élèves capables d'en comprendre le prix ; et comme ces élèves sont toujours rares, il peut arriver souvent que dans de petites écoles il n'y en ait aucun. L'enseignement se trouve alors privé de son grand ressort, l'amour réciproque des élèves et des maîtres ; et si le maître a intérêt à laisser toute facilité aux élèves de ne pas suivre ses cours, de peur que des jeunes gens déterminés à ne rien faire n'aillent chercher ailleurs des juges plus faciles encore que lui, l'enseignement est dès lors ruiné dans sa base essentielle. Quel lien d'amour pourrait exister entre le maître, même le plus instruit et le plus affectueux, et des jeunes gens qu'il ne voit que quand ils sont forcés de se présenter devant lui pour obtenir un grade, moins à prix de science qu'à prix d'argent !

Pour que l'enseignement juridique brillât en France d'un grand éclat, les auteurs du décret de l'an XII auraient dû n'établir que quatre écoles au lieu de neuf, une pour chacune des régions du Nord, du Midi, de l'Est et de l'Ouest de la France ; et ce que l'on ne fit pas en l'an XII, il faut absolument le faire aujourd'hui. Partout en effet, en France, l'enseignement juridique est incomplet. Il l'est à Paris un peu moins qu'ailleurs, mais cela même est une injustice. Pourquoi les habitants du Midi, de l'Est et de l'Ouest de la France sont-ils moins bien traités sous ce rapport que ceux du Nord ? Où peut être la raison de cette différence ? Le premier devoir d'un gouvernement n'est-il pas de procurer à tous les citoyens de l'État, quel que soit le lieu où ils résident, les mêmes avantages, tant que la nature des choses n'y crée pas un obstacle invincible? Quatre grandes écoles, avec trente professeurs chacune, distribueraient aux jeunes Français un enseignement autrement complet que ne le font maintenant un nombre plus considérable cependant de professeurs disséminés par groupes, par trop inégaux, de vingt-huit, quinze, dix ou neuf, dans dix facultés différentes (1). Dans des écoles ainsi organisées, aucun intérêt pécuniaire ne pourrait empêcher les professeurs de déployer dans les examens une juste sévérité, et il n'est pas de recoins dans la science qui ne pussent être partout explorés.

Cette organisation de l'enseignement favoriserait merveilleusement les études. Comme les grandes intelligences sont toujours rares, il est difficile qu'il s'en rencontre plusieurs de cette portée dans les petites écoles, et toute émulation alors disparaît. Dans les grandes, au contraire, l'émulation est toujours excitée. Sans cette excitation, la plus belle intelligence est une machine électrique au repos : il n'en sort pas plus d'étincelles que du cerveau le plus vide.

C'est donc se méprendre grossièrement que d'imaginer qu'on augmente dans un pays la science en multipliant les écoles d'enseignement supérieur; c'est le contraire qui est vrai. On ne peut pas plus remplacer les grandes écoles par un grand nombre de petites, qu'on ne peut remplacer un phare par des milliers de bougies.

A l'heure présente, l'enseignement juridique est beaucoup plus étendu en Allemagne qu'il ne l'est en France. En Allemagne, par exemple, il n'y a guère d'université où il n'y ait deux chaires de droit canon, une pour les élèves protestants, une autre pour les catholiques. En France, chose à peine

(1) La Faculté de Paris a, en tout, vingt-huit professeurs ou agrégés; celle de Toulouse, quinze; les autres n'en ont en moyenne que neuf ou dix. Le chiffre total s'élève pourtant à cent trente-quatre professeurs ou agrégés.

croyable, le droit canon n'est enseigné nulle part. Que dirait-on cependant d'une école de beaux-arts, dont les maîtres passeraient brusquement de l'architecture et de la sculpture antique à l'art moderne, sans arrêter un seul moment leurs élèves sur les cathédrales du moyen âge, ni sur les œuvres délicieuses des premiers peintres italiens, des Cimabué et des fra Angelico? Comprendrait-on une lacune aussi béante? Et celle de l'enseignement du droit canon dans nos école, peut-elle se justifier davantage?

Et le droit international, ce droit d'un intérêt capital depuis que les grands États, par l'extension de leur commerce, sont exposés à se froisser, à chaque instant, sur tous les points du globe, comprend-on qu'il ne soit enseigné qu'à Paris? Comme si tous les Français n'avaient pas plus d'intérêt à connaître les lois internationales que celles des murs et des fossés mitoyens! Comme s'il ne convenait pas d'ouvrir toujours à la jeunesse de larges horizons, pour developper en elle l'amour du Grand, qui se combine si bien avec l'amour du Juste!

Tant que l'on ne restreindra pas en France le nombre des facultés, pour en créer de plus grandes où l'enseignement soit complet, on n'aura jamais que des écoles maladives, où maîtres et élèves se sentiront pris d'un froid glacial dans des amphithéâtres déserts, et où l'enseignement du droit, au lieu d'être un sacerdoce, ne pourra plus être qu'un métier.

Mais il est temps de reprendre nos esquisses individuelles des principaux jurisconsultes. Dans le chapitre qui va suivre, nous parlerons des principaux jurisconsultes français de la première partie de notre siècle; dans un autre, de quelques grands jurisconsultes étrangers; dans un troisième, enfin, qui sera le dernier de l'ouvrage, de quelques jurisconsultes français morts dans ces derniers temps.

CHAPITRE IV

Des principaux jurisconsultes français de la première partie de ce siècle.

Merlin et Toullier ont été certainement les plus grands jurisconsultes français de notre époque. Nous consacrons donc à chacun un paragraphe particulier; nous grouperons ensuite, dans un troisième paragraphe, les grands jurisconsultes de moindre renom, morts dans la première partie de notre siècle.

§ I. — MERLIN.

Merlin a été le plus savant légiste de nos temps modernes. C'était un composé de Cujas et de Dumoulin, nous voulons dire un jurisconsulte très-versé non-seulement dans le droit romain, tel qu'on l'enseignait de son temps, mais encore dans le droit coutumier, qui offrait cependant des variétés infinies.

Cormenin, dans ses *Questions de droit administratif,* a dit de Merlin, que c'était le plus savant jurisconsulte de l'Europe (1), ce qui était vrai au temps où il en parlait; et Toullier, allant plus loin, l'a appelé quelque part le prince des jurisconsultes. Cette qualification est cependant hyperbolique; elle peut ne pas l'être aux yeux des personnes qui pensent qu'il ne faut jamais, pour juger du mérite des œuvres, se préoccuper de la moralité de leurs auteurs; mais

(1) « Là (au Conseil d'État), brillaient Cambacérès, le plus didactique des législateurs et le plus habile des présidents ; Tronchet, le plus grand magistrat de notre âge; Merlin, le plus savant jurisconsulte de l'Europe, etc. »

nous ne saurions admettre cette règle pour toute sorte d'ouvrages. Nous l'admettons quand il ne s'agit que des sciences
physiques ou mathématiques, dont les lois sont complètement indépendantes de la volonté de l'homme, et qui gouvernent uniquement les corps, jamais les âmes. On peut
l'admettre aussi, à la rigueur, dans les arts. Quoique la pureté du peintre ajoute toujours quelque chose à la pureté du
pinceau, nous avouons qu'à moins d'avoir à peindre des
vierges, un autre qu'un artiste vertueux peut se rapprocher
de l'idéal ; et nous n'exigeons pas que, devant une toile de
Rembrandt ou de Ribéra, le spectateur se souvienne que
le premier fut un homme méprisable par son avarice sordide, et le second, un spadassin.

Mais la séparation absolue entre l'homme et l'œuvre n'est
pas admissible dans le droit, qui est la première des sciences
morales, destinée à régir tous les humains, et à plus forte
raison, ses adeptes, du berceau jusqu'à la tombe, et à descendre à tout instant de la spéculation pure à la pratique
agissante. L'homme ici tantôt déteint sur l'œuvre, tantôt la
relève ; et Merlin, par malheur pour lui, s'est trouvé dans le
premier cas. Il ne sut pas être du nombre de ces hommes
rares, de ces jurisconsultes vraiment grands et seuls dignes
d'admiration, qui sont épris de la beauté plastique du droit
au point d'en faire l'aliment continuel de leur intelligence
et de leur cœur, au point d'aimer mieux supporter tous les
malheurs imaginables que de commettre la moindre injustice, comme une femme honnête, qui comprend le prix de la
chasteté, préfère la mort à la plus légère des taches.

Merlin eut le malheur de commettre non-seulement des
fautes, bien peu d'hommes n'en commettent point, mais un
crime et un crime exécrable.

Il est évident que l'infortuné Louis XVI n'eut jamais la
conscience d'avoir trahi en quoi que ce fût ses devoirs de
roi. Tous les Conventionnels qui le condamnèrent furent

donc criminels ; mais tous ne le furent pas au même degré.
Il y eut quatre degrés de criminalité, parce qu'il y eut
quatre votes successifs. On vota d'abord sur la question de
culpabilité. Merlin répondit : Oui. Sur la question de savoir
si l'on surseoirait à la peine, il dit : Non. Sur la troisième
question, relative à la peine qu'il fallait appliquer, Merlin
répondit : *La mort!* Et enfin, sur la quatrième question, celle
de savoir s'il fallait recevoir l'appel au peuple, interjeté par
le malheureux prince, il répondit : Non!! Merlin vota donc
jusqu'au dernier moment comme Robespierre, comme Cou-
thon, comme Marat; et il ne faisait point partie, comme
Saint-Just, du petit groupe des fanatiques, il faisait, hélas!
partie du groupe beaucoup plus nombreux, mais, à nos yeux,
plus criminel encore, des peureux, c'est-à-dire des lâches.

Quand la victime eut été immolée, Merlin sentit son sort
irrévocablement lié à celui de Robespierre. Sur un mot de cet
homme, à qui oser résister c'était se résigner à mourir, il ré--
digea et fit voter la loi des Suspects, loi abominable qui, par
le vague calculé de ses termes, laissait la hache du bourreau,
comme l'épée de Damoclès, suspendue sur toutes les têtes. La
France entière se trouva alors dans un état semblable à celui
de Rome païenne au temps de ses plus cruels empereurs.
On revoyait ces temps maudits où deux hommes, nulle part,
n'osaient se regarder en face, où la trahison vous entourait
comme l'air, et qui dictèrent à l'historien romain ces mémorables paroles, qui font passer un frisson dans l'âme chaque
fois qu'on les lit : « *Tectum etiam et parietes circumspectaban-
tur!* » Cette loi odieuse avait été rédigée par Merlin, et pèsera
à jamais sur sa mémoire. Hâtons-nous donc de quitter les
scènes sanguinaires de la Convention nationale pour rentrer
dans l'atmosphère pure et sainte de la science du droit. Si
nous condamnons Merlin le conventionnel, nous admirons
Merlin le jurisconsulte.

Merlin fut certainement un des esprits les plus vastes et

les plus justes qu'ait eus la France, un grand jurisconsulte, par conséquent, toutes les fois que la passion ou la peur ne l'aveuglaient pas. Il était né le 30 octobre 1754, dans un chef-lieu de canton de l'arrondissement de Douai, d'où lui vint le nom de Merlin de Douai, qu'on lui donna à la Convention, pour le distinguer du conventionnel de même nom qui était de Thionville. Il commença à vingt et un ans à plaider devant le parlement de Flandre, où il étonna la magistrature et le barreau par une science précoce, qu'il augmentait chaque jour dans la pratique des affaires, jointe à la lecture assidue des œuvres des meilleurs juristes. A trente-cinq ans, il avait déjà une grande réputation dans sa province, et il fut nommé député du Tiers à l'Assemblée nationale. A peine cette Assemblée célèbre fut-elle réunie que Merlin s'y fit distinguer par son savoir profond, et ses votes alors lui firent toujours honneur, parce que la Providence ne l'avait pas mis encore en face des dangers qui devaient plus tard faire trembler et plier son âme pusillanime.

A la Convention même, quand l'œil menaçant de Robespierre ne l'effrayait pas, Merlin montrait toujours une rectitude d'esprit surprenante. L'Assemblée nationale avait commencé à replacer le droit criminel sur ses véritables bases, quand elle fit disparaître du Code pénal de 1791 toutes les peines qui avaient un caractère de cruauté, pour conserver seulement celles qu'exige la défense de la société. Mais elle n'avait pas eu le temps de changer la procédure établie par l'ordonnance criminelle de 1670, qui plaçait les accusés dans un état effrayant d'isolement, et leur mesurait avec une barbare parcimonie les moyens de se défendre. Avant que la Convention eût achevé son règne tyrannique, Dieu voulut qu'elle votât une loi qui fit un singulier contraste avec les mesures violentes qu'elle décrétait tous les jours. Elle établit pour les accusés de délits communs, c'est-à-dire pour ceux auxquels ne s'appliquait pas la procédure du tribunal révolutionnaire, procédure prompte comme la foudre et impitoyable comme la hache, un mode d'instruction qui constituait un progrès immense sur la procédure inquisitoriale et secrète suivie jusque-là. La loi du 3 brumaire an IV, qui consacra cette importante amélioration, fut rédigée en entier par Merlin, et reçut le nom de *Code des délits et des peines*, nom mérité, puisqu'elle embrassait dans ses six cent quarante-six articles presque tout le droit criminel. Cette loi servit de type au Code d'Instruction criminelle de 1808, qui n'y apporta que de légers perfectionnements.

Personne, en France, ne fut donc surpris que Merlin, lors du coup d'État du 22 fructidor an V, devînt membre du Directoire. On le vit alors, ce qui lui fit honneur, continuer, au milieu des soins incessants du gouvernement, ses travaux de jurisconsulte. Quand Barras donnait au Luxembourg des fêtes étourdissantes, restées célèbres, son collègue Merlin se livrait sans relâche, dans le silence des nuits, à ses lectures savantes et à ses méditations solitaires.

Quand le Directoire eut fait place au Consulat, l'auteur si connu du Code des délits et des peines semblait devoir être appelé à concourir à la rédaction du Code civil. Merlin cependant ne prit aucune part à cette œuvre importante, qui devait être le prix, chèrement acheté, d'une rénovation sociale. Ce n'est pas que le Premier Consul n'eût pour les talents de Merlin la plus haute estime. Quand la Providence, lasse de son ambition, lui eut imposé des loisirs qui lui permirent d'écrire des mémoires sur un rocher, il reconnut, avec une sincérité louable, tout le parti qu'il avait tiré du savoir de Merlin, quand il écrivait ces paroles remarquables : « Au conseil d'État, quand je tombais dans les ténèbres, Merlin était ma ressource; je m'en servais comme d'un flambeau. » (1). Pourquoi donc le général Bonaparte, devenu

---

(1) *Mém. de Sainte-Hélène*; 3 octobre 1816.

premier consul, au lieu d'associer Merlin au premier projet
de Code civil confié à Portalis, Bigot-Préameneu, Tronchet
et Malleville, s'abstint-il de l'appeler même au conseil d'État,
où devait être arrêté définitivement le texte des lois nouvelles ? C'est qu'il ne voulait pas que des souvenirs de sang
vinssent tacher une œuvre dont il voulait se faire un titre de
gloire auprès des Français de tous les partis. Mais dès que
les souvenirs de la mort de Louis XVI et de la loi des Suspects commencèrent à s'affaiblir, Bonaparte, avec la sûreté
de coup d'œil qui ne le quittait guère, vit dans quelles fonctions il pourrait tirer le plus de parti du savoir de Merlin. Il
le nomma Commissaire du gouvernement auprès de la juridiction la plus élevée de France, qu'on appelait alors Tribunal de cassation. C'est là que Merlin devait, durant près
de quinze ans, déployer des trésors d'érudition véritablement
merveilleux.

L'illustre compagnie judiciaire, qui devait bientôt s'appeler
Cour de cassation, n'a jamais eu de tâche aussi difficile que
celle qu'elle eut à remplir au temps où Merlin devint le
chef de son parquet. Son rôle est, relativement, assez facile
de nos jours, parce qu'elle n'a qu'à veiller à l'application d'une
législation qui s'étend d'une manière uniforme à tout le territoire français. Lors de sa création, en 1790, et bien des
années après, à cause du principe fondamental de la non
rétroactivé des lois de l'ordre civil, sa tâche était beaucoup
plus vaste et plus rude. Elle avait à contrôler alors, sur
les pourvois des plaideurs, les décisions souveraines rendues dans toute la France et dans ses colonies, sous l'empire
de plus de trois cents législations différentes. Dans les pays
du nord de la France les coutumes générales ou locales
dépassaient, en effet, ce chiffre, et les pays de droit écrit
avaient aussi quantité de coutumes locales, quoique le droit
romain formât le fond commun de leurs lois. Comment suffire à cette œuvre cyclopéenne ? Comment se guider dans un

pareil labyrinthe? Ce fut l'immense science de Merlin qui servit de guide à la Cour de cassation.

Après Merlin, les procureurs généraux de cette cour se sont habitués à n'y parler qu'aux audiences solennelles, où toutes les chambres sont réunies, ou dans quelques affaires exceptionnellement importantes. Merlin paraissait également et journellement devant toutes les chambres. Il suffisait qu'une question de droit civil, commercial ou criminel lui parût ardue, pour qu'il tînt à la discuter. Ses réquisitoires, presque toujours écrits, étaient remarquables par une lucidité de discussion égale à l'immensité de sa science. Il n'eut plus tard qu'à les réunir pour achever un des deux monuments qu'il a élevés à la science juridique, et dont il commença la publication en l'an XII, pour ne la terminer, après la publication de plusieurs volumes de suppléments, qu'en 1819. C'est le recueil désigné sous le nom de *Questions de droit.*

Le jurisconsulte infatigable faisait marcher de front cet ouvrage et une édition nouvelle du *Répertoire universel de jurisprudence* de Guyot, répertoire singulièrement estimé des légistes, dont la première publication, qui datait de 1777, avait été l'œuvre commune de plusieurs jurisconsultes, parmi lesquels se trouvait Merlin. Mais dans la réimpression, qui commença en 1807, les additions que fit Merlin à l'œuvre primitive, en y rattachant l'explication de toutes les lois qui avaient suivi la révolution française, furent si considérables, que le répertoire de Guyot perdit naturellement son premier nom, pour prendre celui de Merlin, comme une rivière perd le sien quand ses maigres eaux viennent à se mêler aux ondes d'un fleuve.

Quand Merlin mit la dernière main à ce second ouvrage, il était depuis longtemps exilé. Le régicide, lors de la première Restauration, avait été seulement privé de ses fonctions. Après les Cent-Jours, comme tous les régicides qui avaient repris des fonctions publiques lors du retour de Napoléon de l'île d'Elbe, il dut aller chercher un asile sur la terre étrangère. Les bannis avaient été avertis qu'ils ne pourraient rester dans aucun des États limitrophes de la France. Merlin avait espéré qu'il échapperait à cette défense en se cachant dans un village peu éloigné de Bruxelles, où il pouvait recevoir les brises de sa patrie, et voir, au loin, la Flandre française, berceau de son enfance et de son illustration. Mais quiconque a participé dans un grand pays, n'eût-ce été qu'un instant, au pouvoir souverain, échappe difficilement aux regards des hommes. Le régicide Merlin eût pu être oublié : l'ancien membre du Directoire ne pouvait pas l'être. Le roi des Pays-Bas, sur la demande de la France, lui enjoignit de choisir un asile hors de ses États.

Merlin partit pour l'Amérique, dans l'intention de se fixer aux États-Unis ; mais après quelques jours de navigation, une tempête affreuse rejeta son navire vers l'Europe, et le fit échouer non loin de Flessingue, sur une terre dépendant encore, par conséquent, du royaume des Pays-Bas. Un souvenir cruel dut alors revenir à Merlin. Dans une affaire célèbre, celle des malheureux émigrés qui avaient fait naufrage non loin de Calais, Merlin avait commis la bassesse incroyable de poursuivre ces infortunés rejetés par la mer sur nos côtes, comme tombant sous le coup des lois qui défendaient aux émigrés de rentrer en France sans l'autorisation du gouvernement. Il avait à craindre, après son naufrage, d'être traité avec une rigueur semblable. Le gouvernement français demanda, en effet, de nouveau, son expulsion, mais le roi des Pays-Bas répondit par cette parole vraiment royale, et l'une des plus belles qui soient sorties de la bouche d'un prince : « La mer me l'a rendu, je le garde. » Après cette réponse noble et fière, le gouvernement français n'osa plus insister ; et quand la révolution de Juillet éclata, il suffit à Merlin de quelques jours pour rentrer en France et en revoir la capitale.

Les dernières années de Merlin s'écoulèrent silencieuses.

Les agitations de la vie publique, jointes à l'immensité des travaux du légiste, avaient usé sa puissante organisation. Il semblait absorbé par des rêveries, auxquelles peut-être se mêlaient d'amers repentirs. Ce qui porte à le penser, c'est qu'en 1810 déjà, devant l'Institut de France, qui semblait alors avoir oublié le nom de Dieu, Merlin, en recevant Lemercier, successeur du matérialiste Naigeon, s'éleva avec force contre les doctrines antireligieuses, que Naigeon avait puisées dans son commerce avec Diderot. Une intelligence aussi imprégnée que celle de Merlin des notions du Juste, ne pouvait pas, en effet, méconnaître que ces notions ne sont pas, dans notre âme, des feux allumés par le soleil des corps, qu'elles ne peuvent donc nous venir que du soleil des esprits, c'est-à-dire de l'Être infini qui donne à tous les êtres humains les idées et les sentiments nécessaires pour leur bonheur, comme il distribue leur pâture aux petits oiseaux.

En condamnant dans la vie de Merlin tout ce qui fut certainement digne de blâme, gardons-nous donc de condamner aussi sa mémoire. Si ce jurisconsulte célèbre sut, au bord de la tombe, concevoir un de ces repentirs profonds que peut, jusqu'au dernier moment, provoquer dans l'homme le plus coupable, l'Être qui est tout amour, son âme pourrait jouir à cette heure de la vision de l'Éternelle justice, que sa haute intelligence paraissait faite pour contempler.

Merlin mourut à Paris le 26 décembre 1838.

§ II. TOULLIER (1).

Toullier a été l'un des grands jurisconsultes de notre siècle, parce qu'à la science juridique il joignit des connaissances philosophiques, et un talent d'écrivain, que peu de juristes ont possédé au même degré.

(1) Voyez sur Toullier la notice publiée en tête de la sixième édition de ses œuvres, par son continuateur, M. Duvergier.

Toullier, né à Dol près de Saint-Malo, le 2 janvier 1752, eut l'heureuse chance d'étudier le droit sous un excellent maître, sous Duparc-Poullain, dont les œuvres savantes étaient grandement estimées dans toute la Bretagne. Reçu docteur en 1776, il ne tarda pas à obtenir, au concours, une place de professeur agrégé à la Faculté de droit de Rennes, et il ne profita de l'aisance que lui donna cette position, jointe à sa fortune patrimoniale, que pour étendre le cercle de ses connaissances. Sa manière de se distraire des études juridiques était de se livrer à des études philosophiques et littéraires. Il étudiait en même temps diverses langues, et profita de la connaissance parfaite qu'il avait acquise de l'anglais pour aller faire un voyage scientifique dans les Trois-Royaumes. Il s'arrêta longtemps à Oxford et à Cambridge, pour étudier sur place les méthodes d'enseignement des jurisconsultes anglais.

C'est au milieu de ces graves études, que Toullier développait son intelligence et se formait un grand caractère. Autant il était partisan d'une liberté éclairée, autant il détestait les excès de la démagogie ; et dans des circonstances pleines de périls, il montra toujours une grande âme. Son frère ayant été poursuivi par les agents du terrible comité de Salut public comme prêtre non assermenté, Toullier ne négligea rien pour le soustraire à ces poursuites, quoiqu'il fût lui-même menacé de mort par l'exécrable auteur des noyades de Nantes, le féroce Carrier. Après la révolution du 9 thermidor, Toullier remplit quelque temps les fonctions de juge au tribunal de département d'Ille-et-Vilaine, et rentra ensuite au barreau, où il défendit, avec un courage rare et qui ne se démentit jamais, quantité d'accusés poursuivis pour des causes politiques.

Lors du rétablissement des écoles de droit, le courageux avocat fut nommé, sans qu'il l'eût demandé, professeur de Code civil à la Faculté de Rennes ; et dans la séance même d'installation de cette faculté, qui eut lieu le 19 mai 1806, quoique tout déjà tremblât en France, comme dans l'Europe entière, au seul nom du vainqueur d'Austerlitz, il osa prononcer ces fières paroles, que l'histoire doit conserver, tant elles firent d'honneur à celui qui les prononça. « Pour être « véritablement grand, ce n'est pas assez d'avoir étonné « le monde par des exploits guerriers, vaincu des nations « et changé la face des empires. Les guerriers et les con- « quérants n'ont trop souvent été que le fléau du genre « humain, lorsqu'il leur a manqué les vertus nécessaires « pour faire le bonheur des hommes, et leurs noms ne sont « passés à la postérité que chargés de malédictions ; tandis « que ceux des législateurs sages et pacifiques n'ont été « répétés de siècle en siècle qu'avec attendrissement, res- « pect et vénération. La gloire solide, la seule et véritable « gloire, est de rendre les peuples heureux. » Que de vérité et de grandeur dans ces paroles ! Les prophètes ne parlaient pas autrement aux rois d'Israël et de Juda.

C'est en 1811 que Toullier commença la publication de l'ouvrage qui devait faire sa célébrité, le *Droit civil français*. Il avait alors soixante ans, et prenait la plume à un âge où la plupart des hommes qui ont mené une vie laborieuse et agitée, comme avait été la sienne, la déposent. Il ne la quitta plus durant vingt ans, publiant, à peu près chaque année, un nouveau volume. Sa manière d'écrire, correcte dès le premier jour, devint de plus en plus ferme ; et quand il avait à exposer de grandes idées, elle acquérait toute l'éloquence que comportent les œuvres juridiques.

Toullier, qui avait allié toute sa vie des convictions pro- fondément religieuses à des idées sagement libérales, finit comme il avait vécu, c'est-à-dire en chrétien. Il s'éteignit, le 22 décembre 1835, dans sa quatre-vingt-quatrième année, conservant jusqu'à son dernier souffle sa pleine intelligence, et laissant à tous les jurisconsultes de l'avenir l'exemple d'une vie sans tache et d'une fermeté d'âme peu commune.

§ III. — DE QUELQUES AUTRES JURISCONSULTES DE LA PREMIÈRE PARTIE DE CE SIÈCLE.

Nous réunissons dans ce paragraphe quelques jurisconsultes d'un renom moindre que celui de Merlin et de Toullier, mais d'un mérite cependant incontestable.

I. DELVINCOURT (Claude-Étienne), né à Reims en 1762, était agrégé à l'ancienne Faculté de droit de Paris, quand la Révolution fit fermer les écoles. Dès que l'enseignement juridique fut rétabli, il fut nommé professeur de Code civil dans la nouvelle faculté de Paris, et il en devint plus tard le doyen. Il publia, entre autres ouvrages moins connus, un *Cours de Code civil*, en trois volumes in-4°, qui ne manquait pas de valeur comme livre élémentaire. Ce ne fut d'abord, en effet, que la reproduction imprimée des cahiers que le maître avait dictés à ses élèves suivant l'usage du temps, et la brièveté était alors un des mérites de l'œuvre. Plus tard, Delvincourt se glosa lui-même, en ajoutant à son programme quantité de *Notes* et d'*Observations*, qu'il rattacha à l'ouvrage primitif par une disposition des plus incommodes, en les plaçant non pas en marge ou au bas des pages, mais dans une autre partie du volume, de telle sorte que pour aller commodément du texte aux notes, le lecteur, comme pour les livres d'église, avait besoin de signets. Cette combinaison détestable prouve que Delvincourt n'avait pas le moindre sentiment de l'art, et son style sans couleur en est une autre preuve. Ses solutions cependant sont généralement judicieuses, toujours dictées par des principes moraux, et l'auteur ne manquait pas, certainement, de science. Il est à regretter qu'après avoir amassé quantité de bons matériaux pour son Cours de droit civil, il n'eût pas su les employer, encourant ainsi la condamnation prononcée par Horace, contre tout auteur qui ne sait pas faire de son livre un tout harmonique :

Infelix operis summâ, quia ponere totum
Nesciet...

Delvincourt mourut à Paris en 1831.

II. Proud'hon (Jean-Baptiste-Victor), naquit au village de Chanans (Doubs), le 1er février 1758. Après avoir rempli de la manière la plus honorable diverses fonctions de magistrature, il fut chargé, le 22 frimaire an V, d'un cours de législation à l'École centrale du Doubs. Lors du rétablissement de l'Université, il fut nommé, le 17 janvier 1806, à la première chaire de Code civil de la Faculté de droit de Dijon, dont il devint le chef le 4 avril suivant. Proud'hon était un jurisconsulte aussi instruit, pour le moins, que Delvincourt, et il avait un bien meilleur style. Les quatre ouvrages qui ont fondé sa réputation tendaient au même but, l'explication des lois civiles, et, sous ce rapport, ils ne manquaient point d'unité ; mais les proportions en furent trop inégales.

Proud'hon publia d'abord, dès l'année 1810, sous le titre de *Cours de Droit français,* un ouvrage en deux volumes in-8°, qui ne contenait encore que l'explication du premier livre du Code civil, mais le titre annonçait que c'était le commencement d'un traité complet. Ces deux volumes contiennent une exposition succincte et très-nette du *Droit des personnes,* et l'auteur eût bien fait de continuer dans les mêmes proportions l'explication de tout le code. Mais il fit comme les voyageurs touristes, peu pressés d'arriver au but projeté du voyage, et qui s'arrêtent souvent dans un site qui leur plaît, beaucoup plus qu'ils ne l'avaient supposé d'abord.

En étudiant la matière de l'usufruit, Proud'hon s'aperçut qu'elle offrait une mine très-riche. Il voulut la traiter d'une manière complète, et il le fit avec une sorte d'amour, si bien que son traité *de l'Usufruit* prit neuf volumes, tandis que son ouvrage sur tout le livre premier du code n'en avait eu que deux. Proud'hon était libre sans doute de changer son cadre et d'en agrandir les proportions, comme un peintre de chevalet peut s'élever aux grands sujets d'histoire ; et il est vrai de dire que son vaste traité de l'Usufruit ne contient rien d'inutile en soi. Cependant il y a bien des choses qui n'y sont pas à leur jour, parce qu'il est des théories générales de droit qui se rattachent plus naturellement à une matière qu'à une autre. C'est le cas de beaucoup de celles que Proud'hon a développées dans son traité de l'Usufruit, et qu'on est surpris d'y trouver.

Les deux derniers traités publiés par l'estimable auteur, l'un sur le *Domaine de propriété,* l'autre sur le *Domaine public,* ne prêtent pas à la même critique. Ces deux ouvrages, quoique étendus, ne renferment que des questions qui se rattachent naturellement aux deux importants sujets traités par l'auteur, et ils terminèrent dignement la carrière de Proud'hon, qui mourut à Dijon, le 20 novembre 1838, entouré de la considération la plus grande et la plus méritée. Proud'hon, en effet, dans la période révolutionnaire, avait montré autant de courage que Toullier ; et l'estime que ces deux grands jurisconsultes avaient conçue l'un pour l'autre en se jugeant réciproquement par leurs actes et leurs écrits, avait fait naître entre eux, quoiqu'ils ne se fussent jamais vus, une amitié des plus vives, qu'entretenait une correspondance des plus suivies, et que la mort de Toullier, qui mourut le premier, put seule interrompre.

III. Pardessus. — La renommée de Jean-Marie Pardessus, né à Blois le 11 août 1772, se forma à peu près au même temps que celles de Toullier et de Proud'hon. Le premier ouvrage qui fit connaître au public le mérite de Pardessus comme jurisconsulte, fût un traité *des Servitudes,* qui eut tant de succès qu'il fut, en peu d'années, plusieurs fois réimprimé.

Pardessus ne tarda pas cependant à publier un autre ouvrage, bien plus important, sur une branche tout entière du droit, sur le droit commercial. Comme le Code de Commerce, promulgué en 1808, avait changé sur bien des points les dispositions des ordonnances du Commerce et de la Marine, les traités de Savary et de Valin, excellents au temps où ils parurent, n'étaient que d'un faible secours pour la solution des questions très-nombreuses, et souvent très-délicates, que faisait naître le code nouveau. L'ouvrage de Pardessus fut donc d'une très-grande utilité aux négociants qui voulaient se pénétrer de l'esprit des nouvelles lois commerciales, et aux juges, qui avaient à se guider d'après cet esprit pour trancher les litiges nombreux qu'elles faisaient naître. Aussi, le traité de Pardessus, qui n'était, dans le principe, composé que de quatre volumes, ne tarda pas à être porté à cinq, et a été réimprimé souvent.

Pardessus était de ces hommes rares qui aiment l'étude avec passion et peuvent, grâce à leurs habitudes laborieuses, faire marcher de front des travaux de nature très-différente. Il n'était pas seulement professeur à l'École de droit de Paris, il était aussi conseiller à la Cour de cassation, membre de la Chambre des députés, et s'acquittait également bien de ces trois tâches. Quand la révolution de 1830 éclata, l'attachement que conservait Pardessus pour le monarque détrôné lui fit refuser le serment à son successeur. Il abandonna sans hésiter sa chaire à l'École de droit et son siége à la Cour suprème, mais la science n'y perdit rien. Il profita des loisirs de sa vieillesse pour publier de grands travaux d'érudition, et mourut le 27 mai 1853, à l'âge de quatre-vingts ans, estimé, en France, de tous les légistes; en Europe, de tous les érudits; et, en tout pays, des hommes

qui font passer bien avant la grandeur du savoir, là délicatesse des sentiments et la droiture du cœur.

IV. BONCENNE. — Si Pardessus fut l'auteur le plus accrédité pour le droit commercial dans la période qu'embrasse
notre présent chapitre, Boncenne fut celui qui commenta
avec le plus de talent le Code de procédure. Boncenne, né à
Poitiers en 1775, devint professeur à la Faculté de droit de
sa ville natale à la suite d'un concours célèbre qui eut lieu
à Toulouse en 1822, et dont le souvenir est resté vivant dans
cette ville, tant Boncenne y montra tout à la fois de savoir
et de talents oratoires. On peut se figurer quel était l'éclat
de sa diction, puisqu'il se réflète encore dans les quatre volumes qu'il a laissés sur la Procédure. Le style de cet ouvrage
est, en effet, plus que correct, et même plus qu'élégant; il
est habituellement brillant, sans tomber cependant jamais,
ce qui est toujours à craindre pour un auteur qui travaille ce
qu'il écrit, dans l'exagération et le mauvais goût.

Il est à regretter que Boncenne n'ait pu commenter que
le tiers du Code de procédure. Le barreau, où il n'avait point
de rival, parce que son talent oratoire produisait encore plus
d'effet dans les luttes animées de la plaidoirie que dans les
calmes discussions de la chaire, devint, comme cela arrive
trop souvent, une cause de perte pour la science. L'avocat
occupé qui commence un livre n'est jamais sûr de le finir.
La science lui sourit et le sollicite, mais le client le tiraille
et le persécute, et force est pour lui de céder à l'impulsion
la plus opiniâtre. Il se dit : Je suis obligé de plaider aujour-
d'hui, mais je continuerai mon livre demain. Le lendemain
vient; un autre client, plus exigeant que celui de la veille,
frappe, dès le grand matin, à sa porte, à l'instant même où
il allait reprendre la plume, et le livre reste au même point.
Boncenne songeait peut-être à se dérober aux triomphes
éphémères du barreau pour se donner tout entier à des travaux plus durables en continuant son excellent livre, quand

une attaque d'apoplexie foudroyante vint l'enlever, le 25 février 1840, à l'estime admirative de ses concitoyens, et à
l'amour, ce n'est pas trop dire, de ses élèves, qui voulurent
absolument porter eux-mêmes, et porter seuls, les restes
vénérés de leur maître jusqu'au champ du dernier repos.
Quand la mort le frappa, Boncenne était depuis longtemps
doyen de la Faculté de droit de Poitiers, dont il a été la plus
grande illustretion.

V. Duranton (Alexandre), né à Cusset en 1783, devint
professeur à la Faculté de droit de Paris en 1820, et exécuta
ce que jusqu'à lui nul professeur n'avait encore fait. Delvincourt, avons-nous dit, avait rassemblé beaucoup de notes,
généralement exactes, sur le Code civil, c'est-à-dire de bons
matériaux ; mais il n'avait point construit d'édifice, et celui
qu'élevait Toullier devait rester inachevé. Duranton commenta le code tout entier, dans les proportions que commandait une œuvre de cette importance. Il y consacra vingt
et un volumes, qui eurent un succès mérité. Duranton, en
effet, ne manquait pas de science, et il avait l'esprit juste.
Son style, de plus, a le mérite d'être assez clair, mais il est
complétement terne. Entre le traité de Toullier, qui précéda
le sien, et les commentaires de Troplong qui le suivirent,
œuvres également remarquables par des vues élevées, des
tons chauds et des couleurs vives, l'ouvrage froid et pâle de
Duranton ressemble à une bonne grisaille, placée entre des
tableaux de maîtres. Duranton professa durant trente-six
ans à la Faculté de droit de Paris, et mourut dans cette ville
en 1866, à un âge très-avancé. *croatement (3 aus)*

VI. Marcadé. — Un juriste qui mourut, au contraire,
jeune, et qui mérite aussi cependant une mention dans notre livre, c'est Marcadé. Marcadé avait l'esprit vif, pénétrant,
et une plume bien mieux taillée que celle de Duranton. Dans
son Commentaire sur le Code civil, dont il publia les deux
premiers volumes en 1844, et cinq autres successivement

dans les dix années qui suivirent, il se fit remarquer, dès le premier jour, par une logique puissante et un style net, rapide, incisif, presque agressif vis-à-vis des auteurs dont il combattait les doctrines ; mais un peu d'âcreté et de mordant dans un écrivain est pour bien des lecteurs une qualité plutôt qu'un défaut. L'ouvrage de Marcadé obtint donc un grand succès auprès des étudiants par la vivacité juvénile de ses allures, auprès des hommes d'affaires par une grande vigueur de logique. Le jeune auteur s'occupait à la fois de la réimpression des volumes parus et de la continuation de l'ouvrage, quand la mort arrêta ses travaux le 17 août 1854. Marcadé n'avait alors que quarante-quatre ans, étant né le 28 juillet 1810. On peut juger par l'importance et le mérite des écrits qu'il avait déjà publiés, ce qu'il eût pu faire s'il avait vécu trente ans de plus, et s'il eût eu, pendant les années que la Providence lui avait mesurées, une santé vigoureuse. Marcadé, en effet, avait une complexion fort délicate, et sa fin fut probablement hâtée par ses travaux excessifs, qui ne lui avaient pas cependant procuré une position sociale en rapport avec ses grands talents, ce dont on voit facilement la raison.

Un homme d'esprit a dit que pour faire son chemin dans le monde, il faut un peu de savoir, mais beaucoup plus de savoir-faire, et plus encore de savoir-vivre. Cette maxime n'est pas proprement fausse, mais, au point de vue moral, elle est fort dangereuse, parce qu'elle est à double entente. Il y a, en effet, un savoir-faire licite et un savoir-faire déshonnête, un savoir-vivre louable et un autre qui ne l'est point. Le savoir-faire licite consiste à s'avancer, en serpentant, dans les foules, sans blesser ni heurter personne ; le savoir-vivre louable, à supporter avec patience les défauts des personnes avec qui l'on est obligé de vivre ; mais la plupart des gens n'entendent point ces deux mots ainsi. Le savoir-faire pour eux, c'est de n'être scrupuleux sur rien, quand

il s'agit de leurs intérêts, ce qui frise toujours l'indélicatesse ; le savoir-vivre, c'est de ne jamais avoir l'air d'improuver quoi que ce soit chez les personnes avec qui l'on
se trouve, ce qui ne se distingue plus de la flatterie. Le
savoir-faire est alors l'opposé du franc-agir ; le savoir-vivre,
l'opposé du franc-parler ; et, dans ce sens, Marcadé, quoique
plein de cœur autant que de science, manquait de savoir-
faire et de savoir-vivre, parce que nul homme ne mit jamais
dans ses actions et dans ses paroles plus de franchise que lui.

Marcadé avait plus qu'une conscience droite, il l'avait
timorée. Entré, en 1845, au barreau de la Cour de cassation,
il fut, un jour, si troublé d'avoir réussi dans un pourvoi, où,
d'après son jugement, il devait échouer, qu'il ne pensa plus
qu'à revendre son office. Il descendait ainsi, en droite ligne,
du grand jurisconsulte Bulgarus, dont nous avons parlé dans
le troisième livre de notre ouvrage, qui, après la mort de sa
femme, rendit la dot à son beau-père, quoique l'avis de la
plupart des docteurs fût qu'il pouvait la garder, cet avis
n'étant pas le sien.

Ces consciences timorées ne peuvent pas faire fortune dans
le monde, mais ce sont celles que Dieu préfère. Aussi, Marcadé avait-il des sentiments très-religieux, dont il consigna
l'expression dans un beau livre, publié par lui, en 1847, sous
le titre d'*Études de science religieuse*. Son but était d'y démontrer, comme Domat, que la foi religieuse est la seule base
inébranlable du droit, et que cette foi ne peut jamais être un
obstacle à ce qu'on appelle le progrès, un progrès véritable
ne pouvant être qu'un acheminement vers le beau, vers le
grand, vers le juste, vers le saint, c'est-à-dire un échelon de
plus que l'homme gravit vers le ciel.

Quand Marcadé sentit approcher sa fin, il lui restait neuf à
dix titres du Code civil à commenter, et ce fut pour lui une
consolation d'être assuré que son œuvre serait continuée et
menée à fin par un ami, dont nous n'écrivons pas le nom,

quoiqu'il soit connu en France de tous les légistes, puisque nous nous sommes fait une loi absolue de ne juger les écrits d'aucun jurisconsulte vivant.

Dans un livre où nous sommes obligé de faire un triage, non pas seulement dans la foule pressée des jurisconsultes, mais parmi les meilleurs, nous devons nous en tenir aux noms que nous avons cités dans ce paragraphe. Ce n'est pas, en effet, un simple catalogue de bons livres de droit que nous eu en vue de faire, le catalogue le mieux fait ne disant jamais rien au cœur, et ne pouvant engendrer que de l'ennui, si court qu'il soit, du dégoût, si peu qu'il s'allonge. Nous avons voulu seulement, à propos des grands jurisconsultes, donner à la jeunesse des écoles d'utiles leçons ; et pour que la vie d'un juriste de second ordre puisse en fournir, il faut qu'elle ait offert quelque trait remarquable. Or, des traits pareils sont rares, la plupart des jurisconsultes menant une existence si simple et si unie, que leurs vies, honnêtes et transparentes, ne diffèrent pas plus les unes des autres, que les eaux limpides d'un lac de celles d'un lac voisin.

Nous consacrons donc les deux derniers chapitres de notre ouvrage à quelques juristes, étrangers ou français, de ces derniers temps, qui tous ont marqué dans la science, qui presque tous furent mêlés aux grandes affaires de leur pays, et dont la vie, par conséquent, offre, au plus haut degré, le genre d'intérêt que nous recherchons.

CHAPITRE V

De quelques jurisconsultes étrangers de ce siècle : Bentham, Rossi, Savigny, Mittermayer.

Nous avons fait remarquer précédemment que jusqu'à la révolte de Luther, la plupart des ouvrages de droit roulaient sur le droit canonique de l'Église catholique, ou sur le droit romain, fondement de la législation civile de la plupart des peuples chrétiens. Ces ouvrages, publiés toujours en langue latine, avaient dans toute l'Europe la même utilité, et les grands jurisconsultes qui s'étaient occupés de l'une ou de l'autre de ces matières, pouvaient être connus facilement dans les pays étrangers. Les réputations des jurisconsultes se sont, depuis, beaucoup plus localisées, parce que chacun n'écrit plus aujourd'hui que dans sa langue maternelle, et le plus souvent sur des textes de lois qui n'intéressent que ses compatriotes. C'est pour cela que par une ignorance que nous regrettons, et que nous confessons humblement, nous avons cité, de moins en moins, en nous rapprochant de l'époque présente, des jurisconsultes étrangers. Il en est cependant quelques-uns dont la réputation, dans le cours de notre siècle, s'est propagée en France par des motifs divers, et dont les noms sont si connus et si souvent cités dans nos écoles, que nous ne saurions les passer sous silence.

Bentham, d'abord, dont la réputation avait commencé chez nous dès le siècle dernier, mais s'est fort accrue dans le nôtre, a publié sur le droit quantité d'ouvrages qui intéressent, à un degré à peu près égal, les légistes de tous les pays, vu que dans presque tous il n'a envisagé le droit qu'à un point de vue théorique.

Rossi non-seulement a traité des sujets théoriques aussi,

mais il l'a fait en langue française, et c'est à Paris qu'il professa avec le plus d'éclat.

Savigny s'est surtout occupé de droit romain, et tout ce qu'il a écrit sur ce droit nous intéresse autant que les Allemands.

Mittermayer, enfin, a, comme Bentham, étudié toujours le droit criminel, qui a fait l'occupation de toute sa vie, à un point de vue humanitaire, c'est-à-dire jamais purement local.

Ces jurisconsultes célèbres méritent donc, à tous égards, une place et une place distinguée dans notre livre, et les trois derniers ont droit aussi à toute sorte d'éloges. Nous n'en disons pas autant de Bentham, dont nous allons parler en premier lieu, vu qu'il était né longtemps avant les autres. Ses ouvrages montrent à chaque ligne un esprit supérieur ; mais, considérés dans leur ensemble, ils ont, à notre jugement, fait plus de mal que de bien. Nous dirons bientôt pourquoi.

§ I. — BENTHAM.

Nous sommes bien aise, à l'occasion de Bentham, de payer un tribut sincère d'admiration à la grande nation anglaise, dont les enfants ont peut-être le génie de l'art moins que nous, mais qui possèdent certainement autant que nous le génie scientifique, celui de la poésie et de l'éloquence, et surtout le génie du droit. Nous éprouvons les plus vives sympathies pour ce peuple, où le même homme pourra faire des libéralités de prince quand nul ne lui conteste son droit, mais n'hésitera pas à faire des sacrifices immenses plutôt que de supporter la moindre injustice. On connaît l'obstination de cet Anglais intrépide qui, plutôt que d'acquitter une taxe insignifiante qu'une compagnie anglaise lui semblait exiger à tort, demanda des consultations à tous les juriscon-

sultes des Trois-Royaumes, fit pour cela maints voyages,
imprima et distribua à profusion quantité d'écrits, parcourut
tous les degrés de juridiction, finit par saisir le Parlement,
et finalement, tout en gagnant son procès, eut dépensé en
faux frais cinq ou six mille livres sterling, pour se faire
restituer quelques pence.

Nous reconnaissons là la cause principale de la puissance
anglaise, cette persistance, comparable à celle des Romains,
que rien ne saurait lasser, qui lui a permis de fonder tant
de colonies dans toutes les parties du monde, et qui finit
par lui donner l'avantage dans la lutte gigantesque qu'elle
soutint, au commencement du siècle, contre Napoléon Ier.
Cette obstination, parfaitement louable quand elle est au
service du droit, fait de l'Angleterre un peuple de juristes.
C'est elle qui a procuré à Wilberforce une gloire plus durable et surtout plus pure que celle des conquérants.

Cet honnête homme se dit un jour que la traite des nègres
était la honte de la civilisation moderne, et qu'il fallait à
tout prix l'abolir. Une idée fixe, dans un cerveau, quand
elle est juste, c'est la goutte d'eau qui, à force de tomber,
finit par user le rocher. Wilberforce, au risque de passer
pour fou chez un peuple de marchands, pose sa thèse, en
l'année 1787, la soutient avec énergie dans la presse, sollicite des adhésions, présente sa demande à la Chambre
des Communes, où il la voit d'abord rejetée sans discussion
comme une utopie. L'année suivante, il la représente, ob-
tient quelques votes favorables ; ce nombre s'accroît d'année
en année, et Wilberforce, enfin, a le bonheur de vivre assez
longtemps pour voir la traite abolie non-seulement en Angleterre, mais dans presque tous les États civilisés du
monde. Au-dessus de cette gloire nous n'en connaissons
qu'une autre, celle du P. Claver. Wilberforce aimait les
nègres d'une manière un peu abstraite ; Claver les chérissait d'une manière concrète, ce qui était encore mieux ; l'un

plaidait leur cause et ne ménageait point pour cela sa fortune ; l'autre pansait leurs plaies les plus dégoûtantes, et, durant les épidémies les plus meurtrières, exposait à chaque instant sa vie pour eux. La philanthropie de Wilberforce a cependant produit de plus grands effets que la charité de Claver, parce qu'il attaqua le mal dans sa source, et qu'il réussit à tarir cette source infecte.

Wilberforce honorait dans les nègres toute une branche de la grande famille humaine, et le résultat auquel il parvint est véritablement admirable ; mais nous louons encore beaucoup, tout en gardant la proportion convenable dans l'éloge, lord Erskine, qui eut, le premier, l'idée de protéger les animaux contre la brutalité de l'homme, et de provoquer une loi pour faire punir quiconque les frappait sans nécessité. Cette loi est tout à fait juste, et la France a bien fait de suivre en cela l'exemple de l'Angleterre. Dieu a donné à l'homme l'empire sur les animaux pour s'en servir, et non point pour en abuser. Il lui a permis de s'en nourrir, et de les faire mourir par conséquent. Mais au moment même où il les immole par nécessité, l'homme doit les traiter comme il traite son semblable condamné à mort, à qui la la charité prescrit absolument d'épargner toutes les tortures. Faire souffrir un animal sans nécessité est une action abominable, parce que Dieu n'a créé aucun être pour la douleur ; et nous devrions nous garder avec soin d'arracher un pétale au calice d'une fleur, si nous pouvions supposer qu'une fleur pût éprouver une souffrance.

Nous citons Wilberforce et Erskine, parce qu'ils amenèrent dans le droit, le premier surtout, un progrès incontestable. Mais ce n'est pas à dire que ce fussent des jurisconsultes. Une vérité de sentiment, un mouvement du cœur, ne suffisent point pour faire un jurisconsulte, qui se reconnaît surtout à la puissance du raisonnement et à l'habileté des déductions. Un très-grand jurisconsulte, sous ce rap-

port, fut Bentham, et l'on doit vivement regretter qu'un
esprit aussi puissant que le sien ait gâté des milliers de
vérités qu'il a démontrées, en voulant, bon gré mal gré,
les rattacher toutes à un principe faux.

Jérémie Bentham est peut-être de tous les juristes du
monde, passés et présents, celui qui a le plus écrit sur les
lois. Les contemporains d'un savant jurisconsulte du seizième
siècle, de Tiraqueau, disaient de lui, parce qu'il écrivait
beaucoup et qu'il avait une femme très-féconde, qu'il mettait,
chaque année, au monde un livre et un enfant. Quoique
Bentham ait vécu quatre-vingt quinze ans, il a dépassé
Tiraqueau pour la proportion des livres. Il n'est pas à notre
connaissance qu'il ait été publié, même en Angleterre, une
édition complète de ses œuvres. S'il en existe quelqu'une,
elle doit suffire à garnir un corps de bibliothèque, Bentham
ayant composé, outre ses travaux sérieux, une multitude
d'écrits de circonstance et de pamphlets, et n'ayant jamais
cessé d'écrire depuis sa sortie de l'adolescence jusqu'à la fin
de sa vie, ou plutôt n'ayant pas cessé de dicter; car les
idées foisonnaient tellement dans la tête de Bentham qu'à
partir de son âge mûr il ne prit plus la peine d'écrire. Il
se servait de la plume d'autrui pour donner une forme arrêtée et définitive à ses pensées.

Cette fécondité extraordinaire de Bentham tenait à ce qu'il
était, par tempéramment, très-enclin à la critique, et qu'il
est aussi facile de critiquer qu'il est difficile de créer. Son
intelligence, à la fois vive et pénétrante, lui faisait voir, tout
de suite, de nombreux inconvénients dans les lois dont il
s'occupait; et il les jugeait toujours par le mauvais côté.
Une loi avait beau avoir l'approbation de tout le monde,
l'opinion commune n'était rien pour lui; et comme il criti-
quait tout systématiquement, ce n'était pas seulement un
esprit original, ce qui est une qualité précieuse, c'était un
homme à paradoxes, ce qui est un défaut grave. La différence

entre un original, comme l'Alceste de Molière, et un homme
à paradoxes, consiste, en effet, en ce que le premier s'écarte
de la manière de voir et d'agir des autres hommes, de la
meilleure foi du monde, et sans chercher à s'en distinguer;
tandis que l'homme à paradoxes vise toujours à se faire
remarquer. Le premier est toujours estimable, parce qu'il
n'obéit jamais qu'à sa conviction; le second l'est moins, parce
que la singularité n'est pas chez lui un résultat naturel, mais
un but, auquel se mêle dès lors nécessairement beaucoup
d'amour-propre et de vanité.

C'était le cas de Bentham, qui signala tout d'abord cette
fausse direction de son esprit, par des attaques violentes
contre une des illustrations juridiques les plus grandes de
l'Angleterre, contre Blackstone, qui jouit, à juste titre, chez
nos voisins, d'une célébrité égale à celle qui entoure, chez
nous, le nom de Pothier. Au dire de Bentham, connaître à
fond les lois anglaises comme Blackstone, ce n'était rien,
parce que toutes étaient à refaire. A plus forte raison esti-
mait-il que celles de tous les autres peuples étaient à refaire
aussi. Il publia ses ouvrages les plus remarquables, son
Nouveau plan de lois pénales, et sa *Législation civile et pénale*,
vers la fin du siècle dernier, en un temps, par conséquent, où
la France n'avait pas encore de code, mais Bentham offrait
de lui en faire un. Il faisait la même offre à l'Espagne, aux
États-Unis; il l'eût faite à tous les peuples du monde.

Ces prétentions de Bentham étaient bien un peu vaniteu-
ses; et pour masquer apparemment ce qu'elles avaient de
présomptueux, il entreprit de poser pour les législations de
tous les temps et de tous les pays, un principe commun,
dont il pût se proclamer l'inventeur : ce principe fut celui de
l'*Utilité*. L'idée favorite de Bentham, idée qu'on retrouve
dans tous ses ouvrages sur n'importe quelle branche du
droit, car il n'en est point sur laquelle son esprit critique
ne se soit exercé, c'est que les meilleures lois pour une

nation sont toujours celles qui sont le plus utiles à la majorité de ses membres, et que tout législateur, par conséquent,
ne doit viser qu'à procurer à ses nationaux ce *summum* d'utilité.

En un sens, cette maxime n'est pas fausse. Si l'on sort de
notre planète, si pour juger des choses on monte au ciel afin
de les voir au point de vue de Dieu, elle est parfaitement
vraie, tout ce qui est juste et beau ne pouvant manquer
d'être utile, et le *summum* de l'utilité devant se confondre
avec la justice ; mais la plupart des hommes ne vivent guère
dans ces hautes sphères. Leurs horizons sont beaucoup plus
rétrécis. Pour presque tous non-seulement la terre, mais le
moindre coin de terre vaut mieux que la plus grosse des
planètes, voire beaucoup mieux qu'un soleil, quand il n'est
pas question de celui qui fait croître et mûrir nos moissons.
Ils entendent donc l'Utile dans un sens tout à fait subjectif
et personnel. Ils n'y voient que la satisfaction du soi, du soi
corporel, ou, ce qui ne vaut pas mieux, du soi incorporel.
Ils n'y voient, autrement dit, que ce qui flatte la concupis-
cence des sens ou les mauvais penchants de l'âme. L'Utile,
pour l'homme sensuel, ce sont les mets recherchés et les
boissons enivrantes ; pour la femme mondaine, les parfums,
les dentelles, les pierreries ; pour l'avare, c'est de prêter à
gros intérêts ; pour le libertin, de se vautrer dans la luxure ;
pour l'ambitieux, de contenter son orgueil. Et les peuples ne
raisonnent pas autrement que les individus. L'Utile, pour
les Anglo-Américains, c'est de détruire sans ménagement
et sans pitié les races indigènes ; pour l'Angleterre, ce fut
longtemps de s'arroger l'empire des mers ; et c'est encore,
nous le disons à regret, puisque nous voudrions pouvoir
estimer tout à fait cette nation, c'est encore d'enrichir ses
marchands, à tout prix, et d'empoisonner, au besoin, pour
cela, par son commerce d'opium, tous les habitants du
Céleste-Empire.

On voit par là le danger du système de Bentham, qui consiste à faire pivoter toutes les lois uniquement sur l'utilité. Bentham, sans doute, n'entendait pas l'utilité dans un sens exclusif de l'idée de justice. Mais si, au lieu d'avoir en vue principalement ce qui est utile au corps, il n'avait eu en vue que ce qui est utile à l'âme, ce n'était pas la peine de se donner les airs d'un Christophe Colomb en fait de législation, et de se poser en inventeur, quand il n'inventait rien du tout. Ce n'était pas la peine de s'élever, en tâtonnant, d'une idée obscure à une idée claire, quand le sens commun dit qu'il faut d'abord s'attacher aux idées claires pour éclairer ensuite celles qui le sont moins ; qu'il faut, par conséquent, non pas monter péniblement de l'idée de l'Utile à celle du Juste, mais descendre, au contraire, aussi facilement que la pierre tombe, de l'idée du Juste à celle de l'Utile, la première étant d'une clarté parfaite, la seconde étant un appétit plutôt qu'une idée.

Le Juste et le Beau, en effet, produisent sur toutes les âmes la même impression, comme l'éclair, qui n'a pas deux aspects, comme le tonnerre, qui n'a pas deux sons. L'idée de l'Utile, au contraire, est une image chatoyante, où chacun, en choisissant son point de vue, voit toujours la couleur qui lui plaît le plus. Quand un jeune soldat pense à sa fiancée, si vous lui dites, en le chargeant d'une mission où il doit périr : Il est utile pour toi de mourir pour ton pays, il n'entendra point ce langage, et il ne bougera point. Dites-lui : Cela est beau ! Il vous comprendra parfaitement, et se jettera aussitôt, tête baissée, dans le danger. Les païens eux-mêmes, pour exciter le courage de leurs guerriers, ne manquaient pas de leur présenter la mort ainsi. Tous disaient comme Horace : *Decorum est pro patria mori !* Et, avec cette parole, ils enfantaient des héros, tandis que les calculs, plus ou moins exacts, plus ou moins compliqués, fondés sur l'utilité, ne donneront jamais que des hommes hésitants, c'est-à-dire des lâches. Aussi a-t-on remarqué partout que les admirateurs de Bentham tournent facilement au matérialisme pur, et l'épithète d'*utilitaire*, appliquée aujourd'hui à un penseur, devient une injure, comme celle de voltairien, appliquée à un écrivain.

Toutes nos critiques cependant ont pour unique but de prouver que Bentham partait d'un faux principe. Nous reconnaissons volontiers que c'était un esprit des plus pénétrants et des plus vigoureux, qui, par la vérité et la justesse de ses observations, a contribué puissamment au progrès de plusieurs branches du droit, particulièrement du droit pénal. Mais son nom serait plus honoré s'il n'avait pas été un peu trop contempteur des idées d'autrui, et idolâtre des siennes au point de vouloir devenir chef de secte. Un peu d'humilité eût ajouté à la sûreté de son jugement, et son influence sur le droit n'eût pas été mi-partie de bien et de mal. Il eût pu alors être loué sans restriction, comme les autres grands jurisconsultes dont nous allons parler dans la suite de ce chapitre.

La vie de Bentham fut, avons-nous dit, presque séculaire. Il était né à Londres en 1747, et mourut le 6 juin 1832.

§ II. — ROSSI (1).

Rossi eut l'Italie pour berceau, mais la France fut sa patrie d'adoption. On pourrait donc le classer aussi bien parmi les jurisconsultes français que parmi les juristes italiens. Les grands penseurs, du reste, comme les grands poètes, n'appartiennent pas à un coin de terre, mais au monde entier, dont ils sont à la fois la lumière et l'honneur.

_____

(1) Voir sur la vie et les travaux de Rossi la notice de M. Mignet, dans le *Recueil de l'Académie des sciences morales et politiques*, t. XVI, p. 335.

Pellegrino Rossi naquit à Carrare, dans le duché de Modène, le 3 juillet 1787, et la dernière partie de sa vie semble indiquer qu'il dut recevoir une éducation chrétienne. Il fit ses études classiques dans la petite ville de Correggio, patrie du Corrége. A quinze ans, il alla commencer l'étude du droit à l'Université de Pise, où Romagnosi professa le droit criminel bientôt après. Ce professeur illustre l'enseignait alors avec éclat dans une université voisine, celle de Parme; et sa réputation, déjà grande, put contribuer à diriger les études du jeune Rossi, principalement vers le droit pénal, dont il devait, dans son âge mûr, si bien poser les principes.

Bologne, cependant, avec son cortége imposant, et six fois séculaire, de docteurs illustres, devait exercer sur Rossi, dont l'âme était sensible à toutes les grandes choses, une attraction puissante, à laquelle il céda. Il alla terminer ses études juridiques dans cette ville savante, et y fut reçu docteur à l'âge de dix-neuf ans.

Napoléon Bonaparte s'était présenté à l'Italie comme un libérateur, et comme le représentant des idées qui avaient amené la Révolution française. Rossi qui, dans le vainqueur de Marengo, ne voyait encore qu'un grand capitaine, dont l'épée glorieuse semblait être au service du droit, conçut pour lui une admiration des plus vives, mais qui dut s'amoindrir quand il vit le vainqueur d'Austerlitz, devenu empereur, aspirer visiblement à la domination universelle. Quand, quatre ans plus tard, Napoléon Ier, contre toutes les règles du droit des gens, s'empara des États de l'Église, on vit même Rossi quitter un poste de secrétaire, qu'il avait au parquet de la cour de Bologne, pour entrer au barreau, où il obtint de grands succès.

La chute de Napoléon eut cependant un résultat qui affligea Rossi. Elle ramena en Italie, avec la restauration de petits princes, des dominations trop souvent tyranniques, que Rossi ne pouvait pas aimer. Aussi, quand après le retour de

Napoléon de l'île d'Elbe, Murat essaya, de son côté, de ressaisir le sceptre du royaume des Deux-Siciles, que les revers de Napoléon lui avaient fait perdre, Rossi accepta de ce roi-soldat des fonctions administratives d'une haute importance, dans la haute Italie. Mais la nouvelle royauté de Murat fut encore plus courte que le second empire de Napoléon Ier ; elle ne dura pas même cent jours. Rentré à Naples le 16 mars 1844, Murat quittait, le 20 mai suivant, cette capitale, et ne fut rejeté par la mer sur le sol napolitain, que pour être condamné par une commission militaire et recevoir la mort de la main de soldats qui l'acclamaient, avec enthousiasme, quelques jours avant.

Tous les hommes qui avaient servi Murat durent alors quitter précipitamment l'Italie, où leurs jours n'étaient plus en sûreté. Rossi, qui n'avait encore que vingt-sept ans, se réfugia à Genève. Cette ville, voisine de l'Italie, où Rossi espérait apparemment rentrer bientôt, mais française par les mœurs et par le langage, devait plaire, aux deux titres, au jeune exilé. Sans cesser d'aimer sa patrie native, il sentait déjà certainement dans son cœur de vives sympathies pour la France, qui devait être sa patrie d'adoption vingt ans plus tard. Dans l'intervalle, par une destinée singulière, Rossi devait acquérir aussi la nationalité suisse et devenir un des hommes les plus influents de la Confédération Helvétique.

À son arrivée à Genève, Rossi, qui avait peu de fortune, dut chercher des ressources dans son savoir. Comme à Genève on parle français et que Rossi voulait y donner des leçons, il s'appliqua, durant quatre ou cinq ans, à l'étude de notre langue, et le fit avec un tel succès, qu'il obtint des magistrats de Genève une chaire de droit romain, que Burlamaqui avait occupée longtemps dans le siècle dernier. Quelque temps après il professa, avec plus de succès encore, le droit pénal.

Flattés de posséder un homme d'une si haute capacité, les

Genevois, après lui avoir accordé le droit de bourgeoisie, le nommèrent presque aussitôt membre du conseil représentatif de leur canton. La sagesse des vues politiques de Rossi y fut si appréciée par ses collègues et ses commettants, que quand la Suisse, en 1832, eut reconnu la nécessité de réviser le pacte fédéral, Rossi fut chargé de représenter Genève à la diète constituante. Son rôle devint alors si grand et si beau, qu'il offrit quelque ressemblance avec celui qui a rendu si cher aux Suisses le nom de Nicolas de Flue. On sait qu'au temps où vécut ce saint homme, les Suisses, après la bataille de Morat, eurent, pour le partage des dépouilles de Charles le Téméraire, des discussions si violentes, qu'un combat terrible s'engageait déjà entre eux, quand Nicolas, au péril de sa vie, s'interposant entre les combattants, fit tant par ses cris et ses adjurations, qu'il arrêta le combat et parvint si bien à ramener la concorde, qu'une journée, qui n'annonçait que le carnage, finit dans la joie des festins et l'ivresse des embrassements.

La situation de la Suisse, quand Rossi fut nommé à la diète constituante, était plus difficile encore, parce que les causes de dissentiment étaient plus nombreuses. Les cantons étaient profondément divisés, d'abord par la diversité de leurs gouvernements, dont les uns étaient des aristocraties oppressives, d'autres des démocraties turbulentes ; puis, par la différence de religion entre les cantons catholiques et les cantons protestants. Rossi, à force d'habileté et d'éloquence, était parvenu à faire adopter par la diète un pacte, qu'il croyait de nature à effacer toutes les causes de division (1) ; mais le jurisconsulte fut moins heureux que le saint : plusieurs cantons refusèrent d'adhérer aux décisions de la diète, ce qui amena plus tard la guerre du Sonderbund.

(1) La fin de l'allocution de Rossi aux représentants réunis de tous les cantons, a un cachet d'éloquence antique. « Au nom de la

Cet insuccès affecta péniblement Rossi. Pour se distraire
de ses ennuis, il accepta une mission diplomatique du gouvernement helvétique auprès du gouvernement français.

La réputation de Rossi était déjà grande en France ; c'est
chez nous, en effet, qu'il avait publié, en 1828, son *Traité de
droit pénal*, c'est-à-dire son principal titre de gloire aux
yeux des jurisconsultes. Cet ouvrage avait, par la sagesse
des vues de l'auteur, frappé l'attention des hommes distingués qui s'occupèrent peu de temps après, en France, de
corriger, par une loi nouvelle, les vices de notre Code
pénal de 1810, dont plusieurs dispositions étaient beaucoup
trop rigoureuses, pour ne pas dire inhumaines. La loi du
28 avril 1832, élaborée par eux, ne fut, sur bien des points,
qu'un reflet des idées de l'exilé italien.

Il se rencontra, quand le gouvernement helvétique envoya Rossi en France, que le ministère des affaires étrangères était confié au duc de Broglie, l'un des auteurs de la
loi de 1832, et celui de l'instruction publique, à M. Guizot,
auquel Rossi n'était pas non plus inconnu. L'un et l'autre
essayèrent, quand Rossi eut rempli sa mission diplomatique,
de le retenir en France, et ils eurent le bonheur de réussir.
Rossi, dès qu'il eut été naturalisé, fut chargé d'enseigner
l'économie politique au Collége de France, et le droit cons-

---

patrie, leur dit Rossi, pour quelques dissentiments partiels, ou pour
de vaines querelles de formes, ne refusez pas de transiger avec vos
frères. Vous, que l'esprit du temps anime de tout son feu, modérez
votre ardeur. Vous, qui obéissez encore à l'esprit de vos pères, et
que d'antiques traditions paraissent enchaîner, levez-vous et con-
sentez à marcher. Voulez-vous que l'étranger, en jetant sur nous un
regard dédaigneux, s'écrie : Les Suisses, les uns vieux et incorri-
gibles, les autres, enfants indisciplinés, peuvent tout bouleverser,
ils sont impuissants à réédifier. Suisses des vingt-deux cantons, que
voulez-vous ? De l'union ou du schisme, de l'honneur ou de la honte,
le respect de l'Europe ou ses dédains ? Choisissez. Que Dieu, que la
patrie, que l'honneur national vous inspirent ! »

titutionnel à la Faculté de droit de Paris, où une chaire fut
créée exprès pour lui. Ces deux enseignements furent aussi
brillants l'un que l'autre.

La plupart des hommes qui réussissent dans l'enseignement public le doivent à cette qualité physique de l'orateur,
qu'on nomme l'action. Un auditoire est toujours favorable-
ment disposé pour un orateur dont le geste est noble et la
figure expressive, et toujours charmé d'entendre un homme
dont la parole ressemble au son d'une lyre, même quand
cet homme ne dit que des riens. Mais ce n'est pas à ces
prestiges physiques que Rossi dut ses succès. Un professeur, cloué à sa chaire, est privé d'abord de la liberté du
geste ; Rossi, ensuite, avait le regard fin, mais le visage
froid, et quoiqu'il connût à fond la langue française, il n'en
put jamais acquérir l'accent net et perlé. Le sien, fortement
italien, devait, à cause apparemment de la conformation de
ses organes, paraître confus aux Italiens mêmes. Aussi
chaque fois que Rossi commençait une leçon, il semblait
bégayer ; mais ses idées, toujours parfaitement coordonnées
comme une armée rangée en bataille, étaient présentées
avec tant de suite et une si douce lumière, que l'esprit des
auditeurs, à la fois éclairé et charmé, leur faisait complétement oublier ce que l'accent du professeur avait de dur
pour des oreilles françaises. Ses cours, toujours traînants
au début, s'animaient et s'échauffaient si bien par degrés,
qu'ils se terminaient le plus souvent par des applaudissements réitérés, qui ressemblaient à des ovations. L'enthousiasme était le même à la faculté de droit de Paris, où Rossi,
professant le droit constitutionnel, n'avait pour auditeurs
que des jeunes gens, et au collége de France, où il exposait les grandes théories de l'économie politique devant des
hommes de tout âge, qui redevenaient jeunes pour l'applaudir. C'est dans ce dernier enseignement surtout que
Rossi rendit de grands services à la jeunesse française, tra-

vaillée dès-lors par des sophistes du socialisme, en traçant d'une manière exacte les limites de l'économie politique et du droit.

Au commencement de notre siècle, beaucoup d'écrivains, voués à l'étude de l'économie politique, s'étaient exagéré son importance. On eût dit, à les entendre, que les hommes n'avaient ici-bas d'autre chose à faire qu'à tourmenter la terre pour en obtenir le plus de produits possibles, et à fatiguer les mers et les fleuves pour transporter ces produits d'un bout du monde à l'autre, afin d'augmenter les jouissances sensuelles de quelques favoris de la fortune, assez riches pour les payer.

La plupart des économistes français et anglais avaient adopté les idées de Bentham, que nous réfutions tout à l'heure, et ils entendaient le principe de l'utilité dans le sens tout à fait matériel, c'est-à-dire dans son sens abject. L'économie politique ainsi enseignée aurait eu pour conséquence finale de détruire la morale et d'anéantir le droit. On avait déjà vu les conséquences déplorables de ces idées fausses. On avait vu les grands propriétaires irlandais, dans le but de tirer plus de profits de leurs terres, démolir les cabanes de leurs malheureux tenanciers, et transformer toutes les terres arables en terres fourragères, pour avoir plus de revenu net en réduisant les frais d'exploitation presque à rien. On voyait aussi les grands industriels de tous les pays, pour ne pas laisser chômer un seul instant, le capital considérable engagé dans leurs usines, et produire aux moindres frais possibles, violer les lois les plus saintes, profaner les jours du Seigneur, et épuiser par des travaux excessifs de jour et de nuit non pas seulement des hommes faits, mais de pauvres enfants, dont ils supprimaient les jeux et voulaient taxer les minutes où ils pourraient prier Dieu!

Rossi, et ce fut le plus grand honneur de son enseigne-

ment, avait horreur de ces monstruosités économiques, qu'il
combattit toujours vigoureusement dans ses leçons. Il reconnaissait bien que certaines lois, très-certaines, mises
en lumière par les économistes, faisaient voir avec évidence
qu'il fallait corriger, sur bien des points, les lois civiles
admises dans la plupart des États ; mais il traçait en même
temps à l'économie politique le cercle dont elle ne doit
jamais sortir (1). Quand la conscience des jurisconsultes de
tous les pays a reconnu, depuis des siècles, qu'une règle
est l'expression indubitable de la justice, les économistes
n'ont qu'à suivre avec respect le principe proclamé par ces
grandes lumières du genre humain. C'est seulement dans
les matières que la notion du Juste éclaire à peine, et où
la conscience ne commande aucune solution, que l'économie
politique peut fournir des indications précieuses, dont il faut
alors savoir profiter.

Rossi avait montré déjà ses aptitudes diplomatiques dans
la mission dont le gouvernement helvétique l'avait chargé
auprès du gouvernement français. Il avait, en effet, toutes
les qualités morales et physiques du diplomate. A la netteté
des idées et à la sûreté des impressions intérieures, il joignait un regard profond et un visage impassible, qui lui
faisaient pénétrer facilement les sentiments d'un interlo-
cuteur, si double qu'il fût, sans laisser jamais percer les
siens, quand il avait besoin de les cacher. Le gouvernement
de Louis-Philippe fit donc choix de lui pour une mission
des plus délicates, que Rossi eût dû cependant refuser, parce
qu'il est difficile de croire qu'une âme aussi éclairée que
la sienne pût la trouver conforme aux principes immuables
de la justice. La vie calme du jurisconsulte avait été, chez
Rossi, mêlée déjà deux fois aux affaires publiques, en Italie
d'abord, puis en Suisse ; elle allait s'y mêler maintenant

(1) Voyez notamment la seconde leçon de son Cours.

bien davantage, et se rattacher à l'histoire générale de la chrétienté. Disons à quelle occasion la vie de Rossi entra dans ce grand cadre.

Depuis que l'ordre des Jésuites fut fondé, ses membres ont toujours été l'épouvantail des hommes que des préjugés malheureux ou des passions mauvaises éloignent des pratiques religieuses. Comme c'est le mieux discipliné des ordres religieux, tous les esprits rebelles, qui veulent résister sur n'importe quel point aux lois inflexibles de l'Église, s'irritent d'abord contre lui, parce qu'ils sentent là un obstacle impossible à vaincre pour tout ce qui n'est pas orthodoxe. Le nombre de ces hommes irréligieux ou trompés était fort grand sous Louis-Philippe, et ils renouvelèrent, avec plus d'éclat qu'ils ne l'avaient fait sous Charles X, leurs attaques violentes contre les disciples de saint Ignace. A les entendre, ces religieux allaient étouffer chez nous toutes les idées libérales, et faire reculer l'humanité de dix siècles. Il fallait donc se hâter de les expulser.

Les ministres de Louis-Philippe n'ayant pas le courage de résister à ce mauvais courant d'opinion, voulurent tenter une démarche qui, au dix-huitième siècle, avait réussi, auprès de Clément XIV, aux ministres coalisés de plusieurs États catholiques. Ils résolurent de demander, sous un prétexte de paix publique, la suppression des Jésuites à Grégoire XVI. Sentant que pour une mission aussi délicate ils avaient besoin d'un homme d'une grande habileté, ils choisirent Rossi, qui, aux précieuses qualités diplomatiques que nous avons relevées, joignait une connaissance parfaite de l'italien, sa langue maternelle, langue aussi fine et aussi nuancée que la nôtre, et qu'il est toujours fort utile de posséder quand on a des affaires à traiter en cour de Rome.

Rossi qui, comme toutes les âmes bien nées, n'avait jamais cessé d'aimer son pays natal, accepta avec empressemet la mission qu'on lui offrait. La Providence avait dirigé

tout cela pour dessiller ses yeux à l'endroit des vérités religieuses, qui, jusque-là, n'avaient pas encore suffisamment
frappé son intelligence. Il arriva à Rome avec les préventions qu'ont ordinairement les gens du monde, qui repro-
chent aux ministres de la cour romaine ce qu'ils appellent
leur astuce. Mais sitôt que Rossi eut vu Grégoire XVI, et les
membres du Sacré-Collège qui étaient le plus avant dans
sa confiance, ses préventions furent dissipées. Il ne rencontra, sans doute, parmi eux, que des hommes d'une finesse
extrême, mais de cette finesse que recommande la Sainte-
Écriture elle-même, quand elle dit qu'il faut unir la prudence du serpent à la simplicité de la colombe, et qui consiste à ne jamais tromper qui que ce soit, mais à tâcher
aussi de n'être jamais trompé par personne.

Rossi ne tarda pas à voir que sa mission auprès de Grégoire XVI devait échouer complétement; mais, sur ces en-
trefaites, Grégoire XVI étant mort, Rossi, dont le gouvernement français avait rehaussé encore la position à Rome en
le nommant ambassadeur, conseilla, dit M. Mignet, à tous
les cardinaux sur lesquels il pouvait se croire de l'influence,
de donner leurs voix au jeune cardinal Mastaï. Si le fait est
exact, Rossi donna là une preuve remarquable de la manière
sûre dont il jugeait les hommes.

Ce qui est certain, c'est que Rossi témoigna pour le nouveau pape, dès le jour de son élection, la plus vive admiration, et Pie IX conçut, de son côté, pour Rossi une haute
estime.

L'enthousiasme que causa à tous les catholiques du monde
l'avènement de Pie IX, proclamé après quelques jours seulement de conclave, fut, l'univers entier s'en souvient,
immense autant que subit. Il fut si grand en Italie que les
ennemis mêmes de la religion et de la papauté, jugeant impossible d'en arrêter l'explosion, cherchèrent à en tirer avantage, et à étouffer le jeune pape sous des montagnes de

fleurs. Ils parlaient sans cesse des vertus de Pie IX, qu'ils se plaisaient à désigner sous le nom de Régénérateur de l'Italie, et dont ils louaient surtout l'amour pour ce qu'ils appelaient dès lors la grande patrie italienne. La vérité est que Pie IX eût mieux aimé que l'Italie fût affranchie de la domination de l'Autriche, que de l'y voir soumise ; mais ce n'est pas lui qui, pour hâter la réalisation de ce désir, eût pu faire la moindre brèche aux principes sacrés et inviolables du droit des gens. Dans ses propres États, Pie IX voulait aussi accorder à ses sujets toute la somme de liberté qu'il jugeait compatible avec l'ordre, et c'est ce qu'il fit dans un statut célèbre, du 14 mars 1846, qui accordait aux sujets des États pontificaux plus de liberté qu'ils n'en avaient jamais eue ; mais Pie IX proclamait, dans le même statut, que les droits et les libertés du Saint-Siége ne souffriraient aucune diminution, et il maintint expressément toutes les mesures de discipline ecclésiastique nécessaires pour prémunir les âmes contre les mauvaises doctrines. C'étaient précisément ces mesures que le grand chef des démagogues italiens, Mazzini, et ses adeptes, avaient en horreur. Dès qu'ils virent que Pie IX ne dépasserait jamais les concessions que son cœur l'avait porté à faire à son peuple, ils ne dissimulèrent plus leurs mécontentements. Leurs attaques contre le pape, qui devenaient chaque jour plus audacieuses et plus perfides, annonçaient une catastrophe prochaine. Les événements qui survinrent en France en déterminèrent l'explosion.

Le 24 février 1848, le trône de Louis-Philippe s'écroulait. Rossi, privé par suite de cet événement, non-seulement de son ambassade, mais encore de toutes les dignités que le gouvernement de Louis-Philippe avait en peu d'années accumulées sur sa tête, resta naturellement à Rome, puisque aucun devoir ne lui imposait de rentrer en France. Sa position diplomatique brisée ne fit qu'inspirer au Pape plus de bienveillance pour lui. La secousse que la chute de Louis-Philippe

avait causée à toute l'Europe en prouvant la puissance des
idées démagogiques, avait été si grande, que les révolutionnaires italiens jugèrent à propos d'en profiter pour imiter
ceux de France. Ils avaient déjà imposé à Pie IX un ministère dont presque tous les membres professaient leurs doctrines. Rossi entra dans ce cabinet, mais avec l'assentiment
du Pape, qui n'avait de confiance qu'en lui. Pie IX avait
accordé précédemment à ses sujets une assemblée élective,
qui devait concourir avec lui à la confection des lois ; mais
les révolutionnaires comprenaient qu'ils n'atteindraient jamais leur but, s'ils ne pouvaient pas faire des lois à leur
fantaisie, sans le concours du Pape. Ils annoncèrent donc
hautement que la Chambre des députés devrait s'ériger en
assemblée *Constituante*, ce qui voulait dire en assemblée
qui aurait tous les pouvoirs et pourrait détrôner le Pape à
son gré.

Rossi s'opposait de toutes ses forces à la réalisation de ce
projet sacrilége. Les séides de Mazzini, accourus à Rome de
tous les points de l'Italie à l'appel de leur chef, le surent
bientôt, parce qu'il ne s'en cachait point ; et sentant qu'ils
trouveraient chez lui une résistance invincible, dans leurs
conciliabules secrets ils décrétèrent sa mort.....

L'ouverture du Parlement était fixée au 15 novembre 1849.
Avant ce jour fatal, Rossi, qui devait ouvrir la session au
nom du Pape, fut averti jusqu'à trois fois, par des personnes
qui lui étaient dévouées, du péril qu'il courait. Comme autrefois César se rendant au sénat aux ides de mars, il reçut,
sans le moindre trouble, ces avertissements réitérés, décla-
rant qu'il voulait tout braver. Au moment même où il quittait le Saint-Père pour se rendre à la Chambre, un prêtre,
l'arrêtant pour la quatrième fois, lui affirme qu'il va être
égorgé. « Frappé de son insistance, dit M. Mignet, Rossi
« s'arrête un instant, réfléchit en silence, puis il continue sa
« marche en disant : La cause du Pape est la cause de Dieu ;

« Dieu m'aidera. — Et il se rend où le devoir de sa situation
« l'appelle, où la grandeur de son courage le conduit. »

Laissons parler maintenant l'historien italien Margotti (1) :
« Dès que Rossi est au bas de l'escalier pontifical, une voi-
« ture, traînée par deux chevaux fougueux, traverse rapide-
« ment les rues de Rome ; sur son passage, la foule qui
« remplit les rues s'ouvre menaçante et sombre ; elle laisse
« avancer la voiture, et se referme aussitôt derrière elle.
« Cette voiture se rendait au palais de la Chancellerie, siége
« du parlement, et portait Rossi, qui devait prononcer le dis-
« cours d'ouverture. Toutes les rues, sur le parcours, étaient
« remplies d'une foule compacte qui se rangeait des deux
« côtés pour livrer passage à Rossi ; la foule était encore
« plus massée devant le vestibule du palais. Rossi mettait
« pied à terre et allait gravir les degrés, quand il se voit
« enfermé dans un groupe qui se resserre autour de lui, et
« une main le retient violemment par derrière. Rossi, tour-
« nant la tête, jette un regard dédaigneux sur l'homme qui
« l'importunait ainsi. En cet instant, la lame d'un poignard
« vient s'enfoncer dans la partie de la gorge que Rossi lais-
« sait à découvert. La carotide était coupée : Rossi s'affaisse
« dans une mare de sang, et le groupe qui l'avait entouré se
« dissipe aussitôt et se perd dans le reste de la foule... »

Les députés romains, quelle honte ! restèrent muets à la
vue de ce crime abominable, et n'osèrent pas même manifester hautement leur indignation contre les misérables qui
venaient de commettre ce lâche assassinat. La populace,
encouragée par tant de bassesse, osa alors, dans la soirée,
parcourir le Corso avec des flambeaux, vociférant des chants
en l'honneur des meurtriers ; et, poussant l'infamie jusqu'au
bout, elle alla insulter par ses cris, jusque sous leurs croisées,
la veuve et les fils du malheureux Rossi. Quelques scélérats

(1) *Victoires de l'Église,* deuxième période, ch. Ier.

voulaient même aller s'emparer de son cadavre, dans l'église de Saint-Laurent *in Damaso*, où il avait été déposé, pour le traîner dans les rues de Rome. Mais Dieu ne permit pas cette dernière profanation, les portes de l'église ayant été solidement fermées par les gardiens, qui refusèrent courageusement de les ouvrir.

C'est dans un caveau de cette église que reposent les restes de Rossi, sous un monument de marbre, qui porte cette belle inscription : *Bonam causam tuendam suscepi, miserebitur Deus.* « J'ai voulu défendre une bonne cause, Dieu aura pitié de moi. » Dieu, en effet, a toujours pitié des hommes qui soutiennent les causes justes, et en quel lieu du monde Rossi aurait-il pu en défendre une plus juste et plus sainte !

§ III. — SAVIGNY.

Il est des noms heureux qui caressent les lèvres, et qui réveillent dans notre âme, sitôt que nous les entendons, les plus agréables sentiments. Le nom de Savigny est de ceux-là. Quand on le prononce, il ajoute au plaisir de l'oreille le charme du cœur. Savigny a été le Cujas de notre siècle. Si sa science, quoique très-vaste, fut moindre cependant que celle du jurisconsulte toulousain, il l'emporta de beaucoup sur lui par la dignité du caractère. Cujas était fort goûté de ses élèves pour son savoir, Savigny était chéri des siens pour sa droiture et son aménité. Son visage, à travers les malheurs qui désolèrent l'Allemagne dans les premières années de ce siècle, dut, sans doute, perdre souvent le sourire, mais il ne perdit jamais la sérénité. Rappelons, en courant, les faits principaux de sa belle vie de quatre-vingt-deux ans.

Frédéric-Charles de Savigny, naquit à Francfort-sur-le-Mein, le 21 février 1779, d'une famille originairement fran-

çaise, qui était allée s'établir en Allemagne au commencement du dix-septième siècle. L'éducation de Savigny fut
française aussi. Sa mère lui enseignait notre langue en
lui faisant apprendre, le jour, les tragédies de Racine, en lui
faisant lire, le soir, les *Veillées du château de Mme de Genlis,*
ouvrage qui venait de paraître en France, et que son second
titre, *Cours de morale à l'usage des enfants,* avait signalé à
la sollicitude maternelle de Mme de Savigny. Dans cette
instruction de ses plus jeunes années, puisée dans des
auteurs de sexe différent, Savigny commençait à acquérir,
sans s'en douter, l'énergie d'un sexe et la douceur de l'autre.
L'énergie morale lui devint nécessaire bientôt. Il eut le
malheur de perdre son père à douze ans, et sa mère bien-
aimée, à treize. Toutes les bonnes semences, par bonheur,
avaient eu déjà le temps de germer dans son âme ; et sous la
tutelle d'un ami de son père, elles ne tardèrent pas à faire
l'admiration de toutes les personnes qui l'approchaient.

Savigny n'avait que seize ans quand il commença à étudier
le droit à l'université de Marbourg ; il passa, peu de temps
après, à celle de Gottingue, pour revenir ensuite à Marbourg,
où il prit le grade de docteur à vingt et un ans, et se livra
aussitôt à l'enseignement comme *Privat docent.* C'est le nom
par lequel on désigne, en Allemagne, les docteurs qui distri-
buent dans les universités un enseignement libre, et qui ne
concourent pas à la collation des grades. Savigny commença
dès ce moment une vie de triomphes continuels, tant il sut
communiquer à la jeunesse des écoles les sentiments d'amour
dont il était pénétré pour elle. A dater de ce jour, une couronne brillante de disciples passionnés ne le quitta plus. Les
fils et les petits-fils devaient éprouver successivement dans
ses cours le même enthousiasme que leurs pères et leurs aïeux.

Pour imaginer quelque chose de plus doux et de plus beau
que l'entourage de Savigny, il faut se représenter Raphaël
se rendant au Vatican, entouré d'élèves épris d'amour pour

lui, au point de préférer sa compagnie aux plaisirs qui enivrent le plus la jeunesse.

Comment Savigny n'eût-il pas inspiré de tels sentiments à ses élèves, quand il était pénétré jusqu'au fond de l'âme de l'importance de la mission du professeur ! Écoutons ce qu'il en dit dans un de ses écrits pour montrer que la lecture des meilleurs ouvrages ne peut jamais, pour la jeunesse, remplacer l'enseignement oral qu'elle reçoit dans les universités : « Pour ses élèves, le professeur doit personnifier la science. Ses connaissances acquises longuement et avec effort, il doit les transmettre d'une manière aussi vivante que si la science se révélait soudainement à lui. En faisant assister ses élèves à l'enfantement de sa pensée, il éveille en eux la même puissance créatrice. Alors ce n'est pas seulement un enseignement qu'ils reçoivent, mais un travail qui s'accomplit sous leurs yeux, et auquel ils s'unissent sans s'en apercevoir. L'influence de l'enseignement oral peut s'exercer sans doute sur des auditeurs de tout âge ; mais la recevoir à notre entrée dans la carrière de la science avec toute la fraîcheur de la jeunesse, et doublée par l'émotion sympathique produite dans un nombreux auditoire, voilà ce qui recommande les universités, et ce que rien ne saurait suppléer (1). »

On comprend, en lisant cet éloge éloquent de l'enseignement public, ce que devait éprouver Savigny quand il abordait sa chaire, et ce que devaient aussi sentir ses élèves, en écoutant une parole toujours claire autant que savante, sortant de la bouche d'un professeur en qui tout parlait, les traits et le geste comme les lèvres ; car Savigny parlait toujours avec émotion, et son beau visage ajoutait à la majesté de son langage.

(1) Nous empruntons la traduction de Guenoux dans sa notice sur Savigny, placée en tête de l'*Histoire du droit romain au moyen âge*.

Savigny n'avait que vingt-quatre ans quand il commença à se faire connaître à l'Europe savante par son *Traité de la possession*, qu'il publia en 1803, et où il sut, au printemps de la vie, signaler dans les écrits des jurisconsultes romains sur une matière difficile, des nuances qui avaient échappé aux Cujas et aux Donneau.

Le succès de ce livre préparait, en encourageant le jeune auteur, celui de l'ouvrage capital que Savigny projetait dès cette époque, et qui restera son principal titre de gloire pour la postérité. En étudiant, à la loupe, les textes des jurisconsultes romains, quand il composait son traité de la Possession, il dut s'éprendre d'une admiration sans bornes pour ces hommes d'une acuité d'esprit incomparable, qui avaient su, dans leurs écrits, fixer presque toujours d'une manière parfaitement exacte le point où le droit finit et où l'injustice commence. Il dut se dire qu'il était impossible que ce droit si beau eût été plus maltraité dans le moyen âge, que les chefs-d'œuvre littéraires de l'antiquité païenne ; que les membres du clergé, qui avaient gardé soigneusement les chefs-d'œuvre classiques dans les bibliothèques des évêchés et des monastères, avaient dû conserver, avec bien plus de vigilance encore, les monuments écrits, et la pratique d'un droit qui, sur bien des points, avait atteint la perfection de la justice idéale. Il crut, autrement dit, contre l'opinion admise généralement avant lui, que le droit romain n'avait jamais cessé d'être en vigueur dans toutes les parties de l'Europe, où il avait été introduit par les armes romaines. Pénétré de cette pensée, il entreprit de réunir tous les documents historiques qui pouvaient venir à l'appui de son opinion, et il consacra cinq ans à visiter les plus riches bibliothèques d'Allemagne, de France et d'Italie. La moisson fut plus abondante qu'il n'avait osé l'espérer. Après ces cinq années de patientes recherches, Savigny revint en Allemagne, chargé d'une montagne de preuves. Tous les matériaux de sa belle *Histoire du droit romain au moyen âge* étaient réunis; mais la nécessité de les classer, les travaux de l'enseignement qu'il reprit en 1807, et les douloureuses épreuves qu'eut alors à traverser l'Allemagne retardèrent de plusieurs années la publication de l'ouvrage. Le premier volume ne parut qu'en 1815; et quoique l'ouvrage dût en avoir six, ce seul volume suffit pour arracher, par l'immensité des recherches dont on y trouvait les preuves à chaque ligne, des cris d'admiration à tout le monde savant (1).

Les épreuves terribles que l'Allemagne eut à subir après que Napoléon Ier eut vaincu l'Autriche à Austerlitz, et qui s'aggravèrent encore quand il eut écrasé la Prusse à Iéna, le monde entier les connaît. L'Allemagne était plus que vaincue par le Corse de génie, elle était terrassée. Mais ce que jamais conquérant n'a pu vaincre, c'est l'énergie des grandes âmes. L'Allemagne eut alors pour son bonheur des poètes, qui, comme Tyrtée, ranimèrent le courage dans les cœurs les plus lâches, et des jurisconsultes, qui relevèrent, par l'enseignement des principes impérissables du droit, les âmes les plus abattues.

Savigny était à la tête de cette glorieuse phalange de légistes patriotes. Au lendemain d'Iéna, il accepta la première place de l'enseignement à l'université de Landshut. Cette petite ville de Bavière, occupée par les Français, vit accourir aussitôt dans son sein l'élite de la jeunesse allemande. Rien n'est plus propre que le malheur à faire sentir les grandes choses. En entendant Savigny, sous la gueule des canons français, exposer avec calme, mais sans crainte comme sans jactance, les principes éternels du droit, qu'aucune épée ne renversa jamais, la jeunesse allemande se sentait prise pour son professeur d'une admiration qui allait

(1) Le dernier volume ne parut qu'en 1831.

jusqu'à la frénésie. La parole puissante de Savigny, partie du pied des monts du Tyrol, retentissait, d'échos en échos, jusqu'à la Baltique. Le roi de Prusse souhaita naturellement avoir près de lui un homme dont l'autorité sur la jeunesse tenait du prestige, et il s'empressa d'offrir à Savigny une place à l'université de Berlin, qu'il venait de fonder. Il mit dans ses offres tant d'insistance que Savigny ne put refuser.

Mais quelle fut alors la consternation des étudiants de Bavière et des contrées circonvoisines, à qui la modicité de leur fortune ne laissait pas l'espoir de pouvoir suivre Savigny à Berlin! On ne saurait l'exprimer. Mme d'Arnim, dans sa correspondance avec Goëthe, a raconté les scènes touchantes qu'amena la séparation des élèves et du maître. Tout ce qu'on peut imaginer de témoignages de respect, de reconnaissance et d'affection naïve, de cris du cœur, de larmes et de sanglots, s'y trouve décrit avec une vérité saisissante, et nous sommes surpris qu'aucune de ces scènes n'ait tenté le pinceau d'un peintre. Notre siècle a pu en voir de plus brillantes, mais de plus attendrissantes, nous ne le croyons pas.

Arrivé à Berlin, Savigny reprit ses brillants enseignements, qu'il ne quitta plus, même quand il s'occupait, avec Eichorn, lors de la guerre de l'Indépendance, de l'organisation de la landwer et du landsturm de Berlin. Quoique à ses travaux de professeur fussent venues se joindre de hautes fonctions judiciaires, non-seulement Savigny suffisait à tout, mais il trouvait encore du temps pour composer une foule de travaux remarquables sur divers sujets, que les revues savantes de l'Allemagne se disputaient. Quoique son histoire du droit romain au moyen âge suffît pour illustrer à jamais son nom, il conçut alors le dessein de composer un ouvrage plus vaste encore, ayant pour titre : *Système du droit romain actuel,* où, à l'exemple du président Favre et de Pérézius, il voulait réunir et condenser tout ce que les écrits des jurisconsultes romains contenaient de principes de droit, encore applicables aux diverses contrées de l'Allemagne.

Savigny travaillait à cette grande composition, quand une dignité des plus hautes vint le chercher. Il fut nommé, en 1842, ministre d'État et de Justice du royaume de Prusse, et il conserva ce poste éminent jusqu'aux événements politiques qui agitèrent la Prusse en 1848, à la suite de notre révolution de février, dont ils furent le contre-coup. Savigny quitta alors son ministère malgré l'insistance que mettait le roi de Prusse à le retenir (1), ce qui fit le plus grand honneur à son caractère, quoique sa retraite fût motivée par des appréciations politiques que nous ne saurions partager.

Savigny s'était appliqué avec tant d'amour à étudier le passé, qu'il finit par ne plus voir dans le droit qu'une alluvion admirable de sagesse humaine, amenée naturellement par le cours des siècles, dont il fallait se garder de troubler les couches, avec autant de soin qu'on évite de fouiller et de mettre à nu les fondements d'un temple. Il n'attribuait donc, dans les progrès du droit, qu'une part très-faible à l'initiative hardie d'un législateur, et il devint, en Allemagne, le chef de ce qu'on appela l'école historique, parce que les jurisconsultes de cette école attachaient tous une présomption presque infaillible de justice à tout ce qui était ancien. Un droit meilleur, suivant eux, ne pouvait jaillir jamais, d'un seul jet, du cerveau d'un homme voyant les choses de plus haut que les autres : il ne pouvait se former que par la coutume, c'est-à-dire par l'assentiment universel des habitants d'une contrée ou des sujets d'un État, assentiment se produisant d'une manière instinctive et se développant insensi-

(1) Le roi Frédéric-Guillaume IV, forcé de se séparer de Savigny, lui écrivit cette lettre affectueuse : « Mon très-cher Savigny, votre demande de démission me déchire le cœur, mais je ne puis que l'accepter, car vous avez eu raison d'agir ainsi. Que Dieu vous récompense de votre fidélité et de vos efforts ! »

blement à la manière des chênes, dont les sujets les plus
vigoureux comptent par siècles le développement, jamais
interrompu, de leur croissance. La codification même de lois
anciennes leur semblait une imprudence et un danger, parce
qu'elle pouvait contrarier cette croissance latente et changer
le cours naturel des choses.

Savigny, chef de cette école, se défendait, il est vrai, de
bannir complétement de l'étude du droit les spéculations
philosophiques, si chères aux grands esprits ; mais le soin
même qu'il prenait de le répéter très-souvent, prouvait que
c'était bien sa tendance, et, suivant nous, il y cédait beaucoup trop.

Une comparaison fera saisir notre pensée, et ce que nous
trouvons d'excessif dans celle de Savigny. Nous reconnaissons qu'un des grands malheurs de notre temps, c'est que
bien peu d'hommes admirent le moyen âge comme il mérite
de l'être, mais ce n'est pas à dire que tout y fût bon, que
tout y fût beau. Nous confessons, par exemple, de tout cœur,
qu'après les œuvres de Dieu, il n'est rien de plus magnifique
au monde que les cathédrales gothiques. Nous éprouverions
pour un artiste qui aimerait mieux les monuments de l'antiquité païenne, même les chefs-d'œuvre de l'art grec, autant
de compassion que pour un musicien qui préférerait à la
musique grandiose et mystique de Beethoven de petits airs
d'opérette. L'art grec, c'était le goût exquis du Beau, mais
dans le fini; du Beau, dans un cercle dont l'œil humain
pouvait, sans effort, suivre les contours. L'art chrétien
qui construisit les cathédrales du moyen âge, c'était l'amour
du Beau s'élevant jusqu'à l'Infini, et ne se heurtant plus
contre aucune ligne de circonférence. Mais auprès de ces
monuments incomparables de l'architecture chrétienne, que
vit-on cependant durant bien des siècles? Des édifices sans
aucun style, parfois même de véritables masures, qui
s'étaient attachées à leurs flancs augustes, comme les lima-

ces se collent aux plus belles plantes, qu'elles salissent de leur bave. Quelle que fût l'antiquité de ces édifices parasites, notre siècle a bien fait, par respect même pour le Beau, d'en poursuivre partout la destruction.

Il doit en être de même du droit. Téméraire et criminel est tout homme qui ose en contester les premières assises, posées par la haute raison de jurisconsultes païens, consolidées par la raison plus haute encore des plus grands juristes chrétiens ; mais ce n'est pas à dire que le monument admirable, que ces patriarches de la science nous ont transmis, ait atteint toute la perfection qu'il peut recevoir. Suivant nous, il en est encore bien loin ; et la mission de chaque génération chrétienne sera précisément, jusqu'à la fin des temps, d'en élever de plus en plus les colonnes ou d'en mieux polir les détails.

Savigny n'était pas assez pénétré de cette vérité. Il voyait le passé trop en beau. Il était trop enclin à transporter dans l'ordre politique ce qui n'est vrai que dans l'ordre théologique, c'est-à-dire à regarder toute idée nouvelle comme une erreur. Il ne fut cependant que louable de s'être retiré des affaires publiques en 1848, quand les idées libérales prirent le dessus en Prusse, puisque le premier devoir d'un honnête homme est d'agir d'après ses convictions. Il reprit alors son grand ouvrage sur le droit romain ; et, après en avoir publié huit volumes, comme il s'aperçut qu'il l'avait conçu sur un plan beaucoup trop vaste, il détacha, dans les dernières années de sa vie, de son plan général, le sujet le plus important, celui des Obligations, afin de le traiter à fond. Il publia sur ce sujet, en 1853, deux volumes remarquables, que deux autres devaient suivre encore. C'était le chant du cygne.

Le 31 octobre 1860, Savigny, devenu plus qu'octogénaire, célébra à Berlin le soixantième anniversaire de son doctorat. Un de ses fils, ambassadeur à Dresde, avait convoqué à

cette fête des représentants de toutes les universités et
hautes cours de justice d'Allemagne, qui s'y rendirent avec
empressement. Plusieurs maisons royales ou princières tinrent à honneur de s'y faire représenter aussi. Ce fut une fête
de conjouissance universelle, qui devait être suivie bientôt
d'une pompe d'un genre tout différent, mais que sa tristesse
ne fit que rendre plus auguste.

Savigny mourut le 25 octobre 1861. Il semble que la Providence avait fixé sa mort à cette date, pour que l'Allemagne
entière pût être représentée à ses funérailles. Guillaume Ier,
qui avait succédé à son frère sur le trône de Prusse, le 2 janvier 1861, avait retardé jusqu'au 18 octobre son couronnement, qui eut lieu avec une pompe extraordinaire. Tout ce
que l'Allemagne comptait d'hommes considérables s'y était
rendu. Les fêtes qu'on célébra à Berlin à cette occasion
finissaient à peine, quand Savigny s'éteignit chargé d'ans et
de dignités, et le front ceint d'une auréole de gloire. La
plupart des personnages qui avaient assisté au couronnement du monarque assistèrent aussi aux obsèques du jurisconsulte, à la suite de leur souverain. Guillaume Ier voulut,
en effet, conduire en personne, un deuil qu'il considérait,
avec raison, comme un deuil national. Il avait compris
qu'on ne saurait jamais honorer assez la mémoire d'un
homme, quand il a contribué par l'éclat de son savoir et
l'exemple de ses vertus, à l'illustration et au bonheur de
son pays.

Il semble aussi que le ciel, en faisant mourir Savigny à
cette date, lui fit une grâce insigne. Savigny avait deux
patries. Celle de son père et de ses ascendants les plus proches, c'était l'Allemagne ; celle de ses ancêtres reculés,
c'était la France. Il les avait aimées toutes deux dès son
plus jeune âge, alors que sa mère lui parlait indifféremment,
pour former son esprit et son cœur, la langue allemande et
la langue française ; et son amour pour la France s'était

singulièrement accru, au commencement du siècle, quand il passa à Paris deux ans entiers pour fouiller tous les trésors de notre bibliothèque nationale, dont les manuscrits précieux, à peine montrés aux grands de la terre, restaient toujours ouverts pour lui. Aussi, quand Napoléon Ier traversa, comme un météore sanglant, les horizons effrayés de l'Allemagne, Savigny, tout en détestant le despote, ne rendait pas la France responsable de l'ambition effrénée de son chef.

Combien donc, s'il eût vécu neuf ans de plus, sa douleur eût été grande, en voyant la Prusse commettre envers la France des excès plus odieux encore que ceux dont Napoléon Ier s'était rendu coupable envers l'Allemagne ; en voyant notre nation si hospitalière, frappée sans merci et rançonnée sans pitié, parce que son chef avait eu la folie d'engager, pour un intérêt de famille et de vanité, une lutte inégale, pour laquelle rien n'était prêt, et où sa défaite était certaine ! Comme Savigny eût gémi de voir ses compatriotes abuser de la victoire au point d'arracher à la France des provinces entières, dont les habitants ne demandaient qu'à mourir plutôt que de cesser d'être Français !

Heureux Savigny, le ciel te fut donc propice, en t'épargnant deux douleurs aussi cruelles que de voir la patrie de tes ancêtres vaincue et piétinée, et la tienne propre déshonorée par sa victoire ! Mais si tu t'endormis paisiblement dans la mort, sans que ton âme pût être troublée par la prévision de pareilles horreurs, n'eût-il pas mieux valu cependant pour l'Allemagne que tu eusses vécu, pour lui apprendre et pour apprendre au souverain qui avait eu l'habileté de l'ameuter contre nous, les égards qui sont toujours dus au malheur ! Ce n'est pas toi qui aurais conseillé au roi Guillaume de se faire couronner empereur, pour humilier la France, dans le palais même où tout rappelle le souvenir de notre plus grand roi. Tu lui aurais dit que le sort des

batailles permet au vainqueur heureux d'attacher son ennemi vaincu à son char de triomphe, mais qu'on ne triomphe
pas des morts! que s'il voulait replacer sur sa tête la couronne de l'empire d'Allemagne, c'était à Aix-la-Chapelle, à
Mayence, à Francfort, ou en tout autre lieu illustré par des
noms germaniques, qu'il devait la prendre; jamais à Versailles, où sa seule présence était une profanation à une
mémoire si grande de toutes sortes de gloires, que la sienne,
auprès, ne pourra jamais paraître aux âges futurs, que bien
petite; et peut-être tes conseils loyaux auraient-ils été
écoutés.

La Providence ne permit pas que tu pusses les donner.
Elle voulait que la France fût châtiée pour les iniquités de
ses princes, et pour les impiétés d'un trop grand nombre
de ses enfants. Elle voulait qu'elle fût d'abord déchirée par
l'ennemi du dehors; puis, et plus cruellement encore, par
des monstres sortis de son sein, qui ne connaissaient aucune
patrie. Puissent ces terribles châtiments la faire venir à
résipiscence, lui faire renier les impiétés qui, depuis plus
de cent ans, ont fait son malheur; et lui faire reprendre les
sentiments qui, durant quatorze siècles, firent sa gloire! Et
si le Roi du ciel, ô Savigny, t'a inspiré, à ton heure dernière,
ces sentiments de foi pure et d'amour parfait qui ouvrent
infailliblement les demeures célestes, prie ce Monarque tout-
puissant qu'il en soit ainsi! Prie-le pour que la France, que
tu aimais tant, se relève de ses ruines, pour qu'elle rede-
vienne la reine des nations, non point par la puissance toujours fragile du glaive, mais par la puissance invincible de
l'amour, d'un amour qui n'excepte, dans son expansion,
aucun être de l'humanité, et ne connaît pas plus de limites
dans le temps qu'il n'en connaît dans l'espace !!!

§ IV. — MITTERMAYER.

Après la belle et noble figure de Savigny, nous ne voyons pas que l'Allemagne en ait offert aux jurisconsultes de notre âge de plus respectable que celle de Mittermayer.

Charles-Joseph-Antoine Mittermayer vint au monde huit ans après Savigny. Il naquit à Munich, le 5 août 1787, et montra de bonne heure un goût marqué pour les études juridiques. En 1809, il obtint le grade de docteur en droit, et professa, presque aussitôt après, à l'Université d'Insprüch, d'où il passa à celle de Landshut, que Savigny venait de quitter. En 1819, il fut nommé à l'université de Bonn, et ne fit qu'y passer pour aller occuper, à Heidelberg, une chaire où il a professé près de cinquante ans.

On peut dire que Mittermayer avait la passion du droit, et en particulier du droit criminel, à l'étude duquel il consacra la plus grande partie de sa longue vie. Pour améliorer en Allemagne les deux branches importantes de ce droit, le droit pénal proprement dit et l'instruction criminelle, Mittermayer fit ce qu'avait fait Savigny pour préparer les matériaux de son Histoire du droit romain au moyen âge. Il voulut voir, de ses propres yeux, fonctionner le droit criminel des nations où la culture de ce droit était réputée le plus avancée. Il alla successivement en Italie, en France et en Angleterre, ne quittant chacune de ces contrées qu'après avoir fréquemment assisté à des débats judiciaires, pour s'assurer si le mode d'instruction suivi protégeait assez l'innocence, et après avoir visité avec une attention scrupuleuse leurs prisons principales, afin de voir comment les peines y étaient appliquées, et les résultats plus ou moins heureux qu'amenait leur application. Cette manière de procéder était excellente. Les grands jurisconsultes, en effet, sont toujours à la poursuite d'une justice meilleure que celle qu'ils voient pratiquer

autour d'eux, comme l'artiste court toujours après un idéal
de beauté, qu'il n'atteint jamais. Mais cette tendance, très-
bonne comme stimulant, a l'inconvénient de pousser à l'utopie, et le meilleur remède contre l'utopie c'est de ne pas s'en
tenir à des abstractions, et de voir la réalité des choses.
Telle loi qui théoriquement semble bonne, peut, dans la
pratique, montrer des inconvénients et des défauts qu'un
théoricien n'eût pas soupçonnés ; comme, à l'inverse, une
pratique éclairée corrige souvent les effets d'une loi en apparence détestable. C'est dans ses voyages multipliés, et dans
une correspondance suivie avec les criminalistes les plus
distingués de l'Europe et de l'Amérique, que Mittermayer
acquit une rectitude d'esprit et une sagesse de vues qui le
rendirent l'oracle du droit pénal dans toute l'Allemagne, et
qui donnèrent une immense autorité à ses écrits dans tous
les autres pays.

Ce jurisconsulte recommandable célébra, en 1859, à Heidelberg, le jubilé du cinquantième anniversaire de son professorat. Cette fête savante attira à Heidelberg autant de
juristes distingués qu'on en vit à Berlin, deux ans après,
quand les admirateurs de Savigny y célébrèrent une fête
semblable. Mittermayer vécut encore huit ans après ce jubilé
glorieux. Il mourut à Heidelberg le 29 août 1867, à l'âge de
quatre-vingts ans, regretté d'une foule de personnes de tous
pays qui l'avaient connu dans ses voyages, et d'un nombre
plus considérable encore de savants, qui, à la lecture de
ses écrits, avaient conçu les sympathies les plus vives pour
ce modèle des philanthropes. Qui pourrait, en effet, mieux
mériter ce nom que Mittermayer, dont la vie tout entière fut
employée à rechercher les lois qui pouvaient le mieux protéger l'innocence poursuivie, et diminuer le plus, par la juste
mesure des peines, les douleurs que, pour son propre bien,
tout homme criminel doit subir !

Il ne nous reste plus, pour accomplir notre tâche, qu'à

parler de quelques jurisconsultes français notables, morts dans ces derniers temps.

CHAPITRE VI

De quelques jurisconsultes français morts dans ces derniers temps : Laferrière, Dalloz, Dupin, Troplong.

§ Ier. — LAFERRIÈRE.

Laferrière mérite une place dans notre galerie de jurisconsultes, pour deux bons ouvrages sur l'histoire du droit français, dont l'un seulement fut beaucoup trop court, et l'autre, quoique inachevé, commençait à pécher par des longueurs.

Louis-Firmin-Julien Laferrière naquit à Jonzac (Charente), le 5 novembre 1798. Il se fit connaître honorablement, comme avocat, à la cour de Bordeaux; mais la trempe de son esprit l'appelait plutôt aux études scientifiques qu'aux luttes du barreau. Quand il commença à prendre goût à la science, la plupart des légistes français étaient encore pleins d'admiration pour le Code civil et les autres codes de l'Empire; il leur semblait que toute la science juridique était là, que c'était la Loi et les Prophètes. Laferrière, qui avait commencé à regarder par delà le Code civil, dans la profondeur des siècles écoulés, ne partagea pas cet engouement. Il comprit que les œuvres divines ont seules un caractère de pérennité, et que les œuvres humaines ont, au contraire, une nature perpétuellement mouvante, comme les vagues de la mer. Il comprit qu'il en est de l'humanité, en général, comme de l'homme en particulier; que pour être sûre d'atteindre le bien, elle doit toujours viser au mieux; mais que le mieux très-souvent consiste à revenir au passé, quand l'expérience prouve qu'on s'était trompé de route en s'en écartant.

C'est dans cet esprit, que Laferrière composa une *Histoire du droit français*, en deux volumes, qu'il publia en 1837. Ce livre eut un succès immense, et il le méritait. C'était pour les admirateurs exclusifs du Code civil une sorte de révélation : ils n'avaient vu jusque-là dans la science du droit, que le soleil qui éclairait leur horizon, nous voulons dire la législation contemporaine, et Laferrière leur faisait voir dans la nuit splendide du passé une multitudes d'étoiles. Il leur montrait que les auteurs du Code civil, quoique ce fussent des hommes distingués, avaient des ancêtres bien plus grands qu'eux, et que la meilleure manière d'honorer les pères n'est pas d'oublier les aïeux. Seulement, il ne donna pas à cette partie de son livre, qui était de beaucoup la plus intéressante, l'étendue convenable : il la resserra tout entière dans le premier volume, et consacra tout le second à l'histoire du droit français, depuis la révolution de 1789 jusqu'au temps où il écrivait. Il cédait ainsi lui-même au préjugé qu'il voulait combattre, puisqu'il semblait croire que les évolutions du droit depuis 1789 jusqu'à l'année 1837, date de son livre, présentaient dans cette courte période de moins de cinquante ans, autant d'intérêt et d'importance que celles qu'il avait subies dans les quatorze siècles antérieurs, pour ne pas remonter plus haut que l'origine de la monarchie française. C'était se tromper un peu trop dans les proportions de l'ouvrage.

Quoi qu'il en soit, l'Histoire du droit français de Laferrière, quoique beaucoup trop courte, fit sensation, et prouva que l'auteur était parfaitement digne d'enseigner une science dont il connaissait, mieux que la plupart de ses contemporains, les origines et les péripéties. Laferrière fut alors nommé professeur à l'école de droit de Rennes ; il devint plus tard inspecteur général de toutes celles de France ; puis enfin membre de l'Institut, dans la section des sciences morales et politiques. C'est là qu'était véritablement sa place, parce que ce sont les hommes les plus instruits qui sentent le mieux combien il est doux et commode d'acquérir de la science sans aucune peine, rien qu'en regardant autour de soi et en écoutant.

Laferrière avait d'ailleurs besoin de loisirs pour l'œuvre importante dont il s'occupait, et de documents aussi, qu'il ne pouvait trouver en grande abondance que dans les bibliothèques de Paris. En poussant ses recherches plus avant qu'il ne l'avait fait d'abord, Laferrière avait vu combien son Histoire du droit français était maigre, et il résolut de la refondre dans un moule plus grand. Il crut nécessaire de s'enfoncer, pour cela, dans les ténèbres du passé le plus lointain. Il voulut tout d'abord remonter jusqu'au droit le plus ancien de Rome, qui devait, après huit siècles d'élaboration, devenir celui de la Gaule, quand elle eut été définitivement soumise à l'Empire romain. Il voulut étudier ensuite ce qu'avaient pu mêler à ce droit les mœurs et les institutions des Celtes, et plus tard celles des Germains. Ce n'étaient encore là que des prolégomènes, après lesquels l'auteur dut rechercher l'origine des institutions féodales, pour aborder, après, les coutumes, une par une. Cette partie du plan de l'auteur est achevée. Mais Laferrière devait passer de là aux édits de tous les rois de France, à la jurisprudence de tous les Parlements, sans oublier la doctrine de tous les auteurs français les plus autorisés dans toutes les branches du droit, droit public, droit administratif, droit civil, droit commercial, droit pénal, droit fiscal. Cette fois, le cadre de l'œuvre, au lieu d'être trop étroit, devenait si vaste, qu'un seul homme était hors d'état de le remplir.

Laferrière avait à peine commencé cette partie de son plan, quand la mort interrompit ses savants travaux : il mourut le 14 février 1861, n'ayant dépassé soixante ans qu'à peine ; mais il aurait atteint les années de Nestor, qu'il n'eût pas eu le temps d'achever son œuvre, tant les matériaux pour les temps modernes, qu'il n'avait pas abordés encore, allaient encombrer sa route. Il avait tracé, dans l'ordre intellectuel, non pas un cercle, mais un angle, dont les côtés prolongés allaient sans cesse s'élargissant, sans qu'il sût trouver une troisième ligne pour les arrêter.

Cette erreur, dont Savigny, comme nous l'avons vu, ne sut pas non plus se préserver, est fréquente chez les hommes d'un grand talent, et on le comprend très-bien, parce que plus on est instruit, plus on est sujet à la commettre. Les érudits excellent à faire des mémoires, parce qu'un mémoire exige, pour être bon, que l'auteur ait étudié tout avec soin et n'ait rien négligé. Pour faire un livre, au contraire, il faut savoir passer bien des choses : il faut, sans doute, toujours avoir vu ce dont on parle, mais il faut l'avoir vu à vol d'oiseau ; tout homme qui prend la loupe pour faire un livre est perdu, il se noiera dans les détails. Or la loupe est l'instrument indispensable de l'érudit, comme le télescospe est celui de l'astronome. Un érudit veut voir par lui-même non pas seulement tout ce qui est, mais encore tout ce qui a été. Il a beau être pressé, il s'arrêtera devant un débris terreux d'une coquille de limaçon qu'il rencontre sur son chemin, pour voir si ce n'est pas un coquillage fossile. A plus forte raison, ramasse-t-il chaque galet dont il remarque les bords amincis, pour vérifier si ce n'est pas une hache de l'âge de pierre. Tout marbre fruste l'attire et le fait rêver. Les vieux manuscrits l'attirent encore davantage ; s'il les lit passablement, il ne goûte que du plaisir ; mais s'il ne peut pas les déchiffrer, c'est de la joie, il croit avoir alors un trésor dans ses mains. Et pendant qu'il passe ses jours et ses nuits à essayer de lire un palimpseste ou à rétablir une inscription tumulaire aux trois quarts effacée, le temps, que rien n'arrête, poursuit sa course échevelée ; il vole et vole encore, sans que le savant, tout absorbé par ses études, ait conscience de la rapidité de son vol, et traîne un jour, à sa suite, la mort, qui arrête le pauvre érudit à mi-chemin d'une œuvre sur laquelle il avait fondé une espérance de gloire! Tel fut le sort de Laferrière ; tel sera toujours celui d'un auteur qui boit avec trop de délices à la coupe enivrante de l'érudition.

§ II. — DALLOZ.

La date de la mort, qui fixe naturellement la place d'un homme dans une galerie historique, nous amène maintenant à parler d'un jurisconsulte d'un grand renom, dont les travaux, dans notre plan, devaient nous servir à payer un juste tribut d'hommage et de reconnaissance à tout un monde de juristes habiles, qu'il ne nous était possible de mentionner que d'une manière générale. Dans un livre destiné à faire ressortir le mérite des plus grands jurisconsultes, nous n'avions pas à signaler la part considérable qu'ont eue les compagnies judiciaires aux progrès du droit, les individus disparaissant dans les actes émanés d'une compagnie entière.

Si nous avions entendu étendre nos courtes esquisses jusqu'aux arrêtistes, les proportions de notre livre eussent, pour le moins, doublé. C'est à ses parlements, en effet, que notre ancienne France fut redevable des modifications utiles qu'y subirent le droit coutumier dans le Nord, le droit romain dans le Midi. Quand on dit qu'avant la révolution française les contrées du midi de la France étaient régies par le droit romain, on se sert d'une locution peu exacte. Chacune était régie par la jurisprudence du parlement dans le ressort duquel elle se trouvait, jurisprudence dont le droit romain faisait sans doute le fond, mais avec quantité de modifications que les cours judiciaires avaient introduites en bien des matières, et souvent en sens différents. Les parlements de Toulouse, de Bordeaux, d'Aix et de Grenoble

avaient chacun leur jurisprudence propre, et leurs arrêts
étaient, pour tous les praticiens de leur ressort, des guides
obligés, dont ils ne pouvaient s'écarter sans compromettre
les intérêts de leurs clients.

Aussi, chaque parlement, surtout après la découverte de
l'imprimerie, qui donna tant de facilité pour la diffusion des
livres, eut-il de nombreux arrêtistes. Le parlement de Toulouse eut ses Larocheflavin, ses Mainard, ses d'Olive, ses
Cambolas, ses Catelan ; celui de Bordeaux, ses Boyer et ses
Lapeirère ; celui de Grenoble, ses Guy-Pape, ses Basset,
ses Expilly ; celui d'Aix, ses Duvair, ses Boniface, ses Gri-
maldi.

Il en fut de même pour les pays coutumiers. Les collecteurs d'arrêts du parlement de Paris peuvent à peine se
compter. Les plus notables, après Papon, furent Louet et
son continuateur Brodeau, auxquels un vers de Boileau a
assuré l'immortalité ; puis, le Prestre, Soëfve, Bardet,
Rousseau de Lacombe, Augeard.

Le parlement de Bretagne eut beaucoup d'arrêtistes aussi,
notamment Lesrat, Sebast, Paul de Volant, Noël du Fail,
Poullain du Parc ; celui de Dijon eut Bouvot et Perrier ;
celui de Rouen, Froland ; et nous ne comptons pas, dans ces
listes, les collections d'arrêts fort nombreuses, publiées sans
nom d'auteur.

Ces recueils se continuèrent pour les divers parlements
jusqu'à la révolution française, qui brisa les grandes compagnies judiciaires, dont ils enregistraient toutes les décisions importantes. Mais, à la place de ces cours souveraines,
l'Assemblée constituante créa une compagnie judiciaire dont
les attributions furent plus importantes encore que celles des
parlements, puisque son autorité ne devait plus s'arrêter aux
limites d'une province, et qu'elle devait s'étendre à la France
tout entière ; ce fut la juridiction suprême appelée d'abord
Tribunal, et, plus tard, Cour de Cassation. Les décisions de

cette juridiction eurent une importance que les arrêts des parlements, même de ceux dont le ressort était le plus vaste, n'avaient jamais eue, et il était absolument indispensable de les recueillir avec le plus grand soin. C'étaient désormais les lumières qui devaient dissiper toutes les obscurités des lois anciennes qu'on voulait conserver, et des lois nouvelles qu'on voulait faire. Ce fut un secrétaire de Merlin, Sirey, qui commença cette importante tâche; un greffier de la Cour de cassation, Denevers, ne tarda pas à l'imiter; et un troisième recueil suivit bientôt les deux premiers, ce fut le *Journal du Palais*. Ces trois recueils n'ont plus cessé, depuis, de jouir d'un très-grand crédit auprès des légistes, surtout quand leur cadre élargi permit d'ajouter aux arrêts de la cour suprême les décisions les plus importantes des autres cours.

Ces recueils nouveaux ressemblèrent d'abord tout à fait à ceux qui se publiaient avant la Révolution, en ce sens, qu'ils étaient consacrés uniquement à la jurisprudence. La doctrine n'y avait d'autre part que les annotations ajoutées par les arrêtistes, annotations presque toujours très-utiles, mais dont l'intérêt ne pouvait, cependant, jamais dépasser celui de la question de droit qui les avait provoquées. La science du droit marchait alors sur deux chars parallèles : d'un côté, les traités des jurisconsultes, œuvres d'un seul homme : de l'autre, les recueils d'arrêts, expression de la sagesse d'une compagnie entière. Ces deux chars, cependant, se heurtaient assez souvent, et un jurisconsulte d'un grand mérite, Dalloz aîné, né le 12 août 1795, eut, à trente ans, l'heureuse idée de les attacher l'un à l'autre pour rendre les chocs plus rares. Dalloz réalisa parfaitement son idée dans un premier recueil, en douze volumes in-4°, publiés, de 1825 à 1831, [sous le titre de *Jurisprudence générale*. Le grand succès de cette importante publication décida le jeune auteur à étendre son cadre primitif, à faire entrer notamment dans son travail

nouveau tout ce qui se rattachait au droit public, à la philosophie du droit et à son histoire, matières du plus grand
intérêt, qui, dans la Jurisprudence générale, étaient à peine
ébauchées. Dalloz commença, dès lors, une des collections
les plus vastes qui aient jamais été publiées sur la science
du droit, sous le titre, mérité, de *Répertoire de législation, de
doctrine et de jurisprudence en matière de droit civil, commercial, criminel, administratif, de droit des gens et de droit
public,* c'est-à-dire plus brièvement, sur tout le droit. Une
telle œuvre demandait bien des années pour être menée à
fin. Commencée en 1846, elle n'a pu être achevée qu'en 1870,
et la vie de Dalloz ne s'est pas prolongée jusqu'à la fin de
l'œuvre qui porte son nom, puisqu'il mourut à Paris le 12 janvier 1869.

Pour une œuvre aussi vaste, Dalloz dut s'aider d'un grand
nombre de collaborateurs. Le plus actif fut son frère Armand,
homme aussi laborieux qu'il soit possible de l'être, et qui joignait une modestie extrême à un esprit vif et pénétrant.
Beaucoup de jeunes légistes de talent secondaient à leur tour
les deux frères. Mais on sait bien qu'il est des tâches qui ne
peuvent jamais être exécutées par un seul homme. On sait
bien que l'architecte d'un grand édifice ne peut pas, comme
le maçon qui construit une masure, tailler lui-même la pierre
ou la brique et préparer le ciment. Il suffit cependant, pour
que l'architecte puisse inscrire légitimement son nom sur la
façade de l'édifice, qu'il en ait dessiné le plan et dirigé l'exécution. Il en fut ainsi du grand répertoire dont nous parlons.
Dalloz aîné en fut l'architecte, ses collaborateurs furent les
ouvriers ; et comme à un grand savoir Dalloz joignait une
extrême obligeance et une parfaite aménité, il méritait, à
tous égards, le monument touchant que lui ont élevé récemment les habitants de Septmoncel, petit bourg du Jura, aux
aspects alpestres, où il était né. Ils ont placé son buste en
bronze au-dessus d'une belle fontaine en marbre blanc, où

tout le village va puiser ses eaux, pour l'avoir sans cesse sous leurs yeux, et pour en tirer honneur, comme des soldats s'honorent d'un drapeau qui leur rappelle des victoires. De pareils monuments durent ordinairement plus longtemps que les statues d'airain ou de marbre érigés aux souverains. Aux jours de grands orages politiques, nulle main ne vient défendre ce qu'éleva la flatterie, tandis que les habitants d'une contrée qui a élevé un monument de reconnaissance et d'estime à l'un de ses fils qui l'a honorée, veillent à sa conservation comme une mère à celle de son enfant.

§ III. — DUPIN.

La célébrité de Dupin avait commencé plus tôt que celle de Rossi et de Dalloz, parce qu'il les avait précédés l'un et l'autre de plusieurs années dans la carrière de la vie. Dupin naquit à Varzy (Nièvre), le 1ᵉʳ février 1783, et se fit remarquer de très-bonne heure par la vivacité de son esprit. Sa vie publique offrit successivement trois aspects. Il fut d'abord avocat. Il présida ensuite, et par deux fois, des débats législatifs : à la Chambre des députés d'abord, sous Louis-Philippe ; à l'Assemblée législative ensuite, après la révolution de 1848. Il fut enfin deux fois procureur général à la Cour de cassation.

Comme notre livre n'a d'autre but que de faire connaître à la jeunesse les grands jurisconsultes, nous ne dirons qu'un mot de Dupin comme avocat et homme politique, pour apprécier plus à notre aise ensuite le légiste et le magistrat.

Comme avocat, Dupin était depuis longtemps à la tête du barreau de Paris avant la révolution de 1830, et c'est aux approches de ce grand événement, que dans une affaire de presse, où il défendait le *Journal des Débats,* il termina sa plaidoirie par ces paroles remarquables, qui parurent avoir été prophétiques quand la révolution eut éclaté : « Malheureuse France ! Malheureux roi ! »

Comme président de la Chambre des députés sous Louis-Philippe, et de l'Assemblée législative de 1848, Dupin montra une grande habileté et une rare présence d'esprit dans la direction des discussions. Un mot, un seul mot, qu'il lançait à propos, tantôt écartait de la tribune un discoureur décontenancé, que personne ne se souciait d'entendre, tantôt terminait un débat qui semblait ne pas devoir finir, ou apaisait un orage.

Mais dans Dupin, comme nous l'avons dit, ce n'est que le juriste d'abord, et puis le magistrat, que nous devons apprécier, et les éloges devront ici être accompagnés de quelques restrictions.

Une grande facilité de parole chez Dupin, et des boutades spirituelles qui lui venaient aussi sans effort, le rendaient plus apte à la plaidoirie qu'à l'enseignement. Le public cependant fut surpris que, dans un concours pour deux chaires de droit vacantes à la Faculté de Paris, Dupin, dont les qualités oratoires s'y étaient révélées avec éclat, n'obtînt aucune des deux chaires, qui furent données à des hommes médiocres. Heureusement, Dupin, né avec un caractère fort tenace, n'était pas homme à se décourager pour un échec que l'opinion publique avait trouvé injuste. Pour se faire en peu de temps une réputation de science, il publia, dans le cours des années suivantes, divers travaux tant sur le droit romain que sur le droit français, dont la liste serait longue. Mais le mérite de ces œuvres était mince.

On a remarqué que les hommes distingués cherchent souvent à briller hors de leur sphère naturelle. Dupin, par exemple, visa toujours dans ses plaidoyers, comme dans ses ouvrages, à paraître savant ; mais il n'eut jamais la science que les grands jurisconsultes tirent de leur propre fonds, il ne connut que celle qu'on puise dans les livres d'autrui, car il était bibliophile, et bibliophile connaisseur. Il réédita, par deux fois, la Bibliothèque de droit de Camus, dont il doubla d'abord, et tripla ou quadrupla ensuite les dimensions. Dupin connaissait donc parfaitement les titres et les éditions diverses de tous les ouvrages de droit de quelque valeur; mais cette érudition de libraire diffère beaucoup de la science proprement dite. La première, œuvre de la mémoire, ne demande que le souvenir des étiquettes des livres; l'autre exige la connaissance de ce qu'ils renferment, et des vues personnelles chez l'auteur, qualités qui ne se trouvent dans aucun des nombreux ouvrages de droit publiés par Dupin. Aussi, tous ces ouvrages, dépassant une vingtaine, étaient allés déjà, longtemps avant la mort de l'auteur, où vont les neiges d'antan.

Dupin ne commença à devenir jurisconsulte qu'après la révolution de 1830, quand il fut nommé procureur général à la Cour de cassation. Il sentit que ce poste éminent lui imposait de grands devoirs, et qu'un grand talent d'improvisation ne suffisait pas pour le bien remplir. Sa brillante carrière d'avocat avait été trop occupée pour qu'il eût eu le temps d'acquérir de la science; devenu magistrat, il eut un peu plus de loisir. Il en profita pour étudier avec soin les questions les plus importantes qui se présentaient devant la cour suprême, et il fut toujours à la hauteur de sa tâche.

Aussi, parmi les successeurs de Merlin, qui furent tous des hommes distingués, celui qui a le plus approché de l'autorité qu'avait Merlin auprès de la Cour de cassation, a été Dupin. Moins instruit que Merlin, Dupin était plus disert; et, dans ses réquisitoires, il y avait toujours un peu de la manière de l'avocat, ce qui n'est pas un mal. Une vérité exposée d'une façon froide, est comme un coin émoussé, qui entre difficilement dans l'esprit des auditeurs; la manière vive de l'avocat aiguise le coin, qui pénètre alors tout de suite.

Dupin ne fut pas législateur comme l'auteur du Code des Délits et des Peines, dont la Convention ne fit que s'approprier l'œuvre sans y rien changer. Il a rendu cependant à la société plus de services que Merlin, par une hardiesse juridique qu'il eut devant la cour suprême, et dont tous les hommes qui ont de l'humanité et du sens doivent lui être reconnaissants.

Notre Code pénal, qui remonte à 1810, ne prononce pas de peine spéciale contre les duellistes. Il punit l'assassinat, qui est le meurtre avec guet-apens, et le meurtre, qui est l'homicide non prémédité ; mais le duel loyal ne peut jamais être un assassinat, puisqu'il exclut le guet-apens ; et ce n'est jamais non plus un meurtre, dans le sens légal, puisque le meurtre simple suppose l'absence de toute préméditation, tandis que le duel est nécessairement prémédité. Dupin, cependant, soutint que le duel devait nécessairement tomber sous le coup de nos lois pénales, qu'il fallait l'assimiler, suivant son issue, à un meurtre ou à une tentative de meurtre ; et, par des raisons morales plutôt que juridiques, éloquemment présentées, il entraîna la cour suprême à consacrer son sentiment, ce qui fut heureux.

Il ne pouvait pas y avoir cette fois, dans la solution de la question, de danger grave à s'écarter de la règle fondamentale en droit criminel, qui ne permet de prononcer des peines que contre les méfaits nommément prévus par la loi. Dupin savait bien qu'aucun jury ne condamnerait jamais un duelliste, et moins encore les témoins du duel, comme des meurtriers ; mais il espérait qu'en poursuivant les auteurs et les témoins d'une action aussi coupable, en leur faisant subir d'abord une prison préventive, quelquefois même, si la réponse des jurés était affirmative, une détention pénale de quelque durée, on pourrait arrêter, chez les hommes tant soit peu sages, la fureur insensée qui consiste à demander à l'adresse de la main la solution d'une question d'honneur, folie bien plus grande que n'était, au moyen âge, le combat judiciaire. Dans le combat judiciaire, la simplicité ignorante, mais, au fond, pieuse de nos pères, voyait le jugement de Dieu ; tandis que le duel est un jugement pire que les jeux de hasard, où les chances des joueurs sont, au moins, égales. Dans le duel, il arrive, au contraire, à chaque instant, au su de tout le monde, que ce n'est point l'offenseur, duelliste exercé, mais l'offensé, malhabile, qui reçoit le plomb ou le fer homicide.

Nous approuvons donc fort Dupin et la cour suprême d'avoir fait rentrer, à toute force, sous l'empire de nos lois pénales, le duel, que ces lois n'avaient point puni, mais qui est aussi contraire à la morale qu'à la raison. La jurisprudence, sur ce point, fut définitivement fixée par l'arrêt des chambres réunies de la cour suprême, rendu sur les conclusions de Dupin, le 15 décembre 1837 ; et cette jurisprudence a produit les résultats les plus heureux pour la société. Si elle n'a pu extirper entièrement le mal, elle l'a certainement diminué beaucoup ; et l'on ne peut pas savoir combien la crainte d'aller en prison a empêché d'hommes, qui eussent accepté un duel sans cela, de rendre leurs femmes veuves et leurs enfants orphelins (1).

---

(1) Il est vrai, cependant, que le duel est un délit qui ne peut être assimilé à aucun autre. Ce ne sont point des peines corporelles qui peuvent arrêter l'esprit de vengeance, dans un homme qui préfère la mort à ce qu'il croit être le déshonneur. Le duel n'étant qu'une fausse appréciation de l'honneur, ne doit être puni que de peines infamantes, jamais de peines corporelles. Nous nous figurons que si la loi prononçait l'interdiction de tous les droits politiques et l'incapacité de tester, contre les duellistes, pour toujours, et contre les témoins, pour un temps, en ajoutant que tout duel à l'étranger, pour des faits commis en France, tomberait sous l'application des lois françaises, peu de gens sensés cèderaient à un préjugé tellement absurde, qu'il est, à nos yeux, une preuve évidente de la présence et de l'influence de l'Esprit du mal dans le monde.

Dupin, qui avait occupé longtemps le premier rang au barreau de Paris, conserva ensuite toujours, sous la pourpre, pour la profession d'avocat, un amour et une estime qui l'honoraient fort. Il pensait que les magistrats ne pouvaient jamais avoir trop d'égards pour des hommes qui, en éclairant leurs décisions, les empêchent de commettre des injustices. Dupin différait bien en cela des juges suffisants, comme il s'en rencontre quelquefois, qui confondent la morgue avec la dignité, et s'imaginent être supérieurs aux avocats, parce que, dans la salle d'audience, ils sont physiquement au-dessus d'eux de la hauteur d'une estrade.

Il est donc bien à regretter que Dupin, qui avait presque en tout des idées très-saines et des sentiments très-dignes, ait commis dans sa vie une erreur de jugement qui le rendait ridicule, et une erreur de conduite bien plus fâcheuse encore, qui déconsidéra ses vieux jours.

Par une erreur de jugement, qui tenait à un anachronisme, Dupin, sans que personne au monde l'en eût jamais chargé, se constitua, d'office, le grand patron, et le défenseur, à outrance, de ce qu'il appelait l'Église gallicane, qui, depuis la révolution de 1789, n'existait plus. Il ne faut pas confondre, en effet, l'Église de France, qui reste de notre temps, comme elle fut toujours dans le passé, une des fractions les plus dignes de l'Église universelle, avec ce qu'on appelait, avant la Révolution, l'Église gallicane. Le fond de l'Église gallicane consistait, dans une partie de l'ancien clergé français, à briser le sceptre dogmatique du Souverain-Pontife, tout en faisant au Pape régnant toute sorte de génuflexions et de révérences, et en l'entourant d'un nuage d'encens. Mais tout ce qu'il y avait d'honnête dans cette partie du clergé français, vit trop à quoi menait le défaut d'adhésion absolue au Souverain-Pontife, quand l'Assemblée constituante décréta, en 1791, la constitution civile du clergé. Tous les Gallicans qui voulaient rester catholiques virent alors, avec évidence, qu'ils s'étaient engagés dans une voie fatale ; et depuis, tout le clergé français a complétement répudié une doctrine qui avait produit des fruits si amers.

Quand Dupin, dans tous ses écrits, prenait à chaque instant, et de la manière la plus inattendue, la défense de ce qu'il appelait l'Église gallicane, voulant désigner par là le clergé français, il guerroyait donc pour protéger des gens qui n'avaient nul besoin de l'être ; et cette manie de vouloir défendre, bon gré mal gré, de prétendus clients, qui le priaient instamment de vouloir bien ne s'occuper d'eux en aucune sorte, donnait à Dupin, aux yeux des hommes sensés, une certaine ressemblance avec Don Quichotte rompant des lances contre des moulins à vent. Cette erreur de jugement fut aggravée, à la fin de la belle carrière de Dupin, par une erreur de conduite, plus regretable encore pour sa mémoire.

Louis-Philippe avait comblé Dupin de témoignages de confiance et d'estime. A peine porta-t-il le sceptre, qu'il le nomma procureur général à la cour de Cassation, et bientôt après, membre de son Conseil privé ; c'est-à-dire qu'après l'avoir fait gardien des intérêts de la société en lui confiant le poste le plus élevé du ministère public, il lui confia, de plus, ses intérêts privés et ceux de sa famille. Quand Louis-Philippe quitta la France après avoir perdu sa couronne, Dupin conserva cependant ses fonctions de procureur général, ce qui jusque-là pouvait ne pas être repréhensible, un fonctionnaire se devant, avant tout, à son pays. Mais quand vint le coup d'État de 1851, qui enleva à Dupin ses fonctions, c'était le cas pour lui de se résigner à la retraite, et une fois rentré dans la vie privée, de n'en plus sortir. A la mort du magistrat qui l'avait remplacé, Dupin ne sut pas résister cependant à l'offre que lui fit Napoléon III de le remettre à la tête du parquet de la cour de cassation. Mais tout ce qui, en France, avait le sentiment de la reconnaissance, fut scandalisé que Dupin, comblé d'honneurs, comme il l'avait été, par Louis-Philippe, consentît à devoir quelque chose à un prince dont l'un des premiers actes, après son coup d'État, avait été de confisquer tous les biens de la famille d'Orléans. Dupin rentra donc à la cour de cassation, mais il y rentra fort amoindri dans l'estime publique, et ce fut un malheur pour lui de n'être pas mort avant cette bassesse. Sans elle, inférieur à Merlin en science, il eût distancé de beaucoup le jurisconsulte régicide par l'honnêteté de la vie, et les légistes auraient pu ajouter son nom aux noms les plus honorés du ministère public, à ceux des Talon et des d'Aguesseau.

§ IV. — TROPLONG.

La renommée de Merlin comme jurisconsulte avait commencé avant la révolution française; et, comme elle était déjà fort grande à la fin du siècle dernier, on peut dire avec vérité que la plus grande illustration juridique, en France, au dix-neuvième siècle, a été Troplong. La vie de ce grand jurisconsulte peut se diviser en deux parts. La première fut pure et sereine comme un ciel d'azur, où ne flotte pas le moindre nuage; la seconde présente des ombres.

Troplong naquit à Saint-Gaudens, le 8 octobre 1795, de parents peu fortunés. Contraint, dès son adolescence, à chercher des moyens d'existence dans son travail, il entra dans les bureaux d'une préfecture; mais s'étant livré en même temps à l'étude des lois, il fut nommé, en 1819, substitut à Sartène, en Corse. Parmi des gens dont il comprenait à peine le langage, la plupart des Corses parlant habituellement italien, le jeune magistrat fut obligé de chercher dans les livres une distraction à ses ennuis; et comme l'étude du droit est une de celles qui plaisent le plus aux intelligences élevées, après s'y être appliqué d'abord par devoir et par délassement, il ne tarda pas à s'y livrer avec passion.

Ordinairement cette passion du droit est excitée, chez les jeunes hommes au cœur grand, par la parole chaude d'un professeur, épris lui-même de la science qu'il enseigne. Il n'en fut pas ainsi chez Troplong. Il n'eut d'autres maîtres que les vieux livres qu'il rencontrait par hasard dans d'obscures bibliothèques ou chez des brocanteurs ; mais comme il avait le sens très-droit, il sut, de très-bonne heure, distinguer parmi les vieux in-folio ceux qui recelaient des perles, de ceux qui ne contenaient que du fatras. Il amassait là des trésors de science, qu'il sut mettre à profit plus tard.

Le mérite de Troplong était trop grand pour rester longtemps caché. Il trouva donc des protecteurs qui, de la Corse, le firent passer dans la magistrature du continent. En 1832, il était président de chambre à la cour de Nancy. Troplong était alors connu et apprécié, dans la magistrature, par ses collègues et ses supérieurs hiérarchiques ; mais son talent transcendant ne fut révélé au public que lorsqu'il publia, en 1833, son *Traité des Priviléges et Hypothèques*. L'apparition de cet ouvrage remarquable fit en France, et dans tous les pays voisins qui suivent les lois françaises, une grande sensation. Elle inaugurait des travaux plus approfondis, et surtout plus ornés, qu'aucun de ceux qui avaient paru jusque-là sur nos lois civiles.

Pothier, dans le siècle dernier, eut certainement un grand mérite, celui de vulgariser la science du droit dans ce qu'elle a de plus pratique ; mais ses traités eurent, sous un rapport, un effet fâcheux et bien contraire assurément à l'intention de leur auteur : ils favorisèrent la paresse. Quiconque savait son Pothier, s'imaginait tout savoir. Pothier cependant, il faut le reconnaître, avait un esprit plutôt exact que profond. Il sut profiter des immenses travaux qui avaient été publiés avant lui sur le droit, particulièrement en France ; mais son nom ne se rattache à aucune théorie juridique qu'il ait créée. Les artisans de génie, qui ont façonné notre droit, ce sont les jurisconsultes éminents du seizième siècle et leurs plus dignes imitateurs, dont, avant Troplong, on citait bien encore de temps en temps les noms dans les écoles et les tribunaux, mais presque toujours sans avoir rien lu de leurs ouvrages.

La surprise des juristes français fut donc grande, quand on vit Troplong citer dans une matière aussi sèche que les Priviléges et les Hypothèques, et un an après, dans son *Traité de la Vente*, quantité d'ouvrages dont les auteurs étaient tombés injustement dans l'oubli, et qu'on voyait bien avoir été feuilletés par lui. Et ce qui surprenait encore davantage, c'est que sous la plume de Troplong, cette science, extraite d'in-folios poudreux, se présentait sous une forme nette, vive et colorée. On voyait facilement que l'auteur n'avait pas lu seulement les écrits des grands jurisconsultes, et qu'il avait dû former son style à l'école des maîtres dans l'art d'écrire.

Le traité de Troplong sur les Hypothèques fournit à un ministre de Louis-Philippe, le garde-des-sceaux Persil, l'occasion de faire un acte des plus honorables. Si la jalousie avait disparu de toutes les autres carrières, elle se maintiendrait encore, dit-on, parmi les auteurs. Mais ce sentiment si bas ne se trouva pas dans l'âme de Persil, qui avait publié lui-même deux ouvrages sur les Priviléges et les Hypothèques avant celui de Troplong. Quoique ces ouvrages fussent loin d'être sans mérite, Persil en reconnut un si grand dans l'œuvre de Troplong, qu'il s'empressa de le faire nommer conseiller à la Cour de cassation.

La vie des magistrats de cette illustre compagnie est toujours très-occupée, toutes les affaires s'y jugeant sur rapport; et pour ce travail, qui nécessite une grande science puisque la Cour de cassation n'a à juger que des questions de

droit, le tour de chaque magistrat revient vite. Troplong
n'était jamais en retard pour ses rapports, quoiqu'il fît marcher de front la publication de nouveaux ouvrages. Il fit
paraître alors successivement ses traités sur la Prescription,
le Louage, les Sociétés civiles et commerciales, le Prêt, le
Dépôt, les Contrats aléatoires, le Mandat, le Cautionnement,
la Transaction, la Contrainte par corps, le Nantissement, le
Contrat de mariage, œuvres qui furent encore suivies, après
que Troplong fut parvenu aux grandes dignités dont nous
parlerons dans un moment, d'un Traité sur les Donations et
Testaments, et d'un autre sur la Transcription. C'étaient toujours des ouvrages remarquables, inférieurs cependant à
ceux que Troplong avait publiés d'abord. La cause en était
simple.

Les premiers traités de Troplong étaient le fruit de travaux accumulés dans les vingt premières années de sa vie
de juriste. Dès le temps où il débuta en Corse, Troplong
commença à réunir les matériaux choisis qu'il employa plus
tard dans les premiers ouvrages qu'il fit paraître. Ses traités
sur les Hypothèques, la Vente, la Prescription, le Louage
même, avaient demandé évidemment beaucoup de recherches et de longues réflexions, tant les citations, toujours
exactes, qu'on y trouve, s'encadrent bien dans le texte. Mais
il vint un jour où Troplong eut épuisé les provisions de sa
jeunesse, et ses publications cependant ne discontinuaient
point, parce que son éditeur, qu'il avait enrichi, le pressait
toujours d'écrire. Ces œuvres puînées du jurisconsulte, plus
hâtives que les moissons, car elles n'attendaient pas toujours le retour d'une année, durent dès lors se ressentir de
l'impatience intéressée du libraire. Le grand faire de Troplong se reconnaissait toujours dans les préfaces, qui étaient
des morceaux achevés; mais le corps de l'ouvrage ne répon-
dait plus à la majesté du frontispice. On voyait que Troplong
avait dû écrire précipitamment ou s'aider d'autres mains,

comme, à la vue d'un ouvrage attribué à Raphaël, les connaisseurs distinguent, au premier coup d'œil, d'une œuvre sortie tout entière de son immortel pinceau, celles dont il ne faisait que tracer le dessin et peindre les têtes, laissant à ses élèves le soin de garnir les fonds et de jeter les couleurs.

Il n'est pas douteux cependant que les derniers ouvrages de Troplong n'eussent acquis la perfection des premiers, s'il avait eu le temps de les revoir et de les retoucher. Mais ce temps lui manqua, parce qu'un grand fait historique auquel il se trouva mêlé, beaucoup plus peut-être qu'il ne l'avait souhaité d'abord, l'avait jeté tout à coup de la vie calme du jurisconsulte dans la vie agitée et fiévreuse de l'homme d'État.

Nous touchons ici à la partie de l'existence de Troplong qui contient des ombres ; et l'an dernier encore, nous eussions hésité, malgré la grande célébrité de Troplong, à le faire figurer dans notre galerie de jurisconsultes, tant son nom se trouve intimement uni à celui d'un prince dont, alors, nous n'aurions pu blâmer les actes sans manquer à des convenances sacrées. Les anciens disaient que tout être malheureux a droit au respect : *Res sacra miser !* et ce respect doit être d'autant plus grand que l'infortuné qu'il protége est tombé de plus haut.

Depuis que la mort a frappé Napoléon III, nous n'éprouvons plus la même hésitation, surtout après les actes de religion de ce prince, que les feuilles publiques ont rapportés, et les paroles qu'on dit être sorties de sa bouche pour reconnaître combien il s'était trompé dans sa politique, notamment vis-à-vis du Souverain-Pontife. Dans ces conditions, blâmer tout ce qui nous parut imprudent ou coupable quand Napoléon III semblait n'avoir pas, dans les Tuileries, un espace assez vaste pour y étaler sa puissance, c'est faire ce qu'il paraît avoir fait lui-même dans sa petite maison de

Chislehurst, quand il approchait du moment redoutable où toutes les préventions se dissipent, où tous les voiles tombent, et où les splendeurs immuables de l'éternité qui s'avance, rendent toujours aux actes de la vie humaine leur véritable couleur.

Nous ignorons quelle fut la première origine des relations qui s'établirent entre Troplong et Louis-Napoléon, quand celui-ci, après la révolution de 1848, vint habiter la France et s'y poser en prétendant. Il est probable que le prince fit à Troplong, pour nous servir d'une expression familière, les premières avances. Il cherchait alors à s'attacher des hommes considérables, qui pussent le seconder dans ses vues ambitieuses ; et parmi les jurisconsultes, nul n'avait plus de renommée que Troplong. Il était donc naturel que le prince cherchât à faire entrer cette haute intelligence dans son orbite, pour la faire servir à ses desseins.

On sait quel était l'état des esprits en France après la révolution de 1848. Louis-Philippe, qui avait plus de peur des Jésuites que des impies, avait laissé, durant son règne de dix-huit ans, des doctrines perverses s'infiltrer dans la masse de la population française. On vit donc, après la révolution de février, des hommes audacieux oser attaquer les choses les plus saintes, la famille notamment, et la propriété, nid de la famille, qui sont l'une et l'autre les bases fondamentales de toute société. C'est en ce temps qu'un sophiste fameux, que Proudhon écrivit son pamphlet célèbre : *la Propriété, c'est le vol.*

Tous les hommes d'ordre s'effrayèrent de ces audacieuses doctrines, qu'il fallait réprimer énergiquement ; mais beaucoup crurent qu'il n'y avait d'autre moyen de les étouffer que de constituer ce qu'on appelait un pouvoir fort, et l'on entendait par là un pouvoir absolu, confié à un seul homme. C'était commettre une erreur des plus grossières. Un gouvernement absolu, pas plus qu'un autre, ne se défend point de lui-même, comme la plus redoutable des forteresses ne peut se défendre toute seule. La force réelle d'un État ne réside jamais que dans la masse des citoyens honnêtes et courageux, dont un pouvoir absolu, laissé au chef de l'État, n'augmente pas le chiffre d'une unité. Confier à Louis-Napoléon des pouvoirs illimités par peur du socialisme, c'était donc s'exposer à tomber d'un mal dans un pire.

Encore, si Louis-Napoléon ne s'était fait remarquer dans tout le cours de sa vie précédente que par des actes de sagesse, on eût pu voir dans son passé des motifs de croire qu'il n'abuserait pas du pouvoir sans bornes qui lui serait confié. Mais on sait que ce prince ne s'était fait connaître que par des actes criminels ou peu sensés. Dans sa jeunesse, il avait conspiré contre le Pape dans les Romagnes; plus tard, il fit, dans un but ambitieux, deux tentatives coupables contre le gouvernement de Louis-Philippe. Quel sujet alors avait-on de penser que Dieu calmerait, par une sorte de miracle, l'ambition effrénée de ce prince, et ramènerait à des idées justes et sages son intelligence fort grande, mais sans cesse offusquée par des pensées égoïstes? On n'en avait aucun.

Quelques hommes graves, qui avaient étudié à fond le passé du prince, se demandaient même avec effroi si, dans sa jeunesse, quand il conspirait contre le Pape, il n'aurait pas eu l'imprudence de se lier par un de ces serments redoutables, qui ont amené dans le monde tant de crimes et de malheurs. Ils se demandaient si Louis-Napoléon n'aurait pas à marcher entre des haies de poignards, dressés sans cesse devant lui pour l'obliger à suivre une voie criminelle, et s'il aurait, à chaque instant de sa vie, le degré d'héroïsme nécessaire pour les braver. Mais les hommes qui se posaient cette question étaient rares. Il semblait toujours aux plus timides, surtout aux gens riches, effrayés par les audaces de Proudhon, qu'on ne pouvait choisir qu'entre Louis-Napoléon ou le socialisme.

Que des personnes peu éclairées, que de vieux soldats de l'empire, que des gens de taverne, dont les chansons de Béranger étaient l'unique littérature, se fussent laissé fasciner par le prestige qui s'attachait alors au nom de Napoléon Ier, on ne saurait en être surpris. Mais des hommes instruits, des hommes prudents devaient-ils juger du mérite d'un homme rien que sur le nom qu'il portait, quand ce nom surtout, entouré d'abord de gloire, ne rappelait finalement que l'abaissement et la mutilation de la France? C'est ce que firent cependant, après le coup d'État du 2 décembre 1851, des millions de gens honnêtes, mais affolés de peur, qui ratifièrent, dans un scrutin surveillé, ce coup d'audace. L'erreur fut générale. Dans les rangs les plus honorables de la société, dans le clergé et la magistrature, comme dans l'armée, il se rencontra quantité de personnes qui la partagèrent. Nous sommes donc bien loin d'incriminer les intentions de Troplong, quand il aida Louis-Napoléon à s'emparer du pouvoir suprême, et à élever un trône sur un parjure. Il put croire, lui aussi, que les circonstances étaient tellement critiques que l'intérêt général de son pays l'autorisait à se lier lui-même par un serment à un prince qui avait violé le sien.

Troplong fut donc, à nos yeux, beaucoup plus à plaindre qu'à blâmer. Les honneurs, après le coup d'État, vinrent, en effet, s'accumuler sur sa tête, et devaient bientôt y peser d'un poids bien lourd. Compris dans la première composition du Sénat, il en devint bientôt vice-président, puis président, quoiqu'il fût déjà premier président de la Cour de cassation. Il fut nommé aussi, après le rétablissement de l'empire, membre du conseil privé de l'empereur et grand-croix de la Légion d'honneur, pour ne mentionner que ses dignités les plus insignes ; et ces dignités, il n'avait pas besoin de les solliciter, elles venaient au-devant de lui. Troplong fut tout ce qu'il voulut, et plus apparemment qu'il

ne voulait être, car les consciences délicates s'aperçoivent
bientôt qu'il est dangereux de trop devoir aux princes.

Quelle ne dut pas, en effet, être la douleur de Troplong,
quand il vit toutes les espérances qu'il avait conçues de
Louis-Napoléon, s'évanouir l'une après l'autre! Troplong
était à la fois un homme juste et un homme honnête, un
homme qui aimait sa religion et qui chérissait sa patrie.

Que dut penser dès lors l'homme juste, le jurisconsulte
qui, après la révolution de 1848, avait composé un traité
tout exprès pour défendre le dogme de la propriété contre
les socialistes, quand, le lendemain du coup d'État, il vit
son protégé de la veille violer ce principe sacré, dans les
conditions les plus déshonorantes pour lui! Il le violait
vis-à-vis de la famille d'Orléans, dont le chef l'avait couvert
deux fois de son pouvoir souverain, pour le soustraire aux
chances redoutables d'une sentence de mort qui eût pu le
frapper.

Que dut penser aussi, dans Troplong, l'honnête homme,
quand il vit la fortune de la France livrée à des hommes
perdus de dettes et de mœurs, complices d'agioteurs ou
agioteurs eux-mêmes, qui, dans des spéculations déshonnêtes, gagnaient à des gens simples, trompés par leurs
manœuvres, des monceaux d'or, engloutis aussitôt par le
luxe effréné de courtisanes, dont plusieurs osaient faire
ostensiblement leurs compagnes! Que dut ressentir encore
l'homme moral et plein de respect pour les idées religieuses,
quand il vit, dans un but évidemment politique, celui d'éner-
ver les âmes, les publications les plus impies et les plus
immorales tolérées par Napoléon III, et la religion sapée
ainsi dans sa base!

Combien surtout dut être profonde chez Troplong l'afflic-
tion du chrétien et du Français, quand, après la paix de
Villafranca et le traité de Zurich, les droits du Souverain-
Pontife furent indignement violés par le roi subalpin, avec
le consentement visible de Napoléon III, qui commençait
ainsi à faire de l'Italie un grand État compacte, destiné à
froisser perpétuellement, non-seulement la France, mais tous
les États catholiques du monde, pour qui il est absolument
nécessaire que le Souverain-Pontife soit le seul maître à
Rome, et qu'il n'y soit jamais enclavé (1) !

Et combien, dans l'âme de Troplong, les douleurs du
Français durent s'accroître encore par tous les événements
qui suivirent la première spoliation du Pape, par les sympathies marquées que Napoléon III, dès qu'éclata, aux États-
Unis, la guerre de sécession, montra aux États du Sud, qui
défendaient l'odieuse cause de l'esclavage ; par la fatale
guerre du Mexique, entreprise pour repaître, avec le sang
de deux peuples, la rapacité de quelques hommes d'argent,
et qui devait amener des événements si tragiques ! Comme
Troplong dut se voiler le front de honte quand la France fut
obligée de retirer précipitamment ses troupes du Mexique,
sur une menace dure des États-Unis ! Et comme il dut tré-
pigner d'indignation quand, après la bataille de Sadowa, il
vit Napoléon III baffoué dans une assemblée de diplomates
qu'il avait eu l'imprudence de convoquer pour demander des
compensations de territoire, qui lui furent refusées de la
manière la plus ironique et la plus blessante !

Combien Troplong dut alors trouver amères les conséquen-

---

(1) Nous croyons avoir démontré cette nécessité dans un mémoire
que nous lûmes à l'Académie de législation de Toulouse, pour réfuter les sophismes de la célèbre brochure le *Pape et le Congrès*, dont
l'inspirateur, au su du monde entier, avait été Napoléon III. Voyez
le *Recueil de l'Académie*, année 1862, p. 29.

ces de l'abaissement de l'Autriche, dont Napoléon III avait été le premier auteur quand, au mépris de toutes les règles du droit des gens, il déclara brusquement la guerre à cette puissance amie, par une réponse sèche, faite avec ostentation à son ambassadeur, en présence de tout le corps diplomatique, le jour même où il venait lui offrir des vœux pour sa prospérité et celle de la France! Que pouvait dès lors devenir notre pauvre nation, brouillée par tant de fautes inexcusables de son chef, avec tous les peuples qui lui avaient été jusque-là le plus sympathiques, et qui sont ses alliés naturels, avec la Russie depuis la guerre de Crimée, avec les États-Unis, et avec l'Autriche!

Troplong avait l'esprit clairvoyant, et Sadowa dut lui faire entrevoir Sedan. La Providence lui épargna cependant la douleur de voir l'immensité de nos derniers désastres, mais il devait en remarquer les avant-coureurs; et ses derniers jours durent se traîner dans le découragement et les angoisses. Il voyait à quoi avait abouti le despotisme savant qu'il avait imprudemment travaillé à fonder, et sa tristesse sans consolation put contribuer à hâter sa fin, car il est des brisements de cœur auxquels le corps d'un honnête homme qui sent vivement les choses, ne peut résister.

Quand la maladie de Troplong ne laissa plus d'espoir, Napoléon III fit un acte louable. Il dérogea pour lui à l'étiquette des cours, qui dispense les souverains de faire aucune visite à leurs sujets. Il alla voir Troplong mourant, et put s'édifier en voyant cette haute intelligence s'humilier devant Dieu et demander les secours de l'Église. Mais Napoléon III fit assez en rendant cette visite privée au plus haut placé de ses serviteurs. Il eût trop fait s'il se fût montré à ses funérailles, comme Guillaume Ier avait assisté, huit ans auparavant, à celles de Savigny. Ce n'était pas, en effet, comme homme privé, que Guillaume assistait aux obsèques du grand jurisconsulte de Francfort, c'était comme représentant toute l'Allemagne, dont l'enseignement de Savigny avait puissamment contribué à relever les ruines et à fonder la grandeur ; tandis que Troplong, d'une manière involontaire sans doute, mais malheureusement trop réelle, avait contribué à amener l'abaissement de la France, dont les fils ne pouvaient plus avoir aucun sentiment de reconnaissance pour lui.

Aussi, quel contraste entre les obsèques des deux jurisconsultes, quoiqu'au point de vue de la pompe extérieure, celles de Troplong fussent plus magnifiques que n'avaient été celles du jurisconsulte allemand (1) ! Aux obsèques de Savigny, on voyait un deuil national. Les personnes qui faisaient partie du cortége, et les multitudes qui le voyaient passer, étaient également émues. Tous pleuraient un homme de cœur qui avait contribué à la reconstitution et à la gloire de l'Allemagne par la vigueur et le patriotisme de son enseignement, autant que ses plus grands généraux en gagnant des batailles. A celles de Troplong, les foules, toujours avides de grands spectacles, se pressaient aussi. Mais la curiosité seule poussait leurs masses flottantes ; elles y assistaient comme on assiste à une représentation de théâtre.

Troplong avait des vertus privées infiniment louables. Ses grandes dignités ne lui avaient inspiré aucun orgueil. Il resta toujours bon et obligeant. Toutes les personnes qui vivaient dans son intimité durent donc verser, en l'accompagnant à sa dernière demeure, des larmes abondantes. Mais quand, après un dernier adieu, les proches et les amis

(1) Dans le grand *Moniteur officiel* du 4 mars 1869, le récit des funérailles de Troplong, mort l'avant-veille, remplit six colonnes. Le cortége militaire, formé de régiments de toutes armes, ressemblait à un corps d'armée, et celui des autorités civiles fatiguait par sa longueur les yeux des spectateurs.

de cet illustre mort se furent éloignés, le tombeau du grand jurisconsulte ne fut plus entouré que du silence froid des marbres funéraires... Pas une main n'était restée pour y déposer une de ces couronnes pieuses dont les peuples reconnaissants aiment à couvrir les tombes des grands citoyens !...

CONCLUSION DU LIVRE

Nous terminons ici notre livre, parce que nous nous sommes fait une loi absolue de n'y parler que des jurisconsultes morts. Il eût été beaucoup plus long si nous avions voulu parler aussi des vivants. Il n'est, en effet, aucune des branches du droit, qui ne soit, à l'heure présente, cultivée en Europe par des juristes d'une rare distinction. Sans sortir de la France, il nous serait facile d'en citer plusieurs, auprès desquels pâlissent quelques-uns des noms que nous avons recueillis et mentionnés avec honneur. Mais quand on parle de personnes vivantes, les éloges ressemblent toujours à des flatteries, et les critiques, si légères qu'elles soient, à des satires malveillantes.

Un autre motif nous a empêché de louer jamais des auteurs vivants ; c'est qu'ayant écrit pour l'instruction morale de la jeunesse, nous avons toujours voulu pouvoir juger l'auteur en même temps que les écrits. Or, nul homme ne peut être jugé qu'après sa mort ; tel qui a bien commencé pouvant mal finir.

Nous n'avons donc plus pour terminer notre œuvre, qu'à tracer, en traits plus marqués encore que nous ne l'avons fait en la commençant, la haute mission du jurisconsulte, qu'il faut se garder de confondre avec celle du légiste, voué uniquement aux affaires et à la défense des intérêts de ses clients.

32

Le légiste, homme d'affaires, obéit au texte de la loi avec un respect servile. Il croit inutile ou même téméraire de rechercher si elle est bonne ou mauvaise, et il s'en tient toujours dans l'application des textes les plus iniques à la maxime : *Dura lex, sed lex.*

Le jurisconsulte a un sentiment plus élevé de sa mission. Ce n'est que devant les lois divines, immuables de leur nature, qu'il incline humblement son front, parce que le vase n'a pas le droit de demander au potier pourquoi il lui a donné telle forme plutôt qu'une autre. Quant aux lois humaines, le jurisconsulte se croit en droit de les scruter toutes, et d'en peser toutes les raisons. Ces lois ont beau être parfaitement claires dans leur texte, il ne s'y soumet avec respect qu'autant qu'elles ne répugnent pas à sa conscience. S'il les croit injustes, il ose leur déclarer la guerre. Il les attaque avec l'arme, toujours puissante, du raisonnement; il les discrédite dans l'esprit des peuples si fort et si bien que les juges, frappés eux-mêmes de l'iniquité de la loi, et secondés bientôt par l'opinion universelle, finissent par refuser résolument de l'appliquer. C'est ainsi que Dumoulin, au nom des principes de la justice éternelle, attaquait hardiment tous les droits féodaux qui lui semblaient odieux ou excessifs, et que souvent, en présence d'une coutume non contestée, il osa dire que cette coutume était tellement inique qu'il ne fallait pas la suivre.

D'autres fois, au contraire, quand le jurisconsulte trouve la loi juste, si elle ne dit pas tout ce qu'elle voulait dire, il l'étend à une foule de cas qu'elle n'a point prévus : son texte, trop court, est pour le jurisconsulte qui l'interprète, comme un grain de sénevé que les soins incessants d'une interprétation habile font germer, et dont ils finissent par faire un grand arbre.

Pour qu'un légiste puisse mériter le nom de jurisconsulte, il faut donc absolument qu'il sache distinguer les lois mauvaises et odieuses, qu'il faut chercher à étouffer, des lois bonnes et sages qu'il faut indéfiniment étendre, et il ne peut faire ce classement que lorsqu'il a dans l'esprit un type idéal, auquel il compare la loi qu'il interprète, la jugeant bonne ou mauvaise, suivant qu'elle se rapproche de ce type ou qu'elle s'en éloigne.

Mais où le jurisconsulte trouvera-t-il ce type régulateur, qu'aucun objet corporel ne saurait lui fournir? Il ne peut le trouver que dans les profondeurs mystérieuses de la conscience, que Dieu éclaire d'une lumière constante tant que l'homme, par de mauvaises passions, ne l'obscurcit point.

Tout homme qui aspire à devenir jurisconsulte doit donc avoir les doctrines matérialistes en horreur à la fois et en pitié. Combien les jurisconsultes doivent donc, aujourd'hui, s'attrister de voir des hommes intelligents professer un matérialisme tellement abject, qu'ils ravalent l'homme bien plus que ne l'avaient fait les sociétés païennes de l'antiquité!

Il existe, de nos jours, toute une armée de savants, qui fouillent incessamment la terre, dans le but d'y trouver pour l'homme non des titres d'honneur, mais des preuves de bassesse et d'ignominie, pour y trouver des preuves d'une origine toute bestiale, et en conclure que ses destinées sont toutes bestiales aussi. Ils osent dire, ces pauvres insensés, que l'homme n'est qu'un être né du singe; et pour le prouver, ils fouillent les entrailles de la terre, y cherchant toujours des débris fossiles antérieurs à la période qu'embrassent les récits de Moïse, voulant démontrer par là la présence de l'homme sur la terre en des temps plus anciens que ceux où Moïse fait remonter la création d'Adam.

Les païens de l'antiquité, malgré l'impureté de leurs mœurs, se fussent scandalisés d'une pareille recherche, et l'eussent taxée d'impiété abominable, eux qui, loin de faire naître l'homme de la brute, supposaient une filiation divine à tous les hommes qui s'élevaient au-dessus des autres par l'intelligence ou le courage. Qu'aurait pensé, par exemple, de nos géologues matérialistes, le poète païen qui a fait de l'homme cette description magnifique : « Dieu lui a donné un front sublime, lui a ordonné de contempler le ciel, et d'élever son visage vers les astres (1). » Il eût pris certainement en pitié ces savants myopes, qui détournent leurs regards de la voûte des cieux, et ne les dirigent que vers les profondeurs de la terre, préférant un débris de zoophyte, dans lequel ils voient le premier effort d'une nature inconsciente, pour créer, à son insu, un être d'un ordre supérieur, à la lumière d'une étoile.

Les jurisconsultes doivent, à plus forte raison, déplorer de si honteuses erreurs. Les seuls hommes qui doivent s'en réjouir ce sont ceux, et le nombre en est toujours trop grand, qui voudraient opprimer leurs semblables et les traiter comme des brutes. Si l'homme, en effet, n'était qu'un singe perfectionné, qui oserait soutenir que tous les hommes qui couvrent maintenant la face de la terre, sont les enfants du même singe mâle et du même singe femelle ! Le planteur ressaisirait alors son fouet, armé de lanières de plomb, pour ensanglanter les épaules du nègre, avec qui il nierait toute parenté par le sang ! Et tous les despotes fouleraient aux pieds leurs sujets avec plus de brutalité que les empereurs romains, parce qu'ils auraient plus de raison qu'eux de se croire d'une race supérieure à la leur et de s'ériger en demi-dieux !

Mais les géologues matérialistes ont beau faire, ils ont beau perforer les nombreuses couches solidifiées de notre globe : quoi qu'ils fassent, leurs coups de pioche n'entameront jamais le Pentateuque. Quand même ils parviendraient à trouver entre les ossements actuels de l'homme et ceux

---

(1) Os homini sublime dedit, cœlumque tueri
Jussit, et erectos ad sidera tollere vultus.

d'êtres qui auraient vécu avant la dernière révolution terrestre, une apparente identité, que prouverait cette similitude? Absolument rien.

Est-ce que l'homme ne se compose que d'un corps? Est-ce qu'il n'a pas une âme, et une âme capable de connaître Dieu et de l'aimer? Or, c'est le Créateur qui donne les noms aux êtres qu'il a évoqués du néant. Il aurait pu se jouer, durant des millions de siècles, à faire produire par les éléments, qui lui obéissent, des êtres dont la charpente osseuse aurait été en tout semblable à celle de l'homme, et l'instinct plus admirable que celui du castor, ce n'est pas à dire que ces êtres fussent semblables à nous et méritassent le nom d'homme. Dieu n'a donné ce nom sacré, ce nom au-dessus des noms de toutes les autres créatures (1), qu'à l'être composé de corps et d'âme, qu'il anima de son souffle pour être le père d'une race innombrable, d'une race capable, comme lui, de connaître, d'aimer et de servir son Créateur : et c'est de ce seul être que sont nés tous ceux qui maintenant sur la terre sont capables d'aimer Dieu, aussi bien les races jaunes, les races cuivrées et les races noires, que la race blanche. C'est uniquement parce que tous ces êtres descendent du même homme et de sa compagne, qu'ils sont tous frères par le sang, et qu'aucun n'a le droit d'opprimer l'autre, alors qu'il a le droit de dompter et d'asservir tous les autres êtres de la création.

Cette identité d'origine de toutes les races humaines est pour le jurisconsulte une vérité de premier ordre, parce qu'elle est la base première de tout le droit; et c'est parce que les jurisconsultes romains ne la virent jamais avec autant de netteté que nous, que leur droit resta si imparfait et

---

(1) Sans en excepter les esprit célestes; puisqu'il s'applique au Christ, et comprend, comme mot générique, les deux sexes, par conséquent, la Reine même des Anges.

fut toujours déparé par l'odieuse institution de l'esclavage.
Ces grands esprits ne niaient pas précisément l'unité d'origine de toutes les races humaines; ils ne manquaient pas
d'applaudir au théâtre, à la belle parole de Térence : Je suis
homme, rien d'humain, par conséquent, ne m'est étranger :
Homo sum, et nihil humani a me alienum puto. Mais ils ne
croyaient à cette unité d'origine de toutes les races que fai-
blement. C'est pour cela que tous les peuples de l'antiquité
tenaient à honneur de se dire *autochthones* ou *indigènes*,
expressions dont l'une grecque, l'autre latine, ont le même
sens, et signifiaient un peuple né sur la terre même qu'il
habitait, comme les chênes de ses montagnes et les plantes
aquatiques de ses fleuves. Avec de tels préjugés, les peuples
vainqueurs, se jugeant toujours d'une race supérieure à celle
des peuples vaincus, ne se faisaient nul scrupule de traiter
leurs esclaves comme ils traitaient les bêtes de somme. Pour
effacer ces préjugés cruels autant qu'invétérés, il ne fallut
rien moins que le sang de l'Homme-Dieu.

Mais si l'abolition graduelle de l'esclavage est, dans l'ordre
social, le plus grand bienfait dont l'humanité soit redevable
à l'influence des idées chrétiennes, il est bien loin d'être le
seul. On peut affirmer, au contraire, que depuis les jurisconsultes romains jusqu'à nous, il ne s'est pas accompli, en une
partie quelconque du droit, un seul progrès qui n'ait pas été
l'effet de l'esprit chrétien plus senti et mieux compris. C'est
cet esprit qui a modéré tous les pouvoirs et protégé toutes
les faiblesses. Grâce à lui, le pouvoir du père sur les enfants,
et celui de l'époux sur l'épouse, ne sont devenus que des
pouvoirs de protection. Grâce à lui, toutes les barrières
entre les nations, restées, durant toute l'antiquité païenne,
absolument infranchissables, ont presque entièrement disparu. Grâce à lui, les êtres les moins favorisés sous le rapport de la fortune, ont fini par acquérir une part plus
grande dans la puissance publique, que les prolétaires de

l'antiquité ne purent jamais la rêver. Grâce à lui, les criminels eux-mêmes ont vu leur sort adouci ; et de cruelles qu'elles étaient dans toute l'antiquité, les peines sont devenues purement réformatrices.

Ce n'est donc pas dans la philosophie de Platon, pas plus que dans celle de Zénon et d'Épictète, que le jurisconsulte doit aller chercher le type d'après lequel il doit juger si une loi est bonne ou mauvaise, si, comme nous l'avons dit, il doit en couper les racines pour l'empêcher de s'étendre, ou bien, au contraire, en recueillir précieusement les rejetons pour en favoriser la reproduction d'une manière indéfinie. Le type de toutes les bonnes lois est dans l'Évangile, ou, pour mieux dire, dans l'esprit évangélique, qui se détache de l'Évangile, comme le parfum de la fleur, et que les consciences droites et délicates peuvent seules saisir.

Horace recommandait à tous ceux qui voulaient acquérir quelque distinction dans les lettres, de feuilleter sans cesse les chefs-d'œuvre de la littérature grecque. Nous croyons pouvoir dire avec plus de vérité aux jeunes légistes, pour qui nous avons composé ce livre : Si votre ambition, Jeunes gens, se borne à connaître les rudiments du droit, vous les trouverez assez bien exposés dans les Institutes de Justinien et dans une foule d'autres livres. Mais si vous voulez en suivre le développement admirable à travers les âges, si vous concevez surtout la noble ambition de contribuer vous-même à ce développement, si, pour tout dire en un seul mot, vous voulez devenir jurisconsultes, nourrissez-vous surtout de l'Évangile et de son esprit.

Pour quiconque se pénètre bien de cet esprit, la science du droit devient la première des sciences humaines, parce que c'est la plus utile à l'humanité. On se porte alors à son étude avec amour, ou, pour mieux dire, avec passion, et l'on ne vise qu'à faire du bien, non-seulement aux frères du moment présent, que l'on voit et dont on peut toucher la main, mais encore aux frères de l'avenir, auxquels il n'est pas défendu de songer ; mais il est absolument nécessaire pour cela de se placer au point de vue chrétien, et d'entrer dans l'atmosphère chrétienne.

Il est des personnes qui supposent que le sentiment du Beau, non-seulement est inné, ce qui est vrai, mais encore qu'il ne reçoit, pour son développement, aucune influence des milieux où vit l'artiste. En cela, leur erreur est grande, et manifestement condamnée par l'expérience de tous les siècles. Quiconque n'a sous les yeux que de beaux types, acquiert par là même un sentiment si sûr du Beau, que tout ce qui s'en écarte tant soit peu lui cause une répulsion naturelle, dont il serait souvent dans l'impossibilité d'indiquer la cause : il affirme une imperfection, quoiqu'il ne puisse dire où elle est.

Il en est de même du Juste. Le germe en est inné dans nos âmes ; mais les milieux peuvent lui donner une extension à laquelle les hommes moins bien entourés n'arrivent jamais ; et si les artistes se forment dans les musées, où ils n'ont sous les yeux que des chefs-d'œuvre, les jurisconsultes, comme les saints, acquièrent ce qu'on peut appeler la délicatesse du Juste, moins dans les écoles que dans les églises ; et bien des questions difficiles pour les publicistes ou les juristes qui ne connaissent pas les lieux où l'on prie, ou qui en ont désappris les chemins, ne le sont point pour eux.

C'est faute de se placer à ce point de vue que tant de personnes aujourd'hui croient avancer quand elles reculent, confondant le mouvement, qui peut s'opérer dans les mêmes conditions, en deux sens complètement opposés, avec le progrès, qui n'est que le mouvement vers le bien, et ne peut jamais dévier, d'un cheveu, de la direction où il s'est originairement produit, sans se rapprocher du mal par là même.

Cette confusion déplorable entre le mouvement et le progrès est si commune aujourd'hui qu'elle existe, en France, depuis plus d'un siècle, chez quantité de personnes qui se croient très-éclairées, et qui poursuivent sincèrement ce qui est mal, dans la pensée que c'est le bien. Que de personnes graves, par exemple, soutiennent de bonne foi, que la liberté illimitée de la presse est un bien, et qu'il faut dès lors y tendre toujours, tandis que cette liberté est, aux yeux de toute personne imbue des idées chrétiennes, un mal évident. Pourquoi? C'est la chose du monde la plus facile à montrer. Le christianisme c'est l'Évangile, et l'Évangile c'est la loi d'amour, à tel point que ces deux expressions s'emploient, à chaque instant, l'une pour l'autre. Il est donc d'une parfaite évidence pour tout chrétien, qu'il n'y a rien de plus opposé à sa loi que ce qui affaiblit la charité. Or, la liberté de la presse l'augmente-t-elle? Quel est celui de ses partisans les plus fanatiques qui oserait le dire? La vérité pure est que cette liberté illimitée est une des plaies les plus saignantes et les plus dangereuses du temps présent, parce qu'elle ne fait qu'engendrer des divisions et surexciter les haines. C'est à elle qu'on doit de voir aujourd'hui les hommes de chaque parti déchirer à belles dents quiconque suit un parti différent, et c'est pitié de voir combien de jeunes hommes gâtent à la fois leur esprit et leur cœur, en même temps que leur plume, à cette triste tâche. Au lieu d'employer leurs talents à faire progresser les sciences ou à cultiver les arts, ils n'en usent que pour enfoncer chaque jour des épingles dans les chairs de leur prochain. Quelle aberration, pour ne pas dire quel crime !

On peut en dire autant de la liberté illimitée des réunions, qui ne peut qu'exciter les fureurs démagogiques dans celles où les hommes se rendent par intérêt, et des débordements de mœurs effroyables dans celles où ils ne cherchent que le plaisir.

Au lieu de poursuivre ce triste idéal de libertés malfaisan-

tes ou malsaines, comme on le fait, en France, depuis plus
d'un siècle, les hommes de talent et de progrès doivent travailler dans un sens diamétralement opposé, et il est triste
d'en voir si peu qui le comprennent. Le christianisme, en
effet, qui est la seule loi du progrès, a-t-il dans le monde
complétement atteint son but principal, qui est toujours de
protéger les êtres faibles, parce que les êtres forts se protégent assez eux-mêmes? Non, mille fois non. Il est évident
pour nous que les lois françaises et, nous le craignons bien,
celles d'aucun autre peuple non plus ne protégent suffisamment ni l'enfance, ni l'adolescence, ni les femmes, ni les
vieillards, ni le menu peuple, et c'est par l'indication des
vices principaux que nous apercevons, sous ce rapport, dans
les lois françaises, que nous allons terminer notre ouvrage.

Et d'abord, dès le premier âge, l'enfant est-il assez protégé? Non certainement. Sans vouloir traiter la question
délicate des tours des hospices, aujourd'hui supprimés, nous
constatons avec douleur que la loi française tue bien souvent
l'enfant qui vient de naître, quand elle n'en a pas fait périr
le germe dans les entrailles de la mère, par la défense absolue qu'elle prononce de rechercher la paternité hors mariage,
ce qui est, à nos yeux, une monstruosité.

Quoi donc! L'oiseau le plus frêle aide sa compagne à
construire son nid, et, quand elle couve, va lui porter la
becquée; et l'homme libertin est autorisé par la loi française
à délaisser sans nul secours la pauvre fille qu'il sait avoir
fécondée en l'abusant. Quelle indignité! Par une fausse pru-
derie, qui prétexte les inconvénients des scandales, notre loi
devient homicide. Pour éviter à un homme riche, ceux qui
ne le sont pas n'ayant rien à craindre de ce côté, ce qui ne
pourrait jamais être pour lui, en cas d'erreur judiciaire,
qu'une perte d'argent, elle abandonne la mère, si elle est
pauvre, et son fruit infortuné au sort le plus déplorable. On

ne saurait compter les avortements, les infanticides, les suicides, les déshonneurs irréparables de jeuues filles ingénues, particulièrement de domestiques, qu'amène chaque jour cette législation immorale, qui offense le sentiment chrétien au plus haut degré. Si les femmes rédigeaient les lois, permettraient-elles des choses aussi révoltantes! La morale aurait-elle donc deux faces, et, ce qui est le comble de l'iniquité aux yeux de tout un sexe peut-il être licite aux yeux de l'autre? La loi pourvoirait à tout en laissant les magistrats libres d'autoriser la recherche de la paternité toutes les fois que des indices graves les y porteraient, et de prononcer, d'un autre côté, des peines très sévères contre la fille-mère qui aurait accusé un homme injustement, ce qui suffirait certainement pour empêcher les chantages.

L'enfant, sorti du premier âge, est-il aussi suffisamment protégé par la loi française? Non. La loi devrait exiger absolument que tout enfant reçût une instruction suffisante de sa religion, constatée par un ministre de son culte ; car la dignité essentielle de l'homme, et le seul caractère qui le sépare, d'une manière absolument infranchissable, de la brute, c'est, avons-nous dit, de pouvoir adorer Dieu. C'est donc un crime de lèse-humanité évident, que de priver l'enfant de cette lumière. Il serait moins barbare de crever ses yeux pour l'empêcher de voir le soleil.

L'adolescence est-elle suffisamment protégée par nos lois? Non. Les jurisconsultes de Rome, écrivant sous un ciel plus chaud que le nôtre, où l'homme par conséquent était formé plus tôt, avaient reconnu et enseigné, durant douze siècles, que jusqu'à vingt-cinq ans accomplis, l'adolescent mérite une protection spéciale contre ses entraînements ; et, dans un climat plus froid, notre loi livre un jeune homme de vingt et un ans, sans la moindre défense, à la cupidité des usuriers

et aux piéges des courtisanes! Quelle liberté malheureuse
et fatale pour le jeune homme!

Et la femme, est-elle assez protégée? Non encore. La jeune
fille pauvre, nous l'avons dit, ne l'est pas assez dans les maisons où elle sert, ni dans les ateliers où elle travaille. Les
épouses et les veuves de toute condition ne le sont pas assez
non plus. Les épouses! Se peut-il qu'en des pays chrétiens
un mari puisse, sans que sa femme ait le droit de s'arracher
à ses bras lascifs, entretenir des concubines tant qu'il vou-
dra! La loi ne lui permet pas d'en avoir une seule dans la
maison conjugale, et elle a bien fait. Mais c'est une chose
d'une immoralité révoltante qu'il puisse en entretenir au
dehors des nuées, pourvu qu'il y mette de la discrétion, et
ne produise pas avec effronterie les concubines sur les pas
de sa femme, pour ajouter l'outrage à sa criminelle infidélité.
Les époux s'étant promis une fidélité réciproque, le mari
qui viole son serment est aussi coupable que la femme qui
oublie le sien; et c'est l'incontinence des princes, que les
légistes voulaient ménager, qui fit admettre, dans l'ancien
droit français, entre l'adultère du mari et celui de la femme,
quant au droit de l'époux offensé de demander la séparation
de corps, une différence que le droit canon n'admet jamais.
Comme la femme adultère peut introduire dans la famille des
enfants qui n'appartiennent pas au mari, on comprend que
dans un intérêt social elle soit punie plus sévèrement que le
mari infidèle; mais l'épouse chaste ne doit pas souffrir des
fautes de celles qui ne le sont point. Tout au contraire, plus
un vice mérite d'être puni, plus la vertu opposée à ce vice
doit être protégée et encouragée.

Les veuves sont-elles suffisamment protégées? Non encore.
Dès le berceau du christianisme dans les Gaules, les veuves
eurent, au Nord, des douaires; au Midi, des augments de dot,
et un droit de succession sur les biens de leurs maris, quand

elles étaient pauvres. Et aujourd'hui, après quatorze siècles de christianisme, les veuves françaises n'ont plus ni douaire, ni augment de dot, ni même de quarte pauvre! Quand un mari riche a négligé de tester, la pauvre veuve ne trouve souvent, après sa mort, que des enfants ingrats qui lui font attendre le pain, ou des proches de son mari, gorgés des biens qu'ils ont trouvés dans sa succession, qui ne lui en donnent pas une bouchée !

Il est temps que ces scandales cessent. Il faut absolument donner aux veuves un droit de succession sur les biens de leurs maris, et le leur donner à titre de réserve; tandis que le droit de succession, qu'il est juste aussi d'accorder aux maris, ne doit pas l'être au même titre. Cette différence est nécessaire pour rétablir l'équilibre entre l'être faible et l'être fort. Si la femme a dépendu de son mari toute sa vie, il est juste que sa dépendance cesse quand son âme va se dégager des attaches du corps. C'est le seul moyen de protéger contre les maris cupides, comme il s'en rencontre partout, quantité de mères trop aimantes pour se résoudre, malgré toutes les indignités de leurs maris, à demander à la justice une séparation de corps, quand ce remède à leurs maux leur semble devoir ternir et ruiner l'avenir de leurs enfants.

Mais, sans considérer leur position particulière de fille, d'épouse, ou de veuve, les femmes, en général, sont-elles assez protégées par les lois françaises, qui, en ce point cependant, ne sont pas plus attardées que celles de tous les autres peuples du monde? Non; mille fois non. Nos lois ne font aux femmes une part assez large ni dans l'ordre civil, ni dans l'ordre politique.

Dans l'ordre civil d'abord. Quand la nature fait aux femmes une part si grande dans la famille, pourquoi la loi la fait-elle si petite? Que de sœurs aînées sont en mesure de remplir auprès de frères plus jeunes qu'elles, le rôle que remplit si bien l'illustre Pulchérie auprès de son frère Théodose le Jeune, dont elle fit l'éducation, et dont elle inspira ensuite tous les actes qui firent honneur à son gouvernement! Que de tantes intelligentes et affectueuses rempliraient aussi le même office avec bonheur auprès de leurs neveux, et surtout de leurs nièces! Pourquoi donc la loi française exclut-elle les femmes, excepté la mère et les aïeules, de toute tutelle, même de pupilles de leur sexe? Pourquoi va-t-elle jusqu'à leur enlever le droit d'opiner dans les conseils de famille? Pourquoi frapper ainsi, sans cause raisonnable, dans ses affections, une femme qui ne demande qu'à se dévouer, et dans leurs intérêts pécuniaires, et surtout moraux, de pauvres pupilles, à qui son dévouement pourrait procurer des avantages infinis?

Mais si, dans la famille, la loi française fait aux femmes une part trop petite, dans l'ordre politique elle la fait nulle, et c'est une exclusion contre laquelle l'instinct chrétien proteste encore. Que de femmes n'a-t-on pas vu qui ont su gouverner, avec la plus grande habileté et la plus grande énergie, des royaumes et des empires! Les histoires en sont pleines. Sans remonter à l'antiquité, quels hommes ont jamais montré plus de sagesse, de fermeté, de courage, que la reine Blanche, qu'Isabelle de Castille, que la duchesse de Bragance, que Jeanne de Blois, que Marie-Thérèse! Pour le génie du gouvernement, qui l'a possédé à un plus haut degré qu'Elisabeth d'Angleterre et la seconde Catherine de Russie? Et pourquoi, quand les femmes sont parfaitement capables de gouverner des États, sont-elles incapables de concourir au choix d'un maire de village? Ce choix nécessite-t-il la connaissance des logarithmes? Demande-t-il autre chose qu'un peu de tact, pour distinguer un homme honnête d'un intrigant ; et le tact est-ce une chose dont les femmes soient dépourvues ? Faut-il d'ailleurs que ce tact soit bien fin pour distinguer un honnête homme d'un ambitieux ! La grande honnêteté de la vie est comme la sainteté consommée : les hypocrites ne peuvent jamais arriver à la contrefaire.

Pourquoi donc enlever aux femmes tout droit de vote ? Qu'elles ne se mêlent pas aux hommes dans des assemblées où l'on traite d'affaires sérieuses, la décence le veut. Qu'une femme en puissance de mari ne puisse émettre de vote nulle part, cela est admissible encore : il faut, avant tout, ne pas troubler la paix du toit conjugal. Mais les filles majeures, mais les veuves, qui paient les impôts aussi bien que les hommes, pourquoi ne voteraient-elles point dans des assemblées, séparées des hommes, sur le choix d'un fonctionnaire municipal, voire d'un représentant de la patrie entière, quand il ne s'agit que d'une question d'honnêteté ? S'imagine-t-on, par hasard, que dans les grands événements historiques amenés par des acclamations populaires, les femmes restaient silencieuses. Quand, au quatrième siècle, la grande église de Milan, privée de son pasteur, en cherchait un autre, et que la population entière, guidée par la voix d'un enfant, faisait retentir jusqu'aux cieux ce cri célèbre : Ambroise évêque ! est-ce que les femmes ne votaient point ? Quand, dans une circonstance plus mémorable encore, la catholicité entière, entourée d'immenses dangers, cherchait, après la mort d'Alexandre II, un homme digne de lui succéder, et que tout à coup clergé et peuple, peuple et clergé, s'écrièrent : Qu'Hildebrand soit pape ! Croit-on que les Romaines qui assistaient à ce grand spectacle, eussent été les dernières à proférer ce cri enthousiaste ? Ceux qui le croiraient ne comprendraient pas quelle est chez la femme la puissance et la sûreté de l'instinct.

Nous sommes donc convaincu qu'à l'égard des femmes la

législation des peuples chrétiens, pour obéir à son principe, doit faire des progrès immenses. Si trop de femmes s'occupent aujourd'hui de bagatelles, c'est la faute des hommes qui ne savent point les former. Il ne s'agit, pour les rendre plus sérieuses, que de leur donner une éducation plus mâle, que leur corps délicat comporte parfaitement, la finesse de la peau n'impliquant pas du tout la débilité de l'âme.

Nous poursuivons notre revue des êtres faibles, en nous demandant si la vieillesse de l'un ou de l'autre sexe est suffisamment protégée, et nous répondons encore que non. Elle n'est ni assez secourue ni assez honorée.

Elle n'est point assez secourue. Ne voit-on pas se passer, même dans des familles riches, surtout quand les enfants sont nombreux, des choses indignes! Tandis que, dans les vues de la Providence, de nombreux enfants doivent être l'orgueil et la couronne des pères et des mères, des enfants profitent quelquefois de leur nombre pour rejeter, les uns sur les autres, le soin de nourrir leurs parents indigents, les exposant à mourir de faim, ou, chose plus triste encore, les poussant à devancer par une mort volontaire le terme de leur existence. La loi ne devrait-elle pas prononcer des peines infamantes contre des enfants aussi impies, quand des faits comme ceux que nous venons de retracer sont notoires!

La vieillesse n'est pas assez honorée non plus ni dans la cité, ni dans la famille. Est-ce l'honorer dans la cité que de lui imposer des retraites forcées et de priver l'État de ses lumières, même dans les fonctions où l'homme n'a besoin d'aucune force physique, et où rien ne convient tant à ceux qui les exercent, pour inspirer la confiance et le respect, qu'une couronne de cheveux blancs!

Est-ce honorer la vieillesse de toute condition, que d'annihiler son influence dans les assemblées électorales, en noyant les suffrages rares de quelques vieillards, dans ceux d'une multitude confuse de jeunes hommes, qui baffouent souvent ce que la mort semble respecter !

Il est évident pour nous que l'âge de la majorité politique doit être beaucoup plus retardé que celui de la majorité civile, parce qu'il y a une immense différence entre l'exercice des droits civils et celui des droits politiques. On n'exerce les premiers que pour soi ; on exerce les seconds dans l'intérêt de la cité. La jouissance des droits politiques ne doit donc être que la récompense du bon usage qu'un jeune homme a fait, durant un temps assez long, des droits civils. Il est absurde qu'un adolescent qui n'a pas prouvé qu'il savait se gouverner lui-même prétende être en droit de gouverner les autres ; et c'est pitié de voir désigner les législateurs par de grands enfants, qui pourront le lendemain être mis en prison pour des coups de tête, ou remis en curatelle pour de folles prodigalités.

Mais ce qui importe bien plus encore pour que la vieillesse soit assez honorée dans la cité, c'est qu'il y ait deux chambres législatives, dont une ne soit composée que d'hommes parvenus à l'âge de la maturité parfaite, à l'âge où l'on n'a plus de passions fougueuses, et où l'on a eu le temps de voir et d'éprouver par soi-même tout ce que la nature humaine a de bons et de mauvais penchants. En exigeant qu'on ne pût entrer dans cette assemblée de sages, qu'à soixante ans, nos législateurs imiteraient les Spartiates, ce qui n'est pas un mauvais exemple à suivre, et ils empêcheraient une jeunesse présomptueuse et irrévérente d'appeler un homme de cinquante ans une momie.

La vieillesse est-elle, au moins, assez honorée dans la famille ? C'est avec une douleur profonde que nous affirmons encore que non. La loi chrétienne dit bien que l'autorité paternelle n'existe que dans l'intérêt des enfants. Mais c'est précisément pour leur bien qu'elle doit avoir une certaine étendue, et que l'enfant doit être puni toutes les fois qu'il la brave. Et qu'est-ce aujourd'hni que cette autorité, d'après la loi française? Ce n'est qu'un vain nom. Elle finit juste au moment où le jeune homme court les plus grands dangers. Ce n'est pourtant point le jeune poulain qui suit encore sa mère, qui a besoin de sentir le frein. C'est celui dans lequel le sang, qui s'échauffe, développe toutes les ardeurs; et ici le jeune homme ressemble trop à l'animal, pour qu'il soit sage de mettre sa destinée en ses mains, juste au moment où il peut la compromettre par les fautes les plus grandes et les plus irréparables.

A tout âge d'ailleurs, il faut toujours, dans l'intérêt des enfants, que l'autorité paternelle ne soit pas entièrement désarmée. Nous trouvons parfaitement juste que les enfants aient une réserve dans les biens de leurs père et mère; s'il est des enfants impies, il se rencontre aussi malheureusement trop souvent des pères et des mères dénaturés. Mais pour que la réserve ne puisse qu'être utile à l'enfant, il faut absolument investir le père et la mère du droit d'exhérédation, quand l'indignité de l'enfant prend de ces proportions déplorables qui scandalisent toute une cité. Dans l'état de notre législation, nous ne savons pas quel est le plus malheureux, du vieillard indigent, à qui des fils avares taxent le pain, ou du vieillard millionnaire qui a des enfants perdus de mœurs; ou plutôt, comme les peines du cœur sont cent fois plus douloureuses que les besoins du corps, nous affirmons que c'est le vieillard millionnaire qui est cent fois plus malheureux que le vieillard pauvre. Il maudit alors sa grande fortune, qui, loin de profiter à ses enfants, aura été la cause de leur malheur. Sans le droit d'exhérédation du père, la réserve des enfants libertins est, en effet, dévorée d'avance. Elle ne profite qu'aux usuriers qui leur escomptent, avec des usures effroyables, la fortune qu'ils n'ont encore qu'en espérance, et aux femmes per-- dues, qui sucent à la fois leur or et leur sang.

Nous nous demandons enfin si le pauvre peuple, en général, est assez protégé par la loi française, et notre conscience nous oblige encore de répondre qu'il ne l'est pas. Par pauvre peuple, nous n'entendons pas les gens dénués de tout, la charité chrétienne n'est pas tellement refroidie qu'elle ne vienne passablement en aide à ceux-là, nous entendons les bonnes gens qui vivent d'un modique salaire, acquis à la sueur de leur front, les petits marchands et les revendeuses, les artisans, les ouvrières, les domestiques de tout sexe. Ces braves gens sont la partie la plus intéressante de la nation, parce qu'ils sont d'un grand secours à leurs semblables, et que leur part dans les joies et les biens de ce monde est petite. Ils amassent péniblement, sou pour sou, un pécule destiné à améliorer leur sort. Nos lois protègent-elles ce pécule avec assez de sollicitude? Qui oserait le soutenir! Un immense réseau de fraudes et de mensonges a été tendu par l'Esprit du mal dans le monde entier, pour leur enlever ce pécule par des promesses fallacieuses, dont la presse entière se rend trop souvent complice en les reproduisant dans ses feuilles.

Pour soutirer à ces pauvres gens, étrangers aux finesses financières, tout leur argent, on leur indique des placements magnifiques, à huit ou dix pour cent, qui doivent les enrichir à coup sûr. Les guichets de toutes les banques sont ouverts pour accueillir leur demande. Les pauvres dupes craignent de ne pas arriver à temps. Leur enthousiasme dure quelques semaines ou quelques mois, deux ou trois ans peut-être. Mais, un peu plus tôt ou un peu plus tard, qu'advient-il, inévitablement, de ces mirages trompeurs? Des montagnes de ruines. Les sommes qui ont été englouties par ces fraudes, en France seulement, dépassent déjà des

centaines de millions ; et, si le législateur n'y avise, elles
se compteront bientôt par milliards. Quand le cataclysme
final, prévu, dès la première heure, par tous les hommes
sensés, vient à se produire, que de larmes chez les victimes,
que de sanglots, que de désespoirs ! Au grand jour des épou-
vantements, que de gens enrichis par ces manœuvres honteuses frémiront d'effroi, en revoyant une dernière fois leur
or, mais un or devenu accusateur, un or tout couvert de
taches de sang ! Ce sang, c'est celui d'un malheureux qui
s'est suicidé, celui d'une jeune fille qui avait fait quelques
épargnes pour pouvoir honnêtement devenir mère, et que la
perte qu'elle a subie a poussée au vice, qui flétrit d'abord,
qui tue ensuite ; ce sang est celui de pauvres enfants, dont
le père, la mère, ruinés, sont morts de chagrin, et qui péris-
sent, à leur tour, de faim ou de privations, car il n'est pas
que la faim qui tue ! Dieu, sans doute, au grand jour du
Jugement, punira toutes les injustices, causes de tant de
malheurs ; mais, en attendant, les lois humaines doivent
prononcer contre leurs auteurs des peines proportionnées à
leurs crimes, et c'est ce qu'elles ne font pas. La Seine sert,
chaque jour, de froide tombe à des infortunés, victimes de
ces fraudes ; la Tamise, la Sprée, le Mein, le Danube, en
engloutissent autant ; les scandales de ce genre sont aussi
communs au delà de l'Atlantique que par deçà ; et les jurisconsultes pourraient ne pas s'indigner à la vue de tant d'in-
fortunes ! Pourquoi tant de crimes impunis, ou punis de
peines si peu en rapport avec la malice des coupables? Un
homme, dans un moment d'exaspération, tue son ennemi
acharné, il devra mourir sur l'échafaud ; un autre lance de
loin, dans des foules, des bombes meurtrières, sur de pauvres
gens qui ne lui avaient fait aucun mal ; et parce qu'il ne
connaissait aucun des infortunés qu'il a fait mourir, il en
sera quitte avec quelques réparations pécuniaires, ou quelques jours de prison. Quelle justice boîteuse ! Il est temps

d'en établir une plus droite, et de ne pas laisser croire au peuple qu'un crime cesse d'être crime dès qu'il prend des proportions colossales, et qu'au lieu de tuer un homme il en fait périr des centaines et des milliers !

Quand on pense que dans Rome païenne tout citoyen qui avait commis un acte d'indélicatesse notoire était rayé du cens par le censeur, et perdait ainsi tous les droits politiques ; que tout plaideur, reconnu coupable d'un dol quelconque par le préteur, devenait infâme et les perdait aussi, on ne comprend pas que nos lois modernes soient si indulgentes pour les fripons millionnaires, qui se jouent de la vie comme de la fortune de pauvres gens trompés par leurs manœuvres. Comparé au droit de Rome païenne, le droit des nations chrétiennes a, sous ce rapport, reculé de plus de vingt siècles.

Nous en avons dit assez pour prouver que les vrais amis de l'humanité, pour se rendre utiles à leurs semblables, ont autre chose à faire qu'à s'entre-déchirer dans des discussions haineuses de partis, dont des intérêts égoïstes restent toujours le mot caché.

On dira peut-être que nos critiques dépassent la mission du jurisconsulte, dont le rôle est d'appliquer les lois et non point d'en faire. A la bonne heure. Mais est-il interdit à l'ouvrier qui s'aperçoit d'un vice saillant dans une machine dont il est obligé, par devoir, d'observer tous les mouvements, de signaler ce vice, pour que des mains plus habiles que les siennes puissent le corriger ? Et le jurisconsulte ne peut-il pas ici imiter l'ouvrier ?

Ce que nous avons dit, d'ailleurs, de la nécessité de protéger mieux les êtres faibles, n'est point seulement un appel à la sagesse des législateurs. C'est aussi une invocation respectueuse aux ministres de la justice, qui, dans les points de droit qui leur sont soumis, appliquent souvent mal à propos la maxime que, dans les cas non prévus, il faut toujours suivre l'esprit de la loi. Cela est vrai, quand il s'agit d'une loi sage. Cela est faux, quand il s'agit d'une loi qui ne l'est point. Il faut alors suivre l'esprit non pas de la loi positive, puisqu'il est mauvais, mais celui d'une loi supérieure, de la loi qui paraît incontestablement la plus sage aux hommes à la fois les plus instruits et les plus honnêtes.

Il nous serait facile de prouver que, pour n'avoir pas fait cette distinction, les magistrats, à leur insu, sans doute, ont, dans bien des décisions passées en jurisprudence, affligé et scandalisé les consciences les plus droites et les plus délicates. Mais aborder cette preuve, ce serait commencer un ouvrage aussi long que celui que nous avons hâte de finir.

Nous exprimons donc une dernière fois ce qui est pour nous une conviction profonde et la pensée dominante de notre livre. Le christianisme n'est pas entré assez avant ni dans les lois françaises, ni, d'après le peu que nous en connaissons, dans les lois d'aucun autre peuple chrétien. On cherche aujourd'hui partout de vastes systèmes d'irrigation, qui permettent de féconder, en tout pays, les terres les plus arides, et nous applaudissons grandement à tous les efforts tentés dans ce but. Mais le volume des eaux qu'on peut dériver est souvent bien au-dessous de ce que demandent les terres altérées. Le christianisme, au contraire, est un fleuve immense qui prend sa source dans les cieux et qui ne court pas risque de s'épuiser. Ce sont ses eaux saintes, aussi abondantes que salutaires, que les juristes, comme les ministres de la religion, doivent s'appliquer à faire pénétrer dans toutes les lois, pour arriver par là à épurer toutes les âmes et à sustenter tous les corps. Les juristes qui s'attacheront invariablement à ce but et en feront le sujet de tous leurs travaux, sont sûrs d'être dans la bonne voie et de travailler utilement pour leurs semblables. Sans les connaître, nous aimons à les entrevoir dans la longue série des âges, et à

saluer en eux, avec respect, les grands jurisconsultes de
l'avenir.

Travailler dans ce sens pour les autres, c'est, d'ailleurs,
travailler aussi pour soi-même, puisque c'est remonter à la
source de toutes les douceurs. Le Droit, en effet, est la même
chose que la Justice ; et la Justice est souverainement digne
d'amour, parce que dans l'ordre moral il ne saurait y avoir
rien de plus beau. Elle est plus belle que tout ce qu'a pu
façonner de plus correct la main des sculpteurs, et tout ce
qu'a pu rêver de plus doux l'imagination des peintres. Elle
est plus belle que la Vénus de Médicis et la Vénus de Milo ;
plus belle encore que les madones de Raphaël et les vierges
de Murillo. Tous les êtres de la nature, comme ceux façonnés
par la main des grands artistes, ne sont beaux que parce
qu'ils sont de pâles reflets de la beauté de Dieu. La Justice
doit plaire à l'âme par-dessus tout, parce que c'est la beauté
de Dieu elle-même, la Justice étant un attribut aussi essentiel de la divinité, que l'Unité, l'Éternité et l'Omnipotence.
Elle est aussi digne d'amour que la Charité, dont elle est la
sœur ; ou plutôt, c'est la Charité elle-même sous des dehors
graves et austères, c'est la Charité sans le sourire.

Que de fois, en effet, c'est l'amour le plus vif et le plus
profond qui prend les dehors les plus sévères ! L'amour du
père et celui de la mère ne sont-ils pas aussi grands, plus
grands même, quand ils corrigent l'enfant, que quand ils
lui prodiguent leurs caresses ! La justice ne cesse donc pas
d'être la charité, même quand elle condamne et qu'elle
punit, puisqu'elle le fait toujours dans l'intérêt du coupable.
Même quand elle prononce la plus terrible de toutes les
peines, et qu'elle arrête, par une sentence de mort, le cours
des jours d'un grand coupable, elle lui procure une grâce
que les plus grands saints ont toujours enviée. En lui fixant
le moment précis où il va mourir, elle lui montre par cela

même son Dieu, dont la main puissante peut le frapper de peines mille fois plus terribles que la mort du corps, mais dont le cœur ne veut que pardonner; et l'on ne saurait dire le nombre de criminels que cette vue salutaire a fait passer, en un moment, des plus grandes infamies de la honte, dans les splendeurs d'une gloire éternelle, que perdent, souvent, hélas! des hommes réputés honnêtes, quand une mort soudaine ne leur a pas laissé le temps de se repentir de crimes cachés.

Toute loi répressive des mauvaises actions n'ayant donc jamais d'autre but que le bien final du coupable, il n'en est point, si rigide soit-elle, qui puisse produire le moindre trouble dans l'âme des juges qui l'appliquent, quand ils sont sûrs de n'avoir suivi que les inspirations de leur conscience. Ils goûtent, au contraire, dès ici-bas, comme tous les adorateurs sincères de la Justice divine, ce calme parfait, cette joie sereine, qu'aucun événement extérieur ne saurait troubler, et que l'Écriture sainte appelle un festin perpétuel, *Mens hilaris juge convivium :* Festin bien doux, qui rassasie toujours parce qu'il remplit toute la capacité de l'âme, et qui ne peut jamais causer de dégoût, parce qu'il est de son essence d'avoir toujours la même saveur.

Heureux donc les hommes qui, jusqu'au dernier souffle de leur vie, auront eu faim et soif de la Justice! Après en avoir goûté déjà les douceurs cachées sur la terre, ils en seront rassasiés à jamais, aux cieux, dans les enivrements de l'extase!!!

FIN.

TABLE

LIVRE PREMIER

Des jurisconsultes de l'antiquité.

LIVRE VI

Des grands jurisconsultes du dix-septième siècle.

LIVRE VII

Des grands jurisconsultes du dix-huitième siècle.

FIN DE LA TABLE.

Toulouse, imprimerie RIVES & PRIVAT, rue Tripière, 9.

www.ingramcontent.com/pod-product-compliance
Lightning Source LLC
Chambersburg PA
CBHW031400210326
41599CB00019B/2833